JOAN GRANT
TOCHTER DES PHARAO

Joan Grant

Tochter
des Pharao

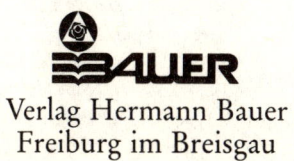

Verlag Hermann Bauer
Freiburg im Breisgau

Die Deutsche Bibliothek – CIP-Einheitsaufnahme

Grant, Joan:
Tochter des Pharao / Joan Grant.
[Aus dem Engl. von Anna-Lise Kornitzky]. –
1. Aufl. – Freiburg im Breisgau: Bauer, 1998
Einheitssacht.: Winged Pharao ⟨dt.⟩
ISBN 3-7626-0589-0

Die englische Originalausgabe erschien 1937
bei Arthur Baker Ltd., Great Britain,
unter dem Titel
Winged Pharaoh
© by Nicola Bennett

Aus dem Englischen von Anna-Lise Kornitzky

1. Auflage 1998
ISBN 3-7626-0589-0
© für die deutsche Ausgabe 1998
by Verlag Hermann Bauer KG, Freiburg im Breisgau
Das gesamte Werk ist im Rahmen des Urheberrechtsgesetzes
geschützt. Jegliche vom Verlag nicht genehmigte Verwertung
ist unzulässig. Dies gilt auch für die Verbreitung durch Film,
Funk, Fernsehen, photomechanische Wiedergabe, Tonträger
jeder Art, elektronische Medien sowie für auszugsweisen
Nachdruck.
Einband: Markus Nies-Lamott, Freiburg im Breisgau, unter
Verwendung eines Fotos des Archivs für Kunst und Geschichte
Druck und Bindung: Wiener Verlag GmbH, Himberg
Printed in Austria

Inhaltsverzeichnis

I

Zurück in die Verbannung 9   Anubis 11
Das Traumland 13   Neyahs Abenteuer 16
Das Löwenjunge 23   Zeb, der Löwenwärter 28
Klarsichtige Richter 33   Die Schöpfungslegende 36
Der Leib 39   Der Heiler-mit-Kräutern 43   Der Seher 45
Die Seele 49   Horus mit dem Habichtskopf 54
Die Weinkrüge 55   Wagen und Wurfspeere 59
Der Geist 62   Meiner Mutter Geburtstag 67

II

Ney-sey-ra 71   Die Löwenjagd 77
Der Heiler-mit-dem-Messer 82
Der Traum vom Lande Zuma 86   Die Königsfahrt 93
Za Atets Tod 101   Wiedererrungene Freiheit 105
Pharaos Begräbnis 106

III

Der junge Pharao 109   Der letzte Tag der Kindheit 111
Die ersten Tage im Tempel 113   Menes 120
Eine Nacht im Heiligtum des Anubis 128
Die erste Gedächtnisprobe 129   Die Großen Schöpfer 132
Die Bewohnerin des Kornfelds 134
Der Tempelschreiber 135   Die zweite Gedächtnisprobe 140
Roter Mohn 144   Arbeetas Hochzeit 146   Neferteri 149
Ratgeber im Tempel 151   Septes 153
Das Rad der Zeit 158   Die Witwe 161
Hykso-Diomenes 164   Der Traum von Minoas 167
Die blinde Göttin 170   Dio 174

IV

Vorspiel der Weihe 176   Die Peiniger 180   Die Giftzüngigen 183
Der falsche Priester 186   Die Schätze dieser Erde 188

Die Erbärmlichen *191*   Das Haus der Götter *193*
Die Stätte der Aufzeichnungen *194*   Die Stätte des Wetters *196*
Die Stätte der Melodien *197*   Die Stätte der Wohlgerüche *198*
Die Stätte der Gebetserhörung *199*   Die Lehrer *201*
Das Land des Friedens *204*   Ishtak *205*
Die sieben großen Prüfungen *207*   Die Beflügelte *211*

V

Pharaos Heichzeit *215*   Tägliches Leben *225*
Pharao in Audienz *231*   Der Giftmischer *237*   Tribut *240*
Mins Fest *242*   Dio *249*   Kams Gesetze *258*
Feldzug nach Punt *260*   Das Glied der goldenen Kette *263*

VI

Seereise *270*   Kiodas' Palast *275*   Artemiodes *281*
Die Kunst in Minoas *286*   Der Hof der Heiligen Stiere *290*
Tempelritual in Minoas *295*   Der Zauberer *303*
Das Poseidonfest *306*   Die Heimreise *308*

VII

Traumwarnung *312*   Der Halbmond des Korns *316*
Der Kampf gegen Zuma *321*   Die Stele *323*   Die Heimkehr *326*
Neyahs Rückkunft *328*   Belshazzardak *330*
Die Wacht über die Zwei Länder *332*

VIII

Meiner Mutter Mittagsstunde *335*   Pharaos Kinder *336*
Den und Horem-ka *340*   Neyahs Tod *343*
Meiner Tage Abend *344*   Kams Herz *347*
Meri-neyts Grab *349*   Heimkehr aus der Verbannung *358*

Vorbemerkung

Die alten Ägypter hatten viele Namen für ihr Land. In diesem Roman aus der Zeit der Ersten Dynastie wird es ‹Kam› oder ‹die Zwei Länder› genannt. Sumer, das von den Vorgängern der Babylonier bewohnte Land, heißt hier ‹Zuma›, und Kreta, das Zentrum der minoischen Kultur, ‹Minoas›. Mit Ausnahme der Stadt ‹Men-atet-iss› – der unweit von Kairo gelegenen Stadt Memphis – dürfte die Lage aller Orte hinreichend klar aus der Erzählung hervorgehen. ‹Abidwa› ist das moderne Abydos, und der ‹Halbmond des Korns› das gegenwärtige Tell-el-Amarna. ‹Das Schmale Land› ist die Halbinsel Sinai, und ‹das Schmale Meer› das Rote Meer.

Die heraldischen Embleme Oberägyptens, des ‹Südreichs›, waren Lotosblüte und Schilfrohr, seine Krone war die Weiße Krone. Die Rote Krone war die des ‹Nordreichs›, dessen Embleme Papyrus und Biene waren.

Obwohl mir bekannt ist, daß das Vorkommen von Pferden in Ägypten erst für die Achtzehnte Dynastie bezeugt ist, habe ich dennoch Pferde in diese Erzählung eingeführt.

Joan Grant

I

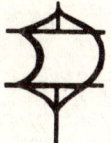

1 Zurück in die Verbannung

Da die Zeit für mich nahte, zur Erde zurückzukehren, verkündete mir ein Sendbote der Hohen Gebieter, ich würde wiedergeboren im Lande Kam, und die beiden, die meinen neuen Leib formten, würden mich freudig empfangen, da wir bereits Gefährten in einem früheren Leben gewesen und die Bande, die uns verknüpften, die der Liebe und nicht die des Hasses seien, welches da sind die stärksten Bande auf Erden; und zum Bruder würde mir einer gegeben, mit dem ich bereits eine große Strecke des weiten Weges gewandert.

Und es linderte diese Botschaft die Trauer, welche alle überkommt, die ihre wahre Heimat verlassen müssen, um zu einer neuen Tagereise ins Land der Nebel aufzubrechen; denn mir waren Gefährten beschieden in meiner Verbannung.

Zu der Zeit, da meine Mutter mich noch in ihrem Leibe barg, suchte mein Vater eine Gabe zu finden, die von der Liebe zeugte, welche sein Herz erfüllte. In Worte konnte er seine Liebe nicht kleiden, denn Worte sind nur flüchtige Schatten der Wirklichkeit. Es konnte ihm aber niemand Genüge tun, weder die größten Bildhauer noch jene, die das Gold schmieden oder Türkise und Elfenbein schneiden. Als er einst in den Gärten des Palastes in der Abendkühle wandelte, kam ihm der Gedanke, meiner Mutter einen

Garten zu schenken, einen Lustgarten, wie man ihn noch nie geschaut. Dieser allein würde seiner Liebe Ausdruck verleihen können. Denn kein Ding ist größer als sein Schöpfer; wohl mag ein Geschmeide sein wie ein Lied in Stein, doch bleibt es stets Werk von Menschenhand, und allein die Gewächse der Erde sind Kinder der Götter.

So pflanzte er denn Bäume in einem Bogen wie die junge Mondsichel, auf daß sie ihr in der Mittagssonne Schatten spendeten, und Sträucher mit wohlriechenden Blättern, auf daß sie die Luft ihr zur Erquickung würzten. Und als Saite dieses grünenden Bogens spannte sich der See mit seinen plätschernden Wellen, der sich silbrig der sinkenden Sonne entgegenstreckte, Amenti im Westen. Darauf hieß er die Heerscharen der gräsernen Speere sprießen und ihre Reihen sich zu einer dichten grünen Matte schließen, und diese schmückte er mit Wiesenblumen, leuchtend roten, gelben, violetten, blauen und weißen, auf daß sie einen blühenden Teppich für ihre Füße bildeten. Aus den Ländern jenseits von Kam ließ er die roten Lilien des Goldlandes herbeiholen, ferner rankende Trompetenblumen, die tief unten im Süden wachsen, wo die Menschen in ihrem eigenen Schatten wandern. Und aus dem Norden ließ er Zitronenbäume kommen, Anemonen und weißen Oleander sowie Blumen, die ihren Duft dem Monde sparen, die Nacht mit ihrer schlaftrunkenen Süße zu füllen. Und Klematis flocht sich mit Arbeetablüten und der blauen Winde zum Kranze für sie.

Als ich zwölf Tage alt war, führte mein Vater sie zum erstenmal in diesen Lustgarten, den er für sie gepflanzt; eine schützende Mauer umgab ihn, und über der Pforte aus Zedernholz standen geschnitzt ihrer beider Namen: Za Atet und Meri-nesut, ‹Die Geliebte im Herzen Pharaos›. Gemeinsam wandelten sie in dem blühenden Schatten, wo die Pfade verschwiegen waren wie die Spuren der Gazelle im Ried. Als meine Mutter das Herz dieser grünen Stille betrat und einen Lustgarten schaute, schöner als sie je einen erträumt, sagte sie, diese Blumenkelche seien, als habe der

Sonnengott Ra das Gewölk des Abendhimmels zu Blüten geformt, und nie zuvor habe er wohl auf Erden etwas seinen Strahlen so Wohlgefälliges gefunden. Und beide meinten, es müsse den Gott erfreuen, seine Kinder so geehrt zu sehen. Also nannten sie den Lustgarten Sekhet-a-ra, ‹Ras Augenweide›. Und auch mir gaben sie diesen Namen.

Mein Bruder, der drei Jahre vor mir zur Erde zurückgekehrt war, wurde Neyah geheißen. Denn also hatte der Priester der Göttin Maat, welcher bei seiner Geburt anwesend war, jene zu schauen, die des Knaben Weg begleiteten, verkündet: «Dieser Knabe ist würdig zu herrschen über das Volk von Kam, denn die Begleiter seines Geistes sind reich an Jahren. Und er soll heißen Neyah, das ist ‹geboren in Weisheit›, denn diesen Namen trug sein Gebieter im Alten Land, da er die Stimme vernahm, welche ihn vor dem Großen Regen warnte. Und so wie sein Gebieter sein Volk leitete, nachdem die Bösen in den Wassern ertränkt wurden, also wird auch dieser Knabe Kams Volk führen, wenn die Bösen es anfallen, und auch sie wird das Meer verschlingen.»

2 Anubis

Als ich noch sehr klein war – zu der Zeit, da jeder Schritt ein neues Abenteuer bedeutete – nahm Maata meinen Bruder Neyah und mich mit zum Tempel. Neyah hielt mich an der Hand, und gemeinsam klommen wir die Stufen empor. Alles war dort riesig, und drinnen war es kühl nach der Sonnenhitze im Vorhof. In einem der Räume stand ein gewaltiges Tier aus Holz; es war schwarz und glich einem Jagdhund. Ich wollte es berühren, Neyah aber verwies es mir, denn es sei dies das Abbild des Gottes, welcher Anubis heiße. Plötzlich war mir, als sei ich weit älter als zwei Jahre und ebenso weise wie Maata, meine Amme; und mir war auch, als wisse ich alles von Anubis, doch fehlten mir die Worte, es Neyah zu sagen.

Daheim erzählte ich meiner Mutter davon, und sie gab mir eine kleine Statue des Anubis, die gleiche, wie sie im Tempel stand, nur von winziger Gestalt, und dazu auch eine bemalte hölzerne Hütte, worin er wohnen sollte. Diese Dinge stellte ich neben mein Ruhebett, auf daß ich sie beim Erwachen in der Frühe als erstes erblickte. Anubis, so sagte mir meine Mutter, sei der Gott, der den Kindern die Träume schenke. Bisweilen träumte mir, ich sei erwachsen und täte viele gewichtige Dinge. Mit dem Erwachen entschwanden mir die Träume, doch stets schien es mir seltsam, erst zwei Jahre zu zählen.

Neyah suchte sein Lager später auf als ich, denn er war bereits fünf. Bevor ich einschlief, pflegte er zu mir zu kommen und mir Märchen zu erzählen, und das Märchen, das mir am liebsten war, handelte von einem Löwen, einer Wildkatze und einem Hasen.

Der Hase hauste bei seiner Mutter im Ried. Er war viel flinker als alle seine Brüder und Schwestern, und obwohl ihn seine Mutter warnte, weit von daheim fortzulaufen, hörte er nicht auf sie. Er glaubte, er könne jeder Gefahr entrinnen, wie rasch sie auch nahe. Des Nachts pflegte er sich hinauszustehlen und zum Mond aufzuschauen, und dort konnte er den Vater aller Hasen erblicken, und ihm erzählte er alle seine kühnen Streiche.

Einmal aber, als er wieder von seinen Heldentaten träumte, stürzte sich eine große Wildkatze auf ihn, packte ihn und schleppte ihn im Maul fort, um ihn ihren Jungen zum Frühstück zu bringen. Die jungen Katzen hatten jedoch schon ein reichliches Mahl verspeist; deshalb setzte ihn die Wildkatze am Eingang ihrer Höhle nieder und drohte ihm, sich nicht vom Fleck zu rühren, sonst sei er augenblicklich des Todes.

Das arme Häslein war so verängstigt, daß es auch ganz, ganz still saß. Es blickte auf zu dem Gott der Hasen und flehte: «Bitte, bitte, schau hinunter vom Mond und hilf mir! Ich will auch stets auf jene hören, die mehr wissen als ich, wenn du mich nur aus den Krallen dieser Wildkatze errettest.»

Die Wildkatze, die sein Gebet gehört hatte, schleckte sich die Schnurrhaare und lachte darüber, daß es einen Hasen geben sollte, der, selbst wenn er im Mond wohnte, eine Wildkatze anfallen könne.

Plötzlich aber drang aus dem Schatten vor der Höhle ein gewaltiges Brüllen, und ein riesiger Löwe sprang die Wildkatze an und fraß sie auf mit Haut und Haar.

Das Häslein begriff, daß es erhört worden war, und fürchtete sich nicht vor dem Löwen, denn es wußte, daß die Antwort auf ein Gebet stets gut ist, in welcher Gestalt sie auch erscheine. Also hüpfte es zu dem Löwen und dankte ihm, und der Löwe kauerte sich nieder, so daß der kleine Hase ihm auf den Rücken klettern konnte. Und dort nestelte er sich in der Mähne des Löwen zurecht, und so ritt er heim zu seiner Mutter.

Als der kleine Hase erwachsen war, erzählt er diese Geschichte wieder und wieder, und stets schloß er mit den Worten: «Schaut in den Mond, so werdet ihr den erblicken, der von uns allen der weiseste ist.»

3 Das Traumland

Eines Tages, da ich drei Jahre zählte, weilte ich mit meiner Mutter am Badeteich. Das eine Ufer war seicht, und dort konnte ich allein stehen. Ich knüpfte mein Halsband aus Lapis und Muschelschalen ab und zog meinen kleinen weißen Leinenkittel aus, und dann tollte und planschte ich im Wasser, daß die Tropfen in der Luft versprühten. Danach lief ich nackt in der Sonne umher und pflückte Blumen, die ich zu einem Strauß für Neyah band, der mit dem Vater fortgegangen war.

Da erschien Maata und ermahnte mich, daß es an der Zeit sei, mein Lager aufzusuchen. Aber dies mißfiel mir sehr, und ich sagte: «Nein, ich gehe nicht!», denn ich wollte bei meiner Mutter in der Sonne bleiben. Maata blickte sehr streng auf mich herab, und sie erschien mir so groß wie eine der Säulen in der weiten Halle. Ich sprang wieder in den Weiher hinein und planschte so wild, daß sie sich mir nicht nähern konnte, ohne durchnäßt zu werden. Nun aber befahl mir meine Mutter herauszukommen, und ihr gehorchte ich. Maata war sehr böse geworden, und ich warf mich auf den Rücken und schrie laut: «Ich will nicht schlafen, ich will nicht, ich will nicht!» Und dabei trommelte ich mit den Füßen auf die Erde, damit sie begriff, daß es mir ernst war, und mich in Frieden ließ. Dies war ein guter Einfall, denn nun gebot meine Mutter Maata, mich mit ihr allein zu lassen. Also hatte Maata ihres Weges zu gehen, und ich war höchst zufrieden.

Darauf fragte mich meine Mutter, warum ich nicht zur Ruhe gehen wolle, und ich antwortete ihr: «Weil es so langweilig ist und weil es mir hier so gut gefällt und ich so froh bin.»

Und sie sprach: «Du kannst es aber ebenso schön haben, wenn du schläfst.» Ich begriff ihre Worte erst, als sie auf meinen Kittel am Ufer des Weihers wies und fortfuhr: «Bisweilen hast du diesen Kittel an, und bisweilen nicht. Wenn du ihn nicht trägst, bedeutet das noch nicht, daß du es langweilig hast. Gehst du ins Wasser, ziehst du ihn aus, und es macht dir doch Freude, im Wasser zu sein, nicht wahr? Nun, genauso wie diesen Kittel streifst du deinen Körper ab, sobald du einschläfst, und läßt ihn auf dem Lager zurück, und dann kannst du es sehr schön haben und viele Abenteuer erleben, die dir nicht beschieden wären, wenn du in deinem Körper weiltest – genausowenig, wie du hier im Weiher planschen kannst, wenn du deinen Kittel anhast. Hast du denn nie Träume?»

Und ich antwortete: «Natürlich träume ich.» Da sagte sie mir, daß Träume die Erinnerungen an das seien, was ich erlebe, während ich meinen Körper dem Schlaf überlasse. «Wenn du auf deinem Ruhebett liegst und dann noch immer den Wunsch verspürst zu baden, dann kannst du deinen Körper dort zurücklassen und hierhereilen, um im Weiher zu planschen. Und so kannst du Maata und dich selbst erfreuen. Im Traumland ist das Wasser ebenso naß wie hier. Ja, das Spiel dort kann dir mehr Vergnügen bereiten als im Wachen.»

Nachdem sie mir dies erzählt hatte, sah ich ein, daß ich sehr töricht gehandelt hatte, als ich mich gegen das Schlafengehen sträubte. Ich schenkte meiner Mutter viele Küsse und suchte mein Gemach auf, wo ich Maata für mein dummes Betragen um Verzeihung bat. Und sogleich war sie mir wieder nahe und vertraut und nicht länger fern und hoch wie eine Säule.

Als dann meine Mutter kam, mir gute Nacht zu wünschen, setzte sie sich neben mich und legte mir ihre kühle Hand auf die Stirn, während mich ihre sanfte Stimme liebkoste:

«Schlafe, meine Tochter,
es ließ die Sonne herab den Vorhang der Nacht
und sandte aus die Sterne, zu wachen über deine Ruh.
Die Boote auf dem Fluß haben die Segel gestrichen,
und die Vögel falten die weittragenden Schwingen.
Die Löwenjungen schlummern in mütterlicher Wärme,
und es träumen die Fische im Schutze des Schilfs.
Die Blumen, sie hauchen die Düfte ins Dunkel,
und alles ist still, einzig die nächtlichen Sänger unter den
                                        Vögeln zwitschern.
So schlafe, meine Tochter, und schließe die müden Lider.
Schlafe, wie da schläft die Welt, und gib deine Seele frei.»

Und ich kuschelte mich in meine Kissen und versuchte, rasch in Schlaf zu fallen, um ins Traumland zu reisen.

4 Neyahs Abenteuer

Zuweilen führte Maata Neyah und mich am Ufer des Flusses spazieren. Der Weg vom Palast dorthin war recht weit, und deshalb wurden wir in Sänften bis zu dem Fluß getragen. Dort sahen wir viele Fischerboote und wünschten inständig, darin zu fahren, doch Maata gestattete es uns nicht.

Eines Tages vertraute mir Neyah an, er gedenke sich nicht in Maatas Bevormundung zu finden, und sofern ich Lust hätte, dürfe ich ihn auf seinem morgigen Abenteuer begleiten. Und ich rief: «Natürlich will ich das! Ohne mich wäre es auch gar kein richtiges Abenteuer.»

Also erhoben wir uns am nächsten Morgen in aller Frühe, als es graute, und zogen uns unsere ältesten Kleider an, damit wir aussähen wie Kinder des Dorfes. Zunächst kletterten wir über die Mauer des Weingartens und pflückten dort vier große, schwere Trauben. Diese trug Neyah; ich aber nahm ein paar Feigen und knüpfte sie in ein Tuch, zusammen mit vier Brotfladen, die ich am Abend zuvor in meiner Kammer verborgen hatte.

Wir wanderten lange, lange, und endlich kamen wir an den Fluß. Ein Stück stromabwärts machten ein paar Fischer am Ufer ihre Boote zur Ausfahrt bereit. Neyah näherte sich dem ältesten unter ihnen und fragte, ob er ihm für die Trauben ein paar Fische eintauschen wolle. Dazu sei er gern bereit, entgegnete der Mann, nur sei die Stunde zu früh, da er erst seine Netze auswerfen wolle. Nun tat Neyah sehr betroffen und sagte betrübt: «Dann müssen wir warten, bis du zurückkehrst, denn ohne Fische wagen wir uns nicht heim; unser Onkel würde uns zürnen.» Und dann fügte er noch hinzu: «Erlaubst du, daß meine Schwester einen Augenblick in dein Boot steigt? Sie hat sich stets danach gesehnt, es einmal zu tun. Danach werden wir hier am Ufer warten, bis du wiederkehrst.»

Der Fischer war Kindern sehr zugetan – er selbst habe

fünf, so berichtete er. Und er erwiderte: «Ja, wenn ihr brav seid und im Boot still zu meinen Füßen sitzt und mich nicht stört, dürft ihr gern mit ausfahren.»

Auf dem Boden des Kahns lagen die Netze zu Knäueln und verbreiteten einen durchdringenden Fischgeruch. Das Boot war plump und ungestrichen, das Segel fleckig und geflickt, aber der Wind führte uns dennoch rasch hinaus auf den Fluß. Die Netze wurden über Bord geworfen und schleiften sachte durch das Wasser, während das Boot stromabwärts dahinglitt. Der Fischer war ein freundlicher Mann. Ich wollte ihn nicht nach seinem Namen fragen, damit er uns nicht nach den unseren fragte, denn wir hatten nicht verabredet, was wir dann antworten sollten. Er ließ Neyah eine Weile das Steuer halten, und ich zwinkerte Neyah zu, um ihn daran zu erinnern, daß er nichts davon verstände; denn wir hatten gesagt, wir seien nie zuvor in einem Boot gewesen. Dann fragte ich den Fischer, ob er uns eine jener Weisen singen wolle, die wir oft vom Ufer hatten herüberklingen hören, jedoch nie deutlich genug, um die Worte zu verstehen.

Er hatte eine sehr schöne Stimme, tief und mächtig. Das Lied hatte kaum eine Melodie, es waren nur zwei, drei Töne:

«O mein Netz! Schwing weit für deinen Meister.
Den Fischen sage, du bötest Schutz
wider die Ungeheuer, so im Flusse hausen.
O ihr Fische! Eilet herbei aus den Grotten von Schilf
und wieget euch im Schatten des Bootes.
Weh sachte, o Wind! Auf daß mein Boot teile die Flut,
sanft wie die nackte Maid, die schwimmt im
           Abendsonnenschein.
O ihr Fische! Höret mich an und gesellt euch den Brüdern
           im Netz,
auf daß es schwer werde von Silber,
auf daß die Meinen frohlocken mit mir.»

Alsbald rief er seinen Gefährten, der vorn im Boot hockte, verborgen hinter dem Segel, und die beiden holten die Netze ein, und Neyah und ich halfen ihnen. Und der Fang ergoß sich über die Reling in einem blinkenden, zappelnden Strom von Silber; und die Fische sprangen und klatschten mir gegen die Beine, so daß ich am liebsten auf die Brüstung geklettert wäre; Neyah jedoch schien es kaum zu bemerken. Er half den Männern, die Fische nach ihren Arten in Binsenkörbe ordnen. Ich glaube, wenn Aale darunter gewesen, wäre ich doch geflüchtet, aber zum Glück gab es keine bei diesem Fang.

Bei unserer Rückkunft hatte sich eine Menschenschar am Ufer versammelt; sie alle warteten auf Fische. Einen Augenblick lang befürchtete ich, sie könnten uns erkennen. Als ich aber zu Neyah hinübersah, fühlte ich mich wieder sicher, denn seine Arme glänzten von Schuppen, und seine Stirn war streifig von Fischblut.

Neyah wollte dem Fischer die Trauben als Dank überreichen, er aber lachte und sagte sehr freundlich: «Für diese Trauben gebe ich dir vier stattliche Fische und zwei dazu, weil du mir geholfen hast. Und du darfst immer mitfahren, wenn dich die Lust dazu ankommt. Frage am Ufer nach Das, und jeder wird dir sagen, wo ich zu finden bin.»

Und er reihte sechs Fische auf ein Binsenrohr, indem er dies durch ihre Kiemen spießte, und gab sie Neyah. Wir dankten ihm mit warmen Worten und machten uns auf den Heimweg.

Nun schien der Weg viel, viel weiter als am Morgen, da wir zum Fluß wanderten, und mich überkam große Müdigkeit. Zudem riß das Band meiner Sandale; sie schlappte bei jedem Schritt, und ein Kiesel geriet hinein und schnitt mich in den Fuß. Neyah bemerkte wohl, wie müde ich war, meinte aber, das sei etwas, das nur ärger werde, denke man daran. Und ich entgegnete: «Aber dir tut der Fuß nicht weh! Wenn mich mein Fuß schmerzt, dann kann ich an nichts anderes denken.»

Und darauf sagte er: «Wenn du so wehleidig bist, wirst

du nicht mit mir in die Schlacht ziehen können, später, wenn ich ein Krieger bin. Krieger bekommen stets einen Speer in den Leib, oder auch einen Pfeil, und oft erhalten sie einen Schlag mit dem Streitkolben. Aber sie sind so tapfer, daß sie nicht darauf achten. Ihnen ist Wehleidigkeit fremd.»

Nach diesen Worten wäre ich weitergewandert, bis sich meine Füße in blutige Fleischfetzen verwandelt hätten. Als Knabe geboren zu werden, mußte alles viel leichter machen; man brauchte nicht Tapferkeit zu heucheln, um bei einem Abenteuer dabei zu sein: man stürzte sich einfach hinein.

Danach sprach Neyah: «Ich werde dir jetzt ein neues Märchen erzählen. Höre mir gut zu, dann vergißt du, daß du müde bist.»

Inmitten eines Gartens lag ein großer, schöner Teich. Sein steiniger Boden hatte die Farbe des Türkis, und eine Rinne speiste ihn ständig mit frischem Wasser, das auf der anderen Seite wieder abfloß.

In diesem Weiher hauste eine große Anzahl fetter und selbstzufriedener Fische und auch ein einziger kleiner roter Fisch. Die großen, fetten Fische schnappten dem roten Fischlein alle Fliegen fort und fraßen alle Würmer auf und beanspruchten die schönsten, schattigen Ruheplätze unter den Lotosblättern. Der arme, kleine rote Fisch aber hatte sehr wenig zu fressen und kein Plätzchen, wo er geschützt vor der stechenden Sonne schlafen konnte. Und da er seine Zeit nicht mit der Suche nach Futter oder schattigen Winkeln verbrachte, grübelte er viel, um so seinem Kummer zu entfliehen. Und er durchforschte auch jedes Fleckchen des Weihers, bis daß er jeden Stein auf dem Grund kannte und jede Lotosknospe, die als nächste erblühen würde.

Die fetten Fische wurden immer feister und der kleine rote Fisch immer magerer, bis er eines Tages, als er an der Schleuse vorüberschwamm, merkte, daß er nun schlank genug war, durch das Gatter zu schlüpfen. Es war zwar ein wenig mühsam, sich dort hindurchzuzwängen, und er verlor dabei ein gut Teil seiner Schuppen, aber schließlich war er frei. Er schwamm die Wasserrinne entlang, bis er zu dem großen Strom kam, und weiter, bis er das Meer erreichte. Und dort erblickte er viele wunderbare Dinge, aber auch viele, die schrecklich waren.

Einmal begegnete ihm ein Fisch, der war so gewaltig, daß er den ganzen Weiher hätte trinken können und dennoch durstig geblieben wäre. Und der riesige Fisch kam geradewegs auf ihn zugeschwommen. Seinen Rachen hielt er sperrangelweit offen, denn auf diese Weise sammelte er seine Mahlzeit ein, gleich einem Fischer, der sein Netz einzieht. Und das arme rote Fischlein geriet in seinen Schlund und wurde hinuntergespült in die fürchterliche, rumpelnde Finsternis des riesigen Fischbauches. Da bat das rote Fischlein recht inständig zu dem Gott der Fische, und der Gott hörte es, wiewohl es in dieser Finsternis weilte. Und er ließ den riesigen Fisch den Schluckauf bekommen, so daß das rote Fischlein wieder hinausgespien wurde ins Meer.

Alsbald fand der kleine rote Fisch in der klaren grünen Tiefe der See einen prächtigen Palast aus Korallen, wo zierliche bunte Fischlein ihm leckere, fette Würmer auf Perlmuttschalen reichten. Dort lebte er herrlich und in Freuden und wäre dort auch sein ganzes Leben geblieben, wenn es ihn nicht heimgedrängt hätte zu seinem eigenen Weiher. Dort wollte er den fetten Fischen von all den köstlichen Dingen berichten, die sie nicht zu sehen bekamen, weil sie zu fett waren, um durch das Gatter zu schlüpfen. Also verließ er das Meer und schwamm stromaufwärts. Und auch auf dieser Reise bestand er viele Abenteuer und sah viele Dinge, manche so schön wie der Korallenpalast, andere so gefährlich wie das Ungeheuer. Und er schwamm weiter stromaufwärts und die Rinne entlang bis zur Schleuse. Und nun war er wiederum so schlank geworden durch alle bestandene Mühsal, daß er leicht hindurchglitt.

Er glaubte, alle Fische daheim würden sich höchlichst verwundern, ihn wiederzusehen, doch kein einziger hatte

überhaupt bemerkt, daß er fortgewesen war. Und er schwamm auf einen gewaltig fetten Fisch zu und sprach: «Laß ab davon, soviel zu fressen und dicke Blasen zu pusten, und hör mich an, du dummer Dickwanst! Ich bin gekommen, dir von all den seltsamen Dingen zu berichten, die mir jenseits des Wehrs widerfahren sind. Und ich will dich darin unterweisen, wie du schlank wirst, damit auch du diese Reise machen kannst und ebenso weise wirst wie ich.»
Und der fette Fisch folgte ihm bis zur Schleuse, doch als er sah, daß die Stäbe des Gatters so dicht beieinanderstanden, daß er nicht einmal eine Flosse dazwischenzwängen konnte, stieß er gemächlich und höhnisch zwei Luftblasen aus und sprach: «Du kleiner roter Dummkopf, störe nicht meine Betrachtungen mit deinem törichten Geschwätz! Ich bin weit klüger als du, denn ich bin der König aller Fische. Wie willst du durch das Gatter gekommen sein, wenn ich nicht einmal eine Flosse hindurchzwängen kann?» Und damit schwamm er zurück zu seinem schattigen Plätzchen unter dem Lotosblatt. Das rote Fischlein aber war von Herzen betrübt, daß niemand auf es hören wollte, und es schlüpfte wieder durch das Gatter und schwamm zurück zum Meer.
Nun begab es sich aber, daß bald darauf eine schwere Dürre über das Land kam. Der Bach, der den Weiher speiste, versickerte, der Spiegel des Weihers sank und sank, und den fetten Fischen wurde sehr bange. Sie lagen schnappend im Schlamm auf dem Grund, und schließlich starben sie.
Das rote Fischlein aber lebte glücklich bis an das Ende seiner Tage im Korallenpalast in der Tiefe der See.

Dies war ein so schönes Märchen, daß ich meinen wunden Fluß darüber völlig vergaß. Als Neyah geendet hatte, waren wir am Weingarten angelangt, und dort zog ich meine Sandalen aus und watete in den Wasserfurchen neben den Rebstöcken, und so wurde die Entzündung in meinem Fuß ausgewaschen.

Nun fiel mir Maata ein, und wie sehr sie uns zürnen würde, und ich sagte: «Neyah, meinst du nicht, es wäre besser, unsere Fische zu verscharren oder sie einem der Gärtner zu schenken, damit Maata nicht erfährt, wo wir gewesen sind?»

Doch Neyah sprach: «Nein, das Abenteuer war so schön, daß ich es dem Vater erzählen will. Und ich möchte auch den Fischer, der so freundlich zu uns war, mit einer Gabe erfreuen – aber zu Maata wollen wir doch erst gehen, nachdem wir den Vater gesprochen haben.»

Wir sahen ihn aus dem Raum kommen, der zur Audienzhalle führte. Er trug noch den Zeremonienbart, der mit zwei Riemen unsichtbar unter der hohen Mütze befestigt war, und beides legte er nur an, wenn er zu Gericht saß. Nun reichte er diese Dinge einem Diener und sagte, daß er im Teich ein Bad nehmen wolle und daß wir ihn begleiten dürften. Er verwunderte sich nicht, uns zu sehen, also konnte Maata ihm nicht von unserem Verschwinden gesprochen haben.

Als wir ihm die Fische zeigten und von dem Abenteuer berichteten, zürnte er uns nicht, wiewohl er uns sagte, wir hätten nicht heimlich fortgehen sollen. Und Neyah erwiderte: «Ich hätte es Maata wohl gesagt, aber sie hätte es uns doch nur verboten, und ich wollte sie nicht durch Ungehorsam betrüben.»

Und der Vater erlaubte uns, daß wir die Fische zur Abendmahlzeit verspeisten. Und dann fragte Neyah, ob wir den Fischer durch eine Gabe erfreuen dürften, und Vater hieß ihn zu Nu-setees gehen und ihm den Auftrag erteilen, ein Geschenk zu formen.

Und Nu-setees schmiedete aus Gold einen zierlichen kleinen Fisch, als Amulett um den Hals zu tragen, und darauf ritzte er meinen und Neyahs Namen. Am nächsten Morgen legten wir unsere Festkleider an, und Harka fuhr uns im Wagen hinunter zum Fluß, damit wir dem Fischer die Gabe überreichten. Als Das erkannte, wer wir waren, wollte er sich vor uns in den Staub werfen, doch Neyah sagte, wir alle seien Fischer, und ich knüpfte das Amulett um seinen Nacken.

5 Das Löwenjunge

Als ich sechs Jahre zählte, wünschte ich mir ein Löwenjunges. Ich besaß bereits ein schwarzes Hündchen, zwei Tauben und eine Wachtel, die einen Fuß gebrochen hatte. Maata aber sagte zu mir: «Löwen sind Spielgefährten für Krieger und nicht für Kinder.»
Nun war einer der Gärtner, Pakeewi mit Namen, mein Freund. Er hatte nur ein Auge und zwei Finger an seiner Linken; die drei anderen hatte er eingebüßt, als er für meinen Vater im Süden stritt. Es war ihm aufgetragen, den Gemüsegarten zu pflegen, und dieser lag eine Strecke Wegs vom Palast entfernt. Maata hatte einen Bruder, der gleichfalls dort arbeitete und Aufseher über die anderen Gärtner war. Und während sie mit ihm sprach, pflegte Pakeewi Neyah und mir von seinen Fahrten zu erzählen. Er wußte viele Geschichten über Vaters Heldentaten in den Schlachten. Fragten wir aber den Vater danach, dann lachte er nur und sagte, wenn die Wirklichkeit eine Statue sei, dann seien Pakeewis Geschichten wie der riesige Schatten, den diese im Lampenschein an die Wand werfe.
Pakeewi verwahrte seine Geräte in einer Lehmhütte, und hier ließ er auch die Tiere hausen, die wir nicht mit in den Palast nehmen durften: meine gehörnte Kröte und meine beiden weißen Ratten mit den roten Augen und die kleine Springmaus mit den großen sanften Augen, die sich auf die Hinterbeine hockte, wenn ich mit ihr sprach. Neyah hatte eine junge Wildkatze, welche er zu zähmen versuchte, und er hielt sie in einer Kiste, deren Vorderseite mit Holzstäben vergittert war. Außerdem gehörte ihm eine gelbe Sandschlange. Mir erschien es sehr tapfer, daß er sich eine

Schlange zum Spielen gewählt hatte, und er selbst meinte dies gewiß auch ... Ich aber wünschte mir ein Löwenjunges! Denn hätte ich einen kleinen Löwen, der mit der Zeit zu einem mächtigen Raubtier heranwuchs und auch dann noch mein Schlafgemach teilte, dann dürfte kein Knabe behaupten, ich sei feige, bloß weil ich nicht mit Schlangen spielen mochte.

Pakeewi hatte einen Sohn, der hieß Serten und war einer der Knaben, die mit den Jagdhunden liefen. Ihm hatte ich gesagt, wie sehr ich mir ein Löwenjunges wünschte, und er hatte versprochen, eines zu bringen, sobald einmal eine Löwin getötet wurde, die Junge hatte.

Eines Tages suchte ich Serten auf. Ich fand ihn, wie er auf dem Rand eines Steintroges hockte und Zaumzeug polierte. Als er mich erblickte, spähte er zunächst in die Runde, um festzustellen, daß niemand uns beobachte, und dann gab er mir einen Wink, ihm zu folgen. Er führte mich in einen leeren Stall, und dort in einem dunklen Winkel sah ich eine große Bastardhündin, die zusammen mit ihren beiden Welpen ein kleines Löwenjunges säugte. Es war winzig, und seine Augen waren noch geschlossen. Ich strich ihm über das scheckige goldene Fell. Und Serten nahm ich das Versprechen ab, es mir des Abends zu bringen, wenn ich allein war.

Als Maata mich zur Ruhe brachte, schien es mir, als kämme sie mein Haar viel länger als gewöhnlich. Endlich ließ sie mich allein. Lange, lange Zeit rührte sich nichts, so daß ich schon fürchtete, Serten habe sein Gelöbnis vergessen. Da hörte ich ein leises Pochen an der Luke. Ich lief zum Fenster, und dort stand Serten mit dem Löwenjungen im Arm. Er reichte es mir hinauf, und es wimmerte ein wenig; da es aber sehr müde war, rollte es sich bald neben mir unter der warmen Decke zusammen.

Als alles wieder still war, pfiff ich leise den Pfiff, den Neyah und ich vereinbart hatten. Ich mußte ihn wohl geweckt haben, denn er kam ganz verschlafen herbei und sah recht mürrisch drein. «Neyah, ich habe einen Löwen in meinem Bett!»

«Schwatze keinen Unsinn! Du bist doch hellwach!»
«Aber es ist kein Traumlöwe, es ist ein richtiger Löwe.»
Er glaubte mir noch immer nicht, und da zog ich die Decke fort und ließ ihn das Junge sehen.
«Woher hast du es denn?»
Ich erzählte es ihm, und dann sagte ich: «Es ist sehr tapfer von mir, mit einem Löwen zusammen zu schlafen.»
«Es ist ja nur ein winziges Löwenjunges!»
«Aber bald wird es ein großer, starker Löwe sein, und dann wird er jeden anfallen, der böse zu mir ist.»
«Wenn er erst Zähne hat, darfst du ihn nicht behalten.»
«Deine Schlangen haben jedenfalls keine Giftzähne.»
Darauf sagte Neyah: «Dann bist du ja doppelt so feige, wenn du sie nicht zu berühren wagst.» Und da wurde ich so zornig, daß ich in Tränen ausbrach.

Nun zeigte sich Neyah sehr lieb zu mir und meinte, gewiß sei es ein wildes Raubtier und gefährlich für alle außer für mich. Und er setzte sich zu mir auf das Ruhebett und erzählte mir das Märchen vom Affen und dem Krokodil.

Und also lautete das Märchen vom Affen und dem Krokodil:

Vor langer, langer Zeit lebte einmal eine Affenfamilie, die hauste im Wipfel eines hohen Baumes im großen Wald. Es waren dies die Affenmutter, der Affenvater, zwei Affenmädchen und ein kleiner Affenknabe. Die beiden kleinen Affenmädchen waren sehr brav und merkten sich wohl, was die Mutter sie lehrte: wie sie am Schwanz zu schaukeln hätten und daß sie sich stets die feinen, biegsamen Äste aussuchen müßten, die die Last eines großen, gefährlichen Tieres nicht zu tragen vermochten. Sie unterwies sie, von welchen Früchten sie essen dürften und welche krank machten und wie sie das Fell mit den Fingern zu kämmen hätten, damit es weich und blank blieb.

Der kleine Affenknabe aber wollte nicht auf seine Mutter hören, denn er glaubte, er sei der klügste Affe im ganzen Wald. Und er war auch zu hochmütig, mit seinen Schwestern zu spielen, und pflegte allein in den höchsten Wipfeln herumzuklettern.

Eines Tages traf er tief drinnen im Wald auf eine große Lichtung, wo Menschen wohnten. Er wähnte, dies müsse ein besonders edler Affenstamm sein, von dem er nie gehört hatte, und er sprach zu sich selbst: «Dies sind meine wahren Gefährten. Ihnen will ich versuchen zu gleichen.»

Und da er sah, daß sie keine Schwänze hatten, legte er seinen eigenen über den Arm, so als trage er einen fremden Gegenstand. Nun war er aber gewohnt, sich daran von Ast zu Ast zu schwingen, und deshalb purzelte er häufig vom Baum und schlug sich recht bös. Aber selbst das machte ihn nicht klug. Und da er auch gesehen hatte, daß die Menschen kein Fell auf dem Leibe trugen, versuchte er, sich die Haare auszurupfen, um ihnen ähnlicher zu werden. Davon wurde er jedoch ganz wund, und es fror ihn so arg an den kahlen Stellen, daß er es wieder aufgab.

Eines Tages erspähte er einen Menschen, der allein im Walde wanderte. Und er hüpfte auf ihn zu und sprach: «Wenn du erlaubst, würde ich mich gern deinem Affenstamm zugesellen.»

Nun war dieser Mensch ein sehr weiser Mann, der die Sprache der Tiere verstand, und er sagte: «Wir sind keine Affen, sondern Menschen.»

Und der kleine Affe sprach: «Nun gut, dann will auch ich ein Mensch sein.»

Da erwiderte der weise Mann: «Einst wird kommen die Zeit, da alle Tiere des Waldes zu Menschen geworden sind. Harre in Geduld! Ist die Zeit vollbracht, wirst auch du die Gemeinschaft der Affen verlassen und die Einsamkeit der Menschen erfahren. Lerne alles, was es für einen Affen zu lernen gibt, denn wenn du also handelst, wirst du die Weisheit schneller erringen. Und trage deinen Schwanz nicht über dem Arm. Denn so du mißachtest, was die Götter dir schenkten, wirst du eines Tages den Verlust dieser Gabe bitter beweinen.»

Diese Worte erbosten den Affen gar sehr, denn er hielt

die Menschen noch immer für eine besondere Affenart, die sich nur zu vornehm dünkte, mit ihm zu spielen – genauso, wie er sich zu vornehm dünkte, mit seinen Schwestern zu spielen. Und er schmähte den weisen Mann mit groben Worten und lief fort in den Wald.

Eines Tages schlenderte er am Flußufer entlang, den Schwanz noch immer über dem Arm, und auf dem Fluß erblickte er einen Mann, der auf einem Floß fuhr, und er sprach zu sich selbst: «Das werde auch ich tun, und dann werden sie mir wohl glauben müssen, daß ich zu ihrem Stamm gehöre.» Und als er im Wasser etwas entdeckte, das er für einen Holzstamm hielt, hüpfte er hinauf. Der Stamm setzte sich in Bewegung und trieb auf dem Wasser dahin, und der kleine Affe kam sich gar großartig und bedeutend vor.

Plötzlich aber öffnete der Stamm zwei tückische Augen und starrte ihn an. Und da erkannte er, daß es ein Krokodil war. Und der Schreck fuhr ihm so sehr in die Glieder, daß er mit einem Satz ins Wasser sprang und eilends davonschwamm.

Aber gerade in dem Augenblick, da er das Ufer glücklich erreicht hatte, schnappte das Krokodil zu und biß ihm den Schwanz ab.

Und als er nun heimwärts trottete zu seiner Mutter, wiesen alle die anderen Affen, mit denen zu spielen er sich zu fein gedünkt, mit Fingern auf ihn und verlachten und verhöhnten ihn. Und da war nicht einer, der Mitleid mit ihm hatte, außer seiner Mutter natürlich, die ihn nach wie vor liebte, trotz all seiner Abscheulichkeit.

Kurze Zeit darauf brach ein furchtbares Unwetter los, und die Bäume wurden vom Sturm gerüttelt, und der arme Affe, der keinen Schwanz mehr hatte, sich damit festzuklammern, wurde zu Boden geschleudert. Und er stürzte so unglücklich, daß er auf der Stelle starb.

Aber noch ehe ein Jahr verstrichen, wurde er derselben Mutter wiedergeboren. Und er lernte, sich am Schwanz durch das Geäst schwingen, schneller als irgendein anderes

Affenkind. Und er gehorchte ihrer Stimme und wurde der bravste und freundlichste Affe des ganzen Waldes.

Denn nun wußte er, daß Weisheit und Glück nur dann gefunden werden, wenn man die Gaben der Götter achtet und recht gebraucht.

6 ZEB, DER LÖWENWÄRTER

Ich nannte meinen kleinen Löwen Natee, und bis er ein Jahr zählte, durfte ich ihn auf einem Polster zu meinen Füßen schlafen lassen. Dann entschied mein Vater, daß er zusammen mit den anderen zahmen Löwen im Hof neben dem Gehege der Jagdhunde gehalten werde; ich aber hoffte, ihm die Erlaubnis abzuschmeicheln, daß Natee auch weiter bei mir bliebe.

Ich war mit Neyah unten am Sumpf gewesen. Er hatte mich in der Frühe geweckt und gesagt, ich dürfe ihn dorthin begleiten und mit ihm Schwäne schießen.

Wir schlichen uns an Maatas Fenster vorüber, leise, damit sie uns nicht hörte, und vor dem Garten erwarteten uns drei Knaben, Freunde von Neyah. Jeder von uns trug einen Bogen über der Schulter und kleine Pfeile für Wildvögel in unseren Köchern aus Rinde. Es war noch dunkel, und nur am Horizont schimmerte ein fahler Schein. Beim Sumpf angelangt, krochen wir durch das Ried bis zum See, und dort lagerten wir uns auf dem feuchten Boden am Rande des seichten Gewässers und warteten auf die Rückkehr der Vögel von ihren nächtlichen Futterplätzen.

Als wir den seltsam knarrenden Laut vernahmen, den die wilden Schwäne mit ihren Schwingen hervorbringen, tagte es bereits. Es war ein Schwarm von ungefähr dreißig Vögeln, der sich uns in Form einer Pfeilspitze näherte, und als die Schwäne über uns standen, schossen wir unsere Pfeile auf sie ab. Ein einziger Schwan verlor ein paar Federn, aber auch er flog unversehrt weiter.

Gleich darauf hörten wir menschliche Stimmen; es waren die Vogelsteller, die gekommen waren, um ihre Schlingen auszulegen, und wir machten uns leise davon. Da wir versprochen hatten, nicht auszugehen, ohne es unseren Dienern zu sagen, wollten wir nicht gesehen werden.

Bei der Heimkehr fand ich Natee nicht in meinem Schlafgemach und ging zum Löwenzwinger, um zu sehen, ob er dort sei. Noch war keiner der Wärter zu erblicken. Ich schob den Riegel an der Eingangspforte zurück und entdeckte Natee, wie er schlafend in der Sonne lag, und ihm zur Seite ruhte eine junge Löwin in seinem Alter. Ich rief ihn, und er kam sofort über den Hof getrottet. Aber einer der Löwenwärter mußte mich wohl gehört haben, denn er kam nun herbeigelaufen, um mir zu sagen, Natee müsse dort bleiben; es sei Befehl erteilt, ich dürfe ihn nur mit mir nehmen, wenn ich in Begleitung sei. Ich packte Natee bei der Halskoppel und zerrte ihn mit mir fort, aber der Bursche stand in der Pforte und verwehrte mit den Durchgang.

Ich befahl ihm, zur Seite zu treten, er aber rührte sich nicht von der Stelle. Da fiel mein Auge auf eine schwere Peitsche aus geflochtenen Riemen, die auf einer Bank neben der Mauer lag, und ich ergriff sie und schlug ihm über Gesicht und Schultern, wieder und wieder. Er gab keinen Laut von sich und stand nur da und schaute mich an. In mir aber loderte der Zorn so mächtig, daß ich nichts wahrnahm als diesen Burschen, der mir den Weg versperrte, und die Striemen, die die Peitsche ihm auf Gesicht und Achseln zeichnete.

Nun sprang Natee vor und riß den Jüngling zu Boden. Natee war nicht eigentlich ergrimmt, knurrte aber, und aus dem einen Arm des Burschen, dort, wo Natee hart zugeschnappt hatte, rann Blut. Der Bursche war so gelähmt vor Furcht, daß er reglos auf dem Boden liegenblieb. Ich lockte Natee, und er folgte mir; und dann führte ich ihn am Halsband in mein Schlafgemach.

Und Natee war sehr froh, wieder bei mir zu sein. Während ich zum Baden ging, schloß ich ihn in mein Gemach ein, und als ich zurückkehrte, hatte er ein Loch in mein Polster gebissen und einen Teil der Daunen hervorgezerrt. Und an meinem Ruhebett hatte er einen Pfosten durchnagt, und das war recht schade, denn es war ein sehr schönes Ruhebett, dessen Beine geformt waren wie Antilopenfüße mit kleinen vergoldeten Hufen. Wiewohl ich Natee sehr liebte, schalt ich ihn streng; er aber kümmerte sich nicht darum, sondern leckte mir zärtlich den Arm mit seiner rauhen Zunge.

Es trat nun jemand vor meine verriegelte Tür und sagte, mein Vater wünsche mich augenblicklich in dem Raum zu sprechen, wo er die Siegel zu setzen pflege.

Als ich dort eintrat, las mein Vater in einer Papyrusrolle. Er hatte gerade Audienz erteilt und trug noch das Zeremoniengewand, und auf dem Tisch neben ihm lag die Königliche Geißel. Er lächelte mir nicht zu und glich einer Statue, so als sitze er zu Gericht. Und er sprach: «Die Peitsche in der Hand eines von königlichem Geblüt ist ein Sinnbild der Gerechtigkeit. In deiner Hand aber war sie ein Werkzeug der Ungerechtigkeit und der Feigheit, denn du züchtigtest einen, der sich Pharao gehorsam erwies und sein Gebot befolgte. Zudem hast du einen Jüngling mißhandelt, welcher wegen deines Ranges und seines eigenen nicht zurückschlagen konnte. Einen solchen Menschen zu schlagen, ist die Tat eines hoffärtigen Feiglings und unwürdig unserer Überlieferung. Wärest du männlichen Geschlechts und nicht das, was du bist, ein Kind und Mädchen, ließe ich dich durch die Peitsche züchtigen. Dann widerführe dir die gerechte Strafe, sofern du mutwillig gehandelt hast; tatest du es aber aus Unwissenheit, würde dir die Lehre zuteil, daß derjenige, welcher die Knute zu Unrecht zum Schlage hebt, selbst Schwielen auf dem Rücken davonträgt. Da du jedoch noch ein Kind bist, hoffe ich, die Hiebe meines Zorns werden ausreichen, dich dieses Gesetz zu lehren.»

Erst jetzt begriff ich, was ich getan, und erkannte, wie tapfer der Jüngling gewesen, als er kein einziges Mal unter meinen Peitschenhieben zusammengezuckt war. Ich wünschte inständig, ich wäre kein Mädchen, denn lieber wäre ich gezüchtigt worden, als meinen Vater so kalt und streng und fremd zu sehen. Und ich suchte in meinem Herzen nach Zorn, nur um nicht in Tränen auszubrechen. Ich bin nicht feige, dachte ich, und ich werde es ihm beweisen... Und ich führte meine Faust zum Munde und biß hinein, bis mir das Blut durch die Zähne rann. Und dies war nicht leicht getan, denn es schmerzte sehr. Darauf wies ich die Hand vor, von der das Blut tropfte, und sagte: «Genauso biß Natee den Jüngling, und ich werde zu ihm gehen und ihm sagen, daß er mich wiederschlagen darf, ohne an meinen Rang zu denken oder daran, daß ich ein Mädchen bin. Denn ich bin kein Feigling.»

Damit wandte ich mich um und lief aus dem Saal.

Als ich mein Schlafgemach betrat, war Natee nicht mehr dort. Ich verriegelte die Tür und warf mich auf mein Ruhebett und weinte bitterlich; und mein Mund war voller Federn. Nach einer Weile klopfte es an die Tür, und ich glaubte, es sei Neyah, der so täte, als sei er der Vater. Neyah war der einzige Mensch, vor dem ich mich meiner Tränen nicht schämte, denn er hatte mir gesagt, weinen sei nichts anderes als Leibweh und nichts, dessen man sich zu schämen hätte. Also öffnete ich die Tür. Davor stand jedoch nicht Neyah, sondern der Vater. Er war jetzt ohne seine Mütze und seinen Zeremonienbart. Er lächelte mir zu, und dann schloß er mich in seine Arme und ließ sich auf meinem Ruhebett nieder, wo er mich auf den Schoß nahm. Über die verstreuten Federn und darüber, daß mein Bett mit dem zernagten Bein schwankte, verlor er kein Wort. In meinem Glück darüber, daß er mich nicht verabscheute, vergoß ich doch ein paar Tränen an seiner nackten Schulter, und als ich sie fortleckte, schmeckten sie sehr salzig.

Und dann sagte er mir, er habe einen besseren Vorschlag, die Schalen der Gerechtigkeit wieder ins Gleichgewicht zu bringen. Gewiß ließen sie sich auch ausgleichen, wenn man dem Jüngling gestatte, mich zu schlagen, besser aber sei der

Gerechtigkeit gedient, wenn man seine Wunden heile und seine Schmerzen lindere. Er habe eine Salbe, die dies bewirke. Ich schneuzte mich nun kräftig und kühlte mein Gesicht mit kaltem Wasser, und dann gingen wir gemeinsam zum Haus der Diener. Der Bursche, welcher Zeb hieß, lag dort mit dem Gesicht in den Armen vergraben auf einer Bank. Zunächst sagte ich ihm, daß ich wisse, ich hätte ihm Unrecht getan, und ich bat ihn, mir zu verzeihen. Und Zeb entgegnete, es sei nicht der Rede wert, und die Striemen von der Peitsche schmerzten ihn nicht. Ich aber wiederholte: «Vergib mir, Zeb! Vergib mir!» Und da kniete er nieder, ergriff meine Hände und legte sie mit dem Handrücken gegen seine Augen und sprach: «Ich will dir dienen mit treuem Herzen, bis daß der Tod mich holt.» Und mein Vater bestimmte, daß er hinfort zu meinen persönlichen Dienern zähle.

Darauf zeigte mir mein Vater, wie ich die Striemen mit der Salbe bestreichen solle, und fünf Tage lang salbte ich Zebs Wunden, bis alle Male geschwunden waren.

Meinem Vater gestand ich nun, daß ich Zeb gepeitscht hätte, ohne zu denken; denn mein Zorn habe keinem anderen Gedanken Raum gelassen als dem, daß er mir den Weg versperrte. Dieses sagte ich, als ich mit dem Vater am Sumpf entlangwanderte, und auf diesem Weg begleitete uns Shamba, seine Lieblingslöwin, die klüger war als ein Jagdhund. Mein Vater sprach: «Sekeeta, dein Wille muß deinen Zorn zügeln, gleichwie mein Wille den Shambas bändigt. Zorn, den man zügelt, gleicht einem gezähmten Löwen: Er ist ein treuer Beschützer und eine starke Waffe. Mit beherrschtem Zorn kann man einen Missetäter züchtigen wie mit der Geißel. Und die Furcht vor solchem Zorn ist den Schwachen auch ein Schutz gegenüber jenen, die sie angreifen würden, fürchteten sie nicht diesen Zorn – gleichwie es niemand wagte, einem zarten Säugling ein Leid anzutun, der unter Shambas Schutz steht. Derjenige aber, welcher seinen Zorn nicht meistern kann, gleicht einem Kind, das man an einen närrischen Ziegenbock bindet: Es muß ihm folgen, wohin er springt, durch Unrat und über Misthaufen im Dorf, durch Pfützen und selbst in den Zwinger mit den wilden Leoparden, die beide in Stücke reißen. Darum, Sekeeta, merke wohl: Zorn, gebändigt durch deinen Willen, ist eine Geißel in deiner Hand, unbeherrschter Zorn aber eine Peitsche für deinen eigenen Rücken.»

7 Klarsichtige Richter

Hielt der Vater Gericht, saß Neyah ihm häufig zur Seite, auf daß er für jene Zeit vorbereitet werde, da er vierzehn Jahre zählte und mitherrschen sollte. Und bisweilen durfte auch ich dort anwesend sein, um gleichfalls von Pharaos Gerechtigkeit zu lernen.

Ptah-kefer, welcher einer der vornehmsten Beamten des Königlichen Haushaltes war, hatte seinen Platz in der Audienzhalle zwischen dem Throne Pharaos und dem Tisch der Schreiber. Da er ein Seherpriester der höchsten Weihe war, trug er die doppelte Purpurfeder, welche die Zierde Maats ist, der Göttin der Wahrheit, und kundtut, daß er mit leiblichen Augen zwei Wahrheiten zu schauen vermochte, die der Erde und die des Geistes.

Bei seinen Urteilssprüchen bediente sich mein Vater zuweilen Shambas, der Löwin, und dies hieß man die Löwenprobe. Er befahl dem Mann, dessen Herz geprüft werden sollte, vorzutreten und die Hand in Shambas Rachen zu legen; und er bedeutete ihm, daß, wenn er ohne Schuld sei, die Löwin seine Hand behutsam im Maul halte, sei er jedoch beladen mit Schuld, sie den ganzen Arm zu Brei zermalme. War nun der Mann unschuldig, trat er zu Shamba, und ihre Fänge waren so sanft, daß sie nicht einmal das Gefieder eines Vogels zerzaust hätten. Und der Schuldlose ging dann seines Weges und wußte wiederum eine Geschichte zu berichten zum Ruhme der Weisheit Pharaos, welche so erhaben, daß selbst die Löwin zu seinen Füßen in ihrem

Licht bade, und welche die Herzen zu wägen verstand, unfehlbar wie Tahuti. War der Mann aber schuldig, hob mein Vater die Geißel, bevor sich jener der Löwin genähert hatte, und fällte das Urteil. Und währenddessen saßen Neyah und ich mit Gesichtern, so reglos wie die von Statuen, wußten wir doch, daß, wenn der Vater Shamba befohlen, friedfertig zu sein, sie selbst mit Set sanft umgegangen wäre, sofern sich dieser auf Erden gezeigt hätte; und daß, wenn er ihr befahl anzugreifen, sie sogar dem großen Ptah die Kehle durchbissen hätte.

Einst sprach der Vater zu uns: «Weise Herrscher wissen, daß viele ihrer Untertanen sind wie die Kinder, wiewohl sie die Körper Erwachsener haben. Und deshalb behandeln sie sie wie die Kinder, also so, wie es ihrem Verstande angemessen, auf daß sie fügsam und zufrieden bleiben.»

Ich fragte den Vater, woher er so untrüglich wisse, wann ein Mann nichts von Shamba zu befürchten habe. Und er erklärte mir, daß Ptah-kefer achtgebe auf den Mann, der sich der Löwin nähere: Zeige er Furcht, drehe Ptah-kefer den Ring an seinem Finger. Wünschten wir aber zu wissen, weshalb Ptah-kefer den Ring drehe, müßten wir ihn selbst befragen.

Und Ptah-kefer gab uns dies zur Antwort: «Mit unseren leiblichen Augen vermögen wir nichts wahrzunehmen, weder Geduld noch Zorn, weder Neid noch Geiz, sondern allein deren Spiegelungen. Betrachte ich aber einen Menschen mit den Augen des Geistes, dann nehme ich seine Gedanken als Farben wahr, oder besser wäre zu sagen, seine Empfindungen. Je dunkler die Farbe ist, desto verdunkelter ist auch dieser Mensch durch das Irdische; ist die Farbe jedoch hell, dann weilt er nahe der Quelle des Lichts, zu der wir alle eines Tages gelangen werden.

Neid und Geiz sehe ich als trübes, dunkles Grün; wahres Mitfühlen aber, welches Mitleiden ist, zeigt sich als das lichte Grün des Himmels vor der Morgendämmerung. Weisheit erscheint als helles, klares Gelb, gleich dem Sonnenschein auf einer weißen Mauer; Verrat und Habgier aber sind lehmfarben wie der Schlamm, woraus man die Ziegel formt. Und so hat jede Empfindung ihren eigenen Farbton, und jene, die uns am häufigsten beherrschen, bestimmen die Farbe des Lichts, das ein jeder von uns aussendet. Furcht aber trübt die Farben mit schmutzigem Grau, gleich den Rauchschwaden brennenden Öls; heftige Ungeduld fleckt sie mit einem Rot, gleich verspritzten Blutstropfen. Und solcher Anzeichen sind viele, und daran vermag ich die Menschen zu erkennen. Naht sich nun ein Mensch der Löwin Shamba ohne geheime Furcht, so weiß ich, daß er die Wahrheit sprach.»

Ich sagte: «Wenn nun aber jemand so töricht ist, daß er Löwen nicht mag – so wie mir Schlangen zuwider sind, selbst dann, wenn sie noch klein und ungefährlich sind?»

«Niemand, er sei denn böse, fürchtet Pharaos Gericht, denn ein jeder weiß, daß seine Geißel ihm zum Schutze dient und der Löwe zu seinen Füßen Teil seiner Gerechtigkeit ist. Derjenige, welcher Pharao oder Shamba fürchtet, fürchtet sein eigenes Herz.»

«Wenn nun aber der Mann, dessen Herz geprüft werden soll, schuldig wäre, aber gleichzeitig vernarrt in Löwen, wie ich es bin, oder wenn er selbst einen wie Natee besäße, dann würde er sich doch vor keinem anderen zahmen Löwen fürchten.»

«Es gibt noch andere Wege, die Schuld eines Menschen zu erkennen. Denke dir, zwei Männer stritten um ein Stück Land. Und des einen Farbe wäre dunkel von Habgier und die des anderen das Türkis der Sänger und Bildhauer – und es wäre diese Farbe so stark, daß ich sehen könnte, sein Herz hängt so wenig an den Gütern dieser Erde, daß er selbst seine Kinder hungern und sein Weib in geflicktem Rock gehen ließe –, so wüßte ich, daß er das Stück Land begehrte, weil es ihm rechtmäßig zukommt, und daß er nicht aus Habgier danach trachtete.

Doch dein Vater bedarf nur selten meines Seherblicks, denn in seiner Weisheit und mit seinem Verstand vermag er in den Herzen der Menschen zu lesen. Und wiewohl er nicht die Farbe ihrer Gedanken wahrnimmt, ist ihr Charakter für ihn so deutlich, als stehe er verzeichnet auf einer Papyrusrolle. Vor langen Zeiten, als die Erde noch jung war, sprach ein weiser Mann: ‹Laß deine Gedanken leuchten, auf daß, wo immer du wandelst, und sei es in den Grotten der Unterwelt, deine Gefährten die Finsternis nicht fürchten, denn du sollst sein das Licht auf ihrem Wege.› Und dieses Licht, von dem er sprach, ist das gleiche Licht, das auch von uns ausgeht und von dem ich dir soeben erzählte. Wenn unsere Füße einst das Ziel unserer irdischen Reise erreicht haben, dann werden sich die Farben dieser Welt wandeln zu dem Weiß des reinen Lichts. Und in diesem Weiß sind alle reinen Farben enthalten, so auch die drei Farben der irdischen Wächter: das lichte, klare Gelb der Weisheit, welches da ist die Summe aller Erfahrung, das milde Grün des Mitleids, welches da ist das vollkommene Verstehen, und das schöne Rot der Krieger Maats, welches da ist der Mut jenseits aller Furcht.»

8 Die Schöpfungslegende

Eines Tages befragte ich Ptah-kefer über die Gestirne, und er antwortete mir: «Es gibt viele Welten gleich der unseren, unzählige wie Wassertropfen in einem Strom. Töricht wäre es zu versuchen, sich eine solche Vielfalt vorzustellen; denn derjenige, welcher trachtet, die Geheimnisse der Sonne zu ergründen, indem er hineinstarrt, erblindet und vermag nicht einmal mehr zu erkennen, was seine Hände berühren.» Und darauf erzählte er mir die Legende von der Schöpfung.

Vor langer, langer Zeit sandten die Götter der Götter, die so hoch über uns thronen, daß wir nicht den tausendsten Teil ihrer Erhabenheit fassen können, nach ihrem Diener Ptah. Sie reichten ihm die Schale des Lebens, welche sich stets aufs neue füllte, sooft er sie auch leerte. Und sie geboten ihm, dieses Leben Weisheit zu lehren, bis daß es schließlich zur alles erkennenden, reinen Flamme des Geistes werde. Darauf bestellten sie ihn zum Gebieter der Erde, welche dazumal eine Stätte fühllosen Sandes und leblosen Gesteins war. Und Ptah streute das Leben über die Erde, und alsbald spürten die Berge die Sonne, die ihre Abhänge wärmte, und die Täler die tiefe Kälte der Winternacht. Und die Zeit kam, da dieses Leben zurückkehrte zu Ptah. Und aus der Schale vernahm er eine zarte Stimme, welche sprach: «Nun wissen wir von Kälte und Hitze. Lehre uns mehr!»

Darauf kleidete Ptah die Hügel mit Bäumen und die Täler mit Gräsern und Blumen; und darüber leerte er seine Schale. Und das Leben lernte, wie die Pflanzen ihre Wurzeln durch den Boden treiben, um Kraft zu gewinnen, der Sonne ihre Blüten entgegenzuheben; wie einige sich mit rankenden Trieben an die Klippen klammerten und andere Schatten spendeten an Fluß und See. Und sie alle teilten ihre Erfahrungen miteinander, so daß der Grashalm wußte, wie der Wind die Kronen der Bäume wiegt, und der stachlige Kaktus Kenntnis hatte von der Weichheit des Mooses.

Und wieder füllte sich die Schale mit dem wiederkehrenden Leben. Nun war seine Stimme kräftiger, und es sprach: «Wir haben unsere Aufgabe gelernt als Pflanzen; nun aber wollen wir Körper haben, uns damit zu bewegen, auf daß wir rascher unser Schicksal erfüllen.»

Und Ptah schuf die Tiere der Erde. Erst die niederen, wie Würmer und Schnecken, dann Hasen und Antilopen, Löwen, Zebras, Singvögel und Fische.

Und wieder kehrte das Leben zurück und sprach: «Nun sind wir klug; wir können die Wüste des Nachts durchqueren und uns Wasser und Obdach suchen. Weit sind wir gewandert über die Erde, und vielfältig ist unser Wissen. Gib uns Körper, die unser würdig sind.»

Und Ptah gab ihnen zur Antwort: «Ich habe euch ausgesandt als Fels, Gewächs und Getier, und ihr seid heimgekehrt mit dem Wissen um Erfahrungen, die ihr in euer aller Gedächtnis bewahrt. Und gemeinsam ist euch auch die Liebe zu allem, was da wächst, welche ihr als Tiere noch immer fühlt, wiewohl ihr davon frei zu werden wünscht. Nun will ich euch Körper geben gleich meinem, und zum erstenmal sollt ihr sagen ‹Ich bin›, und wenn ihr also sprechet, wird es bedeuten ‹Ich bin einsam›. Nicht länger vermag ich euch nun den Weg zu weisen. Ihr müßt eine weite Reise antreten, welche nicht eher endet, als bis ihr mich grüßet, nicht als euren Schöpfer, sondern als euren Bruder.»

Und das Leben sprach: «Uns verlangt danach. Wir begehren dieses Recht, den Weg zu wandern zur Bruderschaft mit dir.»

Und da schuf Ptah den Menschen.

Und der Mensch wandelte über die Erde und freute sich ihrer. Die Wiesen der Täler waren weich unter seinen Füßen, der Duft der Blumen erfreute seine Sinne, und der Geschmack der Früchte war seiner Zunge lieblich. Ruhte er während der heißen Mittagsstunden im Schatten, kam die Gazelle und schmiegte ihren Kopf in seine Hand, der Löwe wandelte ihm zur Seite am kühlen Strom, und der Hirsch wetteiferte mit ihm an Schnelligkeit.

Doch die Worte Ptahs «Ich bin. Ich bin einsam» tönten fort in seinem Herzen, bis daß er sich fürchtete in seiner Einsamkeit. Und er floh die lieblichen Gefilde und irrte umher in Verzweiflung auf der Suche nach einem, der seine Einsamkeit ende. Und in seiner Not schrie er zu den Göttern.

Und der große Gott Min hörte des Menschen Klage und stieg hinab auf die Erde. Und er ließ den Menschen in Schlaf fallen und sprach: «Nicht länger sollst du wandeln in Einsamkeit. Werde Mann und Weib und wandert hinfort gemeinsam. Und euch beiden gebe ich die Kraft, aus euren Leibern andere zu schaffen, welche ihrerseits das Leben Ptahs beherbergen. Und wenn ihr eure Kinder erblickt, sollt ihr sie hegen, wie Ptah euch gehegt hat.»

Und auch aus jedem Tier formte er ein Paar, und alsbald wimmelte die Erde von Leben, und allerorts wurden junge Geschöpfe genährt und gehütet. Und selbst die Pflanzen hatten Teil an diesem Geschenk des Gottes und sandten ihre Wurzeln tiefer in den Boden auf der Suche nach Wasser für die reifende Saat.

In diesen frühen Tagen wußten alle Lebewesen um ihre Verwandtschaft, und es suchte der kleine Hase während der kalten Nacht Wärme bei dem mächtigen Löwen, und die Menschen waren den Bäumen und Sträuchern dankbar, die ihnen Schatten spendeten und süße Früchte schenkten.

Denn in jener entschwundenen Zeit, da die Erde noch jung war, gedachte ein jeglicher noch seines Schöpfers.

9 Der Leib

Eines Tages schaute ich nach Neyah aus, und ich fand ihn bei dem Vater in dem Saal, wo die großen Papyrusrollen verwahrt wurden, auf welchen die Schreiber die Früchte der Weisheit verzeichnen; einige waren vor vielen Jahren geschrieben, andere in unseren Tagen. Denn es kennt die Weisheit weder Jugend noch Alter und ist sich ewig gleich zu allen Zeiten.

Der Vater zeigte Neyah gerade eine von Zertas neuen Rollen. Zerta wohnte im Palast und schrieb alles nieder, was über den menschlichen Körper bekannt war, auf daß jene, welche nach uns kommen, lernten, ihn recht zu pflegen und so ihren Geist wohl zu beherbergen.

Auf einem Papyrus fand ich die Abbildung eines Menschen ohne Haut; sie war in hellem Braun gemalt, und von der Spitze des Schädels liefen rote Linien zu jedem Teil des Körpers.

Und der Vater erklärte uns, daß es im Körper feine Stränge gebe, die alle Empfindungen zum Herrscher des Körpers leiteten, welcher seinen Sitz im Schädel hat; und daß dies eine wichtige Erkenntnis sei, denn werde einer dieser Stränge verletzt, so könne es geschehen, daß man Schmerzen in den Fingern verspüre, wenn das Übel im Arm sitze. Und diese Erkenntnis helfe sowohl dem Heiler-mit-Kräutern als auch dem Heiler-mit-dem-Messer bei ihrer Arbeit, sofern sie keinen Seher hätten, der sie anleite.

Er sagte: «Diese unsere äußere Hülle ist zwar der Teil von uns, der uns die Erfahrung beschert, allein für unser wirkliches Selbst ist sie nur das, was die Kleidung für unseren Leib ist. Und diese Hülle, unser Leib, ist *Khat* benannt und wird geschrieben mit dem Zeichen eines gestrandeten Fisches. Denn ist der Geist mit dem Leib vereint, dann gleicht der Leib einem Fisch, der im Strome schwimmt; weilt der Geist jedoch fern dem Leibe, wie es im Schlaf geschieht, dann ist der Leib hilflos wie ein Fisch, der auf einer Sandbank strandete.»

Ich fragte den Vater: «Wenn es so viele Seher gibt, wozu braucht man dann Bilder vom Inneren des Menschen?»

«Wiewohl in der Königlichen Stadt kein Mangel an Sehern herrscht, sind es doch stets nur wenige Menschen, die die harten Prüfungen zu bestehen vermögen, welche zur Erlangung dieser Gabe führen. Selbst in unseren Tagen und hier in Kam würden Kranke oder verletzte Menschen an solchen Orten, wo kein Erleuchteter weilt, Schaden nehmen. Es gibt jedoch viele Länder, wo weder Seher noch Ärzte leben, den Leidenden und Versehrten zu helfen, und wo die Priester ohne Kraft sind und die Tempel nicht Schulen der Weisheit. Und diesen Menschen ist die genaue Kenntnis darüber, wie unser Leib beschaffen ist, von großem Nutzen – wiewohl es für sie gewißlich besser wäre, wenn sie Seher hätten.»

Ich war noch immer in die Betrachtung des Abbildes versunken und bemerkte, daß an der Spitze des Schädels, dort, wo die roten Linien zusammenliefen, ein winziger Mann kunstvoll gezeichnet war. Auf ihn wies ich nun und fragte: «Haben wir wirklich ein solches Ebenbild von uns in unserem Schädel, oder ist das nur eine Art zu zeichnen?»

Doch mein Vater antwortete: «Ja, alle Menschen und auch die Tiere tragen dieses Ebenbild in sich. Dieser Mann ist es, der die Befehle des Geistes an den Leib weiterleitet. Es kann ihn jedoch niemand sehen, außer den Erleuchteten. Schaute Ptah diesen Teil eines Menschen an, der im Begriff steht, den Arm zu heben, dann würde er einen Augenblick, bevor sich der körperliche Arm rührte, die gleiche Bewegung von dem getan sehen, der sich *Ka-ibis* nennt.

Erinnerst du dich des Kriegers von der Festung Na-Kish, den man zu uns in den Tempel brachte? Sein Hauptmann schickte ihn mit einem der leeren Getreideschiffe hierher. Dieser Krieger hatte mit angesehen, wie sein Weib von einem Krokodil gepackt und zerrissen wurde, und der Anblick war so über die Maßen furchtbar gewesen, daß er stumm wurde. Hierher wurde er geschickt, um Heilung zu finden. Dies aber war ihm geschehen: so groß waren seine Furcht und sein Entsetzen gewesen, daß die Gewalt dieser Gefühle seinen *Ka-ibis* verletzt hatte. Ebensowenig wie ein Mann, dessen Armmuskeln zerrissen, einen Speer werfen kann, ebensowenig vermochte der verletzte *Ka-ibis* dieses Mannes die Befehle seines Geistes an die Muskeln seiner Kehle weiterzugeben, und so wurde er denn stumm. Als nun aber Ptah-kefer sah, woran er litt, kräftigte er seinen *Ka-ibis* durch ärztliche Kunst, bis dieser wieder imstande war, die Befehle weiterzuleiten.

Ka-ibis wird mit dem Zeichen eines gehenden Menschen geschrieben, denn das Gehen ist ein Beispiel dafür, wie der Leib dem Geist durch Vermittlung des *Ka-ibis* folgt. Zuweilen bedient man sich auch nur des Zeichens für ‹gehen› oder ‹reisen›, welches, wie der Schreiber dich lehrte, aus zwei Beinen besteht.

In den frühen Tagen, als das Volk von Atlantis nach Kam zog, fand es hier den Ibis, und es meinte, sein schwarzweißes Gefieder sei ein Sinnbild dafür, wie die Weisheit die Finsternis der Unwissenheit durchdringe. Und da der Ruf des Ibis ‹Ah› lautet, sagten die von Atlantis: ‹Dies ist ein Vogel, welcher nichts spricht denn Weisheit. Und der, so

nichts spricht denn Weisheit, spricht nichts denn Wahrheit.›
Nun war in ihrem alten Land der Gott der Weisheit und
der Wäger der Herzen, Tahuti, stets durch zwei Waagschalen im Gleichgewicht dargestellt, die gleichen Schalen, die
man noch heute in den Gerichtssälen unseres Landes sieht.
Später nannte man diesen Gott Thoth und stellte ihn mit
einem Ibiskopf dar, und er wurde bekannt als der Bewahrer der Erhabenen Schriften. Denn also sprach man: ‹Gleichwie der Ibis nichts spricht denn die Wahrheit, welches da
ist die Weisheit, so verzeichnet Thoth einzig die Dinge,
welche von Dauer sind, und diese Dinge sind Weisheit und
Wahrheit.› Und so wurde Tahuti der Gott der Schreiber.
Heute aber gibt es viele im Volk, die vergessen haben, daß
Tahuti und Thoth ein und derselbe Gott sind.

Und gleichwie der Schreiber seine Gedanken in Schriftzeichen verwandelt, so verwandelt der kleine Mann in unserem Schädel die Gedanken in Handlungen. Und da er
dem Teil von uns zugehört, der mit unserem Leib stirbt,
jedoch nicht mit leiblichen Augen wahrgenommen werden
kann – wie unser *Ka* – nennen wir ihn *Ka-ibis*.»

Neyah hatte mir gesagt, was *Ka* war. Da ich aber nicht
sicher war, daß ich es recht begriffen hatte, bat ich den Vater, es mir zu erklären.

«In unserem Körper sind viele Teile, welche sich die
Dinge dieser Erde zunutze machen, durch die wir leben.
Unsere Lungen reinigen uns durch die Luft, die wir atmen;
unser Magen und unsere Eingeweide verwandeln Speise
und Trank zu neuem Blut, das unser Herz durch den Leib
treibt. Aber mehr ist vonnöten als dies, etwas, das uns
kein Organ spenden kann, und das ist Leben – das Leben,
wie es überall wirkt und darum auch das ‹Leben Ptahs› geheißen ist. Es ist dies von zu feinem Stoff, als daß es mit
Khat, dem Leibe, in Berührung kommen kann, und deshalb
besitzen wir ein feineres Abbild unseres Selbsts, ein Netzwerk von tausend unsichtbaren Strängen, durch die das Leben Ptahs fließt, ohne welches wir sterben müßten. Dieser
Teil von uns heißt *Ka,* welches bedeutet ‹Sammler des

Lebens›. Er kann nicht wahrgenommen werden mit leiblichen Augen, wiewohl er so bedeutungsvoll ist, daß der Leib stirbt, wenn diese Stränge verletzt werden und das Leben nicht länger tragen können. Allein wenn wir schlafen, kann *Ka* sich wieder mit Leben füllen. Und dies ist der Grund dafür, daß wir länger leben können ohne Nahrung denn ohne Schlaf.
Ka wird geschrieben wie zwei emporgereckte Arme über einer waagerechten Linie. Diese Linie bedeutete früher ‹Horizont› und bekam später den Sinn ‹Erde›; die emporgereckten Arme mit den offenen Händen sind ein Sinnbild dessen, der Ptahs Leben empfängt. Vor Hunderten von Jahren schrieb man je einen Kreis zwischen und über den Händen, und dieser Kreis bezeichnete die Quelle des Lebens. Nun aber verwenden wir das vereinfachte Zeichen.»

10 DER HEILER-MIT-KRÄUTERN

Als mein Vater Pharao wurde, zwölf Jahre vor des großen Menes' Tod, wußte man in Kam wenig über die Kunst, mit Kräutern zu heilen. Unter seiner Anleitung aber wurde viel von dem alten Wissen wieder lebendig, und neues kam hinzu.

Das Volk des Goldlandes hatte noch einiges von den alten Kenntnissen bewahrt, und zahlreiche Heilpflanzen, die in unserem Land in Vergessenheit geraten waren, wurden von meinem Vater wieder angepflanzt. Reisende aus fernen Ländern brachten ihm seltene Kräuter, und häufig gab er dafür das Dreifache ihres Gewichts in Gold. Wiewohl er Blumen und Bäume liebte, wuchsen in dem Garten, der an seine Gemächer grenzte, nur solche Pflanzen, die heilende Kräfte besaßen. Da waren Pflanzen, deren Blätter getrocknet wurden, und mit einem Aufguß daraus kühlte man das Fieber; andere hatten Wurzeln, die im Mörser zu Staub zermahlen wurden, und dieses Pulver heilte kranke

Gedärme; ferner gab es solche, aus denen Salben bereitet wurden, und diese schlossen Wunden und ließen Entzündungen abschwellen. Aus der Rinde eines kleinen Strauches mit gelben Blüten bereitete man einen Sud für die Augen. Und es wuchsen dort hohe Mohnstauden mit zarten, zerknitterten Blütenblättern, und aus ihrem Samen wurde ein Trank bereitet, der die Schmerzen betäubte. Und es grünte dort auch ein seltenes Kraut mit fleischigem Stengel, dessen Saft, auf einen Leinenstreifen geträufelt und als Binde über die Augen gelegt, den gelben Schorf löst, der das Augenlicht zerstört.

Einmal – es war zu jener Zeit, da die Stele errichtet wurde, die vom Bau des Palastes kündete – sprach mein Vater zu mir: «Wenn die Menschen in ferner Zukunft meiner gedenken, so hoffe ich, sie werden meiner nicht gedenken als Feldherr noch als Erbauer, sondern als des Mannes, der mit Kräutern heilte. Denn größer ist es, einen Blinden die Sterne sehen zu lassen als gewaltige Bauten in Stein zu errichten.»

Oft sagte er, daß die Kräuter uns viel zu lehren hätten. «Die Menschen sind häufig töricht: Krieger werfen ihre Schwerter fort, weil sie lieber pflügen wollen; Felder liegen brach, weil der Pflüger die Wand seines Stalles mit Bildern bemalt; und der Maler legt seinen Pinsel fort und sehnt sich danach, das Schwert zu tragen. Die Pflanzen sind weiser, denn eine jede begnügt sich mit dem Los, das ihr zufiel. Das Veilchen verkriecht sich nicht unter seinen Blättern vor Gram, daß es keine Dornen am Stiel trägt, und die Myrte trachtet nicht danach, Blüten hervorzubringen gleich denen der Winde, sondern ist es zufrieden, mit dem Grün ihrer schlichten Blätter erfrischende Düfte zu spenden.»

Eines Tages fanden wir den Vater kniend neben einer seiner Pflanzen. Die Blätter dieser Pflanze waren schlaff, und ihre Knospen ließen die Köpfe hängen. Er strich mit ausgestrecktem Finger darüber hin, als heile er einen Kranken, und wir fragten ihn, was er dort tue.

Und er sprach: «Diese Pflanze drohte zu sterben, denn es

mangelte ihr an Leben. Die Leiber der Menschen und Tiere füllen sich während des Schlafs mit neuem Leben, die Pflanzen jedoch können nicht schlafen und allein auch kein neues Leben sammeln. Und so bestellte Ptah für jede Pflanze einen kleinen Geist und Beschützer, der für sie das tut, was *Ka* für unseren Leib tut. Diese kleinen Pflanzengeister haben vielerlei Gestalt, alle bewegen sich jedoch in raschen Drehungen, rascher als ihr einen Kreisel durch eine Schnur wirbeln lassen könnt.» Und er erinnerte uns daran, wie wir einst einen seltsamen Wirbelwind sahen, der Sand und Hölzchen emporschleuderte und einsog. «Ebenso sammelt der Pflanzengeist Leben ein, um das Gewächs zu nähren, das unter seinem Schutz steht. Der kleine Geist dieser Pflanze war schwach und konnte nicht kreiseln, also sammelte ich – der ich heilender Priester bin – Leben ein, das Leben Ptahs, und sandte es durch die Kraft meines Willens, wohin mein Finger wies. Und nun ist der kleine Pflanzengeist gestärkt und kann wieder seine Aufgabe erfüllen.»

11 Der Seher

Neyahs Wildkatze ließ sich nicht zähmen, auch nach zwei Jahren nicht. Neyah gab ihr einen Kater zur Gesellschaft, auf daß sie nicht so allein sei, und ließ ihr eine Hütte bauen, und davor legte er einen langen Auslauf an mit Rasen und Bäumen, damit sie sich heimisch fühle. Ich verstand nicht, daß er so an ihr hing. Er verbrachte viele Stunden mit ihr und versuchte, sie zu einem zuverlässigen Freund zu erziehen. Er fütterte sie auch selbst, und schließlich schien sie sich wirklich zu freuen, wenn sie ihn erblickte, und kam auf das Gitter zugeschossen, wenn er sie lockte. Eines Tages aber biß sie ihn tief in die Wade, ohne weiteren Anlaß als den, daß sie besonders übelgelaunt war. Glücklicherweise säuberte Serten zu der Stunde gerade den Auslauf, und er jagte sie mit einem Rechen davon.

Neyah verabscheute alle Wehleidigkeit, wenn er sich einen Schaden zugefügt hatte. Diesmal aber ließ sich seine Wunde nicht geheimhalten, denn er konnte kaum gehen, und das Blut rann an seinem Bein hinab. Er suchte sofort den Vater auf und erzählte ihm den Vorfall, denn er wußte nur zu gut, daß Maata ein großes Geschrei erheben und jammern würde: «Habe ich dir nicht wieder und wieder gesagt, daß dieses schreckliche Tier sich eines Tages auf dich stürzen wird!» Neyah wollte auch vermeiden, daß die Mutter davon erfahre, denn wenn sie uns verletzt sah, erschrak sie stets heftig, obzwar sie versuchte, es nicht zu zeigen. Vater aber behandelte uns wie zwei Krieger, die nach einem Kampf ihre Wunden verglichen; und selbst wenn ich aus reinem Ungeschick von einem Baum gefallen war, pflegte er so zu tun, als sei ich bei einem Angriff mit Streitwagen verletzt worden. Und wir erfanden gemeinsam Geschichten über diesen Kampf, die so spannend waren, daß ich gar nicht mehr daran zu denken brauchte, mir den Schmerz tapfer zu verbeißen.

Als der Vater Neyahs Wade sah, sandte er nach Ptah-kefer, damit dieser die Wunde mit den Augen des Geistes betrachte. Und Ptah-kefer sagte, daß ein Muskel zerrissen sei, das Bein aber in vierzehn Tagen wieder geheilt sei, wenn die Wunde zweimal täglich gepflegt werde. Der Vater ließ keinen heilenden Priester kommen, sondern leitete das Leben Ptahs eigenhändig in die Wunde, und hernach bestrich er sie mit Salbe und verband sie mit einem getränkten Tuch.

Neyah konnte mehrere Tage nicht gehen. Ptah-kefer untersuchte sein Bein jeden Morgen, um das Heilen der Wunde zu überwachen, und oft blieb er dann bei uns und sprach mit uns. Wiewohl er selbst keine Kinder hatte, verstand er sich gut darauf, mit Kindern umzugehen. Er war geschickt im Schnitzen und half Neyah zuweilen beim Basteln. Einmal machte er Neyahs Spielzeugboot wieder heil, das ich trotz Neyahs Verbot an mich genommen und zerbrochen hatte.

Eines Tages, als die Wunde an Neyahs Wade fast geschlossen war, fragte er Ptah-kefer: «Wie kannst du die Wunde an meinem Bein sehen, wo sie doch verbunden ist und du überdies die Hand vor die Augen hältst? Ich weiß wohl, daß dies deine Sehergabe bewirkt, aber ich begreife nicht, wie es zugeht.»

Und Ptah-kefer antwortete: «Ich schaue nicht den Leib, sondern sein lebentragendes Abbild....»

Ich fiel ein: «Du meinst *Ka*, der mit zwei emporgereckten Armen und einer Linie geschrieben wird, nicht wahr?»

Neyah warf mir einen bösen Blick zu, weil ich Ptah-kefer unterbrochen hatte. Dieser aber fuhr ruhig fort: «Auf Erden ist alles im Fluß, und alles, was wir erblicken, hat Farbe und wirft Lichtstrahlen zurück. Und manche Dinge werfen das Licht rascher zurück als andere.» Er bückte sich nach einem Ball, mit dem ich zuvor gespielt hatte. «Denkt euch, dieser Ball sei ein Lichtstrahl und die Mauer dort der Gegenstand, auf den er fällt. Da die Mauer von Stein ist, würde sie den Ball bis zu uns zurückschleudern – und das ist, als fiele ein Lichtstrahl auf ein Ding, das ihn mit der Geschwindigkeit zurückwirft, die wir Violett nennen; denn von allen Farben wirft Violett das Licht am raschesten zurück. Wenn aber die Mauer von feuchtem Lehm wäre, würde der Ball in das Blumenbeet vor der Mauer fallen – und das ist, als würde der Lichtstrahl von etwas Rotem zurückgeworfen; denn von allen Farben wirft Rot das Licht am langsamsten zurück.

Eine Farbe aber, die Licht schneller zurückwirft als Violett, kann unser Auge nicht wahrnehmen. Wäre nun die Wand aus dem gleichen Stoff wie *Ka*, würde sie den Ball bis über den Palast und weit über den Weingarten schleudern, denn das Licht, das von *Ka* zurückgeworfen wird, ist, verglichen mit dem Licht, das unser leibliches Auge wahrnimmt, unendlich viel rascher.

Schau ich nun auf eines Menschen *Ka* mit den Augen des Geistes, bedecke ich meine leiblichen Augen mit der Hand, um das langsame Licht, das wir als Farbe erblicken, abzuschirmen. Und mit meinem geübten Blick kann ich dann den *Ka* in seiner Geschwindigkeit sehen, und doch erscheint er still wie ein Schlafender, da mein inneres Gesicht mit der gleichen Hastigkeit wandert – aber vielleicht vermag ich nicht klar auszudrücken, was ich meine?»

Neyah erwiderte: «O, ich begreife schon. So geht es zu, nicht wahr? Wenn ich aus dem Fenster schaue, und draußen geht eine Kuh vorüber, dann sehe ich sie deutlich, weil sie nur langsam geht. Flöge aber ein Pfeil aus einem gewaltigen Bogen vorüber, würde er so rasch dahinsausen, daß ich ihn nicht bemerken könnte – genauso, wie es sehr schwer ist, dem Flug der Libelle zu folgen ...»

Und ich unterbrach ihn und sagte: «Wenn ich durch die Pforte spähe, und ein Streitwagen rast vorüber, dann kann ich ihn kaum erkennen, weil es so rasch geht. Fahren aber zwei Männer in zwei Wagen nebeneinander, können sie sich so deutlich sehen, als ständen sie beide still. Und auch der Seher bewegt sich mit derselben Geschwindigkeit wie das, was er betrachtet.»

Ptah-kefer schien erfreut, daß ich so gut begriff. Und ich wunderte mich, daß er nicht die Geduld verlor, wenn die Menschen seiner Weisheit nicht lauschen wollten, und sagte zu ihm: «Wenn die Menschen nun die Wahrheit nicht glauben wollen, hast du dann nicht Lust, ihnen ein gewaltiges Zauberwerk vorzuführen, damit sie ihre Dummheit einsehen?»

Ptah-kefer lachte und sprach: «Wenn du einen Hungernden siehst, ist es wohlgetan, ihn zu speisen. Weigert er sich aber zu essen, weil er wähnt, die Speise sei vergiftet, zwinge sie ihm nicht zwischen die Zähne. Denn an einer so gereichten Speise könnte er ersticken, statt daß sie ihn nährt.

Und reiche einem Hungernden nie einen großen Napf voll Speise, denn er könnte sie zu hastig verschlingen und erkranken und dann also sprechen: ‹Dies war eine sehr unbekömmliche Mahlzeit, vor einer solchen will ich mich in Zukunft hüten.› Besser ist es, ihn mit Maßen zu speisen und nur wenig zur Zeit; und zunächst muß er Milch trinken, erst dann ist ihm Fleisch bekömmlich. Allein auf diese Weise hat er Nutzen von der gebotenen Speise, und es verlangt ihn nach mehr, um seine Kräfte wiederzugewinnen.»

Nun mußte Ptah-kefer uns verlassen, da die Stunde der Audienz gekommen war. Und ich sagte zu Neyah: «Dies zeigt, daß es sich doch lohnt, solchen Menschen, die nicht hören wollen, etwas zu erklären. Denn in dieser Erzählung bedeutete die Speise Unterweisung, und der Hungernde war der Unwissende.»

Und Neyah erwiderte: «Sekeeta, es freut mich sehr, daß du das begreifst, denn es ist eine offenkundige Wahrheit.»

Ich hegte den Verdacht, er wolle sich nur überlegen zeigen und mich reizen; da ich aber nicht ganz sicher war, sagte ich nur: «Komm, wir gehen baden.» Und das taten wir.

12 Die Seele

Weit hinten in meines Vaters Kräutergarten lag ein Lusthaus aus Stein. An der einen Seite, dort, wo das Dach auf zwei Säulen ruhte, war es offen. Und an den drei Wänden eingeritzt standen alle Kräuter des Gartens verzeichnet; aber es gab noch viele leere Felder, die der Beschriftung harrten. An der Südwand standen alle die Kräuter verzeichnet, deren heilende Kraft in den Blättern lag; an der Ostwand jene, deren Blüten und Samen diese Kraft besaßen; und an der Westwand solche, die sie in den Wurzeln bargen.

Dorthin ging ich eines Morgens und traf Neyah im Gespräch mit dem Steinschneider. Dieser meißelte die Inschriften nach der Vorlage, welche ein Schreiber auf Geheiß des Vaters auf der Mauer vorgezeichnet hatte. Der Schreiber hatte mit schwarzer Tusche geschrieben, und an zwei Stellen hatte mein Vater ihn mit einer roten Linie berichtigt.

Neyah hatte sich von dem Steinschneider einige Meißel

ausgeliehen und übte sich auf einer dünnen Platte, die von einem Stein abgespalten war. Ich sagte ihm, daß seine Zeichen nicht sonderlich gelungen seien, und er erwiderte mir, ich könne ja versuchen, es besser zu machen. Ich war sicher, daß ich das vermochte, schnitt mich aber in den Finger, daß es blutete, und darauf warf ich den Meißel fort. Es war wirklich weit schwerer, als es aussah. Neyah war so vertieft in seine Arbeit, daß er sich nicht um mich kümmerte, und ohne daß er es bemerkte, flocht ich sein Haar im Nacken zu kleinen Zöpfen. Gewiß würde er böse werden, wenn er es merkte, aber das war immer noch besser, als wenn er mich gar nicht beachtete. In diesem Augenblick hörten wir Stimmen, und da Neyah und ich einander vor Fremden nie bloßstellten, flüsterte ich ihm zu: «Rasch, Neyah, fahre mit den Fingern durch dein Haar!»

Es war mein Vater mit Zerta. Der Steinschneider fragte den Vater, ob er die Gedanken recht zum Ausdruck gebracht habe, die Pharao gemeißelt sehen wolle.

Nachdem sie über die Inschriften gesprochen hatten, gingen wir mit dem Vater zum Weingarten, wo man die roten Trauben erntete. Die Männer unter den Weinlesern waren in weißen Lendenschurzen und die Frauen in groben, über der linken Schulter geknoteten Leinenkitteln. Waren die hohen Binsenkörbe gefüllt, trugen die Frauen sie auf dem Kopf zu den Traubenpressern, die sie in einen runden Steintrog schütteten. Dort wurden sie mit einem großen hölzernen Stößel zerstampft, der von einem Balken herabhing und von zwei Ochsen im Kreis gezogen wurde. Die Weinleser kelterten Wein für den Palast, und deshalb waren die Stößel leicht, damit sie nur den feinsten Saft herauspreßten.

Danach wanderten wir die Granatapfelallee hinunter zum Obstgarten, wo wir uns im Schatten eines alten Feigenbaumes niederließen. Ich bat den Vater, uns ein Märchen zu erzählen, doch er sprach: «Ich werde euch von euch selbst erzählen, denn sich selbst zu erkennen, ist wichtig. Allein derjenige, welcher sagen kann: ‹Ich weiß, was ich bin und was ich habe und nicht habe›, kann mit Weisheit nach den Dingen streben, die ihn zum Ziel seiner irdischen Wanderung führen.

Ich habe euch von dem Leib erzählt, der euch beherbergt, und daß er besteht aus *Khat, Ka-ibis* und *Ka.* Sterben wir, wird dieser Leib zu Staub. Dasjenige aber, was dieser Leib beherbergt, wird gemeinhin der Geist genannt, in Wirklichkeit aber muß man zwischen zwei Dingen unterscheiden: der Seele, derer wir nur so lange bedürfen, wie wir zur Erde zurückkehren müssen, und dem Geist, der ewig währt wie die Zeit. So wie der Körper fünf Sinne hat, haben auch Seele und Geist fünf Attribute. Das erste dieser Attribute ist das, wodurch wir fühlen. Berühre ich einen Schlafenden mit leichter Hand, spürt er es nicht, da dasjenige, womit er fühlt, abwesend ist. Wird seinem Leib aber während des Schlafes ein Leid angetan, ruft dieser seine Seele zu Hilfe, und er erwacht. Währt der Schmerz noch nach der Rückkehr seiner Seele, weiß der Mensch, was ihn weckte; war die Berührung jedoch so flüchtig und sanft, daß der Leib nach der Rückkehr der Seele nichts mehr davon spürt, dann weiß er auch nicht, was ihn weckte.

Weint ihr, wenn ihr unglücklich seid, dann ist dies nur der körperliche Ausdruck einer Empfindung, die ein bestimmter Teil eurer Seele erfährt; und dieser Teil der Seele heißt *Ba.*

Weilt ihr in eurem Leibe, sind eure Empfindungen schwächer, als wenn ihr frei von ihm seid. Leckt dein Löwe Natee dir, Sekeeta, die Hand, fühlst du die Rauheit seiner Zunge; trägst du jedoch einen dicken Handschuh, spürst du sie kaum. So wie dieser Handschuh nun dein Empfinden für Natees rauhe Zunge dämpft, so dämpft der wache Leib unsere Empfindungen.»

Ich sagte: «Deshalb also ist Furcht im Traum so viel schrecklicher als Furcht im Wachen!»

Er nickte und fuhr fort: «Erinnert ihr euch daran, was Pakeewi einmal von sich und den beiden Nubiern erzählte? Einst, als er mit mir im Goldland weilte, packte ihn so grimmiger Zorn auf zwei Nubier, daß er, wiewohl von schmächtigem Wuchs, ihre Köpfe aneinanderschlug, bis daß sie wie tot zu Boden stürzten. Hernach gestand Pakeewi beschämt, daß er trunken gewesen sei von Bier. Durch reichlichen Genuß von Bier oder Wein wird jener genannte Handschuh gleichfalls abgestreift, und die Gefühle liegen bloß. So kann Zorn derart heftig werden, daß ein schmächtiger Mann zu handeln vermag, als wohne er im Körper eines Riesen.

Auf demselben Feldzug ins Goldland wurde ich vom Feinde umzingelt, welcher mehr denn fünfhundert Mann zählte, während um mich nur siebzig meiner Krieger waren. Unter meinen Gefolgsleuten befand sich jedoch ein Horuspriester, und seine Macht bewirkte, daß meine Krieger von einem Mut befeuert wurden, den nichts Leibliches mehr dämpfte. Und sie stritten wie die Kriegsgötter und fielen die Feinde an und töteten sie in großer Zahl. Die restlichen aber warfen ihre Waffen von sich und flohen in Schrecken.

Und es ist dies auch der Grund, weshalb die Soldaten an unserer Südgrenze vor der Schlacht singen, denn Gesang erleichtert die Bürde des Körpers; und so rechnet ihre Stärke im Kampf gleich zehn Feinden auf ein Schwert.»

Neyah fragte: «Wenn nun deine Feinde im Goldland vor der Schlacht gleichfalls ein Lied angestimmt hätten, wäre es dann auch in der Macht des Horuspriesters gewesen, daß deine siebzig Krieger die fünfhundert Feinde besiegten?»

«Dann hätte er einen Zauber wirken lassen. Er hätte unsere Feinde an ihre Leiber gefesselt, so daß sie schwer gewesen wären von dem Irdischen und nicht länger beseelt von jenem einmütigen Eifer, der sie noch kurz zuvor erfüllte. Dann hätte Furcht sich ihrer bemächtigt und Zweifel sie gepackt, weshalb und wofür sie kämpften. Solche Zweifel aber mögen ratsam sein zu gegebener Zeit, doch gewinnt man damit keine Schlacht.

Dieser Teil unserer Seele, unser *Ba*, wird bisweilen geschrieben wie ein beflügeltes Haupt, und dies ist die ältere

Form; oder auch ist sein Zeichen ein Vogel mit menschlichem Antlitz, denn so wie *Ka-ibis* der vornehmste Teil unseres Leibes ist, so ist *Ba* der vornehmste Teil unserer Seele, welcher weiß, daß wir nur ein flüchtiger Gast auf Erden und dereinst beflügelt sein werden.

Ba ist also der erste Teil unserer Seele; der zweite ist derjenige, welcher wirkt, wenn wir an Dinge mit Form denken, und es sind dies die Dinge, die wir gewahr werden durch unsere fünf Sinne. Vermittels dieser Kraft in uns nehmen wir einen Löwen wahr und den Sonnenuntergang, den Geschmack einer gebratenen Wachtel und den Ton einer Harfe, das weiche Linnen auf unserem Ruhebett, wenn wir müde sind, und den Duft der Bohnenfelder am Flußufer zur Mittagszeit. Vermittels dieser Kraft entscheiden wir auch, welche Wörter wir aussprechen oder schreiben, in welcher Form wir meißeln oder bauen und welches der rechte Augenblick ist, dem fliegenden Vogel den Pfeil nachzusenden.

Denn da ist nichts vom Menschen Erschaffenes, das nicht zuvor in seinen Gedanken geschaffen wurde; gleichwie kein lebendes Geschöpf auf Erden ist, das nicht zuvor im Geist der Großen Schöpfer geboren wurde. Als der Steinschneider mich fragte, ob er meinen Gedanken den rechten Ausdruck verliehen, wußte er, daß in meiner Vorstellung ein klares Bild dessen ist, was ich in Stein gemeißelt wünsche, und er hoffte, es auf rechte Weise gedeutet zu haben. Ehe du, Neyah, ein Boot schnitzt, hat deine Vorstellung ein Bild davon, wie es beschaffen sein soll, und du spürst, daß dieses Bild in dem Holzscheit verborgen liegt und nur darauf wartet, durch dein Messer befreit zu werden. Und wenn meine Pflanzen noch unter der Erde schlummern, blühen sie bereits in meiner Vorstellung, und die schlafenden Zweige lassen ihre Blätter sprießen.

Und wie unser Empfinden am stärksten ist, wenn wir schlafen, so denken wir auch am klarsten an Dinge mit Form, wenn wir fern der Erde weilen. Und dies ist der Grund, weshalb ich vor einem wichtigen Beschluß – und gelte es nur, einen Bauplan gutzuheißen – zunächst eine Nacht schlafe und dann erst mein Siegel darunter setze.

Dieser Teil der Seele, dem das Denken angehört, heißt *Nam*.»

Neyah fragte, wie dieses Zeichen geschrieben werde, und der Vater entnahm einer Hülse an seinem Gürtel, darin er Schreibzeug verwahrte, ein Stück Holzkohle und zeichnete auf die Mauer einen Mund.

«Die Worte, die aus unserem Munde kommen, gehören dem Irdischen an, und deshalb sind Worte, wenn wir von geistigen Dingen sprechen, nur unbeholfene Ausdrücke unserer Gedanken. Sprechen wir aber von Dingen mit Form, dienen sie uns vollkommen, denn beide gehören dieser Welt an. Und so schreiben wir denn *Nam* wie einen Mund, denn es ist der Teil unserer Seele, mit dem wir an Dinge denken, welche sich durch Worte ausdrücken lassen.

Nun kennt ihr das von eurer Seele, was *Ba* ist und was *Nam*. Es überlebt aber die Seele den Leib; und haben wir alles gelernt, was es auf Erden zu lernen gibt, so daß wir von der Rückkehr hierher entbunden sind, bedürfen wir unserer Seele nicht länger, denn dann sind wir Herr unserer Empfindungen und erhaben über die Dinge mit Form.»

13 Horus mit dem Habichtskopf

Kurze Zeit nach dem Horusfest erklärte Ptah-kefer mir, weshalb die Statuen des großen Horus einen Mann mit einem Habichtskopf zeigen.

«Vor langer, langer Zeit, da die Welt noch nicht auf das Band der Zeit gereiht war, lebte Horus als Mensch auf der Erde. Die Götter thronen in Herrlichkeit fern unseren Blicken; wie jedoch kein Kraut wächst, das nicht zuvor ein Samenkorn war, so ist kein Gott, der nicht einst als Mensch lebte.

Er war mild wie der Tau auf den Gräsern, und seine

Kraft war wie eine brandende Woge, die alles verschlingt, was ihren Weg zu hemmen sucht.

Sein gerechter Zorn zündete wie der Blitz. Nahte er jedoch in Frieden, verebbte das Tosen des Sturms, und die Donner hinter den Bergen wagten nicht zu grollen.

Er war geduldig wie die rankende Rebe, und die Schalen seines Gedächtnisses bargen alle Weisheit der Welt.

Und die Flamme seines Geistes flackerte nie im kalten Windzug nichtiger Begebenheiten, noch störten die lauen Lüfte der Freude je seinen Gleichmut, denn das Schwert seines Willens war gehärtet im Feuer des Lebens.

Es schossen die Fürsten der Finsternis ihre Pfeile nach ihm, und es war, als netzten Regentropfen einen Berg. Sie forderten ihn zum Kampf und waren vor ihm wie welkes Laub, das man ins Feuer wirft. Sie sandten ein gewaltiges Heer aus gegen ihn, und es erstarrte unter seinen Blicken zu Stein.

Die mächtigsten unter den Herren des Bösen schlug er in der eigenen Dunkelheit in Banden, bis ihre Herzen sich wandelten. Und er erlöste jene, welche in Ketten lagen.

Und zu seinem Sinnbild wählte er den Habicht, der reglos in den Lüften schwebt und jegliche Kreatur mit den Fesseln seiner gestählten Willenskraft bindet, gleichwie Horus das Heer seiner Feinde erstarren ließ. Es hat also Horus die Gestalt eines Mannes, weil dieser ihm seine Stärke lieh, und den Kopf eines Habichts, weil er das Sinnbild dieser Stärke ist.»

14 Die Weinkrüge

Nächst Neyah war Neferteri meine liebste Spielgefährtin. Oft war mir, als müßten wir schon viele Male Freundinnen gewesen sein, ehe wir wiedergeboren wurden im Lande Kam. Ihr Vater war Wesir, und da ihre Mutter tot war, lebte sie bei uns im Palast.

Einmal spielten wir beide, wir seien Tänzerinnen. Im Feigengarten betrachteten wir unsere Schatten an einer weißen Mauer, um zu sehen, wer von uns beiden sich am tiefsten nach rückwarts beugen könne. Ich berührte den Boden mit den Fingerspitzen. Neferteri aber konnte die Hände flach darauf legen.

Es wohnte im Palast auch eine Base von mir, die hieß Arbeeta, und wir mochten sie nicht recht leiden. Sie war dick und nicht flink im Lauf; sie sprang auch nicht mit einem Kopfsprung in den Badeteich, sondern schlich ängstlich die Stufen hinab, als sei sie ein altes Weib, das seine Wäsche zum Wasser trägt. Wiewohl wir ihr sagten, sie müsse versuchen, ihren Leib geschmeidiger zu machen, weigerte sie sich, mit uns zu tanzen; statt dessen ging sie zur Näherin, um dort einen neuen Kittel für ihre Puppe nähen zu lassen.

Plötzlich ertönte Neyahs Pfiff, und wir hielten im Tanz inne. Als er uns gefunden hatte, sagte er: «Jetzt haben sie den neuen Wein in die Gewölbe getragen, aber die Türen sind noch nicht versiegelt. Ich habe durch die Eingangspforte gespäht, und dort ist es finster wie in der Höhle Sets. Kommt, wir schleichen uns dort hinein – vorausgesetzt, ihr fürchtet die Schlangen nicht.»

Ich fand es sehr häßlich von Neyah, mir stets meine Furcht vor den Schlangen vorzuhalten. Ich sagte jedoch: «Das ist ein guter Einfall! Laßt uns spielen, es seien die Grotten der Unterwelt, und um dorthin zu gelangen, müßten wir den Rechten Weg wandern. Oben auf der Gartenmauer entlangzuschreiten paßt gut dafür.» Das würde Neyah lehren, mich ohne Unterlaß mit den Schlangen zu necken! Die Gartenmauer war von doppelter Mannshöhe, und ich wußte, daß es Neyah graute, dort oben den schmalen Grat entlangzuwandern, wenngleich er es nie zugegeben hätte.

Er sagte: «Das ist ein recht kindischer Einfall.»

Und ich fiel rasch ein: «Gewiß, Neyah, wenn du meinst, es sei zu schwierig...»

»Schwierig ist es nicht, ich finde es nur ein wenig kindisch. Aber gut, ich gehe zuerst.«

Und er kletterte auf den Feigenbaum und schwang sich von dort auf die Mauer, und wir folgten ihm. Wir schritten auf der Mauer entlang, rund um den Obsthain und auch den Kräutergarten und selbst über die gefährliche Stelle, wo die Pforte zu überspringen war, und weiter bis zu der Ecke des Weingartens. Dort rankte an der Mauer neben dem Weinkeller ein alter Rebstock, und von hier kletterten wir mühelos hinab.

Zehn Stufen führten zur Pforte, die sich tief unter der Erde befand, auf daß die Gewölbe kühl blieben. Der Riegel war vorgeschoben; man hatte jedoch versäumt, ihn zu versiegeln, welches Aufgabe des Mundschenks meines Vaters war.

Nun ließ Neyah uns eine kleine Weile allein. Bald kehrte er mit einem Lämpchen zurück, das er von der Köchin des Weinbergaufsehers geliehen hatte; es war nur ein Docht in einem Schälchen voll Öl, und die Flamme spendete nur spärliches Licht. Wir traten durch die Pforte ein und schlossen sie sorgfältig hinter uns.

Die Weinkrüge waren größer als wir Kinder. Eingeritzt darauf standen der Name meines Vaters, die Jahreszahl sowie der Herkunftsort. Es war nicht der volle Name meines Vaters, sondern nur Za Atet – ein Schilfbündel, eine Feder, ein kleiner Halbkreis und dahinter das Zeichen der Biene, um anzuzeigen, daß sie Eigentum Pharaos waren. Die Krüge hingen in Gestellen, und mir schien es ungeschickt, daß sie durch ihre Form dieser Stütze bedurften. Dort unten war es kühl, und die Luft war erfüllt von dem Duft jungen Weins. Auf dem Boden lagen ein paar Scherben, die Reste eines zerbrochenen Kruges.

Die Öllampe warf unsere Schatten groß an die Wand. Jetzt sprach Neyah mit seiner Gruselstimme, und obzwar ich wußte, daß es nur ein Scherz war, überlief es mich kalt.

«Wer seid ihr, Sterbliche, die ihr euch in die Grotten der Unterwelt wagtet?»

«Nein, Neyah! Sprich nicht so!» Ich war froh, daß Neferteri ihm Einhalt gebot, und fand es mutig, daß sie ohne Scheu aussprach, was ihr nicht behagte.

Nun sagte Neyah, er sei Tahuti, und die größten Weinkrüge seien die zweiundvierzig Richter. Und er wies auf den ersten Krug und sprach: «Sein Name lautet ‹Zorn-ohne-Grund›. Kannst du, Sekeeta, ihn ansehen und sagen: ‹Dich habe ich bezwungen?›»

Und ich antwortete: «Ja, ich kann es.»

«Sekeeta, du lügst! Kehre zur Erde zurück! Heute in der Frühe noch warst du zornig auf deine Dienerin. Du sagtest, sie zerre dich an den Haaren...»

«Aber das tat sie!»

«Du selbst hast dein Haar zerzaust, denn du klettertest auf Bäume, ohne es zuvor zu flechten. Und erst gestern hast du versucht, es deinem Bruder im Steinschneiden gleichzutun, und als du dich durch dein Ungeschick in den Finger schnittest, gerietest du in Zorn und warfst den Meißel ins Wasser. Schreite weiter!»

Darauf tat Neyah, als spräche der nächste Weinkrug: «Ist einer, der deinetwegen Kummer trägt?»

Und ich entgegnete: «Nein, niemand.»

Und Neyah ließ den Krug sprechen: «Elendes Menschenkind, du lügst! Kehre augenblicklich zurück zur Erde als Sproß eines schieläugigen Nubiers. Denn weint nicht zur Zeit ein kleines Mädchen, das dein Heim teilt, über seine Plumpheit und darüber, daß du es nur zu solchen Spielen aufforderst, von denen du weißt, daß es sie nicht spielen kann, und darüber, daß du es seiner Plumpheit wegen verhöhnst?»

«Aber Neyah – vergib, ich meine, Tahuti – sie ist so dumm...»

«Dann ist deine Bemerkung über eine allen bekannte Tatsache nicht weniger töricht, als weise jemand zur heißen Mittagsstunde auf die Sonne und spräche: ‹Seht, die Sonne scheint!› Der Dummheit dieses Mädchens Erwähnung zu tun, heißt, sie mit ihm teilen.»

Jetzt unterbrach uns Neferteri: «Vielleicht fällt es dem Mundschenk ein, daß er vergaß, die Tür zu siegeln, und er kommt und schließt uns ein. Das wäre so schrecklich, als lägen wir in einer Grabkammer.»

Doch Neyah sprach: «Oh, wir würden einfach rufen. Und selbst wenn uns niemand hörte, könnten wir uns viele Jahre von diesem Wein nähren.»

Ich sagte nun sehr entschieden: «Nein, Neyah, es ist besser, wir gehen auf der Stelle hinaus, denn dieser Wein soll hier sieben Jahre lagern, und er ist erst heute eingebracht.»

Es war ein aufregendes Spiel gewesen, doch war ich froh, wieder in die Sonne hinauszukommen.

Aber ich hatte eingesehen, daß ich sehr böse zu Arbeeta gewesen war, und ich suchte sie auf und sagte ihr, daß sie Natee seine Mahlzeit geben dürfe.

15 Wagen und Wurfspeere

Neyah und ich erhielten täglich Unterweisung im Speerwerfen und Bogenschießen. Benater hängte als Schießscheibe ein großes Leinentuch auf, das in zwanzig rote und weiße Felder eingeteilt war, und auf jedem Feld war in rohen Umrissen ein Tier gezeichnet. Kurz bevor wir nun den Speer schleuderten, benannte Benater das Tier, das wir treffen sollten. So erfuhren wir stets erst im letzten Augenblick, wohin wir zu zielen hatten, nicht anders, als jage man eine Antilope im Lauf.

Unsere Speere hatten Schäfte aus leichtem Palmenholz, und sie waren mit einem steinernen Knauf beschwert als Gegengewicht zu dem schweren laubförmigen Kupferblatt. Einen Speer hält man über und ein wenig hinter der rechten Schulter, und das Körpergewicht ruht auf dem zurückgestellten rechten Fuß. Soll der Speer aus der Hand fliegen wie der Pfeil von der Sehne, müssen Körper und Arm gleichzeitig in rhythmischem Zusammenspiel vorgeschleudert werden.

Eines Abends, als Neyah und ich gemeinsam übten, bildete sich eine Blase an meiner Hand, und wir mußten innehalten. Wir gingen zu den Ställen hinunter und leiteten Neyahs Lieblingspferd hinaus, den schönen schwarzglänzenden Hengst Meri-naga, und spannten ihn vor einen leichten Jagdwagen. Dieser war aus gestrichenem, derbem Leinen gefertigt, das über einen hölzernen Rahmen gespannt war, und der Boden bestand aus geflochtenen Riemen, um die Stöße über holperiges Gelände zu dämpfen. Wir fuhren nun zu dem Platz, wo die Wagenpferde übten. Dort waren in einem langen Oval Pfähle in die Erde gerammt, und zwischen diesen mußten die Wagenlenker ihre Rosse im Galopp hindurchtreiben, ohne daß Pferd oder Wagen einen Pfosten streifte. Wir fuhren dreimal um dieses Oval. Meri-naga war sehr schnell, und er wendete flink wie eine Schwalbe, so daß ich mich an der Brüstung festklammern mußte, um nicht hinausgeschleudert zu werden.

Dann fuhren wir den Pfad hinab zum Fluß, um eine Reuse zu leeren, die Neyah dort ausgelegt hatte. Es fand sich kein Fisch darin, und Neyah meinte, daß wir sie nicht tief genug in das Wasser gesenkt hätten. Diese Reuse hatte er sich selbst ausgedacht, doch fand ich sie nicht besonders gut gefertigt, denn der Einlaß war so eng, daß ein Fisch, der wendig genug war, dort hineinzuschlüpfen, wohl auch wendig genug war, dort wieder hinauszufinden. Ich schwieg jedoch, denn es hatte Neyah viel Mühe gekostet, sie herzustellen. Wir wateten weiter ins Wasser hinein und legten sie ein gut Stück vom Ufer entfernt aufs neue aus.

Es war ein stiller Abend, kein Lüftchen wehte, und der Fluß glich einem Silberspiegel. Meri-naga weidete am Ufer, und wir hörten den scharfen Laut seiner mahlenden Zähne. Weit draußen auf dem Fluß lag ein Fischerboot, und die Stimme des Fischers, der dem Winde rief, drang zu uns. Die Götter erhörten ihn jedoch nicht, denn nicht einmal die leiseste Brise kräuselte das Wasser.

Nun brach Neyah ein Schilfrohr und begann daran zu schnitzen. Ich lag ausgestreckt auf der Böschung. Und in der vollkommenen Stille dieses Abends war mir, als sei die Erde ein Segelboot, das reglos im gewaltigen Meer dahinschwamm, und daß, wenn die Nacht nahte und ein Sturm losbräche, wir durch den Weltenraum treiben würden, die Sterne überflügelnd, die den im Winde flatternden Mähnen himmlischer Rosse glichen.

Ich fragte Neyah, was er am liebsten tun wolle, wenn er erwachsen sei, und er antwortete mir: «Oh, ich wünsche mir, ich könnte einmal das Volk regieren und weise Gesetze erlassen und das Heer anführen mit der Klugheit der Schlange und dem Mut des Löwen.»

Und ich sprach: «Ich wünsche mir, viele seltsame Dinge zu tun ... Dinge, die ich selbst noch nicht recht begreife. Bisweilen erscheinen mir die Dinge des Alltags sehr wichtig, und Kam ist dann ein riesiges Reich, über dessen Grenzen hinauszugelangen nur wenige erstreben. Dann aber, wenn ich abends im Bett liege und durch das Fenster zu den Sternen aufschaue, überkommt es mich, welch kleine Heimstatt unsere Erde ist, und daß unser Land nur einem Sandkorn gleicht und ich so winzig bin, daß eine Ameise kaum eine Erhebung auf ihrem Wege spürte, kröche sie über mich hinweg. Und empfinde ich so meine Winzigkeit, sehne ich mich, darüber hinauszugelangen ... ja, so wie deine Wildkatze des Nachts, wenn die Schakale heulen, durch die Gitterstäbe späht und Dinge ahnt, welche sie nicht sehen kann ...»

«Still, Sekeeta, rühre dich nicht! Schau die Gazelle dort im dunklen Schatten. Sie kommt zur Tränke.» Wir sahen, wie sich das Wasser kräuselte, als das Tier trank. Dann hob es furchtsam lauschend den Kopf und sprang durch das Ried davon.

Da es bereits dunkelte, meinte Neyah, wir müßten heimfahren. Unterwegs hörten wir einen Pflüger singen, der seine Ochsen auf die Weide führte. Ich liebte dieses Lied sehr.

«Liegt hart im Joch, ihr Ochsen, liegt hart im Joch.
Lauf gerade, mein Pflug, auf daß mein Feld gefurcht,
ebenmäßig, als teilte ein Kamm des Weibes Haar.
Öffne den Schoß, o Erde, meinem gestreuten Korn,
birg es in Wärme, gebier es unter der Sonne.
Lausche, o Samenkorn, dem Lockruf der Vögel,
schieß in die Höh, ihn klarer zu hören.
Rinne, o Wasser, durch die Gräben der Flur
und tränke die Pflanzen mit deinem Saft.
Wärme, o Sonne, wärm sie mit deinem lebenspendend
               Strahl.
Sei milde, o Wind, zu meinem reifenden Korn,
auf daß die Ähre nicht bricht den schwanken Halm.
Mähe, o Sense, mähe die gelben Halme,
auf daß in der Tenne sich häufe das Gold.
Stoß zu, o Stößel, und mahle im Mörser,
auf daß im Hause wirble der Staub des Lebens.
Lodre, o Feuer, mach glühend den Ofen und süß mein Brot,
auf daß ich es speise und Kräfte mir kommen,
wieder ins Joch zu spannen die Ochsen.»

 Seine Stimme erstarb in der Dämmerung, während wir langsam heimwärtsfuhren, und noch ehe wir den Palast erreichten, lag unser Pfad in der Silberflut des Mondes.

16   Der Geist

Eines Morgens vor Sonnenaufgang folgten Neyah und ich unserem Vater zu einem kleinen Lusthaus nahe dem Moor, um den Morgenflug der Vögel zu belauschen.
 Neyah hatte ein paar gebrannte Tontafeln mitgenommen, und mit einem Rohr und schwarzer Tusche zeichnete er nun in wenigen Strichen einen fliegenden Schwan. Wenn ich versuchte, Vögel zu zeichnen, sahen sie aus wie tot, und bisweilen glichen sie nicht einmal Vögeln. Als ich ihm so

beim Zeichnen zuschaute, fragte ich mich verwundert, weshalb dies so sei. Wir hatten dieselben Eltern; wir waren einander sehr ähnlich; wir waren stets zusammen; und derselbe Schreiber hatte uns im Zeichnen unterwiesen. Und ich sann auch darüber nach, wie es sein konnte, daß ich im Zorn den Drang spürte, Gegenstände zu zerschlagen und alles hinauszurufen, was ich dachte. War Neyah aber ergrimmt, schien er sich in sich selbst zurückzuziehen, und seine Augen sprachen das aus, was seine Lippen verschwiegen, oder auch seine Augen glichen verhängten Fenstern.

Mein Vater forschte nach meinen Gedanken, und ich kleidete sie in Worte. Und während wir Früchte zum Morgenmahl verzehrten, sprach er: «Ehe ich auf das antworte, was dich bewegt, will ich von dem Geist erzählen, den wir beherbergen. Ich habe dich bereits gelehrt, daß wir geschaffen sind aus Leib, Seele und Geist und daß der Leib besteht aus *Khat, Ka-ibis* und *Ka*. Er ist die Hülle für unsere Seele und unseren Geist, und durch ihn sammeln wir Erfahrung auf Erden. Stirbt dieser unser Leib, sterben *Ka* und *Ka-ibis* mit ihm. Unsere Seele besteht aus *Ba* und *Nam*, und dieser beiden bedürfen wir, solange unser Geist zur Erde zurückkehren muß, was bis zu dem Zeitpunkt geschieht, da wir gelernt haben, Herr unserer Gefühle, unserer Gedanken und unseres Willens zu sein. Und allein der Geist ist derjenige Teil unseres Selbsts, der ewig währt.

Doch während wir auf Erden weilen, können wir Dinge von ewiger Dauer denken, und diese werden nicht erfaßt von *Nam*.»

Ich fragte: «Wie aber kann ich wissen, ob das, woran ich denke, *Nam* zugehört oder nicht?»

Und er antwortete mir: «Alles, was wir mit den fünf Sinnen unseres Leibes wahrnehmen, sind Dinge von Form und gehören somit *Nam* zu. Eine Eigenschaft aber kannst du weder sehen noch schmecken und berühren. Mut vermögen wir nicht zu riechen, und Geduld nicht zu hören, denn sie liegen jenseits aller Form, wie wir sie kennen.

Denkst du aber an eine Eigenschaft, dann tust du es mit dem Teil deines Geistes, der Za benannt ist. Du kennst bereits die Teile des Leibes und der Seele und ihre Schriftzeichen. Za, dasjenige also, womit wir an Dinge von Dauer denken, schreibt man wie einen Kreis mit gekreuzten Linien, gleich einem Sieb. Denn wie ein Sieb Staub von Steinen scheidet, so siebt Za den Staub der Erde, welcher mit dem Wind verfliegt, von den Steinen der Wahrheit, welche bestehenbleiben in der Zeit.»

Und ich fragte den Vater, weshalb er seinen eigenen Namen, Za, nicht schreibe wie ein Sieb. Und er sagte, daß er ihn wohl so schreiben könne, wenngleich er gewöhnlich in seinem Siegel ein Schilfbündel zeichne oder auch eine Schlange und einen Arm, welches die Lautzeichen seien für seinen Namen. Der große Menes habe ihn Za geheißen, da dies ein guter Name für einen Herrscher sei, der die Wahrheit von der Lüge zu scheiden und der Gerechtigkeit zu dienen habe.

«Za ist also der erste Teil deines Geistes. Der zweite ist derjenige, welcher die Erinnerung an alle Erfahrungen birgt, die du von dem Augenblick an durchlebt hast, da du nach Erreichung aller Erfahrung im Reich der Tiere zuerst als Mensch geboren wurdest und sprechen konntest: ‹Ich bin ich›. Und die Stimme dieser Erfahrung, deiner persönlichen Erfahrung, sagt dir auch: ‹Dieses zu tun ist klug, hier ist Sicherheit! Dort aber lauert Gefahr›.»

Und ich sagte: «Ja, Vater. Aber ich wurde nie von einer Schlange gebissen, und dennoch fürchte ich sie. Und Neyah stürzte nie aus der Höhe herab, und dennoch ängstigt sie ihn.»

Neyah wollte aufbegehren, doch ich sagte: «Leugne es nicht, Neyah, denn ich weiß sehr wohl, daß es so ist.» Und er krümmte seine Zehen in den Sandalen, was er stets tat, wenn er etwas eingestehen mußte, und meinte widerstrebend: «Ja, von einer Höhe hinabzublicken, ist mir schrecklich. Aber deshalb brauchtest du es nicht zu erwähnen.»

Der Vater lächelte und fuhr fort: «In euren vielen Leben

habt ihr vielfältige Erfahrungen gesammelt, und diese zeitigten verschiedenartige Ergebnisse. Die glücklichen Erfahrungen wollen wir gern aufs neue machen, diejenigen aber, welche uns Kummer oder Schmerz bereiteten, suchen wir zu meiden. Doch solange ihr beide noch auf dem Weg zum Ziel seid, wird es stets gewisse Dinge geben, die Neyah erfahren hat und die du nicht kennst, und andere, die du erfuhrst und von denen er nichts weiß.

Die Taten oder Ängste eines anderen sind leicht zu verstehen, wenn sie den unseren gleichen. Sehen wir aber einen anderen etwas tun, das die innere Stimme der Erinnerung sprechen läßt: ‹Dies ist unrecht›, dann würde der Unwissende sagen: Er hat gefehlt, wie ich niemals fehlen kann, er steht tief unter mir und ist unwürdig meines Mitgefühls›. Doch derjenige, welcher also spricht, ist töricht, denn er hat die Wahrheit vergessen, ebenso wie er sich selbst vergessen hat. Seine innere Stimme sprach aus der Erfahrung eigener früherer Leiden als Folge einst begangener Schuld, welche von der gleichen Art war wie die, welche er nun verdammt. Lauschte er seiner Stimme aber recht, würde er nicht allein wissen, daß auch seine Füße einst in demselben Schlamm wateten, sondern er würde sich auch des Weges erinnern, der ihn wieder auf festen Boden führte. Und entsänne er sich dieses Weges, wäre er auch fähig, ihn dem zu weisen, den er in seiner Torheit Sünder nannte. Diesen aber erkennt der Weise als Weggenossen, der nur für eine Weile vom rechten Pfad abirrte. Und in dieser Erkenntnis ist Mitfühlen, denn Mitfühlen ist geboren aus der Frucht der Erfahrung.»

Nun sprach Neyah: «Aber, Vater, wenn ich einen Menschen etwas tun sehe, wovon ich weiß, daß es unrecht ist, soll ich ihn dann nicht daran hindern, statt nur Mitleid zu hegen?»

«Ich sagte, Mitfühlen und nicht Mitleiden. Mitleid ist, wenn man zu einem Trauernden geht und sich neben ihn setzt und mit ihm weint oder beim Anblick einer klaffenden Wunde jammert: ‹O, dieses Blut, o, dieser Schmerz! Ich ertrage es nicht, solche Leiden zu sehen!› und sich dann wehklagend neben dem Verletzten niederläßt und die eigenen Rufe und Schreie das Stöhnen des Gepeinigten übertönen. Dieses ist häufig nur Mitleid mit uns selbst, daß wir der Qual eines anderen nahe sind. Und doch ist Mitleiden der erste Schritt zum Mitfühlen.

Findet aber ein Mensch, der wahres Mitgefühl hegt, seinen Mitmenschen von Gram gebeugt, so weiß er, was diese Tränen fließen ließ, und dank diesem Wissen weiß er sie auch zu stillen. Er weiß oder mag sich sogar erinnern, daß auch er viele Tränen vergossen hat und daß es auch ihm einst schien, als währe die Nacht ewig und als winke nie eine Morgenröte. Und er lehrt seinen Mitmenschen, daß sich eines Tages alles Leid in Freude wandelt, und will dann der Weinende die Tränen von seinem Antlitz wischen, sind sie ihm bereits auf den Wangen getrocknet. Es vergrößert der Weise nicht durch Wehklagen die Bürde anderer, sondern sucht ihre Wunden zu heilen; und sind diese zu tief für irdische Hilfe, tröstet er den Geist, wenn dieser den müden Leib verläßt.

Darum also, Neyah und Sekeeta, lauscht der Stimme eurer Erinnerungen. Verlangt es euch, eure Reise schnell zu beenden, dann richtet eure Handlungen so ein, daß eure innere Stimme künftig ruft: ‹Dies ist recht, dies ist der Weg›; denn das ist besser noch, als warnte sie: ‹Geh dort nicht, der Weg ist falsch›! Doch nur wenigen gelingt es auf dieser langen Reise, nicht vom rechten Wege abzuweichen. Und seltsam ist, daß manch einer, dessen Pfad dornig ist, sich dort hartnäckig vorwärtskämpft, nur weil sein Stolz es nicht leidet, daß er auf dem Irrwege ist. Wäre er aber bereit zu lauschen, könnte er diejenigen hören, die ihn zur Umkehr mahnen, und in ihre Fußtapfen treten.

Meine Kinder, es wird kommen der Tag, da ihr herrschen werdet. Seid dann stets eingedenk, daß alle Menschen in eurem Land – und auch alle übrigen Völker dieser Erde, gleich welcher Rasse und Farbe, ob Freund oder Feind, ob euresgleichen oder Sklaven – Weggefährten sind auf derselben langen Reise und daß sie alle eines Tages mit euch der großen Bruderschaft angehören, die unser aller Ziel ist.»

Der Vater saß reglos mit um die Knie gefalteten Händen und hielt den Blick in die Ferne gerichtet. Mir war, als habe er nicht zu uns Kindern gesprochen, sondern zu unserem wahren Selbst. Dann bewegte er sich und meinte, dieses Gespräch sei allzu ernst und feierlich gewesen. Als er nun von etwas anderem reden wollte, ließ Neyah es nicht zu, sondern fragte, wie der Teil des Geistes, der die Erinnerungen bewahre, geschrieben werde.

Und der Vater nahm Neyah das Schreibrohr aus der Hand und zeichnete einen Krug. «Denn ein Krug vermag Flüssiges zu tragen, und von allen irdischen Stoffen gleicht allein das Flüssige dem, was keine irdische Gestalt besitzt. Wird ein Mensch zum erstenmal auf dieser Erde geboren, ist der Krug seines Gedächtnisses leer, und erst allmählich füllt er sich durch viele Leben. Zunächst ist das, was ihn füllt, irdisch, und das Wasser im Krug schlammig, und lange noch trüben die Dinge, die nicht dem vollendeten Ganzen zugehören, das sich mählich klärende Wasser. Ist aber der Geist vom Irdischen gereinigt und die Vollendung aller Erfahrung erreicht, dann ist das Wasser kristallklar, und es ist, als sei der Krug gefüllt mit flüssigem Licht.

Und es heißt dies *Maat*, das ist ‹Wahrheit›, denn die Wahrheit sind die geläuterten Dinge, welche dauern, wenn sich der Geist von der Erde gelöst hat und in der Barke der Zeit die Überfahrt antritt.»

17 Meiner Mutter Geburtstag

Am Geburtstag meiner Mutter ging ich in der Frühe in Neyahs Gemach und weckte ihn, damit wir beide noch einmal unser Geschenk betrachteten, ehe wir es ihr überreichten.

Es war ein wunderschönes Armband aus goldenen Margeriten, aneinandergefügt durch Amethyste und Türkise, und Nu-setees, der Goldschmied, hatte es als seine kunstvollste Arbeit bezeichnet. Als Behältnis hatte Neyah ein Kästchen gezimmert und bemalt; es hatte eine Borte aus grünen und roten Streifen und auf dem Deckel ein Abbild des Fischteiches mit Lotosblüten und Fischen, welche aussahen, als lebten sie.

Der Nebel stieg noch aus dem Schwimmbecken vor ihrem Fenster. Ich hatte ihr ein Gedicht gemacht und wiederholte es ständig im stillen, damit ich es nicht vergäße:

> Der Garten in kühler Nacht
> sehnt sich nach wärmender Sonne.
> Der Fisch am sandigen Ufer
> sehnt sich ins flutende Wasser.
> Die Taube, deren Schwinge gebrochen,
> sehnt sich zu fliegen vom hohen Ast.
> Der Wanderer in sternloser Nacht
> sehnt sich nach des Mondes Schein.
> Doch tausendfach stärker ersehnte die Erde,
> daß du ihr aufs neue geboren.

Ich wünschte, ich hätte bessere Worte finden können, ihr zu sagen, wie sehr ich sie liebe.

Dann hörte sie uns und rief uns in ihr Gemach, und wir küßten sie und überreichten ihr unser Geschenk. Sie sagte, es sei das schönste Armband, das sie je gesehen, und sie werde es stets tragen. Dann sagte ich mein Gedicht her, und sie meinte, es sei schöner als alle Gedichte, die sie gehört, schöner noch als die schönsten von Then-apt, dem Sänger.

Wie schön sie war! Ihr Haar war schwarz und weich; wenn sie schlief, trug sie es nicht geflochten, wie die meisten Frauen. Bisweilen gestattete sie mir, es mit einem Elfenbeinkamm zu kämmen.

Nun kam der Vater herein und setzte sich zu ihr auf das Ruhebett, und sie bat mich, auch ihm das Gedicht vorzutragen. Dieses tat ich, und er sagte, er könne noch zwei Zeilen hinzufügen, denn tausendmal froher als die Erde sei er gewesen, daß sie geboren, wenngleich er dies im wachen Zustande nicht gewußt habe. Denn als er sie zum erstenmal gesehen, sei er schon ein großer Knabe von sechs Jahren gewesen, sie aber noch das kleine Wickelkind seiner Lieblingstante, das die Amme im Sykomorenhain des Alten Palastes umhergetragen habe.

Dann sprach die Mutter: «Wir haben den ganzen Tag bis zur abendlichen Audienz für uns. Was wollen wir tun?» Wir berieten gemeinsam und beschlossen dann, in Vaters Segelboot auf den See hinauszufahren. Nun hörte ich Natee vor der Tür murren und ließ ihn ein; und meine Mutter erlaubte, daß ich ihn mitnähme. Neyah aber meinte: «Löwen passen nicht in ein Boot.»

Und ich sagte: «Löwen passen überall hin. Sie gehören zu dem Besten, was Ptah schuf.»

Dann schickte die Mutter Neyah und mich in die Küche des Palastes, damit wir unsere Lieblingsspeisen als Mundvorrat aussuchten. Und wir wählten eine kalte Gans und viele Rettiche und Feigen, dazu einen Krug mit Traubensaft, einige Honigwaben und Granatäpfel, die zwar nicht wohlschmeckten, aber den Durst löschten; und Neyah legte noch zwölf gesottene Enteneier und ein paar gebutterte Brotfladen hinzu. Es war ein ganzer Berg von Speisen, den wir zusammengetragen hatten, aber ich sagte, es sei klug, sich in einem Boot mir reichlichem Mundvorrat zu versehen für den Fall, daß ein Sturm komme und uns an ferne Küsten verschlage. Doch Neyah sagte: «Selbst der wütendste Sturm kann uns nicht zu fernen Gestaden treiben, denn bei günstigem Wind überquert man den See in zwei Stunden.» Und darauf antwortete ich, er solle nicht so neunmalklug sein und Abenteuerliches nicht wie Alltägliches abtun.

Auf dem See war es herrlich, und der Wind wehte gerade recht. In der Ferne entdeckten wir ein Flußpferd. Ich verabscheute diese Tiere, weil sie einst unseren Urgroßonkel töteten. Vielleicht aber war er mit seinen zweiundsiebzig

Jahren für die Jagd auf diese Tiere doch zu alt gewesen. Er war der größte König, der je gelebt hatte, und der Weiseste unter den Männern und der Tapferste unter den Kriegern.

Wir sahen auch einen Schwarm Vögel auf ihrem Weg gen Norden, und der Vater erzählte uns, daß sie im Sommer in ein Land flögen, welches so weit entfernt lag, daß es im wachen Zustand unerreichbar sei. Er aber sei dort im Traum gewesen und habe gesehen, wie dort alles weiß sei vor Kälte; und die Wolken türmten sich Tag auf Tag am Himmel, ohne daß Ra sie vertreibe. Ich hoffte sehr, nicht in so einem Lande wiedergeboren zu werden.

Und dann schwammen Neyah und ich um die Wette; er schwamm schneller als ich, ich aber planschte weniger. Natee war sehr brav und rollte sich auf dem Boden des Bootes zusammen und störte uns nicht; nur einmal wurde er ein wenig unruhig, und da schwankte das Boot, als ziehe ein Unwetter auf.

Als die Sonne hoch am Himmel stand, rasteten wir auf einer kleinen Insel, und dort aßen wir unter schattenspendenden Bäumen. Und nun tat sich Natee nützlich, denn er fraß alles auf, was wir sonst hätten zurückschaffen müssen.

Auf dem Heimweg flaute der Wind ab, so daß Vater und Neyah zu den Rudern griffen, und die Mutter sang ihnen ein Ruderlied, auf daß sie im Takt blieben.

Es war ein so lieblicher Tag! Ich wünschte, ich hätte immer neun Jahre bleiben können.

II

1 Ney-sey-ra

Als Natee drei Jahre alt war, lief er fort. Viele Tage lang suchten wir ihn vergeblich, und ich fürchtete bereits, ihn nie wiederzusehen. Am zwölften Tage kehrte er jedoch zurück, und seiner Spur folgte eine junge wilde Löwin. Er führte sie geradewegs zum Zwinger, und wiewohl sie menschenscheu war, folgte sie ihm dorthin, und er knurrte und brüllte jeden Löwen an, der sich ihr zu nähern suchte. Anfangs war Zeb der einzige Mensch, den sie in ihrer Nähe duldete; aber auch später, als sie die Menschen gewohnt war, konnte man sie nie allein umherstreifen lassen.

Es waren die königlichen Löwen nämlich gemeinhin Abkommen solcher Löwen, die schon durch Generationen Begleiter der Menschen waren, und es geschah nur selten, daß ein wilder Löwe gezähmt wurde, es sei denn, man fing ihn als junges Tier.

Ich gab Natees Gefährtin den Namen Simma. Eines Tages aber, kurz bevor sie Junge werfen sollte, verschwand sie. Natee war sehr betrübt darüber und weigerte sich zu fressen und wimmerte die ganze Nacht hindurch. Nun meinte Zeb, Natee könne Simma wiederfinden, denn er werde ihrer Witterung folgen; Jagdhunde wage er nicht auf ihre Fährte zu setzen, aus Sorge, sie würden sie erschrecken.

So machte sich denn Zeb mit Natee auf den Weg, und

dies geschah nachts, denn dann kann ein Löwe besser wittern als in der heißen Sonne. Und Zeb bestand darauf, allein zu gehen, da Simma seine Stimme kenne und ihm folgen werde, ein Fremder sie aber verscheuchen würde.

Früh am nächsten Morgen lief ich zum Löwenzwinger, um zu sehen, ob Zeb heimgekehrt sei. Er war jedoch noch nicht gekommen, und so wanderte ich ihm entgegen, nordwärts bis dorthin, wo das bebaute Land aufhört und die Sandhügel am Rande des Sumpfes beginnen. Als ich eine gute Weile den Pfad entlanggegangen war, den ich so oft mit Natee gewandert war, sah ich ihn plötzlich in mächtigen Sätzen auf mich zukommen.

Und er nahm den Saum meines Kittels zwischen die Zähne und zerrte daran, als wolle er mir bedeuten, ihm zu folgen. Um den Nacken geknüpft trug er einen Leinenfetzen, und als ich näher hinschaute, entdeckte ich darauf etwas Rotes. Ich band ihn ab und glättete ihn auf dem Boden. Zunächst hielt ich das Rote für eine Wellenlinie, die ein in Blut getauchter Finger darauf gezeichnet. Doch dann erkannte ich darin das Abbild einer Schlange und ersah an den beiden Strichen auf ihrem Kopf, daß es eine Hornviper war. Nun begriff ich, daß Zeb von einer Schlange gebissen war und er Natee ausgesandt hatte, Hilfe zu holen.

Da ich dem Tempel näher war als dem Palast, lief ich dorthin, so schnell mich die Füße trugen, und mir auf den Fersen folgte Natee. Ich fand Zerta im Vorhof, als er gerade den Tempel verlassen wollte. Und er sandte sogleich nach drei Sänften, eine jede getragen von zwei schnellen Läufern. Dies sei, so sagte er, die rascheste Art, Zeb zu erreichen, denn das frische Blut auf dem Leinenfetzen deute darauf hin, daß er nicht fern sein könne. Und er ließ ein Töpfchen mit Salbe holen und einen *Smaoo*, ein kleines Tier, das flinker ist als jede Schlange und mit ihr zu spielen vermag, wie die Katze mit der Maus – weshalb man es auch die Schlangenkatze heißt.

Und als Zerta zum Aufbruch bereit war, ließ ich Natees

Halsband los, und er lief uns auf dem Weg voraus, und bisweilen spähte er zurück, um zu sehen, ob wir ihm folgten. Die Läufer eilten dahin, und in weniger denn einer Stunde hatten wir das bebaute Land hinter uns gelassen und befanden uns zwischen den Sandhügeln am Nordrand des Sumpfes, wo sich das hohe Ried weithin erstreckte.

Wir fanden Zeb im dichten Röhricht. Anfangs glaubte ich, er sei tot, doch als Natee ihn beleckte, rührte er sich. Die Schlange hatte ihn in den linken Fußknöchel gebissen, und diese Stelle hatte er mit einem tiefen Schnitt geöffnet. Die Wunde hatte stark geblutet, jedoch nicht genügend, denn sein Bein war geschwollen und bereits dunkel verfärbt.

Zerta hieß mich, dem Verletzten Zuckerrohrgeist einflößen. Dieweil ich dies tat, packte er den *Smaoo*, ritzte ihn in die Pfote und ließ das Blut in ein Schälchen tropfen. Es bereitete der Schlangenkatze offenbar keinen Schmerz, denn sie leckte Zerta wieder und wieder die Hand. Während ein Läufer die Pfote verband, beugte sich Zerta über den Verletzten und tat einen Schnitt oberhalb des Schlangenbisses und einen in die linke Brustseite gerade über dem Herzen. Darauf legte er zwei mit dem Blut des *Smaoo* getränkte Läppchen, und den Rest dieses Blutes träufelte er Zeb in den Mund, der nun so weit gekräftigt war, daß er schlucken konnte. Hernach bestrich Zerta die Wunde mit der übelriechenden Salbe, und nachdem dies alles getan war, hüllten sie Zeb in Wolldecken, hoben ihn in eine der Sänften und machten sich auf den Weg zum Palast.

Ich rief Natee, aber er hörte nicht auf mich, sondern schritt auf das dichte Röhricht zu, als wolle er mir bedeuten, ihm zu folgen. Als er sah, daß ich seinem Wunsch nicht nachkam, kehrte er zurück und nahm behutsam meine Hand zwischen die Zähne und versuchte, mich mit sich zu ziehen. Nun folgte ich ihm. Wir kamen zu einer Lichtung, und dort auf einem Lager aus trockenem Sand sah ich Simma mit zwei winzigen Jungen. Sie bleckte die Zähne und knurrte, doch als Natee leise brummte, ließ sie sich von mir streicheln. Ihre Jungen waren noch kleiner, als Natee es damals gewesen war, da er mein Lager teilte. Nun löste ich Natees Halsband, auf daß er wisse, er schulde mir nicht länger Gehorsam, sondern könne frei entscheiden, ob er in den Palast zurückkehren oder bei Simma bleiben wolle. Als ich mich zum Gehen wandte, folgte er mir bis zum Rande des Rieds, wo er stehenblieb und mir nachschaute, wie ich davonging. Dann trottete er zu seiner Familie zurück.

Meine Läufer erreichten den Palast noch vor Zeb. Man bettete ihn in eines der Gemächer neben dem Raum, wo Zerta die Kranken mit dem Messer oder Kräutern zu heilen suchte.

Und nun erschien Ptah-kefer, und nachdem er Zeb angeschaut, sagte er, daß er erst nach Ablauf eines Tages wisse, ob Zeb leben oder sterben werde. In Zebs Lippen war ein wenig Farbe zurückgekehrt, er war jedoch steif und kalt und antwortete nicht, als ich zu ihm sprach.

Dann ließ ich ihn allein und wanderte durch die Gärten, und mein Herz war voll Traurigkeit, denn ich liebte meinen treuen Diener, und der Gedanke, daß er sterben könne, schmerzte mich sehr. Und es grämte mich auch, daß Natee mich verlassen und Simmas Gesellschaft der meinen vorgezogen hatte. Mich drängte es, in den Tempel zu gehen und für Zeb zu beten. Ich pflückte einen Strauß weißroter Lilien und schickte nach meiner Sänfte.

Der Vorhof des Tempels war menschenleer, denn die Sonne stand hoch und es war die Stunde, da die Menschen im Schatten ruhen. Ich betrat Ptahs Heiligtum und legte meine Blumen auf die weißen Stufen vor seinem Standbild. Dann hob ich meine Arme und rief ihn an, unhörbar und doch so laut, daß meine Stimme bis zu seinem Sternenthron dringen mußte. Ich sprach zu ihm von dem Biß der Schlange und bat ihn, Zeb teilhaben zu lassen an seinem Überfluß von Leben und ihn mir zu erhalten. Und nach dem Gebet kniete ich nieder und berührte Ptahs Fuß mit meiner Stirn, in Liebe und in Demut.

Als ich hinaustrat aus der schattigen Kühle des Heiligtums, stand das Sonnenlicht im Hof vor mir wie eine goldene Mauer. Ein junger Priester schritt über den Hof; an seinem Gewand erkannte ich in ihm einen Hohenpriester des Anubis. Ich war ihm schon häufig im Tempel begegnet und hatte gehört, daß er seine Weihe bereits mit dreiundzwanzig Jahren empfangen hatte. Sein Name lautete Ney-sey-ra.

Er kam auf mich zu und sprach mit mir. Und seine Worte waren vertraut, als kenne er mich schon lange, und ich fühlte, daß ich in ihm einen Freund hatte, einen weisen Freund. Er schien zu wissen, daß ich an diesem Tage noch keine Nahrung zu mir genommen hatte, denn er geleitete mich wortlos zu einem der verschwiegenen Höfe und reichte mir dort Honigwaben und Feigen und einen Becher voll Wein. Dies werde mich laben, sagte er.

Während ich speiste, sprach ich mit ihm, und wenngleich wir zum erstenmal miteinander redeten, war mir, als setzten wir ein Gespräch fort, das wir tags zuvor begonnen. Ich erzählte ihm von Zeb und Natee und Simmas Jungen, und er sagte, daß ich klug daran getan hätte, Natee freizulassen, denn ein unfreiwillig Gefangener sei nie ein Freund. Doch glaubte er, Natee werde zu mir zurückkehren, sobald seine Jungen herangewachsen seien, denn er habe seine Gewohnheiten meinem Willen gefügt, da ich sein Herz kennte.

Und ich befragte Ney-sey-ra nach der Schlangenkatze und weshalb Zerta ihr Blut auf Zebs Wunde gestrichen habe. Und er sagte: «Viele Menschen meinen, Schlangenkatzen seien gefeit gegen das Gift der Kobra und in ihrem Blut wirke eine besondere Kraft, welche das Gift zunichte macht. Zerta erkundet nun, ob ein paar Tropfen dieses Blutes auch in den Adern des Gebissenen ihre Kraft entfalten, so daß dieser genesen kann.»

Und ich nannte auch die Salbe, und er erklärte, daß sie aus dem Fett derselben Schlangenart bereitet sei, von der der Biß stammte. Aber, so schloß er, er persönlich glaube weder an die Heilkraft des Fettes noch an die des Blutes der Schlangenkatze.

Nun sagte ich, daß ich in den Palast zurückkehren wolle, um zu sehen, wie es Zeb gehe.

Und darauf sagte Ney-sey-ra lächelnd: «Das kann ich dich wissen lassen, ohne daß du dich von dieser Bank erhebst.» Und er ergriff die silberne Schale, in der ich die Finger gespült hatte, und hielt sie in beiden Händen, so daß sie einen Sonnenstrahl einfing, der durch das Rankendach über uns fiel. Und als schaue er durch ein Fenster in ein Gemach und schildere, was seine Augen erblickten, sprach er: «Zeb liegt im Schlaf. Ptah goß neues Leben in seinen Leib. Eine Stunde nach Sonnenuntergang wird er erwachen, und dann reiche man ihm Milch und Wein. Und wieder fällt er in Schlaf. Und wenn er am morgigen Tag erwacht, ist allen offenbar, daß er leben wird. Nach zwanzig Tagen ist er gesund und ohne Schaden, außer einer kleinen Narbe am Knöchel.»

Dies war das erste Mal, daß ich die Kraft des Schauens wirken sah, dennoch kam es mir nicht fremd oder seltsam vor. Nun erhob sich Ney-sey-ra schweigend und brach eine Lotosblüte, die auf dem Weiher schwamm, und fragte: «Erinnerst du dich?»

Und da kam mir die Erinnerung, daß ich in der letzten Nacht davon geträumt hatte. In diesem Traum hatte Ney-sey-ra auf eine geöffnete Lotosblüte gewiesen, gleich der in seiner Hand, und gesagt: «So wie der Lotos seine Kelchblätter entfaltet, bis sein goldenes Herz den Glanz der Sonne spiegelt, so öffne du die Pforten deines Gedächtnisses, bis du hier auf Erden das Licht spiegelst!» Und dann hatte er im Traum auf eine halberblühte Knospe gezeigt, deren geschlossene blaue Kelchblätter dennoch das goldene Herz hindurchschimmern ließen, und mir gesagt, dies sei das Sinnbild dessen, was ich jetzt sei.

Die Erinnerung an diesen meinen Traum war mir hastiger gekommen als ein Lidschlag, und ich ging zu dem Weiher und pflückte einen Lotos von jenem Blau und sagte:

«Dies ist, was ich bin.» Und auf die Blüte in seiner Hand weisend, fügte ich hinzu: «Und dies ist, was ich werden möchte.»

Und er lächelte und sprach: «Ich bin ein Hoherpreister, und du wirst einst Herrscherin sein, und mein Herz ist erfreut darüber, daß ich dich lehren kann, was du zu wissen begehrst. Vieles habe ich deinen Geist bereits gelehrt, während du schliefst, und bald werde ich auch hier auf Erden dein Lehrer sein.»

Bevor ich ihn verließ, ermahnte er mich, künftig vor dem Einschlafen dieses Gebet zu sprechen:

«Herr, in deiner Weisheit lehre mich, eine Flamme zu werden für die in Finsternis Wandelnden, auf daß ich ihre Herzen wärme und ihr Dunkel erhelle, bis sie aus eigener Erkenntnis ihre Flamme entzünden und das Dunkel verlassen können, um im Licht der Sonne zu weilen.»

Als zwanzig Tage verstrichen waren, konnte Zeb sich von seinem Lager erheben; und drei Monate später kehrte Natee zu mir zurück. Simma und ihre Jungen folgten ihm, und er führte sie im Löwenzwinger zu seinem eigenen Stall, der für ihn bereit stand. Und mein Vater gestattete, daß er mir überallhin folgte, wie zu der Zeit, da er noch ein Löwenjunges war.

2 Die Löwenjagd

Als ich zehn Jahre zählte, durfte ich meinen Vater zum erstenmal auf die Löwenjagd begleiten. Schon seit langem hatte Benater mich im Speerwurf unterwiesen, und nun hatte auch Harka, der Aufseher über die Königlichen Wagen, erklärt, ich sei hinreichend geübt im Rosselenken.

Auf dieser Löwenjagd wollte ich Neyah beweisen, daß ich genau wie er allen Gefahren gewachsen sei, so daß er mich, wenn er künftig einen Feldzug anführte, in die Schlacht mitnehmen könne.

Ich wünschte, diese Jagd hätte Leoparden oder Krokodilen gegolten, und nicht Löwen, auch wenn wir nur alte Löwen jagten, die die Menschen auf den Feldern anfielen, weil sie den Hirsch im Lauf nicht mehr ereilten. Insgeheim hoffte ich, daß die erlegten Löwen Natee nicht glichen. Aber da der Vater, der doch seine Shamba liebte, diese bösen Löwen ohne Bedenken tötete, war es wohl kindisch von mir, davor zu bangen, Natees Artgenossen zu erlegen.

Nun war zu dieser Zeit ein Fremdling zu Gast im Palast, von dem Neyah mir sagte, er sei ein Barbar aus dem Nordosten; ich hatte diesen Mann noch nicht zu Gesicht bekommen.

Ich zog zur Jagd gekleidet wie ein Knabe; genau wie Neyah trug ich ein gestreiftes Kopftuch aus Leinen, einen gesteppten und mit feinen Goldfäden bestickten Brustharnisch, breite goldene Armreifen und einen Schutz mit goldbeschlagenem Ledergürtel, in dem mein Jagdmesser steckte.

Als ich zum Aufbruch bereit war, lief ich in den Vorhof hinab, wo die Jagdwagen warteten. Es waren vierzig an der Zahl, und sie standen in einer Front nebeneinander aufgereiht. Die Pferde des Vaters, Neyahs und die meinen trugen Straußenfedern auf den Köpfen in den Farben Pharaos, rosa und grün. Zu Häupten eines jeden Pferdes stand ein Rosselenker, der den Speer trug, bis der Edle im Wagen ihn brauchte, und der die Zügel übernahm, bis der Löwe getötet war. Auf der gegenüberliegenden Seite des Hofes harrten die Jagdhunde, schwarz und mit spitzen Ohren gleich Schakalen und zwei an jeder Koppel, die von den Hundejungen gehalten wurden.

Bevor ich die Stufen hinabschritt, gesellte sich meine Mutter zu mir. Sie trug ein blaues Gewand, durchwirkt mit roten Fischen und silbernen Wellenlinien, und ihr Umhang war von der neuen violetten Farbe, die aus einem Schaltier gewonnen wurde und von Norden über das Meer zu uns kam. Ein Kranz aus rosa Arbeetablüten schmückte ihr Haar, und ihm entströmte ein lieblicher Duft, der gleiche, mit dem ihre Lieblingssalbe parfümiert war.

Ihre Augen blickten besorgt, und ich hoffte, daß sie sich nicht deshalb beunruhigte, weil ich an der Jagd teilnahm. Selbst wenn dies der Fall gewesen wäre, hätte sie ihre Befürchtungen nicht laut werden lassen, denn ich hörte sie einst sagen, daß, wenn eine Mutter töricht genug ist, ihren Tag von der heimlichen Sorge um ihre Kinder beschatten zu lassen, diese ihre Torheit doch nicht den Tag der anderen verdunkeln dürfe. Maata war anders. Einmal, als Neyah und ich segelten, blieb unser Boot in einer Schlammbank stecken, und wir kamen erst spät am Abend heim. Und da war Maata sehr zornig auf uns, doch nur, weil sie selbst gebangt hatte. Sie begriff nicht, wie unrecht sie uns mit ihrem Schelten tat, denn es war ja nicht unsere Schuld, daß wir auf Grund gefahren waren, und überdies hatten wir den ganzen langen Tag nichts zu uns genommen außer einer Weintraube, die wir zufällig auf dem Weg zum Fluß pflückten. Unsere Mutter zürnte uns nicht, sondern lobte uns, daß wir aus eigener Kraft freigekommen waren, und sie ließ uns ein leckeres Mahl in ihrem Gemach reichen, wiewohl es schon längst Schlafenszeit für uns war.

Ich fragte nun meine Mutter, wie der fremde Barbar aussehe, und sie lächelte und sprach: «So darfst du ihn nicht nennen, denn er ist ein König in seinem Land, wenn auch ein Fremdling bei uns. Sein Name lautet Sardok...» Und hier brach sie ab, denn wir hörten Schritte. Jetzt nahte der Vater und die übrige Jagdgesellschaft. Als er mich in der prinzlichen Tracht sah, legte er mir den Arm um die Schulter und sagte zu einem Mann an seiner Seite: «Siehe, ich habe noch einen Sohn!» Ich hoffte, daß auch Neyah seine Worte gehört hatte.

Neyah schritt die Reihe der Pferde ab und musterte das Zaumzeug. Als ob das nötig gewesen wäre! Der gute Neyah – er konnte es nicht lassen, sich hin und wieder etwas aufzuspielen.

Ich hatte angenommen, Harka werde mit mir fahren, doch der Vater befahl ihm, den Barbaren zu führen. Ich schaute mir Sardok an und dachte: «In deinem Land magst du König sein, hier aber bist du nur ein fetter Mann, ein sehr fetter Mann.» Er hatte einen üppigen schwarzen Bart, stark gekraust und geölt, wie ein geputzter Ziegenbock, und sein Haar war in Löckchen gelegt und so stark parfümiert, daß man ihn auf größere Entfernung wittern konnte als eine Wildkatze.

Dann bestiegen wir die Wagen. Mit mir fuhr Serten, und das freute mich, denn ich hatte ihn sehr gern, schon weil er mir einst Natee gebracht hatte. Mein Pferd war schwarz und weiß gepfleckt wie ein Ibis, und deshalb rief ich es «Mondschatten». Der Vater fuhr an der Spitze der Wagenreihe aus dem Hof des Palastes; ihm folgte Sardok als vornehmster Gast und danach Neyah und ich. Ehe ich aus dem Tor fuhr, winkte ich der Mutter zu und schwenkte dann den Wagen in kühner Fahrt durch die Tortürme, auf daß sie sehe, wie sicher ich fuhr, und meinetwegen keine Besorgnis hege.

Wir fuhren wohl eine halbe Stunde flußaufwärts bis zu der groben Ebene Arbaw, einem weiten Sumpfgebiet, das zu dieser Jahreszeit trockenlag. Dort hausten zwei alte Löwen, die das Vieh rissen und fortschleppten, wenn es auf dem Weg zur Tränke war. Die Hundejungen waren die Uferböschung entlang vorausgeeilt. Als wir den Platz erreicht hatten, wo das Treiben beginnen sollte, stellten wir die Wagen in einem weiten Halbkreis auf – der Wagen des Vaters stand in der Mitte, Sardoks an der einen und meiner an der anderen Seite. Schleicht der Löwe aus dem Versteck und stürmte dann zwischen zwei Wagen hindurch, kommt es zwischen den beiden Lenkern zu einem Wettstreit, und der schnellere trägt den Ruhm davon.

Vor uns lag ein breiter Gürtel hoher Papyrusstauden, wo – so hatten die Fährtensucher berichtet – die Löwen in der Mittagshitze ruhten. Wir konnten jetzt hören, wie die Hunde unter den anfeuernden Rufen der Jungen durch das Dickicht streiften. Diese trugen lodernde Fackeln aus dürrem, harzgetränktem Palmenholz, dem dicker, schwarzer Qualm entströmt, der die Löwen aufscheuchen sollte. Jetzt zogen die Rauchschwaden näher. Einige Pferde wurden unruhig und stampften den Boden, doch Mondschatten verhielt sich ganz still. Serten meinte, ein Löwe flöße diesem Roß so wenig Furcht ein, wie einem anderen Pferd der Stallhund. Wahrscheinlich hatte sich Mondschatten an Löwen gewöhnt, da Natee uns häufig begleitete. Ich wünschte, meine Gedanken kehrten nicht ständig zu Natee zurück.

Plötzlich erscholl ein heftiges Brüllen, und aus dem Papyrusdickicht brach ein Löwe, verfolgt von vier kläffenden Hunden. Ich war so aufgeregt, daß mir den Atem stockte, denn er schien geradewegs auf mich zuzustürzen, und ich hielt schon die Zügel bereit, um sie Serten zu übergeben. Da bog er jedoch im letzten Augenblick ab und lief zwischen Sardoks Wagen und dem meines Vaters hindurch. Der Vater ließ Sardok den Vorrang, Sardock jedoch benahm sich so ungeschickt und riß sein Pferd so scharf herum, daß es stolperte, und als er schließlich den Speer warf, verfehlte er den Löwen. Dieser machte kehrt und sprang mit einem Satz auf Sardok zu. Doch Sardok duckte sich, und der Löwe landete auf Harka und riß ihn zu Boden. Mein Vater, der dicht dahinter stand, sprang aus dem fahrenden Wagen und lief auf den Löwen zu. Den Speer wagte er Harkas wegen nicht zu werfen, und so zwängte er denn seinen Arm unter das Haupt des Löwen und stieß ihm das Messer in die Kehle.

Neyah und ich kamen gerade hinzu, als er den toten Löwen von Harka fortzog. Ich hatte geglaubt, der Vater werde getötet werden, und auch Neyah hate es wohl befürchtet, denn er war sehr bleich. Mir schwoll das Herz vor Stolz über unseren Vater, ich wagte jedoch kein Wort zu sagen aus Furcht, die Stimme werde mir brechen. Harka lebte noch, aber sein linker Arm war furchtbar zerfleischt. Ich hockte mich nieder und bettete seinen Kopf in meinen Schoß, und da schlug er die Augen auf und versuchte mir zuzulächeln; doch bald fielen die Lider ihm wieder zu. Nun legte Vater ihm die Hand auf das Herz und sagte, noch sei Leben in ihm.

Unterdessen war auch Sardok aus seinem Wagen gestiegen. Ich hoffte, daß die Verachtung Neyah und mir aus den Augen blitzte, so daß dieser Mann begriff, daß er, wiewohl König, dennoch ein Feigling war. Wir hörten, wie er nun zu dem Vater sprach: «Du wagtest viel für einen Diener.»

Und meines Vaters Stimme war wie aus Granit, als er entgegnete: «Ein jeder hätte dies getan für einen Freund.»

Wie konnte Sardok sich erdreisten, so von Harka zu reden! Harka, der mehr wert war als tausend fette Barbaren! Harka, der uns alle von Kindesbeinen an geliebt hatte, der meinen Vater das Rosselenken gelehrt hatte! Sardok mußte unsere Verachtung wohl gespürt haben, denn er wandte sich ab und sprach mit einem aus seinem Gefolge.

3 Der Heiler-mit-dem-Messer

Der Löwe hatte Harka übel zugerichtet, und mein Vater ordnete an, daß der Verletzte auf einer der Bahren heimgetragen wurde, die dem Abschleppen des erlegten Löwen dienen sollten. Zu jeder Bahre gehörten vier Träger, und obzwar sie schnell liefen, glitt die Bahre sanft dahin im Gleichmaß ihrer Schritte.

Ich fuhr in meinem Wagen voraus, die Mutter von dem Vorfall zu unterrichten, auf daß sie die Heiler aus dem Tempel herbeirufe. Denn es gleicht der Biß eines Löwen dem eines Kupferschwertes: Wird er nicht schnell geheilt, fault das Fleisch um die Wunde, während der Verletzte noch am Leben ist. Ich wünschte, Vater und Neyah ließen ab von dieser Jagd, denn nun wußte ich, wie meiner Mutter zumute war, wenn Neyah und ich unsere Abenteuer bestanden, und wie gefährlich sie erscheinen, wenn man nicht selbst dabei ist.

Die Vorbereitungen wurden in einem der Privatgemächer des Vaters getroffen. In die Mitte des Raumes stellte man eine hohe, schmale Pritsche, wie man sie zum Massieren verwendet, und diese wurde mit einem Polster aus Leinentüchern bedeckt. Daneben auf einem Tischchen standen zwei Näpfe mit Salben, bereitet aus den Kräutern meines Vaters, nebst ein paar Krügen voll Wasser und einer Schale mit Zuckerrohrgeist, welcher in der Wunde brennt gleich Feuer, sie aber reinigt von Schmutz.

Ptah-kefer und der Heiler des Königlichen Haushaltes warteten bereits, als man Harka hereintrug. Ich bat meine Mutter um die Erlaubnis, bei Harka zu bleiben. Anfangs wollte sie es nicht gestatten und meinte, ich sei zu jung; erst als ich einwandte, daß, wenn ich alt genug gewesen, die Verletzung mitanzusehen, ich auch alt genug sein müsse, der Heilung zuzuschauen, gab sie nach.

Als ich noch klein war, zogen sich mir beim Anblick von Blut die Eingeweide zusammen, und Hände und Stirn wurden mir feucht von Schweiß. Um meine Schwäche zu überwinden, schlich ich mich heimlich dazu, wenn die Tributstiere geschlachtet wurden, bis der Anblick vergossenen Blutes mich nicht stärker berührte als Wein, der aus einem zerbrochenen Krug rinnt. Als man nun aber Harka hereintrug, merkte ich, daß die Schwäche, die ich überwunden glaubte, noch immer in mir war und daß es ein ander Ding ist, das Blut eines Freundes fließen zu sehen als das eines Stieres.

Harkas Gesicht war von einem seltsamen Rot überzogen, und die eine Hälfte zuckte, während die andere starr war. Ptah-kefer bedeckte seine Augen mit der Hand und neigte sich über die Wunden, und also verharrte er eine Weile reglos. Dann winkte er den Arzt zu sich, und sie schritten zur Tür und sprachen dort leise miteinander. Und ich hörte ihn sagen, Harkas Schädeldecke sei zertrümmert und drücke auf das Hirn, und seine eine Körperhälfte bleibe unbeweglich, sofern man nicht den Knochensplitter herausnehme, wobei er Zertas Hilfe bedürfe.

Alsbald erschien Zerta mit Geräten, die dem Werkzeug eines Goldschmieds glichen. Gemeinhin nahm er diese Art von Eingriffen nur im Tempel vor, doch um Harka zu

schonen, entschied man, ihn nicht aufs neue umzubetten.
Der arme Harka! Ich ging zu ihm, nahm seine Hand, und er drückte die meine, so daß ich wußte, daß der Geist noch seinen Leib bewohnte. Die Wunden an der Hüfte und der Achsel waren mit feuchten weißen Tüchern bedeckt, aber das rote Blut färbte sie rasch dunkel.
Ein zweiter Priester betrat den Raum; es war ein Hoherpriester des Anubis. Er ließ sich auf einen Sessel am anderen Ende des Gemachs nieder und schien dort zu schlummern, während der Arzt seine heilenden Finger dicht vor Harkas Augen hielt und ihn zwang, seinen Körper zu verlassen. Und ich wußte, daß der Geist des Anubispriesters Harkas harrte, um diesen, wenn er seinen Körper verlassen hatte, weit fortzuführen von den Schmerzen, auf daß die anderen an seinem Leibe schneiden und ihn heilen könnten, als flickten sie ein Loch in einem zerfetzten Mantel.
Ich fühlte Harkas Hand erschlaffen und wußte nun, daß er jenseits aller Pein war und meine Gegenwart ihm keine Hilfe mehr sein konnte; doch wollte ich gern bei ihm bleiben, um durch Zuschauen von Zertas Kunst zu lernen.
Zuerst rasierte Zerta Harka an der einen Seite das Haupthaar ab, und auf dieser glattrasierten Schädeldecke wies Ptah-kefer ihm die Stelle, wo der Knochensplitter drückte. Darauf nahm Zertā ein kleines, blattförmiges Messer zur Hand und tat drei Schnitte, gleich drei Seiten eines Vierecks, und mit zwei kleinen Zangen, ähnlich jenen, mit denen man die Brauen zupft, zog er dann den Hautlappen zurück. Die Klammern ergriff der Arzt, welcher nun die Adern zusammenpreßte, auf das wenig Blut fließe. Zwei Silberspiegel an hohen Ständern warfen das grelle Sonnenlicht auf Harkas Kopf. Ich sah den weißen Schädelknochen und darin eine Delle, umgeben von feinen Rissen, wie bei einem Ei, das man mit einem Löffel angeschlagen hat. Nun nahm Zerta eine feine Metallröhre, deren Kante gezahnt war wie eine Säge, und setzte sie an den Schädel und wirbelte sie rasch zwischen den Händen, nicht anders als ein Goldschmied, der einen harten Edelstein bohrt. Aber

dann trat er einen Schritt zur Seite, und ich konnte Harkas Kopf nicht mehr sehen.

Ptah-kefer, der während dieser Zeit mit den Augen des Geistes schaute, gebot nun dem Arzt, Ptahs Leben in Harkas Herz zu treiben, da es bereits schwächer schlage. Als der Arzt sich vorneigte, um dies zu tun, sah ich, daß man in das Loch, welches Zerta gebohrt, eine Elfenbeinplatte gefügt hatte, die mit feinen goldenen Nägeln an der Schädeldecke befestigt war. Darauf wurde der Hautlappen zurückgelegt und mit einer dünnen Schicht von klarem Wachs bedeckt, damit er seine Lage nicht verändere, bis daß die Wunde geheilt sei. Nachdem das Wachs erstarrt war, wurde ein in einem Sud getränkter Leinenlappen auf die Wunde gelegt, damit sie sauber verheile. Und zuletzt wurde der Kopf fest mit Leinenbändern umwickelt.

Die Wunden an Schulter und Hüfte wurden mit Rohrgeist benetzt, um alles Unreine zu entfernen, das vielleicht an den Krallen des Löwen gehaftet hatte, und dann wurden sie mit Wasser gewaschen, das mit Ptahs Lebenskraft angefüllt war. Danach bestrich man sie mit einer grünen Kräutersalbe, die auf meines Vaters Geheiß bereitet war und die den Schmerz von verbundenen, aber noch offenen Wunden milderte. Und Zerta umwickelte Arm und Schulter so fest, daß Harka sie nicht bewegen konnte und der Muskel nicht gezerrt wurde, von dem Ptah-kefer sagte, daß er verletzt sei.

Alsdann wurden Tücher in eine kühlende Flüssigkeit getaucht und Harka auf die Stirn gelegt; und ihm zu Füßen unter die wollene Decke schob man einen erwärmten und in Tücher gehüllten Stein.

Als dies alles geschehen war, befahl der Anubispriester Harka, in seinen Leib zurückzukehren, und plötzlich spürte ich, wie Harkas Hand, die ich noch immer hielt, die meine umschloß. Er schlug die Augen auf, und sein Gesicht war nun wieder ruhig und zuckte nicht mehr. Und er starrte benommen zu mir auf und stammelte: «Za ... Za Atet, mein Herr, mein Gebieter ... ist er unverletzt?»

Ich sagte ihm, daß meinem Vater kein Leid geschehen sei, und er schloß beruhigt die Augen, und ich blieb bei ihm, bis er in Schlaf fiel.

4 Der Traum vom Lande Zuma

An diesem Abend wurde zu Ehren Sardoks, des Königs von Zuma, ein großes Festmahl gegeben.

Sardok saß zur Rechten meines Vaters. Er trug eine Krone aus Gold und Email, die hoch und geriffelt war, als habe man ein nach oben spitz zulaufendes Schilfbündel mit Blattgold bedeckt und dreifach mit diamantenen Schnüren umschlungen. Sein langes, steifes Gewand war mit drei Reihen Borte besetzt und gefältet, so daß es einem Federkleid glich. Darüber trug er einen Mantel aus dunkelroter Wolle, und dieser war an der Schulter mit einer langen goldenen Nadel gehalten, deren Kopf aus einem länglichen, kunstvoll geschnittenen Amethyst bestand. Die Nägel seiner Finger und Zehen waren gefärbt wie die einer Frau, sein geöltes Haar ringelte sich bis auf die Schultern hinab, und sein langer schwarzer Bart war sorgfältig gelockt und glänzte von Fett. Seine gekrümmte Nase war fleischig und die Haut von schmutzigem Gelb und nicht so glatt wie unsere, sondern grob und mit Löchern übersät, wie der Sand am Flußufer, in dem die Würmer wühlen. An den Armen trug er Spangen aus Chalzedon und Onyx, und jeden großen Zeh schmückte ein breiter Ring.

Ich mußte an Harka denken und wünschte, es wäre Sardoks Leib gewesen, den der Löwe zerfleischt hätte.

Vier von Sardoks Edlen speisten mit uns; der Rest seines Gefolges bestand aus Dienern und Soldaten, und auch ihre Gesichter glichen nicht den unseren und waren nicht wie in Stein geschnitten, sondern wie aus Wachs geformt, das in der Sonne zu schmelzen beginnt.

Ich war noch nicht alt genug, um bis zum Schluß des Festmahls anwesend zu sein; und mit mir verließ auch Neyah die Tafel, da er von mir über Harka zu hören wünschte. Und als ich zur Ruhe gegangen war, kam er in mein Schlafgemach und lauschte dem, was ich erlebt und gesehen.

Doch meine Gedanken irrten ab und kehrten zu Sardok zurück, und ich sagte: «Ich weiß, daß Sardok böse ist.»

«Ja, und ich weiß, daß er grausam ist. Ich sah, wie er sein Roß schlug, als es stürzte. Und doch war es seine Schuld und nicht die des Pferdes. Und da er der König von Zuma ist, muß dies ein schreckliches Land sein.»

Nun wußte ich, daß mir zuweilen Lösungen im Traum kamen, so daß was dunkel gewesen, wenn ich einschlief, klar war, wenn ich erwachte. Neyah und ich hatten uns oft darob verwundert und bisweilen auch Nutzen von dieser Gabe gehabt. Einmal hatte Neyah ein Siegel des Vaters verloren, das er heimlich entliehen und zurückzulegen vergessen hatte, und wiewohl wir allerorts suchten, konnten wir es nicht finden. In jener Nacht träumte mir, das Siegel sei unter das Stroh im Käfig der Wildkatze gefallen; und ich weckte Neyah und sagte es ihm. Am nächsten Tag schlichen wir uns in aller Frühe hinaus, um nachzuschauen, und fanden das Siegel im Stroh vergraben. Es hatte uns niemand gehört, und alle erstaunten sehr, daß Neyahs Hände während des Schlafs zerkratzt worden waren. Und Neyah legte das Siegel zurück, und kein Mensch erfuhr, daß er es heimlich fortgenommen, damit wir ein Spiel spielen konnten, darin er der Pharao und ich ein gefangener König war.

Aber so wie ein Fisch, der im Teiche schläft, jede Schuppe und jede feine Maserung seiner Flossen erkennen läßt, doch mit dem Schwanze schlägt und davongleitet, sobald er erschreckt wird, so verschwindet ein Traum, der beim Erwachen noch klar im Gedächtnis haftete, wenn man ihn nicht sogleich aufzeichnet. Lag uns nun sehr daran, etwas Bestimmtes zu erfahren, pflegte Neyah sein Lager in meinem Schlafgemach aufzuschlagen und dort auf dem Fußboden zu ruhen, damit ich ihm gleich nach dem Erwachen meinen Traum erzählen konnte. Auf diese Weise blieb uns selbst die kleinste Einzelheit in Erinnerung. Wir hatten versucht, beide auf meinem Ruhebett zu schlafen, es war jedoch so schmal, daß wir hinausfielen.

Auch in dieser Nacht teilte Neyah das Gemach mit mir, und ehe ich in Schlaf fiel, erflehte ich, im Traum Zuma zu schauen, Sardoks Land.

Und vieles ward mir offenbart. Sobald ich in meinen Körper zurückgekehrt war, berichtete ich Neyah davon. «Zunächst war mir, als schwebe ich wie ein Vogel dahin, und unter mir sah ich ein Land. Und es war bis zum Horizont grün von Korn, das sich im Winde kräuselte wie das Wasser eines Sees. Die weite grüne Ebene war durchkreuzt von Flüssen, schnurgerade wie Messerschnitte. Und es gab dort viele davon! Sie schienen geordnet wie nach einem Muster, und ich meine, es waren Kanäle, wie wir sie auch in Kam haben, nur waren jene wohl zwanzigmal breiter und viel, viel länger. An diesen Kanälen lagen viele Dörfer, aber ihre Hütten waren aus anderen Ziegeln erbaut als die unseren, und sie waren auch kleiner – und sehr schmutzig. Überall schwirrten Fliegen, und die Menschen dort sahen furchtsam drein und sangen nicht.

Und ich kam zu dem Tempel einer großen Stadt. Obschon es dort große Gebäude gab, sah ich keine aus Stein. Der Tempel war umgeben von einem hohen, ringförmigen Wall, und an der Eingangspforte stand ein Tisch voller ungeschlachter Tonfiguren, welche diejenigen kauften, die mit einer Bitte an ihren Gott zum Tempel kamen. Für diese Figuren gaben manche einen großen Korb voll Korn, andere zwei Zicklein und wieder andere fünf seltsame Vögel, die nicht fliegen können, sondern mit vorgerecktem Hals trippeln; sie haben gelbe Füße und häßliche graue Federn und kleine Perlaugen.

Im Tempel sah ich niemanden, der lehrte, und statt der Priester nur Diener eines Götzenbildes. Dieser Götze hieß Marduk und war beschaffen wie ein Mensch, jedoch mit langen Hauern, die aus seinen Lippen ragten, und mit Klauen statt der Hände und Füße. Und vor ihm zerschlugen die Menschen die Tonfigur, welche sie an der Eingangspforte gekauft hatten. Und sie taten nichts anderes, als daß sie sich vor diesem Götzen demütigten, und ich begreife nicht, weshalb sie dort hingingen, denn sie können den Tempel nicht gestärkt und weise verlassen haben, sondern nur gedemütigt und erniedrigt. Ich sah dort keine Weiber; mag sein, sie waren verständig genug, nicht dorthin zu gehen, oder aber ihre Ehemänner hielten sie dessen für unwürdig.

Dann war ich Zeuge eines feierlichen Ritus vor der Aussaat des Korns. Und dies geschah im Vorhof des Königspalastes. Ein mächtiger weißer Stier wurde herbeigeführt, der aussah, als verlange es ihn nach einer Kuh ... nein, Neyah, ich kann dir davon nicht erzählen.»

Doch Neyah sagte: «Sei nicht kindisch und sprich weiter!»

«Während vier Männer den Stier an den Beinen hielten, zog ein Mann in einem langen roten Mantel ein Messer aus einer goldenen Scheide und schnitt dem Stier das Glied ab und auch den Beutel, der dahinter hängt. Und beides übergab er dem König, der es hoch über sein Haupt hielt, so daß das Blut ihm die Arme hinabrann. Darauf trug er diese Teile des Stiers rund um den Hof, wo viele irdene Krüge mit Saatkörnern standen, und in jeden Krug ließ er etwas aus dem, was er in Händen hielt, hineintropfen. Es waren wohl an die zweihundert Krüge. Und nachdem er die Runde gemacht, warf er den Rest in eine grüne Steinschale, die man später in den Tempel trug und vor den Götzen setzte. Nun durfte das Volk den Vorhof betreten, und jene, die sich Kinder wünschten, drängten sich herzu und tauchten ihre Finger in das Blut des toten Stieres und kosteten davon.

Dann schritt ich zurück in der Zeit und schaute das Begräbnis ihres letzten Königs; denn, so dachte ich, hat dieses Volk überhaupt etwas Gutes, wird es sich dabei erweisen. Aber ihre Gräber sind aus Ziegeln, und sie balsamieren ihre Toten nicht. O, Neyah, dieses Land ist schrecklich! Und schrecklich ist es, davon zu erzählen. Ich kam im Geiste zu dem königlichen Grab, das bei uns in Glanz versiegelt worden wäre, doch hier hatte es die Farbe des Grauens und Schreckens, ein totes Grau, das die Seelen derer, die dort bestattet liegen, gefangen halten muß, wie ein Spinnennetz die Fliegen. Es lagen dort auch aufgereiht die Leiber junger Mädchen und Männer, und ich vernahm, daß man sie dort zu Boden gepreßt und ihnen lange Nadeln durch die Augen in das Hirn getrieben hatte, so daß sie ohne Narben blieben und aussahen, als lebten sie noch. Diese Dinge lassen ihre Priester zu, und durch ihre Macht zwingen sie diese irdischen Sklaven, ihrem bösen König zu dienen, wie er dort lebt, gefesselt an diese Erde.

Der Herrscher über diese Menschen muß vernichtet werden! O Neyah, ich wünschte, Sardok wäre nicht unser Gast, so daß du ihn heute nacht im Schlaf erstechen könntest.»

«Um mich dadurch unter einen Zuma zu erniedrigen! Kein Krieger aus Kam würde einen Mann töten, der wehrlos ist. Ich wünschte jedoch, ich könnte ihn zum Zweikampf fordern – auf Speere oder selbst auf Pfeil und Bogen bei zwanzig Schritt Entfernung.»

«Und doch wäre es klüger, Neyah, ihn im Schlaf zu erstechen, denn er ist zu groß und stark für dich. Warum willst du einem Bösen Gelegenheit geben zu kämpfen? Erblickst du eine giftige Natter, dann zertrittst du sie, dann hältst du deine Hand nicht vor ihre Giftzähne, um ihr die Möglichkeit zu geben, auch dich zu verletzen.»

«Sekeeta! Bist du nicht wie ein Prinz erzogen worden? Du meinst mir dereinst in die Schlacht folgen zu können, als Gefährtin der Krieger. Hast du so wenig gelernt, daß du einen Feind anfielest, indem du seinen Diener bestichst, ihm Gift in den Wein zu träufeln, nur weil es dir an Mut mangelt, ihn zum Kampf zu fordern?»

«Nun gut, nenne mich Weib oder Kind oder Mädchen! Sage, daß ich nichts begreife von den Dingen, auf die sich Männer verstehen! Doch ich sage: Ist ein Ding böse, dann vernichte es, töte es, lösche es aus! Und es ist der Weg der beste, der der einfachste und sicherste ist.»

«Wenn du einst über Kam herrschst und deine Gäste im Schlaf erdolchen läßt, wird sich der Glanz deines Namens bald verdunkeln!»

«Wenn ich erwachsen bin, werde ich erfahren sein in der geheimen Kraft. Ich werde erlernen, die gefangenen Seelen zu befreien, die in Furcht starben. Und ich werde wissen, die Bösen mit einem Zauber zu bekämpfen und ihren Willen zu brechen, so daß ihre geknechteten Völker frei werden.»

Am nächsten Morgen beschlossen Neyah und ich, den Vater vor Sardok und dem Lande Zuma zu warnen.

Wir fanden ihn mit der Mutter am Schwimmbecken. Sie hatten bereits gebadet und trugen leichte Wollmäntel, denn der Morgen war noch kühl; Vaters Mantel war scharlachrot und Mutters lichtgrün. Sie aßen Früchte von einer flachen Alabasterschale, und die Mutter gab jedem von uns eine große Traube. Wir saßen mit verschränkten Beinen neben den Eltern, und Neyah sagte: «Vater, Sekeeta träumte vom Lande Zuma. Die Menschen dort sind schreckliche Menschen. Und Sardok ist so voll des Bösen, daß deine Hand ihn nicht grüßen, sondern dein Streitkolben ihm den Schädel zertrümmern sollte.»

Der Vater lachte und meinte, Neyah sei ja ein wilder und grausamer Gastgeber. Er fragte mich jedoch über meinen Traum aus, und ich berichtete ihm alles, nur von dem Stier schwieg ich, da ich meinte, der Mutter werde es mißfallen, daß ich derartiges geschaut.

Und der Vater sagte: «Ich kenne das Herz dieses Mannes Sardok, und ich weiß, daß er Ränke gegen uns schmiedet. Dennoch hieß ich ihn willkommen, denn ich hoffte, der König von Zuma werde, wenn er das Land Kam unter seinem Pharao und seiner wahren Priesterschaft blühen sehe, Lehren für sein eigenes Land mitnehmen, auf daß dereinst das Licht auch über seinem Volke leuchte.»

Darauf fragte Neyah, ob es denn recht sei, daß Sardoks Soldaten und Diener mit den unseren Umgang pflegten, da jene sie doch leicht Schlechtes lehren könnten.

Und der Vater erwiderte, daß seine Diener und Krieger starke Männer seien, die der Hut vor dem Bösen nicht bedürften. Er wies in die Höhe, wo ein Geier kreiste, und sprach: «Es fürchten die Starken die Berührung mit dem Bösen nicht, denn sie sind wie der Geier, der nicht stirbt, frißt er Aas, sondern durch solche Mahlzeit gedeiht und sich danach in noch größere Höhen emporschwingt.»

Danach forschte die Mutter, ob mir häufig derartige Träume kämen, und als ich dies bejahte, schien sie darüber mehr erfreut, als wenn ich eine schwierige Aufgabe fehlerfrei gelernt hatte. Und dies gefiehl Neyah so sehr, daß er erzählte, wie ich das Siegel fand, und ganz vergaß, daß der Vater nicht wußte, daß er es je entliehen hatte. Vater lauschte dieser Erzählung sehr ernst, und dann sprach er zu mir: «Es war dies ein Wahrtraum. Und diese deine Gabe wird dir einst kostbarer sein, denn einer Sängerin die Töne ihrer Kehle und einem Bildhauer die Fertigkeit seiner Hände.»

Als dann die Eltern von uns gingen, um sich für den Tag zu bereiten, hörte ich den Vater sagen: «Es sollen diese beiden nach uns gemeinsam herrschen», und ich glaube, daß sie zu jener Stunde beschlossen, daß wir beide Herrscher sein sollten, denn einen Monat später beim Fest des Ptah verkündete der Vater es dem Volk.

Am Abend kam die Mutter in mein Gemach und sprach zu mir über meine Träume, und bevor ich einschlief, sagte sie: «Übe dein Gedächtnis vor allem anderen, denn die Erinnerung an dich selbst ist der Silberne Schlüssel. Es wird diese Erinnerung dich bewahren, den Pfad zu beschreiten, der nicht in die Freiheit führt. Sie wird dich Demut lehren, ohne welche kein wahrer Stolz ist. Und in der Erinnerung wirst du die Furcht kennen, ohne welche kein Mut ist, der aus wahrer Einsicht geboren. Und durch sie wirst du das Mitfühlen lernen, welches das Herz jeder Stärke ist.

Und es wird kommen der Tag, da du den Goldenen Schlüssel besitzt, welcher das Gedächtnis der anderen aufschließt. Dann wirst du erkennen, daß kein Abgrund ist, in welchen du stürzen könntest, aus dem nicht andere vor dir emporgeklettert sind; kein Gipfel, und sei er noch so steil, den nicht andere vor dir erklommen; kein Schmerz, der nicht verflogen, und kein Leid, das nicht seine dunklen Fittiche hob, auf daß Sonnenlicht die Tränen der Weinenden trocknete.

Alle Kinder dieser Erde wandern ihrer Befreiung entgegen und gelangen dereinst vor die große Pforte, wo die letzte Fessel von ihren Füßen fällt. Und es werden dann alle Wesen gleich sein im Licht der letzten Abenddämmerung und der ersten Morgenröte; und der höchste unter den Priestern und der geringste und elendste unter den Sklaven werden gemeinsam eingehen in die Bruderschaft der Götter.

Darum, meine Tochter, ermahne ich dich: Stärke die Erinnerung an deine Seele.»

5 Die Königsfahrt

Als das Jahr sich neigte, nahm der Vater Neyah und mich mit auf seine Königsfahrt durch das Land; diese sollte uns flußaufwärts führen bis zu der südlichen Grenzfestung Nakish. Meine Mutter verblieb in der Königlichen Stadt, denn begab sich der Vater auf eine Reise, pflegte er die Macht des Königlichen Siegels allein in ihre Hände zu legen.

Als ich hörte, daß der Vater auch mich mitnehmen wolle, war ich sehr froh und erregt, denn ich war noch nicht weiter südwärts gereist als bis nach Abidwa, und als dies geschah, war ich noch sehr klein gewesen. Meine Kleider wurden in fünf Truhen mit gewölbten Deckeln verpackt; drei waren aus bemaltem Holz und zwei aus Leder, mit vielen Nägeln beschlagen.

Die Königliche Galeere hatte fünfzig Ruder. Die Ruderer saßen auf dem schmalen Brett zu beiden Seiten unserer Gemächer, deren Wände aus kühlenden Schilfmatten und bunten Leinenvorhängen bestanden. Im Heck des Bootes vor dem großen Steuerruder lagen Matten und Ruhekissen für uns ausgebreitet, und stand die Sonne hoch am Himmel, wurde dort ein grün und scharlachrot gestreiftes Zeltdach gespannt.

Bisweilen spielten wir ein Spiel mit bunten Stäbchen, die in ein Brett mit viereckigen Feldern paßten. Ich übte auch häufig auf meiner viersaitigen Harfe, während Neyah ein Modell der Galeere fertigte: das Schiff schnitzte er aus Zedernholz, die Ruder aber schnitt er aus dünnen Elfenbeinplättchen. Oft legten wir an den Dörfern längs des Ufers an, und der Dorfälteste überreichte Pharao eine Liste der Menschen und Tiere, die seiner Obhut anvertraut waren, und berichtete, wieviel Korn in den Speichern lagerte. In einigen Orten hielt der Vater auch Gericht, und Neyah und ich durften ihm zur Seite sitzen.

In einem Dorf stritten zwei Männer um den Besitz eines Wildesels, von dem jeder behauptete, er habe ihn als erster erblickt. Der eine von beiden war wohlhabender als der andere und wehklagte dennoch über seine Armut, die große Zahl seiner Kinder und den dürftigen Ertrag seiner Felder. Dennoch verlangte er den Esel für sich, da er der Bedürftige sei. Aber der Vater wußte, daß er log, und sprach: «Du sagst, du seist bedürftiger, da du ärmer seist als dein Widersacher, den du böse und einen Lügner schiltst. Ich, Pharao, fälle den Richterspruch, und dieser wird dir widerfahrenes Unrecht gutmachen. Du, der du so arm bist, behältst den Wildesel, und um dir Pharaos Gunst zu zeigen, befehle ich dir, daß du und der andere Mann all euere Besitztümer tauscht.»

Nun schrie der Mann noch lauter und wehklagte noch erbärmlicher, er sei ausgeraubt worden. Und der Vater tat höchst verwundert: «Ausgeraubt? Habe ich dir nicht den reichen Besitz deines Nachbarn gegeben, nach dem es dich gelüstete? Sieh deinen Widersacher! Er ist des Urteils zufrieden, wiewohl auf sein Los die Felder und Herden fielen, von welchen du selbst sagtest, sie seien die schlechtesten im ganzen Land.»

Nachher sagte der Vater zu uns: «Bisweilen muß ein

Mensch alles verlieren, um den Wert dessen zu erkennen, was er besaß, ebenso wie andere, die über eine Schramme jammern, den Hieb eines Schwertes spüren müssen, um den Wert ihres gesunden Leibes zu schätzen.»

In einem anderen Dorf musterte der Vater das Vieh. Und er sah, daß die Ochsen eines Mannes sehr mager waren und tiefe Wunden am Nacken trugen, die ein schlecht gefertigtes Joch geschabt hatte. Und er belehrte den Besitzer, daß man die Kreatur nicht vernachlässigen dürfe, da er annahm, der Mann habe aus Unkenntnis und Torheit gehandelt und die Wunden seiner Tiere nicht beachtet. Der Mann jedoch beteuerte, daß die Ochsen nur deshalb mager seien, weil sie selbst zum Fressen zu faul wären, und daß die Arbeit, die sie auf dem Feld verrichteten, so leicht sei, daß ein Kind sie tun könne; und er sagte, daß er die Ochsen um ihr glückliches Los beneide. Da sprach der Vater: «Du sollst ihnen nicht länger ihr Los neiden, denn du wirst es teilen. Du selbst wirst vor dem Pflug gehen und ihn in der Sonnenglut ziehen, bis daß der Acker gepflügt ist.» Und er nahm ihm die Ochsen fort und gab sie einem, dessen Vieh blank und wohlgenährt war.

Wenige Tage später kamen wir in ein Dorf, wo die Bewohner murrten und klagten. Und es lag dies an der Willkür des Dorfältesten, und der Vater entsetzte ihn seines Amtes und ernannte statt seiner einen anderen.

Als wir ihn fragten, wie er seine Wahl für den neuen Dorfältesten getroffen, antwortete er: «Drei Männer schienen einander ebenbürtig, bis daß ich ihre Gärten sah. In dem einen sprossen die Pflanzen kräftig aus der Erde, in den beiden anderen aber welkten sie dahin und litten Mangel an Wasser, obgleich der Fluß nur fünfzig Ellen entfernt davon vorüberfloß. Ein Mann, dessen Pflanzen in der Nähe des Wassers verkümmern, muß faul und töricht sein und erweist sich als undankbar gegen die Wettergöttin, unter deren Schutz alles steht, das dem Boden entsprießt. Ein Mann ist größer denn die Kuh, deren Milch er trinkt, die Kuh größer denn die Weide; verdorrt aber die Weide, die so gering erscheint, dann nehmen alle Glieder dieser Kette des Lebens Schaden. Seid dessen stets eingedenk und heget in Dankbarkeit alles, was da wächst!»

Wenn wir für die Nacht Anker geworfen hatten, pflegten Neyah und ich vom Heck der Galeere zu fischen. Unsere Widerhaken waren aus Bronze, und als Köder dienten uns Würmer oder Würfel fauligen Fleisches. Einmal fing Neyah einen großen Aal, und einer der Ruderer sagte, dies sei der Geist eines Menschen, der sich im Flusse ertränkte. Wiewohl wir ihm keinen Glauben schenkten, durchschnitt Neyah doch die Leine – und verlor auf diese Weise den Widerhaken – und der Aal glitt wie eine lange silberne Schlange zurück ins Wasser.

Das größte Vergnügen bereitete es uns, mit dem Vater bei Sonnenuntergang ins Ried hinauszuwandern und Vögel zu schießen. Seine langen Pfeile flogen viel weiter als unsere. Einmal sah ich, wie er den Pfeil durch den vorgestreckten Hals eines schnellfliegenden Schwans schoß.

In Abidwa, welches zu Menes' Zeiten die Königliche Stadt war, verweilten wir fünf Tage. Bereits nach den ersten beiden Tagen war mir der Aufenthalt dort sehr leid. Ich mußte ständig mit Frauen und Mädchen zusammensein, und sie saßen ganz steif in ihren Festgewändern da und plauderten über neue Bauten und neue Stickmuster. Ein Mädchen, die Tochter eines Edlen dieses Ortes, war wie eine prächtig geputzte Puppe von der Art, wie sie zum Spielen zu fein sind. Und ich fragte Neyah: «Glaubst du, daß sie unter all ihrem Tand ein wirklicher Mensch ist?»

Und er sagte: «Sie beträgt sich nur deshalb so, weil sie ständig daran denkt, daß du Pharaos Tochter bist.»

«Wenn ich ihr nun eine Eidechse ins Bett legte, würde sie dann vergessen, wer ich bin, so daß man mit ihr spielen könnte?»

Nun wurde Neyah sehr böse und sprach: «Wenn du den Leuten Eidechsen ins Bett steckst, dann will ich dich nicht als Mitregentin haben.»

«Und wenn du mir böse Worte gibst, will *ich* dich nicht

als *meinen* Mitregenten haben.» Und fast hätten wir uns gestritten, aber da fiel Neyah noch rechtzeitig etwas Lustiges ein, und er erzählte es mir. «In dem Haus, wo ich zu Gast bin, ist es seltsam eingerichtet. Statt daß man in einem eingelassenen Becken badet und hinterher mit Öl geknetet wird, muß man sich dort in eine Kammer begeben, die wie ein Kasten ohne Deckel ist. Und plötzlich spritzt jemand von der anderen Seite Wasser durch die Wand über dich. Es ist nicht besonders angenehm, denn stets ist das Wasser entweder zu heiß oder zu kalt.»

Am Tage, als wir Abidwa verließen, fand ein Festzug statt, der zum Fluß hinunterführte. Vater fuhr allein in einem Wagen an der Spitze, und nach ihm kamen Neyah und ich in einem Doppelwagen mit zwei Rossen.

Es wehten starke nördliche Winde, und die Ruderer konnten im Schatten der geblähten Segel ruhen. Nach vier Tagen erreichten wir Nekht-an, die größte Stadt im Süden. Sie war gegründet von Na-mer, der den König des Nordens zehn Jahre lang unterjocht hielt, bis die Zwei Länder vereinigt wurden. Und er nannte seine Stadt Nekht-an, «die Stätte denkwürdiger Stärke». Dagegen wurde die Hauptstadt des Nordens Is-an getauft, «die Stätte denkwürdiger Weisheit».

Die Landschaft hier war sehr ungleich derjenigen nahe dem Delta. Nach mehreren Tagen gelangten wir in eine Gegend, wo der Strom zwischen felsigen Höhen dahinfloß. Dort befand sich ein großer Steinbruch aus rotem Granit, den man auf Grund eines Traumes meines Vaters drei Jahre zuvor wiederentdeckt hatte. In seinem Traum erinnerte sich der Vater, daß er vor Hunderten von Jahren Wesir unter Na-mer gewesen war und daß man damals an dieser Stelle den Stein für den königlichen Sarkophag brach. Da in diesem Traum nicht alles deutlich wurde, beauftragte mein Vater einen Priester des Anubis, die Archive zu durchforschen, auf daß diese Stätte wiedergefunden werde. Drei Jahre vor dieser unserer Reise war mein Vater zu dem Steinbruch gereist, den er zuletzt unter der Herrschaft Na-mers gesehen hatte. Und er benannte diesen Ort Za-an, «die Stätte, deren sich Za erinnerte».

Ich hatte nie zuvor Stein von dieser Farbe gesehen; es wurde gerade ein Block dieses Granits für eine Statue meines Vaters und meiner Mutter gehauen, welche im Tempel des Atet in der Königlichen Stadt aufgestellt werden sollte.

Darauf kamen wir zu dem Großen Katarakt, welchen die Ruderer «den Berg des zornigen Wassers» nennen. Dort verweilten wir drei Tage und wohnten der feierlichen Einweihung «des sanften Wasserlaufes» bei, einer breiten Rinne, wo die Schiffe in Zukunft ohne Furcht vor dem Katarakt den Strom hinauf und hinunter fahren konnten.

Als wir ankamen, lag der Kanal trocken. Er war an manchen Stellen in den Fels gehauen, im übrigen aber aus Stein gefügt. Zu beiden Seiten führte ein Pfad entlang für die Ochsen, welche die Schiffe flußaufwärts ziehen sollten.

Dort, wo die Rinne ihren Anfang nahm, standen zwei gewaltige Säulen aus Stein, die aus dem Fels wuchsen; von hier liefen neben dem Kanal tiefe, mit Öl gefüllte Furchen, in welchen schwere Steine an armdicken Seilen entlangglitten. Diese Seile liefen um die Säulen und wurden an den Schiffen vertäut, die stromabwärts fuhren; wurden die Steine stromauf gezogen, glitt das Schiff stetig mit der gleichen Geschwindigkeit stromab. Dieser Vorrichtung bediente man sich jedoch nur bei Hochwasser oder wenn die Schiffe so schwer beladen waren, daß sie bei unruhiger Fahrt voll Wasser geschlagen wären.

Die Mündung des Kanals war durch eine Wand grober Balken versperrt, und davor stapelten sich Hunderte von Sandsäcken, von denen ein jeder ein langes Tau hatte.

Die Balkenwand war vor dem Einweihungstage zum größten Teil abgerissen worden. Fünftausend Arbeiter harrten nun mit dem Tau in der Hand auf ein Zeichen Pharaos. Dann zogen sie die Sandsäcke fort, die das Wasser zurückdämmten, und nun strömte dieses in den Kanal. Und während der Strom sich wie früher über seine alten Klippen wälzte, glitt ein Teil seines Wassers gemächlich diese neue Steinbahn hinab, bis sich das gleitende Silber mit dem ruhigen Wasser unterhalb des Falles vereinte.

In der Königlichen Galeere fuhren wir dann auf diesem mächtigen Wasserweg Pharaos, und uns begleiteten die Lieder der Männer, die ihn erbaut hatten.

Am Abend bei Sonnenuntergang feierten wir ein Fest, und alle, die teilhatten an diesem Werk, saßen in Freundschaft beisammen. Und Neyah und ich saßen neben dem Vater auf einem Löwenfell vor einem der vielen Feuer. Es brieten ganze Ochsen und Gazellen am Spieß, und viele Krüge standen gefüllt mit Wein und Bier, und auf den Schüsseln häuften sich Gebäck und Honigwaben und gebratener Fisch. Die Männer sangen ihre Weisen: Sie befahlen ihren Spitzhacken, den Fels zu spalten, und mahnten die Erde, in den Tragkörben emporzufahren, genauso wie die Männer auf den Feldern singen und ihre Ochsen antreiben, das Korn zu dreschen. Und als die Feuer erloschen, zog bereits die Morgenröte herauf.

Am nächsten Morgen bestiegen wir wieder die Königliche Galeere und fuhren fünf Tagesreisen stromauf nach Na-kish.

Es schützt diese Festung am Westufer des Stroms Kams südliche Grenze. Ihre Form ist unregelmäßig und ähnelt einem kauernden Löwen, denn sie folgt der Linie des felsigen Ufers, auf welchem sie errichtet ist. Die Wälle zwischen den sechs viereckigen Türmen sind mit glasierten Ziegeln gekrönt und ragen hoch empor aus dem Fels. Ihre Höhe ist die von fünf Männern, die einander auf den Schultern stehen, und ihre Dicke ist wie die Länge eines Mannes, der zum Schlaf ausgestreckt liegt, und sie umschließen einen Hof, der fünfhundert Rindern und tausend Geißen Schutz bietet. Zum Eingangstor hinauf führt eine schmale steinerne Rampe, welche zu beiden Seiten klaftertief abfällt; drei Krieger können sie mit dem Schwert gegen ein ganzes Heer verteidigen. Die Pforte ist durch einen in den Fels gehauenen, unterirdischen Gang zu erreichen, und dieser kann in Zeiten der Gefahr durch drei Falltüren aus Felsplatten verschlossen werden. Sie hängen an zwanzig Riemen aus roher Rinderhaut, und diese laufen über Spulen aus Metall zu einer Winde mit sechzehn Speichen, und um diese Winde zu drehen, bedarf es der Kraft zweier Männer an einer jeden Speiche. In der Mitte des Haupthofes steht ein Brunnen mit süßem Wasser, und rundherum reihen sich die Speicher mit Wein und Korn und solcher Nahrung, die im Süden nicht wächst; ferner auch mit Pfeilen und Streitkolben und Lanzenspitzen.

Na-kish ist bewehrt mit zweitausend Kriegern aus dem Norden und achttausend Söldnern, die hier beheimatet sind. Diese Söldner sind viel kleiner als unsere Männer, ihre Leiber sind schwarz wie Pech und glänzen wie Statuen aus poliertem Ebenholz. Ihre Köpfe sind glattrasiert bis auf ein Büschel von Haaren oben auf ihren langen Schädeln; und in ihren lachenden Gesichtern leuchten ihre Zähne weißer denn Elfenbein oder Muscheln. Sie sind nackt bis auf einen Lendenschurz, der mit einem Riemen um den Leib gehalten wird. Diese Menschen gehören unserem Volke an, und sie schützen Kams Grenze gegen andere von ihrer Hautfarbe, die jedoch nicht von ihrer Rasse und Gemütsart sind, sondern grausam und hinterlistig und erfahren in Zauberei – dieser eklen Speise der Bösen. Sie schützen uns auch vor Angriffen aus Punt im Südosten.

Die Festung muß stark sein, denn hier wird der Tribut gespeichert, welchen die Völker südlich Kams entrichten: Gold und Elfenbein, edle Hölzer und Farben, Kupfer und Silber und wolkiger Marmor, Amethyst und seltene Kräuter; alles lagert hier bis zur jährlichen Fracht, wenn der Strom schwillt. Und fällt sein Wasser, kehren die Schiffe zurück, beladen mit dem Korn, das die Völker jenseits unserer Grenzen von uns kaufen.

Und gut ist es, daß Gold hinter starken Mauern verwahrt wird, denn Steine und Gold sind von gleicher Art. Sollten denn Menschen den Wall bilden und ihr Leben wagen für diese jüngsten Dinge der Erde? Doch hörten diese Krieger, daß ein Kind Grausamkeiten erdulden muß, dann würden sie mit ihren Speeren Vergeltung üben und, um Kams Gesetze zu verteidigen, kämpfen, bis kein einziger von ihnen mehr am Leben ist.

Neyah vertraute mir an, daß er, wenn er dereinst zum Manne herangewachsen, mit den Söldnern dieser Festung seinen Rang im Heer erringen wolle. Er wolle lernen zu denken wie sie und trachten, ihre Herzen zu gewinnen, auf daß sie ihm zum Siege folgten, wenn feindliche Nachbarn uns anfielen. Auch ich liebte diese Männer und ihre Weisen, die sie abends an den Lagerfeuern sangen, denn sie ergriffen mit ihrem fremden Wohllaut das Herz wie keine anderen. Sie klangen wie das Summen von Bienen und grollten wie die Stimme des Löwen, und es war, als fahre ein Sturmwind durch das Ried und als murre der Donner über dem brüllenden Meer.

Neun Tage verweilten wir in Na-kish, und am zehnten brachen wir auf und fuhren flußabwärts heim nach Menatet-iss.

6 Za Atets Tod

Als ich elf Jahre zählte, fiel Sardok, König von Zuma, in Kam ein – er, der einst als Gast mit Verrat im Herzen zu uns gekommen, um die Wege und Straßen unseres Landes und unsere Kriegsstärke zu erkunden.

Seine Krieger sind gelbhäutig und bärtig, ihre Haut ist schmierig von unreiner Speise, und ihre Leiber sind plump und behaart und fett wie die weißer, trächtiger Säue. Und sie sind wohlbewandert in allem Bösen.

Sie führten eine Horde toter Sklaven mit sich, die so gefoltert worden waren, daß sie noch im Tode in ihrer Sklaverei verharrten und ihren finsteren Herren zu Willen waren. Diese Sklaven überfielen die Unsrigen, die über das Land wachten, im Schlaf. Doch es half ihnen ihre Tücke nicht, denn aus dem Tempel kam die Botschaft, daß die Zuma gegen unsere nordwestliche Grenze vordrängten, in dem Schmalen Land zwischen den Beiden Wassern.

Die Truppen der nördlichen Grenzfestung traten ihnen entgegen. Doch unsere Streitwagen waren nur spärlich an Zahl, denn unsere Rosse kamen aus Zuma, das uns nur Hengste sandte; und Sardoks Wagen mähten die Unsrigen nieder wie Korn, das unter der Sichel des Schnitters fällt.

Und es überschwemmte das Heer der Zuma unser Land gleich einem reißenden Gießbach. Die Felder wurden verwüstet, und die Menschen in den Dörfern flohen aus ihren Hütten, und die, welche nicht flohen, starben eines qualvollen Todes.

Fünfmal stürmte das Königliche Heer unter Pharaos Führung gegen die feindliche Mauer an, und Sardok wurde zurückgeschlagen; doch neue Truppen füllten die Reihen auf, die wir gelichtet hatten. Und das Heer der Zuma glich einem verwundeten Leoparden, der davonhinkt, seine Wunden zu lecken, um dann erneut in noch wilderer Raserei vorzuschnellen.

Und es berief mein Vater unter seine Standarte alle Männer von Kam, die eine Lanze halten oder einen Streitkolben schwingen konnten. Und die Weiber spannten die Ochsen ins Joch und pflügten die Felder; sie legten Vogelschlingen und warfen Netze aus, auf daß die Krieger nicht zu darben brauchten und bei ihrer Rückkehr keine Hungersnot vorfänden.

Fünf Monate lang beschatteten die Schwingen der Zerstörung das Land Kam, und dann wurde beschlossen, daß Kams gesamte Streitmacht in einer einzigen gewaltigen Schlacht gegen Sardok geschleudert werde. Errang er den Sieg, würde unser Land in Finsternis versinken und das Licht in unseren Tempeln verlöschen wie eine Fackel im Sturmwind.

Und es kam der Tag, da unsere ganze Macht den Zuma gegenüberstand, und hinter den Eindringlingen lag das Meer. Aus dem Tempel kam die Botschaft, die Schlacht habe begonnen.

An diesem Abend würde Kam seinen Sieg oder seine Niederlage wissen.

Ich wünschte, ich wäre als Sohn geboren, um an der Seite des Vaters zu kämpfen wie Neyah; oder daß ich ein Priester wäre, um im Geist bei dem Kampf weilen zu können – denn selbst die Niederlage zu sehen, wäre leichter gewesen als dieses Warten. Die Zeit schlich dahin, und jeder Augenblick war wie ein Tropfen eisigen Wassers auf meiner Stirn.

Da erinnerte ich mich, daß ich bisweilen, wenn ich in klares Wasser schaute, Gesichte gehabt hatte, deutlich wie in einem Wahrtraum. Und ich lief in den Garten und kniete am Weiher nieder und flehte zu Ptah, daß sein Erbarmen meine Augen klar mache. Die letzten Strahlen der sinkenden Sonne fielen auf die Wasserfläche wie auf einen dunklen Schild. Ich sah in diesen Spiegel...

Und schaute große Heere im Kampf...

Ich sah Rosse sich bäumen und verwundete Krieger unter ihren Hufen zermalmt werden. Ich sah einen Mann, der über seine Gedärme strauchelte, da er die letzte Kraft zum Kampf sammelte; und ich sah einen anderen, aus dessen Mund ragte ein Speer.

Ich wußte, daß die Luft schwirren mußte von den Pfeilen unserer Bogenschützen und daß ein großes Lärmen herrschte: das Wiehern der Hengste und das Rufen und Schreien der Männer; aber ich sah nur das Bild und hörte nichts.

Und das Bild wandelte sich. Ich erblickte Pharaos Streitwagen an der Spitze eines tosenden Angriffs. Wie der Bug eines Schiffes spaltete er das Heer der Zuma, und zu Wogen teilte er seine Flut. Unsere Krieger stürmten voran, und die Feinde flohen vor ihnen... Nun konnten sie nicht länger fliehen, denn hinter ihnen war das Meer. Doch wir trieben sie weiter, bis daß die Wasser sie verschlangen, gleich wie die Flut einst die Bösen im Alten Land ertränkte. Dies war keine Fehde des einen Volkes gegen das andere, sondern ein Kampf des Lichts gegen die Finsternis. Und gegen die Schatten der Finsternis kennen wir kein Erbarmen.

Dann erblickte ich einen Streitwagen, und daneben aufgepflanzt die Standarte meines Vaters mit der scharlachroten Feder. Es war Pharaos Wagen, und der Wagen war leer.

Wieder wechselte das Bild...

Ich sah meinen Vater, und er lächelte. Seltsam... ich hörte... ich hörte seine Stimme. Er sprach: «Meine Tochter, sage deiner Mutter, daß mein Leib in der Stunde des Sieges durch einen Speer starb und daß mein Geist ihn verließ gleich einem wilden Vogel, der der Schlinge des Vogelstellers entkam. Sage ihr, daß sie heute abend zeitig ihr Lager aufsuche, auf daß wir hier zusammen wandeln, denn ich habe ihr vieles aufzutragen. Sage ihr, daß sie nicht trauere über meine Befreiung, sondern sie mit mir teile. Sage ihr, daß es nur ein Schritt sei von ihrem schlafenden Körper in meine Arme.

Und zu Neyah sage dies:

Viel von der Kunst des Herrschens habe ich ihn auf Erden gelehrt, doch viel werde ich ihn lehren fern der Erde. Er lausche der Weisheit, ob er sie auf den Lippen eines Greises finde oder eines Knaben, denn nicht irdischer Rang noch irdische Jahre machen eine Rede den Ohren wert. Er herrsche, wie ich zu herrschen mich bemüht, und teile seine Stärke mit den Schwachen, daß auch sie erstarken. Er gebe von seinem Mut den Furchtsamen, bis daß sie selbst tapfer werden, und von seiner Redlichkeit den Unredlichen, bis daß sie selbst rechtschaffen werden. Und er trachte danach, seinem Volk das zu sein, was sein Gebieter ihm einst war.

Und dir, meine Tochter, sage ich dies:

Hast du das zwölfte Jahr erreicht, dann geh in Atets Tempel, und dort lerne so zu werden, daß du zum Volke sprechen kannst: ‹Ich sage euch kraft meiner Erkenntnis, daß dies die Wahrheit ist›. Und hast du dies erreicht, dann kehre zurück in den Palast und hilf deinem Bruder das Volk führen, wie es deine Mutter und dein Vater gemeinsam getan haben.»

7 Wiedererrungene Freiheit

Ich wußte, daß ich hätte sein sollen wie meine Mutter, denn sie trübte den Strahlenglanz unseres Vaters nicht mit ihren Tränen. Lastete der Gram so schwer auf mir, daß ich glaubte, ihn nicht allein tragen zu können, ging ich in den Tempel, wo Ney-sey-ra zu mir vom Tode sprach, bis ich ihn klar in seiner Milde sah. Vor der Bestattung meines Vaters sagte er zu mir: «Denke, du seist in einem Kerker, kleine Sekeeta, und mit dir wäre einer, den du liebst. Und eines Tages täte sich das Tor des Kerkers auf für deinen Gefährten. Würdest du dich dann nicht mit ihm der wiedergewonnenen Freiheit freuen, die ihr beide ersehntet, selbst wenn dir noch die Schranken den Weg versperrten? Und würde der Gedanke an sein Glück nicht die Tränen deiner Verlassenheit trocknen?

Und könntest du gar des Nachts, da die Welt schläft, durch das Fenster deines Kerkers fliehen, um die Freiheit deines treuen Freundes zu teilen und ihn dann schauen, unbeschattet durch die Finsternis des Kerkers, und in seinen von Fesseln befreiten Armen ruhen, dann würdest du diese Stunden nicht dadurch trüben, daß du weintest, weil du in das Verlies zurückkehren mußt, das einst euch beide gefangen hielt.

Da dein Vater noch auf Erden weilte, erzähltest du ihm des Abends, was du tagsüber erlebt, und du klagtest nicht darüber, daß er während des Tages Audienz gehalten oder sein Land regiert hatte. Die Stunde eures Beisammenseins hat sich nur verschoben und liegt nun später nach Sonnenuntergang. Gräme dich nicht, daß du seine Schritte zur Mittagszeit nicht mehr vernimmst, es bedarf nur der Schleier des Schlafes, und du wandelst mit ihm.

Wir alle sind Wanderer auf einer langen Wegstrecke und durchqueren viele Länder. Wir finden vielleicht Gärten und stille Flüsse, wo wir eine Weile glücklich sind, doch im Herzen wissen wir, daß wir hienieden als Verbannte leben, die es nach ihrer wahren Heimat verlangt. Senden die Hohen Gebieter dieser Erde uns auf die Wanderung, dann messen sie uns auch die Spanne für unsere Verbannung zu. Und ist diese Spanne vollendet – sei es die eine Stunde, die ein Kind seine Geburt überlebt, oder seien es die neunzig Jahre, die ein Greis dem Altern seines Leibes zuschaut –, dann tut sich dem Wanderer die Pforte seines Heims auf.

Es gab Zeiten auf Erden, da die Menschen den Tod in Furcht erwarteten, doch wir in Kam wandeln nicht länger in der Finsternis. Dein Vater wußte um die Nichtigkeit des Todes, und daß er nur eine Sprosse der Leiter ist, die bis zu den Sternen reicht. Erweise du dich deines Erbes würdig und lehre andere, was er dich gelehrt hat. Alsbald wirst du in diesem Tempel weilen, den er erbaute, und ich werde dich lehren, Sandalen für deine Füße zu fertigen, und dich danach die Hohe Straße zu den Göttern geleiten. Als Priesterin wirst du zurückkehren in den Palast, um deines Vaters Thron mit Neyah zu teilen, und wirst deinem Volk ein Wegbereiter sein und es auf seiner Wanderung führen.»

8 Pharaos Begräbnis

Mein Vater Za Atet war der Sohn der ältesten Tochter von Menes' ältester Schwester. Das Grabmal seiner Mutter war an der Stätte errichtet, wo Menes einst seine Hauptstadt zu erbauen gedachte, nördlich der Königlichen Stadt. Sie ertrank, als sie in einem kleinen Boot unweit des Großen Kataraktes segelte; ihr Leichnam wurde nie gefunden, und so verblieb ihre Grabkammer leer.

Da Menes und mein Vater als gemeinsame Herrscher die neue Stadt Men-atet-iss erbauten, beschlossen sie, daß die Ruhestätte ihrer Körper in Abidwa liegen solle, wo das Licht aufs neue entzündet worden war. Als mein Vater starb, war seine Grabkammer noch unvollendet, doch zeigten seine Pläne, wo jeder Stein seinen Platz finden sollte.

Sein Körper wurde in einem Tempel im Delta balsamiert

und ruhte in dem unversiegelten Grab seiner Mutter, bis seine eigene Grabkammer fertig war. Sein Sarkophag war aus Zedernholz, geschnitzt und bemalt nach seinem Abbild; und dieses zeigte ihn mit dem Kopftuch der Sphinx und Krummstab und Geißel in den Händen.

Während er dort ruhte, wachten seine Soldaten bei ihm. Neben dem Eingang zur Gruft stand ein Streitwagen bereit, wie in Erwartung seines Befehls; und jeden Tag wurden sein Schwert und sein Speer blankgeputzt, als schlafe er in seinem Zelt, ehe er sich zum Kampf rüste.

Am ersten Tag im zweiten Monat der Überschwemmung trat er seine letzte Fahrt nach Abidwa an. Die große Totenbarke glich dem Boot der Götter. Eine Galeere an der Spitze des Zuges zog sie an Tauen, welche unter dem Wasser lagen, so daß es schien, als gleite sie von selbst dahin. Dort auf der Barke lag er in seinem Sarkophag unter einem grün- und scharlachrotgestreiften Baldachin. Außer ihm befand sich allein Neyah an Bord, der das Steuerruder hielt. Neun Tage währte Atets Reise, und jeden Tag steuerte Neyah die Barke von einer Stunde nach Sonnenaufgang bis Sonnenuntergang, und währenddessen durfte er weder essen noch ruhen. So weit das Auge reichte, erstreckte sich auf dem Strom die Reihe der anderen Boote mit dem Königlichen Haushalt, den Kriegern, Priestern und Schreibern. Und die Ufer säumte das Volk, das aus allen seinen Landen herbeigeströmt war, die prächtige Reise seines Pharaos zu schauen; und sie trugen Blumengewinde zu Ehren dessen, der sein Leben gab, um sein Volk vor der Finsternis zu bewahren.

Die Augen meiner Mutter waren ungetrübt von Tränen, doch wenn sie lächelte, blieb ihr Mund traurig; und ich wußte, daß ihre Tage Verbannung waren zwischen Schlaf und Schlaf. Sie hatte das Volk ermahnt, Pharaos Freude über die Befreiung von dieser Erde zu teilen und sich tapfer zu zeigen und seine Wanderung, die ihn ihren Blicken entführte, nicht zu beweinen. Und so glich denn seine letzte Fahrt nach Abidwa keinem Trauerzug, sondern war wie ein Triumph nach einem Sieg.

Zu Abidwa wurde seine Bahre von zwölf paarweise ins Joch gespannten weißen Ochsen gezogen; und sie waren bekränzt mit roten Mohnblüten, der Blume des Kriegers, und goldenem Weizen, dem Sinnbild für gespeicherte Weisheit. und dergestalt leitete Za Atet den mächtigen Strom seines Volkes die Sykomorenallee entlang, welche gesäumt war von den Kriegern des Südlandes; und ihre Kampfgesänge erschollen wie stets, ehe er sie in die Schlacht führte.

Das Grab dieses großen Pharaos war keine Grabkammer aus gemeißeltem Stein, sondern dem Gemach nachgebildet, wo er die Siegel zu setzen pflegte; und die weißen Wände waren wie die Fächer, wo er seine großen Papyrusrollen bewahrte. Hinter Za Atets letzer Ruhestatt lagen die Gräber für diejenigen, die sein Werk geteilt hatten und ihm Freund gewesen waren. Dennoch war es nicht wie eine Totenstadt, denn ringsum breiteten sich Rasenflächen gleich einem stillen, grünen Meer mit blühenden Blumeninseln. Denn also hatte Za Atet einst gesprochen: Wenn sein letzter Garten nicht länger grüne und niemand mehr komme, die Pfade zu pflegen, dann werde das Gedächtnis an ihn in den Herzen der Menschen verblichen sein; und er ersehne nicht die geringe Unsterblichkeit in gemeißeltem Stein, wenn er bereits im Strahlenglanz des Westens weile.

Und sein Volk zog vorüber an dem Abbild seines großen Toten...

Und alle entboten ihm ihr irdisches Lebewohl, und der Boden lag tief begraben unter den Blumen, die sie ihm, wie er es gewünscht hatte, als letzten Tribut zollten, und nicht Speise noch Wein, nicht Hausrat noch Schwerter, nicht Gold noch Elfenbein und auch keine geschnittenen Steine, sondern nur die wachsende Dinge, welche er geliebt. Dann wurden die Tore aus Zedernholz versiegelt.

Und wir überließen ihn seinem Frieden.

III

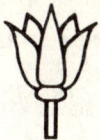

1 Der Junge Pharao

Als wir am Abend nach der Bestattung unseres Vaters in den Palast zurückgekehrt waren, gingen Neyah und ich in den Pavillon der Pflanzen, und dort sprachen wir miteinander.

Noch vor einem Jahr waren wir beide Kinder gewesen, nun aber war Neyah zu einem Jüngling herangewachsen. Und er sah älter aus, als er war, und sogar seine Stimme klang müde, als er sagte: «Nicht allein du, Sekeeta, und ich verloren unseren Vater, sondern das ganze Volk. Ein jeder wußte, daß er zu ihm gehen konnte, auf daß ihm Gerechtigkeit widerfahre oder auf daß er Rat und Weisheit und Freundlichkeit empfange. Und nun weilt er nicht mehr hier...

Ich wußte, daß ich eines Tages Pharao sein werde, doch glaubte ich, ich würde lange Zeit mit ihm gemeinsam herrschen und daß er mir mit der Zeit mehr und mehr Pflichten übertragen werde und erst in seinem Alter gewünscht hätte, daß ich allein herrsche. Stets aber hätte ich ihn zur Seite gehabt. Und nun hat das Volk nur mich allein als Herrscher, und ich habe nicht einmal dich als Mitregentin – für lange Zeit nicht. O Sekeeta, eile dich mit dem, was du im Tempel zu tun hast! Es kann wohl nicht Jahre währen, sofern du dich nach allen Kräften bemühst.»

«Ich wünschte, ich brauchte nicht in den Tempel zu gehen. Ich wünschte, die Priester täten all dies selbst, so daß ich bei dir bleiben könnte. Bin ich aber Priesterin, werde ich imstande sein, mich stets des nächtlichen Zusammenseins mit dem Vater zu erinnern, während ich es nun nur zeitweilig kann.»

«Vaters Richterspruch war stets gerecht», sprach Neyah weiter. «Unter seiner Herrschaft waren Gerechtigkeit und Pharao und Tahutis Waagschalen drei verschiedene Namen für dasselbe Ding. Und wiewohl er für Tausende von Menschen zu sorgen hatte, spürte dennoch ein jeder, der mit ihm sprach, daß er allein Pharaos Herz erfüllte. Seine Krieger waren seine Brüder im Kampf; er kannte sie bei Namen, und selbst nach Jahren entsann er sich der Zahl ihrer Kinder und des Namens ihres Heimatdorfes. Es war kein gewöhnliches Heer, denn alle kämpften für ihn, weil er ihr Freund war. Jedes Kind konnte mit ihm sprechen und gewiß sein, verstanden zu werden, so als spräche es zu einem anderen Kind. Erinnerst du dich, Sekeeta, daß, wann immer wir zu ihm kamen und ihn nach etwas fragten – selbst dann, wenn er müde nach langer Audienz war oder Wichtiges mit Zerta zu besprechen hatte – er uns nie flüchtig oder zerstreut Antwort gab, sondern stets auf unsere Fragen einging?

Wie kann ich je würdig sein, seinen Krummstab und seine Geißel zu halten, in seinem Audienzsaal zu sitzen und die Doppelte Krone zu tragen?»

«Neyah, ich weiß – nicht nur in meinem Herzen, sondern mit jener Gewißheit, die uns von außen kommt –, daß du ein zweiter Atet sein wirst. Denke daran, was er nach seinem Tode zu mir sprach: ‹Sage Neyah, viel lehrte ich ihn auf Erden, und viel werde ich ihn lehren fern der Erde›. Er wird dir stets helfen! Denke nur an ihn, dann wird er dir zur Seite sein und Rat erteilen. Und hast du der Worte vergessen, die bei deiner Geburt gesagt wurden? ‹Und er wird Kams Volk führen, wenn die Bösen es anfallen, und auch sie wird das Meer verschlingen wie die Bösen vor Zeiten im Alten Land.› Dies hat sich erfüllt, und auch die übrigen Worte werden sich bewahrheiten: ‹Dieser Knabe soll Neyah heißten, denn die Begleiter seines Geistes sind reich an Jahren, und er ist würdig zu herrschen über das Volk von Kam›.»

«Aber der Vater war stets langmütig und weise. Er lebte im Jetzt und sah es unberührt von Vergangenheit und Zukunft. Hielt er Audienz, dachte er einzig daran, gerecht über das zu richten, was vor ihn gebracht wurde. Niemals gestattete er seinen Gedanken abzuirren: daß zwölf weitere Fälle noch seiner harrten, oder daß der Tag heiß war, oder daß er zu dieser Stunde lieber eine Segelfahrt unternommen hätte, oder an eines der vielen Dinge, die sich in meinem Kopf drängen ...

Und weilte er abends bei uns, dann war er nicht Pharao oder der oberste Kriegsherr noch der höchste Priester Ptahs; er war ein Vater, der mit seinen Kindern plauderte, oder ein Mann, der seine Pflanzen hegte, oder ein Heiler-mit-Kräutern, der ein neues Geheimnis des Großen Schöpfers zu erforschen suchte.»

«Weißt du noch, Neyah, wie er einmal sagte: ‹Wenn die Menschen dereinst meiner gedenken, dann hoffe ich, sie gedenken meiner nicht als Krieger noch als Bauherr, sondern als Heiler-mit-Kräutern!› Und doch errichtete er viele Tempel und fiel bei dem größten aller Siege. Unter ihm nannte sich unser Volk nicht länger das Volk der Zwei Länder, sondern das Volk von Kam; und Biene und Schilfrohr wurden wie zwei Augen, die dasselbe Ding schauten.

Fürchten wir, zu versagen, müssen wir in unseren Herzen sprechen: ‹Für Atet und das Licht› – denn wir sind seine Kinder, und ihm wollen wir folgen und uns nicht fürchten.»

2 Der letzte Tag der Kindheit

Am Tage, bevor ich in den Tempel ging, wanderte ich mit meiner Mutter zu dem Lustgarten, der da hieß «Ras Augenweide», und dort verweilte ich mit ihr, denn ich wußte, es war der letzte Tag meiner Kindheit.

Ich saß ihr zu Füßen und lehnte meinen Kopf an ihre Knie, während ihre Hände mir die Stirn liebkosten, wie der linde Wind bei Sonnenuntergang. Mein Herz war schwer von Kummer, denn niemals mehr würde ich mit Neyah gemeinsam das Glück der Kindheit erleben. Er mußte das Land regieren und würde andere Gefährten finden, und vielleicht würden sie seinem Herzen teurer werden als ich. Und die Liebe meiner Mutter würde mir nicht mehr sein wie Sandalen für meine Füße, denn nun mußte ich allein die Weisheit erwerben, auf daß ich, in Wahrheit beschuht, die Bürde über die steinigen Pfade dieser Erde zu tragen vermochte.

Und während die Schatten länger wurden, sprach meine Mutter zu mir, und die Tränenlast meines Herzens wurde leichter. «Wärest du blind, Sekeeta, ließest du nichts ungetan noch unversucht, um wieder die Sterne zu schauen. Lange schon warst du tätig, ehe ich dich in diesem Leben zum erstenmal in meinen Armen hielt, auf daß du von diesem armen, nebeldüsteren Eiland, das wir Erde nennen, in Wirklichkeiten zu schauen vermagst, wo alle Wahrheit ewig währt. Erinnerst du dich, wie tröstlich eine Lampe war, da dich als Kind ein Traum erschreckte? Eine Lampe, welche die Finsternis, die du fürchtetst, erhellte? Kraft deines eigenen Wissens wirst du selbst einst eine Lampe sein, und dann werden andere, die das Dämmer dieser Welt fürchten, auf dich schauen, damit du ihren Weg erhellst. Als du klein warst, lehrte ich dich dieses Gebet: ‹Herr der Weisheit, laß mich zu einem großen Baum wachsen, auf daß die Müden in meinem Schatten ruhen können und gestärkt weiterwandern und die Sturmgepeitschten neue Kraft sammeln im Schutz meiner Zweige›. Und wie ein Baum wirst du nun zum Licht emporstreben, und deine Erkenntnisse werden die Wurzel sein, die den bittern Winden der Zeit trotzen, welche künftighin deine Kräfte bestürmen mögen. Dereinst mag kommen der Tag, da Weisheit selten ist, der Tag, da die Menschen vergessen haben, daß Tod und Schlaf eins sind, der Tag, da sie das Antlitz der Wahrheit verhüllen und in Furcht wandeln und ihren Weg nicht kennen. Doch hast du die Hohe Straße der Götter erklommen, dann wirst du die Verlassenheit derer kennen, die im Nebel weinen und die Sterne nicht schauen vor eigenen Tränen.

Meine Liebe zu dir möchte dir alle Freuden, die diese Erde bereithält, in die Hände legen und jeden Kummer von deinem Pfade fernhalten, auf das stets Lachen in deinem Herzen wohne. Und dir noch eine weit köstlichere Gabe schenken – wenn es nicht die Gabe wäre, die du selbst finden mußt. Denn besäßest du auch alle Freuden dieser Erde, sie währten nur eine kurze Spanne: Streitwagen zerbrechen, Löwen sterben, Segelboote fliegen nicht ewig vor dem Winde dahin, und auch der lieblichste Leib zerfällt zu Staub.

Was du jedoch im Tempel lernst, dauert noch fort, wenn die Erde nur noch ein Glied einer halbvergessenen Kette ist. Denn mächtiger als die Zeit sind Weisheit und Liebe: mag Wüste sein, wo jetzt dieser Garten blüht, mögen verlassene Hügel sich über dem Heiligtum des Tempels wölben, noch immer wird die Liebe in unseren Herzen unser sein, und du wirst gelernt haben, dich ihrer zu erinnern.»

3 Die ersten Tage im Tempel

An meinem letzten Abend daheim sagte ich Neyah und der Mutter Lebewohl. Wie schwer es mir fiel, sie zu verlassen, konnte ich nicht sagen, denn sonst wäre ihnen gewesen, als schickten sie mich in die Verbannung. Diese letzte Nacht blieb Natee bei mir in meinem Gemach. Als ich des Morgens erwachte, fiel mein erster Blick auf die schlichte hölzerne Truhe neben meinem Ruhebett. Der Deckel stand offen, und darin lagen die wenigen Habseligkeiten, die ich mit mir nehmen durfte. Nun sollte ich nicht länger feines Linnen tragen, bestickt mit goldenen und bunten Fäden, oder Mäntel, gehalten von goldenen Löwenköpfen. Nun würden meine Kittel aus grobem weißem Leinentuch sein und mein Mantel gegürtet mit dem violetten Band.

Und zum erstenmal legte ich die Tracht einer Tempelschülerin an. Der Kittel kratzte die Haut, und die Sandalen waren aus derbem Leder, gleich denen, die die Diener des Palastes trugen. Ich öffnete den Schrein aus bemaltem Zedernholz und schaute auf meine Armreifen und Halsketten; viele Jahre würden vergehen, bis ich sie wiedersähe. Wenngleich solche Dinge nichtig sind, erstrahlen sie doch in tieferem Glanz, betrachtet man sie zum letzenmal – gleichwie der Garten, in dem Unkraut wuchert und welke Blätter rascheln, uns schön und ohne Fehl dünkt, müssen wir ihn verlassen.

Ich sagte Natee Lebewohl, und er legte seine großen Tatzen auf meine Schultern und leckte mir das Gesicht. Und ich sagte ihm, daß ich ihn nicht mit mir nehmen könne, daß aber Zeb versprochen habe, ihn bisweilen zum Tempelhain zu führen, wo ich dann mit ihm lustwandeln würde. Er spürte wohl, daß ich traurig war, denn er wimmerte, was er stets tat, wenn er sich unglücklich fühlte. Dann riegelte ich ihn in meinem Gemach ein, damit er mir nicht folgte. Und ich wünschte, er wäre wieder ein Junges und könnte seinen Kummer stillen, indem er etwas Verbotenes tat, wie meine Sandalen zernagen und die Polster zerfetzen.

Ich wanderte allein zum Tempel, auf daß keiner der anderen Tempelschüler erfahre, daß ich aus dem Königlichen Hause war; denn im Tempel gibt es keinen Rang außer dem, den der Grad der Erleuchtung verleiht.

Als ich durch die Tortürme schritt, auf deren Sims Tahutis Waagschalen gemeißelt waren, sah ich viele Menschen im Vorhof. Sie saßen auf dem Rasen im Schatten der Sykomoren und harrten ihrer Freunde, die in das Heiligtum gegangen waren. Ich überquerte den Hof und stieg die breiten Stufen hinan und ging weiter über die Säulenterrasse in den inneren Hof.

Nun näherte sich aus der Heiligen Halle Ney-sey-ra im Gespräch mit einem anderen Priester, und bei seinem Anblick vergaß ich, daß ich den Palast mit Bangen im Herzen verlassen hatte.

Ich setzte mich ins Gras neben dem Teich und wartete auf ihn. Die Lotosblüten mit ihren geöffneten Herzen, die gleich goldenen Sonnen auf dem Himmelsblau ihrer Kelchblätter erstrahlten, erinnerten mich an meine erste Begegnung mit Ney-sey-ra.

Bald trat er zu mir, und während wir auf den Weiher schauten, sprach er: «Jeder Tempel hat seinen Lotosteich, denn der Lotos ist von alters her das Sinnbild des wahren Priesters. Seine Wurzeln ruhen im Schlamm auf dem Grund, und doch öffnet er sich dem Sonnenlicht, und durch seinen Stiel erfährt die Wurzel von dem, was die Blüte schaut.

Zwischen Geburt und Tod hat der Mensch einen irdischen Leib, und dieser ist wie die Wurzel des Lotos. Im Schlaf verlassen wir diesen Leib, doch gibt es nur wenige, deren Erinnerung an das, was sie jenseits dieser Erde erleben, nicht von den Wassern des Vergessens fortgewaschen wird. Einige wandern zu den Stätten des Lichts, aber nur diejenigen können zur Erde zurückbringen, was sie im Licht geschaut, die den Strang der Erinnerung besitzen, welcher dem Stengel des Lotos gleicht.

Nun kann die Knospe des Lotos das Licht schon spüren und weiß von seiner Gegenwart, wenn sie sich ihm noch nicht geöffnet hat. Und doch ist sie schon einen weiten Weg gewandert. Dies ist das Sinnbild eines, der sich den ersten Tempelübungen unterzieht. Die sich öffnende Knospe, die ihre Kelchblätter zeigt, ist das Sinnbild eines, der die letzte Probe eines Eingeweihten bestanden hat; die halbgeöffnete Blüte gleicht dem, der die Priesterweihe erlangt, und die vollerblühte ist wie einer, der alle Macht in Händen hält, die ein Irdischer erlangen kann.»

Und dann sagte er mir, er wolle mich zu Hak-kab führen, die die Aufsicht über alle Mädchen im Tempel habe.

Der Eingang zum Haus der Tempelschüler lag an der

Westseite des Vorhofes gegenüber dem der Priester. Ich war häufig in Ney-sey-ras Gemächern gewesen, und nun sollte ich zum erstenmal die Stätte schauen, die viele Jahre mein Heim sein würde.

Hak-kab war alt und sehr mager. Sie ähnelte Maata, doch ihre Augen waren hart. Sie rief ein Mädchen herbei, das gerade den Deckel eines Schreins mit Muscheln und Erdpech verzierte, und ließ mich mit ihr allein. Das Mädchen fragte nach meinem Namen, und ich nannte ihn ihr. Dann zeigte sie mir die Räume der Tempelschülerinnen, die in Reihen an drei Seiten eines großen, mit Rasen gekanteten Badebeckens lagen; die vierte Seite beschatteten Granatapfelbäume. Hinter diesen Bäumen lagen die Wohnräume der jüngeren Priesterinnen, ein jeder mit einem Garten, wie ein dem Himmel offenes Gemach. In der Mitte befand sich ein langgestrecktes Gebäude, das unser Haus von dem der Knaben trennte, und dort wurden die Mahlzeiten eingenommen, wurde gespielt und geplaudert.

Verglichen mit dem Palast, wirkte alles so karg und fremd, und ich fühlte mich sehr verloren. Vor mir lag die Zukunft wie eine lange graue Straße, und wohin sie führte, war nicht zu erkennen.

Das Mädchen sagte mir, daß nun Badezeit sei. Ich legte meinen Kittel ab und sprang mit den anderen in das Becken. Es geschah das erste Mal, daß ich mit anderen als mit Neyah und unseren Freunden zusammen badete, und es mißfiel mir sehr, mit dreißig Mädchen, die ich nie zuvor gesehen, in demselben Wasser zu schwimmen.

Einige von ihnen spielten ein Spiel, das sie lustig zu finden schienen. Drei Mädchen standen nebeneinander an der Brüstung des Beckens, und eine vierte warf einen Teller hinein, und dann tauchten sie alle und wetteiferten, wer ihn als erste erhasche.

Am Nachmittag bestimmte Ha-kab, daß ich mit drei anderen Schülerinnen die Menes-Säulen in der Heiligen Halle mit Blumengirlanden schmücke. Und sie erklärte mir, daß diese Säulen steinerne Nachbildungen der aus Schilf geformten Pfeiler jenes kleinen Tempels seien, wo sich Menes während seines Exils den Übungen unterzog. Da Menes mein Urgroßonkel war, wußte ich dies bereits. Dann erteilte sie mir die Erlaubnis, mich auch außerhalb des Tempels zu bewegen, nur müsse ich bei Sonnenuntergang wieder in meiner Kammer sein.

Den Rest des Tages streifte ich umher, und niemand sprach mit mir. Ich konnte mich nicht daran gewöhnen, mit so vielen Mädchen zusammen zu sein, und wünschte, Neyah käme mit seinem Wagen und holte mich von hier fort.

Am Abend ging ich in den Vorhof hinaus, und dort lauschte ich dem Märchenerzähler, der dem Volke die alten Legenden und Weisheiten verkündete. Männer, Frauen und Kinder saßen um ihn herum im Gras, und ich setzte mich zwischen einen Ziegenhirten und seinen Sohn, der ein neugeborenes Zicklein in seinen Armen hielt. Der Erzähler begann gerade ein neues Märchen:

Es war einmal ein Mann, der wanderte auf steinigem Pfad, bis seine nackten Füße bluteten. Man bot ihm Sandalen; er aber wollte sie nicht anlegen. Und dann befand er sich in einem reißenden Fluß und wähnte, er müsse ertrinken. Als aber starke Hände ihn in ein Boot ziehen wollten, suchte er ihnen schwimmend zu entkommen.

Und er saß zur Mittagszeit auf einer brennend heißen Klippe und sah vor sich kühle grüne Bäume an einem See. Sie luden ihn ein, in ihrem Schatten zu ruhen, er aber floh in die Wüste.

Und er versuchte, einem gespaltenen Schilfrohr eine Weise zu entlocken, doch als man ihm eine Flöte aus edlem Holz und Elfenbein gab, zerbrach er sie über seinem Knie und warf die Stücke fort.

Und da ihn hungerte, reichte man ihm einen Napf mit seiner Lieblingsspeise, er aber vergrub sie in der Erde und versuchte, seinen Hunger zu stillen, indem er an einem Stein leckte.

Und das Wetter wurde kalt, und er besaß nur ein paar

Lumpen, seine Blöße zu bedecken. Da bot man ihm einen reinen Kittel und einen weichen wollenen Mantel, er aber weigerte sich, diese anzulegen, und zitterte im Wind.

Schwer fällt es, diese Geschichte zu glauben. Doch wenn ihr vermeint, die Torheit dieses Mannes gehe über das Begreifen, dann frage ich euch: Seid ihr niemals einem begegnet, der sich zu sterben fürchtete? Seid ihr aber einem solchen begegnet, dann kennt ihr einen, der noch törichter ist als der Mann in diesem Märchen, das ich euch soeben erzählte.

Und so endete mein trauriger Tag.

Doch die Zeit ging dahin, und ich gewöhnte mich an das Leben im Tempel.

Die Wände meiner Kammer waren aus weißgetünchtem Lehm, und sie waren so dick, daß kein Laut mich zur Erde zurückrufen konnte, ehe ich dazu nicht bereit war. Kopf- und Fußende meines Ruhebettes zierten Anubisköpfe; und dieses war außer der Truhe, die meine Kleider enthielt, der einzige Hausrat. Hoch oben in die Wand war ein Fenster eingelassen, und in einer Nische darunter stand eine Schale mit Blumen; und diese Blüten waren das letzte, was ich vor dem Einschlafen sah. Neben meinem Ruhebett lag eine Wachstafel bereit, und darauf schrieb ich nieder, was mir aus meinen Träumen im Gedächtnis geblieben war. Zu dieser Tafel gehörte eine kleine Rolle aus Stein, und damit glättete ich vor dem Einschlafen das Wachs und bereitete es so für den Morgen, genau wie ich alle irdischen Gedanken in meinem Geist auslöschen mußte, auf daß er frei werde, die Dinge zu bewahren, die ich im Traum geschaut oder getan.

Des Abends, ehe ich meinen Geist freigab, sprach ich dieses Gebet:

«Anubis, lehre mich sein ein Wegbereiter, auf daß ich deinem Sinnbild gleiche, dem Schakal, der die Wüste durchquert in sternloser Nacht und ohne Spur, der andere folgen

können, wenn der Tag anbricht, Und durch deine Weisheit
laß mich den Abgrund zwischen dieser Welt und der deinen
überwinden und mein Volk in das Land des Friedens
führen.»

Und des Morgens, nachdem ich meine Anubis-Reise verzeichnet hatte, bat ich zu Ptah:

«Ptah, mache meinen Leib zu einer Schale deines Lebens, auf daß mir hienieden die Kraft wird, dein Werk zu vollbringen.»

Und zur Mittagsstunde betete ich zu Horus:

«Horus, in deiner Weisheit forme mein Leben zu einem Wetzstein, der meinen Willen schärft, auf daß ich werde ein Schwert in deinem Heere.»

Jeden Morgen suchte ich Ney-sey-ra auf und berichtete ihm von dem, was auf meiner Tafel stand. Oft war er mir im Traum begegnet und hatte mir aufgetragen, ihm nach dem Erwachen einen bestimmten Gegenstand zu bringen, zum Zeichen, daß ich mich unserer Begegnung erinnerte: eine Blume, eine Taubenfeder oder eine bunte Steinkugel. Bisweilen erinnerte ich mich genau an das, was er mir anbefohlen, doch beging ich auch viele Irrtümer. Es konnte geschehen, daß ich mich beim Erwachen entsann, ich solle ihm eine Blume bringen, und da nahm ich eine Mohnblume, wenn er eine Winde gemeint hatte. Später, als mein Gedächtnis sich allmählich stärkte, entsann ich mich vielleicht, daß ich ihm eine Weizenähre bringen sollte, und im Glauben, dies sei eine klare Erinnerung, brachte ich ihm eine beliebige Ähre; und doch hatte es eine aus der Girlande sein sollen, die um die dritte Säule in der Heiligen Halle geschlungen war.

Auf diese Weise und auf mancherlei andere half er mir mein Gedächtnis schulen. Häufig erzählte er mir von irdischen Dingen und häufiger noch von denen jenseits dieser Erde. Bisweilen waren es Geschichten von den Göttern oder den großen Streitern des Lichts oder auch von den Pharaonen vergangener Zeiten. Vieles von dem, was er mir erzählte, war mir neu, aber auch das, was ich schon früher gehört, wurde durch seine Worte lebendig, so auch, als er mir von dem Großen Menes sprach.

4 Menes

Zweihundertachtzig Jahre lang herrschte Menes über Kam, denn wiewohl viele Pharaonen nacheinander diesen Namen trugen, war es, als sei derselbe Herrscher dem Lande stets aufs neue geboren und sein Erdenleben ohne Unterbrechung, so wohl setzte ein jeder das Werk seines Vorgängers fort. Und deshalb lebt Menes im Gedächtnis späterer Zeiten als ein einziger großer Herrscher.

Der erste Pharao dieses Namens war einer, der sich dem Ende der langen Erdenreise näherte. In seiner Weisheit ersann er viel zum Wohl des Landes, wußte aber, daß sein Leib seinen Geist nicht lange genug beherbergen werde, all diese Pläne auszuführen. Also erwählte er einen seiner Söhne, welcher Wahrträumer war, und lehrte ihn vieles, während sie noch zusammen auf Erden weilten; und nach seinem Tode wandelten sie miteinander, wenn der Körper des zweiten Menes schlief. Und der Ältere stand seinem Sohn bei mit gutem Rat, so daß der junge Pharao nicht nur sein eigenes Wissen als Richtschnur hatte, sondern auch die Weisheit seines Vaters.

Und die Zeit kam, da ihm sein Vater verkündete, in Kam lebten Priester, die ihres Amtes unwürdig seien. Und der zweite Menes befahl seinen Kriegern, sie aus dem Tempel zu vertreiben. Doch diese Priester der Finsternis, die nicht das Licht spiegelten, sondern es verdunkelten, waren mächtig auf dieser Erde, und ihre Tempel waren reich, und das Volk hatte so lange zu ihnen als Verkündern der Wahrheit aufgeschaut, daß niemand glaubte, es könne Falschheit von ihren Lippen kommen. Und diese Priester sagten dem Volk, ihr Pharao sei besessen von einem bösen Geist und man müsse ihn töten, um das Land zu retten.

So wurde denn beschlossen, Pharao und seine ihm ergebenen Krieger am ersten Tage des Horusfestes zu erdolchen.

Und obgleich der junge Menes von diesem Plan durch seinen Vater wußte, hoffte er dennoch bis zuletzt, die Finsternis über seinem Volk werde sich lichten. Und am ersten Tag des Horusfestes setzte er sich auf seinen Thron, und vor im breitete sich der schwarze Estrich von poliertem Stein zwischen einer doppelten Reihe von runden ungetünchten Säulen bis zu der offenen Tür der Audienzhalle. Über den Vorhof hinweg sah er die Tortürme der Eingangspforte, und auf diesem Hof standen keine Soldaten. Denn, so meinte er, bedürfe ein Pharao des Schutzes vor seinem eigenen Volk, sei dies, als fürchte ein Vater seine eigenen Kinder. Also harrte er dort allein, zu sehen, ob sein Vertrauen von denen, die an ihm zweifelten, als Zeichen seiner Wahrhaftigkeit gedeutet werde, und auf daß sie daraus lernten, daß, wo keine Furcht ist, auch keine Falschheit ist, und wo Mut ist, kein Trug.

Als er jedoch sah, daß diejenigen, die vor ihn hintraten, ihm den Tribut zu zollen, keine Gaben brachten, sondern mit Dolchen in den Händen nahten, blieb er still sitzen und erwartete den Tod. Und so reglos saß er, daß der eine, der ihm das Herz durchbohrte, einen Augenblick mit gezücktem Dolch verharrte, im Glauben, er sei eine Statue.

Vor seinem Tode hatte Menes jedoch seinen kleinen Sohn heimlich bei Nacht zu einem fruchtbaren Eiland in der Wüste gesandt, das fünfzehn schnelle Tagesreisen gegen Sonnenuntergang von Abidwa entfernt lag. Dort gab es, wie sein Vater ihm erzählt hatte, einen kleinen Tempel des Tahuti, wo das Licht noch unverdunkelt leuchtete. Mit dem Kinde reiste seine Amme, die ihm wie eine Mutter war. Und mit ihm reisten auch die klarsichtige Priesterin des Königlichen Haushalts und ihr Gemahl, der heilender Priester war, sowie fünfzehn der Leibwache unter ihrem Hauptmann. Sie ritten auf großen weißen Eseln, denn Sänften oder Ochsenwagen wären zu langsam gewesen.

In dieser kleinen Niederlassung in der Wüste wuchs der

Knabe auf. Und er heiratete die Tochter der Priesterin und des Arztes, und ihnen wurde ein Sohn geboren, der gleichfalls den Namen Menes erhielt. Und als dieser Sohn sechzehn Jahre zählte, heiratete auch er, und sein Sohn trug wiederum denselben Namen, auf daß das Geschlecht der Menes weiterlebe, bis einst Menes noch einmal der Name eines herrschenden Pharaos werde. Zehn Generationen lang weilten sie an diesem Ort und waren wie ein klares Flämmchen in einem Meer der Finsternis.

Ein jeder, vom Hohenpriester bis zu den Kindern, bestellte die Felder. Sie hatten keine Fische und nur wenig Fleisch außer dem junger Stierkälber; denn die Weide reichte nur für die Kühe, die ihnen Milch gaben, nicht aber für das Mästen von Ochsen. Sie bauten Korn, Bohnen und Erbsen, Gurken, Rettiche und Knoblauch, Melonen, Datteln und Granatäpfel. Und sie hielten Ziegen, aus deren Milch sie weißen Käse bereiteten; und bisweilen fingen sie einen Vogel in der Schlinge, doch geschah dies nur, wenn die Zugvögel auf ihrer Reise ruhten und an dem kleinen See tranken. Dieser See war stets klar und kühl, und er speiste alles mit seinem Wasser.

Die Häuser waren aus Lehmziegeln und die Dächer aus geflochtenen Palmblättern, denn es fehlten dort die Steine. Und es gab dort auch kein Linnen außer dem, das der zweite Menes mit sich geführt hatte. Und an Papyrus mangelte es gleichfalls, und sie bedienten sich solcher Blätter, die aus den Rindenfasern der Palmbäume gefertigt wurden; doch diese zerfielen rasch zu Staub, und deshalb schrieben die Schreiber auf Tontafeln.

Die Menschen der Oase vermehrten sich, und sie lebten wie in einer eigenen kleinen Welt, denn jenseits ihres Horizontes errichtete der Hohepriester einen unsichtbaren Wall, so daß ein jeder, der sich ihm nahte, vom Wege abbog und diesen geheimen Kreis entlangzog, ohne zu bemerken, daß er abgebogen war.

Und alle jene des Namens Menes wurden Priester des Anubis, auf daß sie bereit wären, in ihr Land zurückzukehren und es zu befreien, wenn die Botschaft kam. Und alle Kinder im Alter von fünf Jahren wurden von einem Seher-Priester geprüft, und er schaute die Pfade, auf denen sie wanderten, und bestimmte die Schulung, die sie befähigte, für die Befreiung ihres Landes zu wirken. Einige wurden im Tempel erzogen und lernten dort das wahre Wissen auf die Erde bringen und kranke Körper mit neuem Leben füllen. Und wenn die Zeit reif war, sollten diese die falschen Priester vertreiben, auf daß die Menschen wieder in die Tempel gehen und dort das empfangen konnten, dessen ihre Seelen bedurften, und auf daß sie es von den Lippen jener vernahmen, die da sprechen können: «Ich sage dir aus meiner eigenen Erkenntnis, daß dies die Wahrheit ist.»

Und es wurde bestimmt: Andere sollen Pfeile schießen und sich üben mit Schwert und Speer, auf daß ihre Muskeln weich werden wie Öl und ihrem Willen gehorchen. Ihre Stärke soll die Schwachen schützen und ihre Kraft im Kampf das Volk vor dem Bösen bewahren. Und sie sollen wahre Krieger sein, denen der verwundete Feind ein Freund ist; und den Weibern ihrer Feinde sollen sie Schutz und Trost gewähren; und kommen sie in ein fremdes Land, soll es geschehen, um aufzubauen, nicht zu zerstören, zu befreien, nicht zu knechten, Frieden zu bringen, nicht Furcht zu verbreiten, und Licht zu entzünden, wo Finsternis herrscht.

Und andere sollen sein, die das Land verwalten. Sie sollen achthaben, daß die Zunge der Waage auf den Märkten nicht verfälscht ist, auf daß ein jeder, der kommt, seiner Hände Werk gegen das eines anderen einzutauschen, gleich diesem zufrieden ist.

Sie sollen darüber wachen, daß das Wasser frei zu jedem Acker und Garten rinne und daß niemand seinen lebendigen Lauf dämme.

Sie sollen das Volk lehren, die Felder wohl zu bestellen, auf daß sich die Halme biegen unter der Last der Ähren.

Sie sollen achthaben, daß niemand seinen Diener, sei es Mensch oder Tier, arbeiten lasse über seine Kräfte.

Sie sollen achthaben, daß kein Vieh von seinem Herrn gepeinigt werde, ohne daß auch er dasselbe Maß an Pein leide.

Sie sollen achthaben, daß kein Kind eine erhobene Hand fürchte oder weine vor Hunger.

Sie sollen achthaben, daß die Schreiber unverfälscht verzeichnen, was ihnen aufgegeben.

Sie sollen achthaben, daß das Korn in den Speichern nicht unter zehn Ellen falle, auf daß das Volk keine Hungersnot befürchte.

Sie sollen achthaben, daß keinem, dem Unrecht geschehen, der Weg zu Pharao versperrt werde.

Und sie sollen klug und gerecht sein in allen ihren Werken, auf daß das Volk im Lande spreche: «Seht die Waagschalen auf den Märkten und in den Gerichten messen so wahr wie die Große Waage des Tahuti.»

Als der zwölfte Menes neunzehn Jahre alt war, verkündete ihm der Stammvater seines Geschlechts in einem Traum, daß nun die Zeit gekommen sei, da Menes wieder herrschen werde. Und er hieß ihn sich kleiden wie ein Hirt und nach Abidwa wandern und sich dort unter das Volk mischen, auf daß er sehe, was ihnen während der Zeit der Finsternis geschehen.

Und Menes brach auf nach Abidwa. Er sah in den großen Tempeln keine Statuen des Anubis, des Horus und des Ptah, sondern an ihrer Statt Standbilder der Sekhmet. Mauern waren zwischen den Säulen errichtet worden, und drinnen war es dunkel wie die Nacht. Ein einziger Lichtstrahl fiel durch das Dach und traf die Augen der Sekhmet, so daß sie mit der Macht des Bösen zu glühen schienen. Wo einst ein Priester als Ratgeber saß, rekelte sich nun der fette, gedunsene Leib eines Knaben mit mißgestaltetem Kopf. Auf Geheiß des bösen Geistes, der seinen trägen Körper bewohnte, troff Geschwätz von seinen Lippen, und die Stufen zu seinem Stuhl klebten vom Blut der Opfer. Und in dem Weiher des Tempels wimmelten Krokodile, und ihnen wurde ein jeder zum Fraß hingeworfen, der sich wider die Priester auflehnte.

Darauf mischte sich Menes unter das Volk auf dem Marktplatz. Und er sah, daß das Korn auf den Waagschalen durch Steine beschwert war und daß die Früchte in den Körben nur oben frisch waren und unten faulten. Und er sah auch, daß die Äcker der Armen brachlagen aus Mangel an Wasser, das die Reichen zu den ihren geleitet hatten. Und er sah Vieh mit offenen Wunden auf dem Rücken. Und er sah Unrat und verfaulte Speisen zu Haufen in den Straßen und Fliegenschwärme gleich Rauchschwaden in der Luft. Und er sah dies Geschmeiß an den Augen der Kinder kleben und deren kärgliche Nahrung teilen und sogar zwischen den Lippen der Säuglinge und an den mageren und schlaffen Brüsten ihrer müden Mütter.

Und überall vernahm er das Murren der Unzufriedenheit, doch nur flüsternd und voll Furcht, daß ein Spion des Tempels horche.

Und Menes ging in das Quartier der Soldaten, und er sah die Hauptleute in goldenen Harnischen, denn sie waren reich geworden durch Bestechung. Allein die Krieger waren schlichte Männer ohne Arglist, und die bösen Lehren hatten keine Wurzeln bei ihnen geschlagen, so wenig wie eine giftige Pflanze, die man in den trockenen Sand pflanzt.

Und Menes gab sich als Hauptmann aus dem aufrührerischen Norden aus, und sie sagten, daß sie sich gegen die Priester des Bösen erheben würden, wenn ein rechtmäßiger Feldherr sie anführe. Darauf ließ Menes sie wissen, daß ihr wahrer Pharao an einem geheimen Ort der Stunde harre, da er sie aus der Unterjochung in die Freiheit führe, und daß sie ihn erkennen würden, denn er trage die Weiße Krone der alten Zeit und halte in der Hand Krummstab und Geißel des Menes. Und die Soldaten gelobten ihm, ihrem rechtmäßigen Pharao zu folgen, wenn er sich zeige, und das Böse aus dem Lande zu fegen, gleichwie ein reinigendes Feuer ein Feld von Mehltau säubert.

Und als Menes vernahm, daß die Priester bei dem nächsten Vollmond einen neuen Schattenkönig auf den Thron zu setzen gedächten, befahl er im Traum seinem Hohenpriester, mit allem Volk nach Abidwa aufzubrechen, wo er sie vor der Stadt erwarten wollte.

Und das Volk aus der Oase eilte herbei. Da ergriff Menes zum erstenmal Geißel und Krummstab, umgürtete sich mit dem goldenen Gürtel und setzte sich die Weiße Krone aufs Haupt, die einst unter Gefahren in die Oase gebracht worden war. Also gekleidet betrat er an der Spitze seiner zweihundert Krieger das Quartier der Soldaten, und sie huldigten ihm als ihrem wahren Pharao. Und er führte sie durch die Stadt, und das Volk jubelte ihm zu als seinem Befreier.

Vor dem Tempel gebot er seinen Gefolgsleuten Halt und schritt allein die Stufen empor. Und dort oben stand der Hohepriester der Sekhmet, umgeben von seiner Priesterschar, und während das Volk in tiefem Schweigen verharrte, maß Menes seinen Willen mit dem des Hohenpriesters. Sie standen reglos gleich Statuen und stritten einzig mit der Kraft ihres Geistes, und der Wille brannte in ihren Augen gleich weißglühendem Metall, und wiewohl sie sich nicht regten, troff der Schweiß der Mühe an ihren Leibern herab. Schließlich wankte der Hohepriester und sank zu Pharaos Füßen, als preßten gewaltige Hände ihn zu Boden, und dort krümmte er sich wie ein Wurm im Sande.

Als nun die anderen Priester der Sekhmet sahen, wie sich ihr Oberhaupt in Schande erniedrigte und sein Wille barst gleich einem zersplitternden Schwert, suchten sie zu entkommen. Doch ein Wall starrender Speere versperrte ihnen den Weg, und so mählich und still, wie der Strom steigt, drängten die Speerspitzen vor, bis ihre Füße im Rückwärtsschreiten ins Leere traten und sie gleich ihren Opfern hinabstürzten zu den Krokodilen.

Und es lenkte der letzte Menes sein Reich milde und weise, während siebenundfünfzig Jahren, und unter seiner Herrschaft nahmen die Pläne des ersten Menes Gestalt an. Und das Volk gedieh im Licht wie Korn in der Sonne, denn die Tempel waren wieder wahre Tempel, wo der Dürstende im Geist seinen Durst mit den Wassern der Weisheit stillen konnte; und die Gerechtigkeit im Lande war wie die Waagschalen des Tahuti; und in den Speichern lag das Getreide zehn Ellen hoch, und niemand darbte, sondern ein jeder wurde gespeist mit Brot für den Leib und Wahrheit für den Geist.

Und obgleich Menes reich an irdischen Jahren wurde, war er bis zu seinem Tode ein Meister im Rosselenken und Speerwurf. Und als er starb, fühlte sein Volk die Verlassenheit dessen, der den Vater verlor.

Während Ney-sey-ra mir diese Geschichte von Menes erzählte, war mir, als schauten meine Augen, was ich vernahm. Und ich fragte ihn, wie dies sein könne, und er antwortete mir: «Ich las, was darüber geschrieben steht, und deshalb ist es nun klar in meinem Gedächtnis verzeichnet. Heute nacht, während du schliefst, ließ ich dich teilhaben an diesem Schatz meines Gedächtnisses, und so wurde diese Geschichte Teil deiner eigenen Wirklichkeit.»

Ich fragte ihn, wie der Schatz des Gedächtnisses mit anderen geteilt werden könne, und er sprach: «Denke dir zwei Schalen voll Wasser, und in jeder von ihnen schwimmt ein Fisch. Der Fisch verkörpert den reinen Geist und das Wasser die Erinnerung an alle Erfahrungen des Geistes; denn wie die Welt des Fisches begrenzt ist durch das Wasser, so ist der Geist begrenzt durch seine Erfahrungen. Denke dir nun, daß das Wasser beider Schalen in ein größeres Gefäß gegossen wird. Dann kann jeder Fisch frei in dem Wasser beider Schalen schwimmen. Auch den Schatz unseres Gedächtnisses können wir kraft unseres Willens mit dem eines anderen vereinigen, so daß dein Geist an meiner Erfahrung teilhat. Doch noch ist die Zeit nicht gekommen, da du dies ohne Hilfe vermagst.»

5 Eine Nacht im Heiligtum des Anubis

Als ich drei Jahre im Tempel war, sagte Ney-sey-ra, ich solle in jeder Vollmondnacht in einem der Gemächer der Stille neben Anubis' Heiligtum schlafen, und er werde hinfort dort die Stärkung meines Gedächnisses beobachten. Es sind diese Gemächer durch geheime Kraft gefeit, so daß kein Geist eindringen kann, wofern nicht auch sein Körper dort weilt. Durch diesen Schutz kann sich nichts Böses, das den Spiegel der Götter trüben könnte, dort einschleichen und uns in dem Augenblick anfallen, da der Geist in den Körper zurückkehrt, denn dann ist der Geist leicht verletzbar, und die Erinnerungen verflüchtigen sich schnell.

Während ich schlief, führte Ney-sey-ra mich zu vielen Stätten jenseits der Erde und wachte über meine ersten Schritte im Licht. Und des Morgens berichtete ich ihm sogleich nach dem Erwachen, wessen ich mich entsann, und er sagte, was ich recht in der Erinnerung bewahrt, was ich durch irdische Gedanken entstellt und was ich vergessen hatte.

In der ersten Nacht im Heiligtum mied mich der Schlaf. Ich war ganz allein im Tempel, denn die Wohnräume der Schüler und die Priesterheime lagen außerhalb der inneren Mauer. Ein schwerer Vorhang trennte meinen Raum von dem Heiligtum. Dort gab es kein Fenster, und nachdem ich die Lampe gelöscht hatte, lastete das Dunkel schwer auf mir. Ich dachte an die starrenden Statuen zwischen den Säulen und hörte ein Rascheln, und Furcht packte mich. Nie zuvor hatte ich bemerkt, wie dunkel ein Raum sein kann; es blieb sich gleich, ob ich die Augen geöffnet oder geschlossen hielt. Es war, als drängten sich die Wände um mich zusammen, bis der Raum eng wurde wie ein Sarkophag. Am liebsten wäre ich in den freundlichen Mondschein hinausgeeilt, doch ich wußte, daß ich Ney-sey-ra dadurch betrübt hätte. Und Zweifel kamen mir, ob ich je stark genug sein würde, mich der Weihe zu unterziehen; vier Tage und vier Nächte lang mußte ich dann allein in Dunkel und Schweigen verbringen und vor der Rückkehr in meinen Leib schwere Prüfungen bestehen, die mich töten konnten, wenn ich versagte.

Wieder hörte ich das Rascheln, und tief in meinem Herzen fürchtete ich, es könne eine Schlange sein. Das Geräusch gab ein Echo, doch ich konnte nicht hören, aus welcher Richtung es kam. Und ich sprach laut in das Dunkel: «Sekeeta, du bist ein Feigling!», auf daß ich mir selbst bewiese, daß dem nicht so sei. Doch sogleich wünschte ich, ich hätte nicht laut gesprochen, denn das Schweigen schien auf mich herabzustürzen: Es war ganz still, so still, als preßten sich Finger an meine Ohren. Und ich hoffte inständig, daß Ney-sey-ra schon schliefe und meiner harrte. Und ich dachte an ihn aus ganzer Kraft und erflehte gleichzeitig Mut von Horus ...

Als ich erwachte, saß Ney-sey-ra an meinem Lager, um zu hören, wessen ich mich erinnerte. Doch die Freude, ihn zu sehen und die Nacht überstanden zu haben, war so übermächtig, daß mir die Erinnerung an meine Träume dahinschwand wie ein Blitz. Ich fürchtete, Ney-sey-ra dadurch zu betrüben, doch hätte ich wissen sollen, wie gut er in den Herzen zu lesen verstand. Und er sagte mir, daß viele Tempelschüler nach ihrer ersten Nacht im Heiligtum und der ersten Vorahnung der Prüfungen zu ihren Familien heimkehrten und das Priesteramt anderen überließen.

6 Die erste Gedächtnisprobe

Als ich das nächste Mal im Heiligtum schlief, hatte ich nach dem Erwachen Ney-sey-ra viel zu berichten.

«Zuerst betrat ich die Hütte einer armen Frau, die ein krankes Kind hatte. Sie wußte nicht, welche Krankheit das Kind befallen hatte, und glaubte, es müsse sterben. Als sie vor Erschöpfung auf dem Estrich neben dem Bett eingeschlafen war, sagte ich ihr, daß ihr Kind von einem giftigen Kraut gegessen habe, während es die Ziegen auf der Weide hütete. Und ich riet ihr, dem Kind einen Becher voll Olivenöl zu trinken zu geben, ihm zur Linderung der Schmerzen warme, feuchte Tücher auf den Magen zu legen und ihm drei Stunden später in warme Milch getauchte Brotkrumen zu reichen. Tue sie solches, werde das Gift vertrieben und das Kind wieder gesund.»

Und Ney-sey-ra fragte mich: «War das Kind ein Knabe oder ein Mädchen? Und in welchem Lande lebten Mutter und Kind?»

«Ich glaube, es war ein Knabe, aber ich bin dessen nicht gewiß. Ich weiß auch nicht, welches Land es war; es gab dort Hügel, mit kurzem Gras bewachsen.»

«Es war ein Knabe, und sie lebten in Minoas, fünf Tagereisen zu Wasser von der Insel ihres Königs entfernt.»

«Danach kam ich zu einem Mann, der seine Ochsen hungern ließ, und sie standen bis zum Bauch im Kot, und Schwärme von Fliegen klebten an ihren Wunden. Und ich ließ ihn einen weißen Stier mit goldenen Hörnern schauen, welcher zu ihm sprach: ‹Ich bin der Gott der Stiere. Weil du grausam warst zu meinem Volk, sei dein Lager künftig der Mist, und auf deinen Schultern ruhe das Joch, bis daß ein jeder meines Volkes geheilt ist.› Doch weiß ich nicht mehr, wer er war noch wo er sich befand.»

«Sein Name lautete Shezzak, und das Land war Zuma. Fünf Nächte bis du bei ihm gewesen und hast ihn ermahnt, Mitleid zu hegen. Er aber hörte nicht auf deine Worte, und deshalb bedurfte es einer eindringlicheren Lehre, als Worte sie geben können; denn er kann die Qualen seiner Ochsen erst begreifen, wenn er diese am eigenen Leibe spürt.»

«Dann gelangte ich an einen fremden Ort, und dort mühte ich mich, einen schmalen Pfad zu gehen, doch er wurde mir von einem Ungeheuer versperrt, das einem riesigen Krokodil glich. Und als es auf mich zustürzte, wandte ich mich um und floh und erwachte in Schrecken.»

«Es war dies ein Geschöpf der Finsternis, das ein Böser ausgesandt, dich in deinen Körper zurückzutreiben und dein Werk zu hindern. Ich kenne das Entsetzen, das diese

Wesen erwecken; doch begegnest du ihm wieder, versuche weiterzuwandern und es durch deinen Willen zu bändigen, bis daß es im Staub vor dir kriecht. Scheint es dir übermächtig, dann rufe mich zu Hilfe. Gebrauche deinen Mut wie ein Schwert und einen Schild, und die, so dir trotzen, werden fliehen, denn es fürchten die Geschöpfe der Finsternis das Licht.»

«Dann schlief ich aufs neue ein und kam zu dem Hort der Kinder, und dort sah ich zwei kleine verkrüppelte Knaben. Diesen sagte ich, daß sie dort nicht zu hinken brauchten, sondern mit den anderen um die Wette laufen könnten... Und noch mehr geschah dort, dessen ich mich nun nicht mehr entsinne. Mir ist, als erzählte ich ihnen Märchen und als baute ich einem kleinen Mädchen ein Haus aus Sand.»

«Schon oft warst du an diesem Ort und hast dort mit den Kindern gespielt, welche dann im Schlaf lächelten vor Freude über das, was ihnen im Traum widerfuhr.»

«Und dann erinnere ich mich, daß ich einem Mann begegnete, der gerade gestorben war. Ihm sagte ich, daß er nun frei sei von der Erde, er aber verlachte mich und nannte mich töricht. Und er bückte sich nach einem Stein und schleuderte ihn gegen einen Baum und sprach: ‹Glaubst du noch immer, ich sei ein Gespenst? Gespenster sind Ausgeburten der menschlichen Phantasie oder auch Nebelgestalten, die im Winde seufzen. Ich bin lebendig, und du bist toll, wenn du mich tot nennst. Selbst meine Wunde ist verheilt und hinterließ keine Narbe.› Und wiewohl ich ihn milde belehrte, lachte er nur weiter. Und schließlich sagte ich: ‹Du behauptest, daß wir noch auf Erden sind, doch siehe: ich fliege und bin hier leichter als ein Vogel›. Und kraft meines Willens erhob ich mich über ihn. Er aber lachte auch jetzt noch und sagte, dies sei Gaukelei oder auch ein seltsamer, wilder Traum oder auch sei sein Schlaf unruhig nach reichlichem Weingenuß... Er war nach einem Streit in einer Schenke auf der Insel, wo die Minoer ihre Schiffe bauen, ermordet worden, und sein Name lautete Praxares.»

Ney-sey-ra sprach: «Du hast dich gut erinnert und alles klar und in allen Einzelheiten behalten und nichts hinzugefügt noch mißdeutet. Wenn du morgen schläfst, suche ihn wieder auf, bis er zur Wirklichkeit erwacht und weiß, wo er sich befindet.»

«Warum weigert er sich zu glauben, daß er tot ist?»

«Die Menschen seines Landes wissen nicht, was der Tod ist. Sie wähnen, ihr Bewußtsein sei zu Ende, wenn sie nicht länger den Atem einziehen. Und sehen sie sich doch weiterhin lebendig, meinen sie noch auf Erden zu sein. Diese Einbildung aber fesselt sie an die irdische Begrenzung, von welcher sie frei sein könnten... Doch auch er wird begreifen, wenn es auch lange währt.»

7 Die Grossen Schöpfer

Als ich Ney-sey-ra fragte, wie die Großen Schöpfer die Gefäße für das irdische Leben schüfen, sprach er: «Ehe ein Lebewesen das erste Mal auf Erden geboren wird, ist es bereits im Geist seines Schöpfers erschaffen. Er zeugt es in seinen Gedanken in all seiner Vielfalt und in einem einzigen Akt. Und dann kleidet er es in irdischen Stoff, und erst dann wird es dem menschlichen Auge sichtbar.

Zeichnet ein Künstler ein Bild, zieht er erst eine Linie und dann die nächste, und erst alle diese verschiedenen Linien zusammen ergeben das Bild, das er in seinem Inneren schaut. Schüfe er wie ein Schöpfer, müßte er sein Bild im Inneren vollendet und klar bis in jedes Teil festhalten und es dann mit Gedankenschnelle auf das Blatt werfen. Und doch braucht der Künstler sein Bild nur der Länge und der Höhe nach zu sehen. Denke dir nun statt seiner einen Bildhauer. In seinem Inneren schaut er die Statue, die er formen will, und mit seinem Meißel befreit er sie aus dem Steinblock. Hätte er nun eine Statue in Blitzesschnelle zu erschaffen, müßte er all ihre einzelnen Teile im Bewußtsein haben, so als umgäben sie tausend verflochtene Kreise und jeder Punkt auf jedem Kreis sei zu gleicher Zeit der Punkt, von welchem er sie sähe. Und doch sind Statuen nur aus einem Stoff, Holz oder Stein, und haben kein Inneres, kein Fleisch, kein Herz und kein Netzwerk von Strängen, in denen das Leben fließt.

Bedenke nun, was ein Schöpfer tut, wenn er den Körper eines Löwen schafft. Nicht allein muß er alles wissen, was das Auge wahrnimmt, sondern überdies das kunstvolle Zusammenspiel der Adern und des Magens kennen, des Herzens, der Lungen und des Gedärms, der Muskeln, des Blutes und tausenderlei andere Dinge, deren der Löwe bedarf, um zu leben: die zahllosen Härchen, die sein Fell bilden, und die königliche Pracht seiner Mähne, die geheimnisvollen Spiegel, welche lebende Augen sind, durch die sein Geist die Welt schaut, seine Ohren, die seinen Geist Laute vernehmen lassen, und seine Nüstern, die ihm mit dem Wind Kenntnis bringen.

Schließe nun deine Augen und schaue im Inneren das Bild eines Löwen! Es muß aber dein inneres Auge mehr schauen als die Sonne; denn wenn die Sonne einen Stein auch im Licht badet, liegt dennoch die eine Hälfte im Schatten. Der Schöpfer aber muß jedes Härchen und jeden Blutstropfen in dem strahlenden Licht seines Willens baden sehen, so daß er alles in seiner Gänze und auf einmal schaut. Und doch ist dies nur ein Teil seines Werkes, denn mit seiner Kraft muß er dies Gesicht nun in irdische Form gießen, auf daß es das Leben trage, für welches es geschaffen ist. Dünkt dich dies schwierig?»

«Sehr schwierig.»

«Also würdig der Götter, die es vollbringen.»

«Ich bin froh, daß sie ihre Zeit nicht mit dem Erschaffen von Dingen vergeuden, die ich begreifen könnte... Ist es leichter, eine Ameise zu erschaffen?»

«Um ein weniges vielleicht. Aber auch wenn uns eine Ameise winzig erscheint, bedenke, daß Größe nur eine Form unseres Denkens ist. Jenseits der Erde ist ein Löwe nicht größer als eine Ameise; nur in unserer Art zu denken ist er es. Und wenngleich eine Ameise kleiner ist als der Nagel deines kleinen Fingers, so dient ihre Gestalt doch vollkommen dem Zweck, für den sie geschaffen wurde, und könntest du sie in deiner eigenen Größe schauen, würdest du die Vielfalt ihres Körpers bewundern.»

8 Die Bewohnerin des Kornfelds

Eines Tages ging ich einen Pfad durch bebautes Land und gelangte in ein Kornfeld. Dort pflückte ich roten Mohn, die Blume der Krieger, um damit die Säulen im Tempel zu umwinden, denn es jährte sich der große Sieg meines Vaters. Die Sonne brannte heiß herab, und da ich müde war nach der Wanderung, legte ich mich in den Schatten der sprießenden Halme und fiel in Schlaf.

Und ich fand mich in einem großen Wald wieder, und die glatten Stämme der Bäume ragten über mir in den Himmel empor. Während ich durch diese lebenden Pfeiler hindurchschritt, erblickte ich ein Tier, das war groß wie ein Löwe, glich aber einer Feldmaus. Und wir konnten miteinander sprechen, denn ich las die Gedanken des Tieres. Ich fragte es nach seinem Namen, und es antwortete mir: «Ich bin die Bewohnerin des Kornfelds.» Da begriff ich, daß ich meinen Körper verlassen hatte und daß der Wald, den ich durchstreifte, das Kornfeld war, in dem ich schlief.

Ich streckte die Hand aus und berührte die Maus, und sie ließ sich streicheln, als sei sie Natee. Ihre Augen waren größer als die einer Gazelle, und ihre Barthaare glichen silbernen Drähten. Und ich fragte, wo sie wohne, und sie führte mich die glatte Säule eines Halmes empor und zeigte mir ihr Nest. Dort stand ich neben ihr in ihrem weichen, runden Heim, und es schwankte leicht im Winde. Und die Maus erzählte von dem «Todesschatten der Felder» und wie ihre Schwestern in Furcht gebannt hockten, wenn der Tod vom Himmel stürzte. Und sie ermahnte mich, im Versteck zu bleiben und keinen offenen Platz zu überqueren, solange es hell sei.

Dann sagte ich der Maus Lebewohl und ging weiter, und über mir blähte der Wind die roten Segel der Mohnblüten.

Dann stand ich vor einer Mauer aus Gras und spähte hinüber; und ich sah, daß es ein Vogelnest mit drei großen Eiern war. Und plötzlich schwirrte die Luft über mir von schlagenden Schwingen: Die Wachtel kehrte heim in ihr Nest. Sie schien mich weder zu sehen noch meine Hand zu spüren, die ihr Gefieder liebkoste. Ich wußte, daß sie dem Picken ihrer Küchlein lauschte, die bald den Eiern entschlüpfen mußten. Sie hatte sie lange bebrütet, und es verlangte sie, ihre aufgesperrten, hungrigen Schnäbel zu sehen und ihnen Nahrung zu bringen.

Als ich erwachte, überdachte ich diesen meinen Traum. Warum sind wir nicht stets eingedenk, daß Größe nur besteht als Maß irdischer Form? Zeb, der sich lieber die rechte Hand abgehackt hätte, als Natee ein Leid zu tun, blieb ungerührt, stieß ein Habicht auf eine Maus herab. Es ist aber eine Motte ein ebenso würdiges Werk Ptahs wie ein edles Roß. Wähnen wir, daß Größe mit Wert verwandt sei, dann ist dies, als lauschten wir einem Menschen seiner Leibesgröße wegen und nicht um seiner Worte willen. Es sind mächtige Gebäude nicht schöner als eine Blume, und zwanzig Harfen tönen nicht süßer denn ein Singvogel. Und stets sollten wir an andere Lebewesen denken, als wären sie wie wir, denn einst teilten auch wir ihr Leben auf unserer ersten Reise aus Ptahs Händen.

9 Der Tempelschreiber

Während meines fünften Jahres im Tempel waren wir zwölf Tempelschülerinnen des Anubis und vierzig, die als Schauerinnen geschult wurden.

Eine Schauerin lernt ihren Leib verlassen durch Betrachten einer Lichtquelle – sei es einer Flamme oder des Sonnenlichts –, die sich in einer polierten Silberschale spiegelt. Wiewohl sie außerhalb ihres Leibes weilt, ist ihr, als seien die Dinge, die sie schaut, nur Bilder in der Schale, und sie vermag allein die geistigen Entsprechungen des Irdischen zu sehen. Es spähen die Schauerinnen über die Grenzen unseres Landes, damit ein feindlicher Angriff uns nicht unvorbereitet treffe, oder sie überbringen Botschaften von einem Tempel zum anderen. Auf diese Weise bedarf es für Botschaften, die sonst viele Tagesreisen brauchten, nur der kurzen Zeitspanne, die der Priester benötigt, seinen Leib zu verlassen und dem schauenden Mädchen die Vision in der Schale zu zeigen. Und für gewisse Botschaften gibt es Sinnbilder, die in allen Tempeln bekannt sind, und eine jede große Stadt hat ihr eigenes Wahrzeichen. Erblickt ein schauendes Mädchen in Abidwa als erstes einen Krummstab, darauf aber eine Heuschrecke, weiß sie, daß in der Königlichen Stadt Hungersnot herrscht. Sähe sie einen Steinbock und eine leere Ähre, bedeutet dies, daß die Festung Na-kish mehr Korn braucht. Herrscht aber Gefahr, blicken drei Mädchen in den großen Tempeln jeweils in die drei Flächen einer silbernen Pyramide, und schauen sie dort alle dasselbe Bild, dann ist kein Zweifel, daß ihr Gesicht klar und ungetrübt ist.

Von den vierzig Schülerinnen waren drei auserwählt, «Schauerin der Maat» zu werden, und zu diesen zählte ich. Zunächst lehrte Ney-sey-ra mich, meinen Leib zu verlassen durch Starren auf ein helles Licht und später allein durch meine Willenskraft ohne äußere Hilfe. Und schließlich konnte ich ebenso frei umherreisen, als liege mein Körper in Schlaf versenkt, und gleichzeitig gab meine Zunge Zeugnis von dem, was ich weit entfernt tat oder schaute. Und ich reiste nicht nur zu dem Urbild dieser Erde, sondern auch zu all jenen Stätten, die mein Geist während des Schlafes erreichte. Ney-sey-ra lehrte mich auch meine eigene Vergangenheit sehen, über die Reihe der Jahre hinweg. Und ich sah, wie ich in anderen Ländern lebte und fremde Zungen sprach, und schaute hundert Kindheiten und hundert Tode, deutlich, als sei jeder verflossene Augenblick die lebendige Gegenwart.

Aber obgleich ich wußte, daß meine Zunge sprach, während ich fern meines Leibes weilte, war meine Erinnerung an das Gesagte nachher nicht klar. Deshalb zeichnete ein Schreiber meine Worte auf, und verlas er sie mir nach meiner Rückkehr, konnte ich sagen, ob ich das Geschaute recht in Worte gekleidet hatte.

Nun gab es unter den Schreibern einen, der hieß Thothterra-das und war mein Freund; und wir plauderten oft miteinander, wenn unser Werk getan war. Er war bereits alt und hatte das Amt eines Tempelschreibers schon seit vierzig Jahren inne, und wenngleich er keine Schulung als Priester erfahren, hatte er doch viel von der aufgezeichneten Weisheit in sich aufgenommen. Worte waren für ihn, was Farben für den Maler sind, und mit ihnen malte er die Dinge, so daß andere sie mit seinen Augen schauen konnten.

Und er ermahnte mich, meine Worte zu wählen, wie ein Goldschmied die Perlen für ein Halsband, und sie zu prüfen auf Farbe, Klang und Form, um sie dann behutsam auf die Schnur meiner Gedanken zu fädeln, auf daß sie eine Freude seien für Geist und Ohr.

Einmal sprach er zu mir: «Es wandelt die Göttin der Wahrheit in ihren himmlischen Gefilden in nackter Schönheit; steigt sie jedoch zur Erde herab, muß sie sich in das Gewand der Worte hüllen lassen. Wohl gab es weise Männer, die ihr Antlitz schauten, doch kleideten sie sie in einen Kittel aus grober grauer Wolle, der den Silberschimmer ihrer Hände unter plumpen Ärmeln verbarg. Es hätten diese Männer ihr aber feine Linnengewänder weben sollen, so daß ihr Strahlenglanz hindurchschien wie das Licht durch eine Alabasterlampe.

Obwohl ich alt bin und lange als Schreiber diente, kenne ich sie allein durch die Worte der Priester. Doch es lastete die Weisheit dieser Männer so schwer auf ihren Zungen, daß sie ihr Bild meinem Herzen nicht zu zeigen vermochten. Sie haben den Schatz des Wissens, ich aber das Gewebe der Worte. Könnten wir unsere Fertigkeiten vereinen, dann würden die Menschen sie schauen in ihrer Holdheit und ihr folgen auf ihrem Weg.

So reihe ich meine Worte nur auf die Schnur des Dankes für die Lieblichkeit dieser Erde – das schläfrige Murmeln des Meeres, das geduldige Schlingmuster eines alten Rebstocks, den matten Goldglanz der Sonne im Nebel, das stille Sehnen der Berge zum Himmel – und knüpfe sie zu einem Halsband aus meinen Gedanken; doch bleibt es ohne die warme Berührung von ihr, für die ich es schuf.

Sekeeta, nicht lange wird es währen, daß sich dir die Pforte auftut zu ihren Gefilden. Sei stets eingedenk, daß allein die Worte die Glieder sind zwischen vielen Erdbewohnern und der Vollkommenheit, die sie nicht sehen können. Darum bete zu Ptah, er möge dich weise machen in Worten, auf daß die Wahrheit lieblich gekleidet hier auf Erden wandele.»

So erweckte Thoth-terra-das in mir die Liebe zum Wort. Denn zu sagen «Der Tod ist sanft» reicht nicht aus; es müssen die Worte so sein, daß die Menschheit spürt, er ist ihr verlorener Geliebter, dem sie entgegeneilt. Ich pflegte Thoth-terra-das meine kleinen Tribute zu zeigen, die ich dem zollte, was mein Herz schön und wahr fand.

Ich habe einen, der meinem Herzen lieb ist,
doch weiß ich nicht, wie viele Schritte sind zu seiner Tür.
Öffnet er mir aber eines Tages die Pforte,
erklingt Musik, lieblicher denn Harfe und Flöte.
Und wenn mich hungert,
reicht er mir Früchte, köstlicher denn Feigen und Äpfel,
und Speise, süßer denn Honig auf der Zunge.
Und wenn mich dürstet,
labt er mich mit kühlem Wein, erquickender denn
                                        der Wein des Palastes.
Und bin ich müde,

salbt er mich mit duftendem Balsam
und bindet mir mit Sandalen die Füße, kostbarer
          denn die Pharaos.
Und bin ich betrübt,
wandelt er meine Tränen zu Freude.
Eile ich ihm entgegen,
hoffe ich, jede Biegung des Pfades
zeigt ihn mir in Erwartung,
die Arme geöffnet zum Gruß,
denn ich sehne mich, bei ihm zu weilen in Frieden.
Schön ist mein Geliebter,
seine Augen sind milde
und stark seine Arme, die mich umfangen.
Mich verlangte nach ihm
während der einsamen Tage auf Erden,
denn freudig empfing er mich nach manch einer Reise.
Und meines Geliebten Name ist *Tod*.

Mein Gedicht gefiel Thoth-terra-das wohl, allein er
meinte, es sei zu lang und ende besser so:

Ich hoffe, jede Biegung des Pfades zeigt ihn,
die Arme geöffnet zum Gruß,
denn mich verlangt, zu weilen in Frieden bei ihm.
Kennst du den Namen meines Geliebten?
Meines Geliebten Name ist *Tod*.

Doch ich sagte: «Dessen bin ich nicht sicher. Wünschest
du aber ein kurzes Gedicht, so nenne ich dir eines:

Ein Hungernder träumte, er säße beim Mahle,
ein blinder Spielmann, er sähe die Sterne.
Ein geschlagener Krieger träumte vom Sieg.
Und da sie erwachten, war alles wahr,
denn im Schlaf schritten sie durch die Pforte des Todes.»

Und er sagte: «Dies ist ein sehr schönes Gedicht. Sei stets

eingedenk, daß es besser ist, einen Armreifen zu fertigen, der das Handgelenk umschließt, als ein Halsband, über dessen Länge die Trägerin strauchelt.»

10 Die zweite Gedächtnisprobe

Die Zeit ging dahin, und mein Gedächtnis wurde klarer. Eines Abends, ehe ich mich neben dem Heiligtum zum Schlafen niederlegte, trug Ney-sey-ra mir auf, zwei Stunden nach Sonnenaufgang zur Erde zurückzukehren. Als ich am nächsten Morgen die Augen aufschlug, saß er neben meinem Lager, in Erwartung, meinen Bericht zu hören.

«Zuerst ging ich zu einer Bauersfrau, die hatte ein gutes Herz, aber eine törichte Zunge. Wiewohl sie ihren Mann liebte, pflegte sie ihn zu schelten, wenn er müßig ging oder des Bieres voll war oder die Sandalen nicht vor der Tür abstreifte und die Matten mit Lehm beschmutzte, kehrte er vom Bewässern des Feldes heim. Der Mann sah ihre Liebe nicht, weil sie sich hinter einem Gestrüpp dorniger Worte verbarg. Deshalb weilten seine Gedanken oft bei der Magd, die die Rinder besorgte, denn sie war anmutig und sprach zu ihm nur mit Bewunderung auf der Zunge. In dieser Nacht hatte die Frau vor dem Einschlafen gebetet, die Liebe ihres Mannes möge zu ihr zurückfinden.

Ich führte sie zu einem Platz, der von einer Mauer aus gebrannten Ziegeln umzäumt war, und diese Mauer war gerade so hoch, daß die Frau noch hinüberspähen konnte. Dort sah sie nun ihren Mann im Schatten eines Feigenbaumes ruhen, und hinter ihm stand der ungenützte Pflug und neben ihm ein leerer Bierkrug. Und sie rief zu ihm hinüber und schalt: ‹Du Faulpelz! Liefe dein Pflug so flink, wie dir das Bier die Kehle hinabrinnt, wärest du ein reicher Mann, und dein Schlaf zeugte von Wohlstand, statt von Müßiggang.› Und während sie also sprach, wuchs die Mauer um eine Ziegelhöhe.

Und ich sagte zu ihr: ‹Sebek, schau diese Mauer! Sie wuchs zwischen dir und deinem Mann, bis daß du nicht mehr zu ihm gelangen konntest, und nun verbirgt sie ihn sogar deinen Blicken. Es ist aber jeder Ziegel dieser Mauer ein unbedachtes Wort von dir; und ebenso wie du ihn nicht länger sehen kannst, kann auch er dich nicht mehr erblicken. So hat er in seiner Einsamkeit sein Herz an die Kuhmagd gehängt. Denke fortan, bevor du sprichst! Und sprich nur solche Dinge aus, die du selbst von dem hören möchtest, den du liebst. Baue diesen Wall nicht höher, dann wirst du erkennen, daß er unter der Flut deiner Liebe zusammenstürzt, gleichwie eine Mauer aus ungebranntem Lehm zerbröckelt, überschwemmt sie das steigende Wasser!›

Ich hoffe, sie wird diese Lehre beherzigen, denn das Bild, das ich sie schauen ließ, war stärker als Worte. Sie wohnt im Delta, eine Tagesreise entfernt vom Meer. Ihr Haus hat fünf Kammern, und vor seiner Pforte wachsen drei Sykomoren. Ist dies getreu berichtet?»

«Ja. Und deine Antwort auf ihr Gebet war voll Weisheit.»

«Darauf kam ich in ein Land hinter dem großen Meer im Westen, wo einst Atlantis lag. Dort wanderte ein Mann durch einen großen Wald, der suchte nach Gold. In seinem letzten Erdenleben war er ein Edler gewesen, aber er hatte das Wohl seines Volkes vernachlässigt, und sie, die ihm hätten sein sollen wie die eigenen Kinder, litten bittere Bedrängnis durch seine Schuld. Die Entwässerungsgräben waren voll Schlamm, und statt fruchtbarer Felder dehnten sich in seinem Land nur Sümpfe, aus welchen nachts das Fieber stieg. Nach seinem Tode erkannte er, daß er sich an jenen vergangen, denen er hätte ein Freund sein sollen. Und er bat darum, daß er, der sein Volk hatte im Fieber sterben lassen, das nächste Mal auf Erden andere heilen dürfe, die gleiches erlitten.

In seinem folgenden Leben wurde er als der älteste Sohn eines Straßenbauers geboren. Und als er achtzehn Jahre zählte, verließ er seines Vaters Haus und begab sich auf eine große Reise, denn in ihm war der Drang, etwas zu suchen, wenngleich er nun auf Erden nicht mehr wußte, was es sei. Und in seiner Unwissenheit wähnte er, er brauche Gold, seinen Mitmenschen damit zu helfen. Viele Wochen lang durchstreifte er große Wälder, wo mächtige Pflanzen wucherten, die die Sonne abschirmten, gleich einer Mauer. Und es befiel ihn ein Fieber, so daß es ihn bald nach wärmenden Decken verlangte, denn sein Körper erbebte vor Kälte, und bald nach dem kühlen Meer bei Sonnenuntergang und labenden Früchten, denn nun brannte sein Körper in der Hitze. Und er glaubte, er sei des Todes und habe nichts gefunden, weder zur eigenen Heilung noch zu der seiner Brüder.

Im Fieber vermochte er hinter die irdischen Dinge zu schauen, als sei er für eine Zeitspanne ein Seher. Und ich nahm die Gestalt an, die der seinen glich, und er glaubte, sich selbst zu sehen und das, was er tun müsse, das Fieber zu vertreiben. Und ich ging zu einem Baum, dem *Kahan*-Baum, der dicht bei seinem Lager wuchs, löste seine Rinde und kochte sie in Wasser in einem irdenen Topf über einem Feuer. Und als sie lange genug gekocht hatte, trank ich davon und rief: ‹Sieh, das Fieber ist von mir gewichen, und ich bin gesund!›

Dann sah er mich nicht mehr. Ich aber sah ihn zu dem Baum kriechen und wußte nun, daß er sein Gesicht nicht vergessen hatte. Und so fand er denn das Heilmittel gegen das Fieber, an dem andere durch seine Schuld einst starben, und die Waagschalen sind wieder im Gleichgewicht.»

Ney-sey-ra schien zufrieden zu sein, und ich war dankbar, daß ich das Werkzeug gewesen war, mit dessen Hilfe der Mann das lange Gesuchte gefunden. Die Götter hatten seine Gebete erhört und ihm eines ihrer Wunder gezeigt, das sie zum Nutzen der Menschheit auf Erden geschaffen haben.

«Dann kam ich zu einer Frau, die auf ihrem Sterbebett lag. Sie wohnte viele Tagesreisen hinter dem nördlichsten Vorposten der Minoer. Diese Menschen haben kein Wissen und glauben, daß das Leben nur noch eine kurze Spanne im Körper verweilt, wenn dieser gestorben ist, dann aber zur Erde zurückkehrt, woher es kam – gleichwie Wasser, das man aus einem Krug in den Fluß zurückgießt, eins wird mit diesem.

Dieses Weib hatte einen Sohn, den es verlangte, die Länder hinter seinemHorizont zu schauen; und so hatte er seine Heimat verlassen und war in die Ferne gezogen. Ein Jahr lebte er bei den Fischern, welche die Schaltiere sammeln, aus denen man die violette Farbe gewinnt. Und dort begegnete er dem Steuermann eines unserer Schiffe, welche Farbe und Zedernholz nach Kam bringen. Und der Steuermann sprach dem Jüngling von dem Licht und erweckte in ihm die Erinnerung, so daß er einsah, daß die Worte wahr waren.

Als er nach vielen Monaten in seine Heimat zurückkehrte, glaubte er, sein Dorf werde sich mit ihm dieser Erkenntnis freuen, und die Witwen würden aufhören zu klagen und die Mütter getröstet werden, daß ihre toten Kinder für sie nicht verloren waren. Aber die Menschen hörten nicht auf seine Stimme, sondern schalten ihn einen Träumer und Narren und einen Feigling, der vor der Wirklichkeit fliehe.

Allein seine Mutter lauschte seinen Worten, denn sie liebte den Klang seiner Stimme. Doch auch sie sprach: ‹Wie willst du dies wissen? Denke nicht an den Tod, denn an den Tod denken, heißt an das Nichts denken, und dies ist Art der Toren.› Und der Jüngling grämte sich sehr, und oft betete er zu den Göttern, seine Mutter möge nicht ungetröstet sterben oder dazu verurteilt werden, körperlos auf Erden zu wandeln.

Und der Jüngling verließ das Dorf von neuem und suchte fremde Völker auf, doch auch dort lauschten nur wenige seiner Stimme.

Als ich vor die Frau trat, war ihre Zeit fast vollbracht. Aber sie sehnte sich sehr danach, ihren Sohn noch einmal zu sehen, und ihre Augen waren auf die Tür gerichtet, in der Hoffnung, sie werde sich öffnen und er werde eintreten. Da der Jüngling jedoch wach war – er fuhr auf einem Schiff bei stürmischer See, wo niemand Zeit zum Schlafen fand –, nahm ich seine Gestalt an und trat durch die Tür. Und die Mutter hatte nicht Augen für ihre Familie, die weinend am Lager kniete, sondern allein für mich, die ich ihr entgegenging. Und die Umsitzenden sahen, wie sie sich aufrichtete und die Arme ausbreitete, und sie hörten sie rufen: ‹Mein Sohn, du bist zu mir zurückgekehrt!›

Und während die Angehörigen sie tot in die Kissen sinken sahen, schritt sie bereits mit mir durch die offene Tür in den Sonnenschein hinaus. Und ich ließ sie an einem friedlichen Platz ruhen, auf daß ihr Sohn sie im Schlaf finde.»

11 Roter Mohn

Als ich siebzehn Jahre war, hatte ich gelernt, meine Vergangenheit zu lesen. In einer Spanne von fünf Tagen lebte ich fünf Leben: In dreien war ich ein Mann und in zweien eine Frau. Alle diese Leben waren voll Unruhe, und ich war entweder in einer Schlacht gefallen oder an der Pest oder Hungers gestorben. In keinem hatte mich mein Pfad über friedliche Auen geführt, sondern stets hatte ich Wüsten der Unrast im Schatten von Sturmwolken zu durchwandern.

Ich konnte nicht begreifen, warum ich mich nicht auch der Tage der Ruhe und des Friedens entsann, und als ich Ney-sey-ra befragte, sprach er: «Denke an dieses dein Leben, Sekeeta, welche Tage stehen dir am deutlichsten vor Augen? Die Tage der Unruhe und des Kummers und solche Tage, da dich Erfahrung weise machte.»

Und während er also sprach, sah ich vor mir den Tag, da ich Zeb peitschte, den Tag, da Harka verletzt wurde, den Tag der großen Schlacht und den Tag, da mein Vater bestattet wurde.

Und Ney-sey-ra las meine Gedanken und sprach: «Das Leben ist ein Lehrmeister. Bisweilen flüsterte es von Freude in der Abendkühle, und bisweilen spricht es mit gewaltiger

Stimme, die in unseren Ohren dröhnt. Doch stets ermahnt es uns, beherzt zu sein und uns daran zu erinnern, daß es unsere Tränen waren, die die Saat netzten, bis daß sie sieben Ellen hoch wuchs. Viele Tage hast du Ruhe und Frieden gekannt und in vielen Leben; doch sind es die Augenblicke höchster Freude und größten Schmerzes, die in deinem Gedächtnis leuchten wie roter Mohn vor einer goldenen Garbe. Und deshalb kamen dir zuerst die Leben wieder, die dich Mut, Weisheit oder Mitgefühl lehrten, denn diese Leben leuchten in klaren, starken Farben. Die anderen Erfahrungen liegen gleichfalls in deinem Gedächtnis gespeichert, und du kannst sie dort auch finden, doch wecken sie deine Erinnerung nicht mit so kühnem Ruf wie Mut und Weisheit. Du magst in vielen Leben Geduld gelernt haben gleich dem Pflüger oder der Ährenleserin auf dem Felde; doch drängen sich diese Leben nicht eilends ins Gedächtnis zurück, sondern lassen ihre Weisheit verströmen, sachte wie das Veilchen seinen Wohlgeruch aus dem Schutz seiner Blätter. Leicht ist es, sich solcher Stunden zu erinnern, da du, angekündigt von Fanfaren, mit erhobenem Schwert, gerötet von dem Blut der Feinde, an die Pforte des Todes pochtest oder da du dieser entgegenkrochst durch eine Wüste des Hungers, wo allein die Geier nicht darbten. Und doch öffnete sich dir die Pforte des Todes zahllose Male sanft, und ihre Flügel schwangen weit auf in den Angeln, als du hindurchschrittest, und sie war dir vertraut, wie die Türen deines eigenen Heims. Allein du erinnerst dich dessen nicht, denn du vernahmst nur das Tosen des mächtigen Wasserfalls und nicht das stille Raunen des Flusses, du gewahrtest nur die Tage des großen Sturms, da die Blitze gleich Pfeilen vom Himmel schossen, und nicht die friedlichen Abende, da du allein wandertest in der Dämmerung.

Öffnest du künftig wieder das Schloß deines Gedächtnisses mit dem Silbernen Schlüssel, dann wirst du meine Stimme vernehmen, denn es übertönt die Stimme der Weisheit alle anderen. Und dann wirst du dich in rechter Weise erinnern.»

12 Arbeetas Hochzeit

In diesem Jahr reiste ich mit meiner Mutter und Neyah nach Abidwa, um der Hochzeit Arbeetas mit dem ältesten Sohn des Wesirs beizuwohnen. Wir weilten bei der Schwester meiner Mutter zu Gast, deren Tochter Arbeeta war. Ich hatte Arbeeta drei Jahre nicht mehr gesehen, aber in der Kindheit hatten wir oft miteinander gespielt; doch Neyah und ich hatten sie stets recht fade gefunden.

Nun traf ich sie verwandelt, denn das Glück hatte sie verschönt. Sie zeigte mir ihr neues Heim und die Räume für ihre künftigen Kinder. Und ihre Rede lautete: «So haben *wir* es uns gedacht... Gefällt dir der Garten, den *wir* angelegt haben?», so als wären sie und ihr Gemahl ein einziges Geschöpf. Und plötzlich empfand ich die Einsamkeit meiner Tage. Mir war diese Geborgenheit bei einem anderen Menschen verwehrt, und nie würde ich schön sein durch die Liebe zu einem Mann, denn mir war in diesem Leben nicht bestimmt, was das Herz des Weibes beglückt.

Als das Hochzeitsfest vorüber war, kehrten wir in unsere Stadt zurück, und ich führte mein Leben im Tempel weiter. Doch ertappte ich mich häufig dabei, daß meine Gedanken bei dem verweilten, was ich in Abidwa gesehen. Und Neid regte sich in meinem Herzen gegen Arbeetas Geborgenheit; und obwohl ich dies als eine unwürdige Regung erkannte, ließ sie sich nicht verscheuchen. Ich suchte deshalb Ney-sey-ra auf und sagte ihm, was mich quälte.

Und er sprach zu mir: «Der, welcher Neid spürt, blickt auf einen, der mehr zu besitzen scheint, statt auf jenen, der ersehnt, zu sein wie er. Der Krüppel beneidet den Läufer und gedenkt nicht des Blinden, der sich sein Augenlicht wünscht; der Sänger beneidet den Singvogel und gedenkt nicht der Giraffe, die keine Stimme hat; der Händler beneidet den Edlen in seiner geschmückten Sänfte und gedenkt nicht jener, die hungrig an seinen Ständen vorübergehen. Und es mag in unserem Lande Zehntausende geben, die Pharao beneiden, doch wissen sie nichts von der Einsamkeit der Könige. Das, was dich bedrängt, ist das stolze Erbe, das du dir durch viele Leben erworben hast, und wenn du dir wünschest, nicht dafür geboren zu sein, ist es, als wünsche ein Musikant, seine Harfe fortzuwerfen.»

«Aber, Ney-sey-ra! Viele Jahre habe ich allein dafür gelebt, mein Gedächtnis zu schulen. Andere Königinnen haben regiert ohne die Tempelweihen ... Sobald ich mich für eine Weile vom Tempel entferne, dringt mir dieses irdische Fieber ins Blut, und ich finde es zu hart, den heiligen Dingen zu leben. Es ist so schwer, wenn man jung ist ...»

«Die Wonnen der Jugend sind süß, aber sie fliegen dahin, wie Vögel am Sommerhimmel. Doch was du hier erwirbst, ist Weisheit, und sie währet ewiglich und ist noch dein, wenn dein Leib bereits alt ist.»

«Aber ein jeder in unserem Land kann in den Tempel kommen und der Wahrheit lauschen; und alle können ihre Sorgen vor einen Priester bringen, dessen Weisheit ihnen das eigene Herz zeigt. Ich aber muß mich mühen, diese Weisheit selbst zu erringen.»

«Es gibt eine Kraft und einen Frieden, die nur das eigene Ich dem Ich zu schenken vermag, und darin liegt der Wert deines Bemühens. Da ist nichts, das das Erdenleben dir nicht rauben könnte, es sei denn deine eigene Weisheit. Hier in Kam haben wir wahre Priester, und das Licht scheint klar, so daß alle darin baden können. Doch einst verdunkelte das Böse die Erde, und damals gab es keine Priester, die ihren Mitmenschen leuchteten, als sie die finsteren Täler ihrer öden Jahre durchwanderten. So war es einst, und so kann es wieder werden. Du magst wiedergeboren werden in einem Land von Blinden, wo Puppen, in Priestergewänder gehüllt, vergängliche Worte lallen, die nicht einmal ihnen selbst zum Trost gereichen. Doch sollte es auch in jenem Land niemanden geben, der nicht in der Finsternis wandelte, so wirst du doch der Weisheit, die ich dich gelehrt, noch immer teilhaftig sein und nie die Verlassenheit fühlen, die das Los jener ist, die nicht gestrebt haben. Und dann wird es deine Stimme sein, die zu dem Volke spricht. Und es mag einige geben, die ihr schon hier in Kam gelauscht haben, und sie werden zu dir kommen, den Durst nach Wahrheit zu stillen, auf daß sie nicht länger in einer Wüstenei von Worten schmachten, wie in den Tempeln jener künftigen Zeit.

Und, meine Schülerin, verkünde stets die Wahrheit! Rufe zu den Göttern: ‹Für Atet und das Licht!›, und ich werde dich hören, weilte ich auch fern der Erde. Und fürchte nicht, den Tod zu erleiden für das, was du als wahr erkannt. Und sollten die Bösen dich deiner Worte wegen verbrennen, dann schaue vom Scheiterhaufen auf zu den Sternen, und du wirst spüren, wie ich deine Hand ergreife.»

«Weshalb aber müssen diese Dinge geschehen? Warum kann das Licht nicht ewig leuchten?»

«Ich erinnere mich an das, was geschah, bevor Atlantis versank. Die Menschen selbst bereiten sich ihre Zeit auf Erden: Säen sie Böses, müssen sie zurückkehren und ihre Ernte bergen, und die lieblichen Weiden werden zur Wildnis. Es liegt die Zukunft in den Händen der Menschen. Schirmen sie das Licht nicht ab, das ihnen leuchtet, wandeln sie in Frieden; in der Finsternis aber können sie ihren Weg nicht erkennen und schreiten dem Untergang entgegen. Zu jener Zeit, da die Menschen das Licht vergessen haben, werden sie in einem Lande weilen, wo die Verzweiflung größer ist als in einer Stadt, die die Pest befiel. Unwissende im Geist werden Krummstab und Geißel halten, und sie werden sich entsetzen vor den wahren Priestern, und spricht ein solcher, werden sie ihn mit Feuer zum Schweigen bringen. Und da sie die Spiegel der Götter zerschlugen, kommt Verwüstung über die Erde. Dann wird der Tod durch die Straßen schreiten, nicht als geliebter Gast, sondern in Gestalt eines Gerippes, das die Herzen mit Furcht erfüllt. Und es werden Kriege rasen, nicht zwischen dem Licht und der Finsternis, sondern zwischen den Völkern, denen dann selbst die Würde des Leoparden mangelt, welcher nur tötet, wenn ihn hungert. Sie aber werden töten, nicht einmal aus Lust an Zerstörung, sondern weil ihre Gedanken tot sind und die Krüge ihres Gedächtnisses versiegelt, so daß sie verschmachten müssen, da sie ihren Durst nicht mit dem Wasser der eigenen Erinnerung stillen können. Und die Speicher werden gefüllt sein, doch die Menschen werden Hungers sterben. Und auch dann noch werden Tempel stehen, doch das Brot der Weisheit und der Wein der Wahrheit werden dort nicht zu finden sein. Und in ihrer Not werden die Menschen zu den Göttern rufen, die sie so lange verleugnet haben, doch ihre Stimmen werden im Winde verwehen und kein Echo geben. Schließlich aber, wenn sie meinen, ihre Finsternis sei die des Grabes, werden sie am Horizont eine kleine, klare Flamme erblicken, und sie werden zu ihr eilen, und sie wird ihre Herzen erhellen. Und gleichwie die Sonne die Schatten der Nacht vertreibt, wird das Licht von neuem leuchten, und sie werden seinen Glanz hegen, und die Erde wird strahlend sein wie ein Gestirn.»

Während Ney-sey-ra also sprach, reinigte er mein Herz, und ich begehrte nicht länger Arbeetas Freuden, sondern ersehnte einzig die Kraft, das Land Kam vor der Finsternis zu bewahren. Und ich bat zu Anubis, dessen Priesterin ich einst sein würde, mir den Mut und die Kraft zu verleihen, seine Weisheit recht zu gebrauchen, auf daß ich ihm eine würdige Dienerin sei.

13 Neferteri

Mit mir im Tempel weilte Neferteri, die bei uns im Palast wohnte, da ich ein Kind war. Sie war zwei Jahre älter als ich, und ich liebte sie sehr. Als sie dreizehn Jahre zählte, wurde sie einem jungen Edlen anverlobt; er aber fiel in derselben Schlacht, in der auch mein Vater getötet wurde. Am selben Tag, als er sein Leben ließ, wurde sie von einem Wagen überfahren, noch ehe sie die Todesnachricht erhalten hatte. Ein Pferd scheute durch den Stich einer Hornisse und jagte die schmale Straße mit den hohen Ziegelmauern entlang, wo Neferteri ging; der schleudernde Wagen riß sie zu Boden, und ein Rad fuhr über sie hinweg und verletzte ihren Rücken.

Fünf Tage lag sie wie in tiefem Schlaf, und als sie schließlich in ihren Körper zurückkehrte, gehorchten ihr die Beine nicht mehr. Und als sie nun erwacht war, wußte sie, daß ihr Geliebter tot war. Dennoch trauerte sie nicht, denn sie war noch des Beisammenseins inne, das ihr fern der Erde beschieden worden war. Als sie aber das nächste Mal erwachte, erinnerte sie sich dieser Begegnung mit ihrem Geliebten nur noch wie eines dunklen, wirren Traums. Also wünschte sie, in den Tempel zu kommen, um ihr Gedächtnis zu stärken. Die Priester zweifelten daran, daß sie den Prüfungen gewachsen sei, denn nur solche werden in den Tempeln aufgenommen, deren Körper stark sind. Meine Mutter jedoch meinte, Neferteri werde die Bürde im Tempel nicht schwerer, sondern leichter finden. Und als sie so weit gekräftigt war, daß sie wieder gehen konnte, wurde auch sie Ney-sey-ras Schülerin, wenngleich ihr rechter Fuß verkrüppelt blieb und kalt war wie die Klaue eines Vogels.

Neferteri lebte im Tempel, bis ich neunzehn Jahre war. Oft, nachdem ich daheim im Palast gewesen war, klagte ich ihr, daß die Tempelübungen zu lang und zu mühselig seien; dann stand mir das Geränge des Palastes vor Augen, und die Wände meiner Kammer schienen mir eng wie die eines Grabes. Doch sprach Neferteri zu mir, erstarb die Festmusik, und die Wände meiner Zelle taten sich auf wie ein Tor, das mich zu ungeahntem Glanz führte; und meine heiße Ungeduld schwand dahin, und wieder vernahm ich, daß die Zeit verrinnt wie Sand zwischen den Fingern.

Als ich neunzehn Jahre zählte, starb Neferteri. Bereits drei Jahre vorher wußte sie, daß ihre Zeit auf Erden sich neigte. Ihr Geist hatte allzu hell in ihrem Körper gebrannt – wie brennendes Öl hatte er das zarte Gefäß bersten lassen.

Ich saß neben ihrem Lager. Es quälte sie kein Schmerz, und ihre Hand, die ich in meiner hielt, war still und kühl. Bisweilen lächelte sie und sprach zu jemand, der hinter ihrem Lager stand, dort, wo ich nur die kahle Wand sah.

Das erste Licht des Morgendämmers fiel durch das Fenster, und ich wollte mich erheben, um den Docht zu kappen, der in den letzten Tropfen Öl verzischte. Doch da spürte ich ihren Griff um meine Hand stärker, und sie sprach: «So gering, wie dieses Lämpchen gegenüber der Sonne, ist das, was ich tat, zu dem, was zu vollbringen mich verlangte. Nicht lange, dann müssen wir beide von hinnen gehen, doch wird dann die Erde dunkler sein als zuvor.»

Als die Lampe nun erlosch, füllte sich die Kammer mit dem blassen Schein der Morgenröte; und dort saß ich ganz allein.

14 Ratgeber im Tempel

In den Tempeln zu Kam harren täglich zwei Stunden nach Sonnenaufgang und bei Sonnenuntergang in den Stillen Kammern neben der Heiligen Halle die Ratgeber. Es sind dies keine geweihten Priester, sondern Schüler, die schon hinreichend erfahren sind, und zu ihnen kommt, wer Hilfe für sein Herz sucht. Findet der Ratgeber die ihm vorgelegte Bürde zu schwer, als daß er sie allein erleichtern könnte, übergibt er sie einem weiseren Helfer.

Selbst in den Dörfern, wo kein Tempel steht, lebt ein Priester, zu welchem die Menschen mit ihren Nöten kommen können, und so ist niemand in Kam, der einen weisen Freund und Ratgeber entbehrte.

Als ich neunzehn war, entschied Ney-sey-ra, ich sei reif, Ratgeber im Tempel des Atet zu werden. Und dabei lernte ich vieles, und vieles ward mir offenbart, denn es öffnen die Menschen ihr Herz dem Ratgeber und legen ihm ihre Nöte dar, ohne etwas hinzuzufügen oder zu verbergen.

Am ersten Morgen kam ein Mann zu mir, der weinte und klagte, die Götter suchten ihn heim. Nach vielen Fragen zeigte es sich, daß er Fruchthändler auf dem Markte war und sein Gewerbe nicht ehrlich betrieben und den Leuten Körbe mit fauligen Früchten verkauft hatte. Er gestand, daß ein altes Weib ihn wegen seiner Unredlichkeit verflucht habe und daß es nun des Abends, sobald er eingeschlafen sei, verfaulte Feigen auf ihn regne und er dann schreiend erwache, in der Furcht, unter dem breiigen Fruchtfleisch zu ersticken. Es reute ihn, gefehlt zu haben, und er bat mich, den Fluch von ihm zu nehmen und ihm zu vergeben.

Und ich sprach zu ihm: «Der Fluch kam über dich wegen deiner Unredlichkeit. Es kann aber kein Priester Tahutis Waagschalen ins Gleichgewicht bringen, nur du allein vermagst das getane Unrecht zu berichtigen. Stelle des Nachts heimlich Körbe mit frischen Früchten vor die Türen jener, die du betrogen. Tust du also, werden deine Träume dich nicht länger quälen.»

Es kam dann ein Mann, der klagte, daß sein junges Weib ihn bisweilen mit fremden Augen ansehe und in fremder Zunge zu ihm rede und sich auf dem Boden wälze. Sie habe hinterher keine Erinnerung daran, und er wage nicht, es ihr zu erzählen, aus Sorge, sie zu erschrecken.

Da ich vermutete, ein böser Geist habe von dem Körper dieser Frau Besitz ergriffen, führte ich den Mann zu Neysey-ra, und dieser gebot ihm, sein Weib vor ihn zu bringen, auf daß er sie vor dem nächsten Anfall wappne.

Als ich in das Heiligtum zurückkehrte, saß dort ein kleiner Knabe und wartete auf mich. Anfangs war er sehr scheu, doch alsbald plauderte er mit mir, als wären wir beide Kinder. Und er sagte: «Ich war schon bei Ptah in seinem Heiligtum und habe zu ihm gebetet. Aber ich dachte, es sei gut, auch dir davon zu erzählen, falls er mich nicht erhört, denn vielleicht ist dies etwas, womit man Ptah nicht belästigen darf.»

Ich versicherte ihm, daß Ptah sich gern aller Dinge annehme, und der kleine Knabe sah sogleich fröhlicher drein und fuhr fort: «Mein Vater ist tot, und meine Mutter ist Leinenweberin, und wir wohnen bei meinem Onkel. Ich habe eine zahme Ratte; sie ist sehr schön und heißt Ti-ti, und ich liebe sie sehr. Aber ich muß sie in einem Kasten hinter den Holzspänen verbergen, und wenn ich aus dem Hause gehe, trage ich sie stets bei mir. Aber nun ist sie krank, und ich wage nicht, es meinem Onkel zu erzählen, denn er verabscheut Ratten und tötet sie und nagelt sie mit dem Schwanz am Baum fest, um andere Ratten abzuschrecken. Und nun habe ich zu Ptah gebetet, er möge doch Ti-ti wieder gesund machen. Glaubst du, daß er das tun wird?»

Ich riet dem Knaben, Titi in den Tempel zu bringen, auf daß einer von Ptahs eigenen Dienern sie heile.

Am selben Abend kam der Knabe wieder, und er brachte Blumen, die er auf den Feldern als Gabe für Ptah gepflückt hatte. Und er erzählte, daß es nicht nötig gewesen sei, Ti-ti zum Tempel zu bringen, denn Ptah habe ihn so schnell erhört, daß Ti-ti bei seiner Heimkehr nicht nur frisch und gesund gewesen sei, sondern sogar sechs Junge in ihrem Kasten gehabt habe.

15 Septes

Einige der Tempelschülerinnen, die sich im ersten Stadium der Schulung befanden, kamen nur zweimal des Jahres zum Tempel, wo sie geprüft wurden, ob sie daheim Fortschritte gemacht hätten. Und allein, wenn sich erwies, daß sie für alle Grade der Weihe befähigt waren, wurden sie im Tempel aufgenommen.

In diesem Jahr wurde ein Mädchen namens Septes, welches zum erstenmal als Schauerin geprüft werden sollte, aus dem Tempel vertrieben. Obgleich alle wußten, daß sie entehrt war, erfuhr niemand, wodurch sie sich die Verachtung der Menschen zugezogen hatte; denn wer aus dem Tempel verwiesen wird, zählt zu den Niedrigsten im ganzen Land.

Ich fragte Ney-sey-ra, worin Septes gefehlt habe, und er sagte mir, sie habe bei einem der Steinhauer gelegen, die an dem neuen Tempelhof arbeiteten.

Ich sagte: «Hier im Tempel leben Priester und Priesterinnen, die vermählt sind und Kinder haben. Dieses Mädchen war nicht vermählt. Doch ist etwas recht, muß es immer recht sein, denn eine Zeremonie allein kann Unrecht nicht in Recht verwandeln. Warum ist Septes unwürdig, während Na-saq und ihr Mann geachtet sind?»

Und er sprach: «Sekeeta, du hast recht. Keine Zeremonie kann Unrecht in Recht verwandeln. Es soll die Zeremonie aber ein Sinnbild dessen sein, was im Inneren recht ist. Der Geist Na-saws liebt den ihres Gatten, und beide freuen sich dessen, daß ihre Leiber sich hier auf Erden vereinigen und daß ihnen Kinder im Körper und im Geist geboren werden. Septes jedoch wußte, daß es niedrig war, bei diesem Manne zu liegen, denn hätte sie ihn geliebt, hätte sie gewünscht, ihn zum Gemahl zu nehmen und sein Leben mit ihm zu teilen, auch wenn er nur geringer Herkunft und sie die Tochter eines Edlen ist. Obwohl sie wußte, daß sie ihn nicht liebte, war ihr Leib von Begierde zu dem seinen entbrannt, und ihre Pulse riefen so laut nach ihm, daß sie die Stimme ihres Geistes nicht hörte. Nun ist aber jemand, dessen Wille nicht stark genug ist, den eigenen Leib zu beherrschen, nicht würdig, daß sein Wille geschult werde.»

Und ich fragte Ney-sey-ra, was es sei, das ein Weib zur Buhlerin mache, und er sagte: «Unzucht ist von zweierlei Art. Die eine ist, wenn ein Weib bei einem Manne liegt, wiewohl die innere Stimme ihr sagt, dies sei unrecht. Und unrecht ist es deshalb, weil sie ihren Willen schwächt, wenn sie sich von ihrem Leib beherrschen läßt. Doch gehen wir in unserer Jugend alle durch dieses Stadium, und alle ernten wir Unglück davon und müssen die oft bösen Folgen tragen, gleich denen, welche ihren Zorn oder ihre Habgier nicht meistern können. Unzucht vor dem Gesetz jedoch ist – und es ist dies kein Gesetz von Menschen, sondern eines der Großen Gesetze, welche nicht geschrieben wurden auf Erden –, wenn eine Frau bei einem Mann liegt, wiewohl die Stimme ihres Geistes und die ihres Körpers sie davor warnen, und sie es dennoch tut für Gold oder irdischen Vorteil. Und es wächst das Böse ihrer Tat mit ihrem Gewinn: Ein Weib, das hungrig ist und bei einem Manne liegt für einen Napf voll Speise, vergeht sich nur leicht gegen dieses Gesetz; jene aber, die bei einem Manne liegt um großer Reichtümer willen, sei es, daß sie sich einem Edlen oder reichen Kaufmann vermählt, wird viele Tränen vergießen müssen, ehe ihr Vergehen gesühnt ist.»

Und ich sagte: «Als ich im Palast am Fest des Anubis teilnahm, war dort auch der Wesir des Schildkrötenlandes, und mit ihm war sein Weib, die Tochter eines reichen Kaufmannes. Ich sah Haß in ihren Augen, als ihre Blicke ihn trafen. Und sie war sich ihrer neuen Würde bewußt, wie es jemand, der diese rechtmäßig erlangt, nie gewesen wäre. Wenn sie den Wesir zum Gatten nahm, um durch ihn zu dieser Würde zu kommen, ist sie dann den Weibern gleich, die nahe den Quartieren der Soldaten wohnen?»

Ney-sey-ra antwortete: «Ist das, was du sagst, wahr, und der Wesir nicht in ihrem Herzen, sondern nur in ihrem Bett, dann tut man den Soldatenweibern Unrecht, vergleicht man sie mit ihr, denn diese lieben die Männer, die sie zu sich nehmen.»

«Wie, wenn nun ein Weib bei einem Manne liegt, um für ein Kind oder jemanden, den sie liebt, Nahrung zu beschaffen?»

«Tut sie es nicht um des eigenen Vorteils willen, sondern um einem anderen zu helfen, dann begeht sie kein Unrecht. Indem sie sich opfert, auf daß ein anderer nicht Hunger leide, tut sie ebenso recht wie einer, der seinen Freund im Kampf schützt. Sei stets eingedenk, Sekeeta, daß es töricht ist zu urteilen, ehe man nicht in die Herzen derer geschaut, über die man urteilt. Und es genügt nicht, alle Umstände einer Tat zu kennen, man muß auch wissen, wie alt der Geist des Täters ist. Verstößt ein Löwe sein zweijähriges Junges, tut er nicht unrecht; alle aber würden einen Menschen verurteilen, der sein Kind aussetzt, denn ein Mensch ist älter im Geist denn ein Löwe, und also ist seine Verantwortung größer.

Wird ein junger Mensch durch Sinnengenuß verdunkelt, wiegt dieses nicht schwer. Läßt dies aber einer zu, dessen Wille geschult, bedeutet es eine Verhaftung mit dem Irdischen und eine Erniedrigung. Deshalb gilt Buhlerei bei einer Tempelschülerin als Sünde – nicht weil es unrecht ist von einem Weib, mit einem Mann zu liegen, sondern weil es verwerflich ist, dies gegen die Stimme der Erfahrung zu tun. Unwürdig ist es eines jeden im Tempel, das Lager mit jemand zu teilen, mit dem sie – oder er – nicht bereit ist, auch das Leben zu teilen. Wären sie gewiß, daß auch ihre Seelen sich in Liebe zueinander neigen, täten sie dies allen kund durch die Vereinigung vor einem Priester.

Was immer du tust, Sekeeta, erforsche stets dein Herz. Findest du darin keine Scham, dann kann das, was du tust, nicht würdelos sein, sondern muß für dich recht sein. Am Ende unserer langen Reise wird für uns alle die Zeit kommen, da wir auf unser Erdenleben zurückschauen und erkennen, was uns auf unserem Wege half und was uns hemmte. Und jede Tat, von welcher wir sagen können: ‹Dies tat ich nicht um meinetwillen, sondern weil ich einen anderen mehr liebte als mich›, war ein Schritt auf dem wahren Wege. Selbst jemand aus der Schar Sets, dessen Geistesgebieter einst die Bruderschaft verließ, mehrt sein Verdienst, wenn er einem aus Liebe folgt und nicht aus Habgier. Bisweilen fehlen die Menschen gegen geringfügige Gesetze, um anderen zu helfen. Stiehlt eine Mutter einen Brotfladen, weil sie keinen anderen Weg sieht, ihr hungerndes Kind zu speisen, dann mag sie in den Augen der Menschen als Diebin gelten; vor den Göttern jedoch steht sie höher denn eine, die ihr Kind hungern ließ aus Furcht vor Strafe. Und wiewohl sie dem Bäcker einen

Brotfladen schuldet, den sie ihm zu anderer Zeit oder in einem anderen Leben erstatten muß, ist das, was sie durch Mut gewann, wie ein Goldstück neben einem Sandkorn.»

«Also ist Diebstahl recht, begeht man ihn für einen anderen?»

«Allein dann, wenn jeder andere Weg, Nahrung zu erlangen, fehlschlug. Zuvor muß man willens sein, jegliche Arbeit zu verrichten – Wasser zu tragen, Schweinekoben zu säubern oder was immer sich bietet; und selbst dann nur, nachdem man zu den Göttern gefleht, einen nicht zum Dieb werden zu lassen.»

Nun fragte ich Ney-sey-ra, wie sich das nächste Leben des Weibes aus dem Schildkrötenlande gestalten werde, und er sprach: «Ohne Kenntnis aller Dinge vermag ich darüber nichts zu sagen. Einst kam eine Frau in den Tempel und bat um Hilfe. Und um ihr diese zu geben, mußte ich ihre Vergangenheit erforschen. Und ich schaute, daß sie in einem früheren Leben eine schöne Tänzerin gewesen war, die sich dem Sohn eines Edlen vermählt hatte um der Dinge willen, die er ihr geben konnte, obgleich sie weder Liebe noch Zuneigung für ihn empfand. In ihrem jetzigen Leben war sie die Tochter eines Hauptmannes in der nördlichen Festung. Ihr Leib entbrannte in Begierde zu einem der Beamten an Sardoks Hof, als dieser deinen Vater vor dem Überfall auf unser Land besuchte. Und sie folgte ihm gegen den Willen ihres Vaters als sein Weib nach Zuma. Dort, weit fort von ihrem eigenen Volk, erkannte sie, daß der Mann grausam und hämisch war; und er demütigte sie vor seinen Gästen, denn er haßte das Volk von Kam. Und obwohl sie ihn nun fürchtete und verachtete, konnte sie sich nicht von ihrem Begehren befreien und ertrug alles, was er ihr antat. Nach seinem Tode kehrte sie nach Kam zurück, und hier erfuhr sie, daß ihr Vater in der großen Schlacht gegen die Zuma getötet worden war und daß sie keine Verwandten hatte, die sie aufnahmen. Nun sorgt sie für die mutterlosen Kinder des Aufsehers unseres Weingartens. So hat sie, die einst alles nahm, ohne auch nur

Dankbarkeit als Entgelt zu geben, in diesem Leben alles geben müssen, ohne etwas dafür zu erhalten.»

Ich fragte, warum diese Leidenschaft für den Mann aus Zuma sie ergriffen habe.

«Mag sein, daß sie ihm seine Schuld zu erstatten hatte, vielleicht aber war ihr die Lockung seines Körpers von den Göttern bestimmt, um die Waagschalen wieder auszugleichen und auf daß sie Erfahrung sammele. Bisweilen verhängen die Götter solche Begierden, weil Menschen mit einer Leidenschaft sich Dingen unterwerfen, die zu ertragen sie sich sonst weigern würden, bisweilen deshalb, weil zwei durch Haß aneinandergekettete Menschen einen Weg finden können, sich von ihren Fesseln zu lösen. Denn eine jede Ehe, sei sie noch so unglücklich, lehrt die Gatten Nachsicht und Verstehen. Leib mag sich zu Leib finden durch den Willen der Götter, die Anziehung von Geist zu Geist kann allein wachsen durch gemeinsame Erfahrung. Und eine wahre Ehe ist, wo zwei ihren Pfad in der Verbannung gemeinsam wandeln, zum gegenseitigen Trost und zur Hilfe!»

16 Das Rad der Zeit

Mir träumte von Atlantis, und da ich erwachte, war ich verwundert, in Kam zu sein und fünftausend Jahre weiter in der Zeit, denn da ich fern von meinem Körper weilte.

Nachdem ich Ney-sey-ra meinen Traum erzählt hatte, fragte ich ihn, weshalb es jenseits der Erde keine Zeit gebe, und er sagte, er wolle es mir erklären, zuvor aber wolle er sehen, ob ich mein Wissen nicht selber in Worte kleiden könne. Und ich sandte nach Thoth-terra-das, damit er meine Rede aufzeichne, und ich verließ meinen Körper und kam dorthin, wo ich die Zeit klar schauen konnte. Nach meiner Rückkehr verlas Thoth-terra-das mir meine Worte.

«Auf Erden sehe ich die Zeit als eine gerade Linie. Auf

ihr ist die Gegenwart ein Punkt, von welchem sich Vergangenheit und Zukunft in entgegengesetzter Richtung erstrecken, und die Jahre sind wie die Knoten auf einer Meßschnur. Auf Erden sehe ich auch den Horizont als eine gerade Linie. Bin ich aber frei von meinem Körper, vermag ich die Erde als eine Kugel und die Zeit als einen Kreis zu sehen. Auch auf diesem Kreis sind die Jahre kenntlich, und schreite ich ihn entlang, dann ist der Abstand zwischen zwei Punkten größer oder kleiner, je nach der Strecke, die man zurücklegt, genau wie auf Erden. Doch kann ich zu einem Ort gelangen, wo es ist, als wäre der Kreis der Zeit der Reifen eines Rades und als befände ich mich in der Nabe. Von mir gehen die Speichen aus, und sie sind alle von gleicher Länge, ob sie nun zu einem Punkt meiner Vergangenheit, meiner Gegenwart oder meiner Zukunft führen. Hier, wo ich nun weile, ist der Zeitpunkt meiner ersten Geburt als Mensch – wiewohl dies vor dieser kleinen Erde war – und der meiner jetzigen Verkörperung und der meiner Wiedergeburt gleich weit von mir entfernt. Es ist dies eine Stätte in der Zeit und jenseits der Zeit, denn sie ist der Mittelpunkt des Kreises, wo das Vergangene, das Jetzt und das Zukünftige eins und ewig sind. Berühren sich dereinst meine Vergangenheit und meine Zukunft, dann ist mein Kreis vollendet, und ich bin frei von irdischer Begrenzung. Und ist der Kreis der Erde einst vollendet, wird auch sie ihre Aufgabe erfüllt haben und einer anderen Welt ein Mond sein.»

Ney-sey-ra sagte, ich hätte diese Wahrheit in die rechten Worte gekleidet und durch dieses Wissen um die Begrenzung der Zeit gelernt, mich schneller von ihr zu befreien, was meinem Werke dienlich sei.

Und es ließ diese Einsicht mich vieles klarer sehen. Auf Erden kämpft sich die Erinnerung durch den Nebel der Jahre, und wir vergessen leicht die Lehren, die uns den rechten Weg wiesen. Aber von der Nabe des Rades der Zeit aus sind alle Dinge klar, und wir bedürfen nicht mehr der Erinnerung an das, was wir einst lernten, denn all unser Wissen ist bei uns an einem Ort und in einer Zeit, rein und unverfälscht im ewigen Jetzt.

Ich sagte zu Ney-sey-ra: «Fern der Erde vermag ich meine Vergangenheit ebenso klar zu schauen wie meine Gegenwart. Weshalb kann ich nicht auch meine Zukunft sehen?»

Und er sprach: «Es ist die Vergangenheit festgefügt durch das, was geschah und nicht mehr geändert werden kann. Alles jedoch, was du nun tust, vermag die Zukunft zu wandeln; sie fließt und ändert sich, bis auch sie vergangen und starr ist. Dein morgiger Tag oder dein nächstes Leben sind wie ein See, in dem du dich spiegelst. In jedem Augenblick kann man wissen, wie der Spiegelsee deiner Zukunft sein wird, doch durch deinen freien Willen kannst du künftige Stürme besänftigen oder die stille Oberfläche zu Wogen peitschen. Deshalb gehen so wenig Prophezeiungen in Erfüllung. Sieh den Gärtner dort mit seinem Wasserkrug. Ich könnte voraussagen, daß er den Hof überquert, ohne Wasser zu verschütten, denn mit seiner gegenwärtigen Handlung formt er die Zukunft. Strauchelt er aber oder zerschlägt er den Krug absichtlich, dann ändert sich auch seine Zukunft, denn durch seine Handlung hat er ein anderes Ergebnis hervorgerufen, und dann ist meine Voraussage falsch. Wahr ist, daß mit Kenntnis aller Umstände ein Bild des Künftigen entworfen werden kann. Doch ist es nur wenigen vergönnt, dieses Bild zu schauen, denn es könnte das Tun der Menschen beeinflussen. So könnte, wer Gutes säte und reiche Ernte erwarten darf, leicht Unkraut auf seinem Acker wuchern und diese Ernte verderben lassen, sähe er seine Zukunft klar und ungetrübt. Oder ein anderer, der Mißernte und Hungersnot vor sich sieht, würde seine Felder aus Verzweiflung verdorren lassen und sich so der spärlichen Ähren berauben, die er einbringen könnte.

Denke nicht an die Zukunft, es sei denn, um sie durch die Gegenwart, in der du lebst, zu formen. Und säe die Saat, die du einst zu ernten wünschst.

17 Die Witwe

Als ich eines Tages durch die Bohnenfelder zum Tempel zurückkehrte, kam mir ein Weib auf dem Pfad entgegen. Sie starrte vor sich hin, als sei sie blind, und der Kummer hatte ihr Antlitz zu einer Maske des Grams erstarren lassen. Um in ihre Einsamkeit einzudringen, fragte ich sie nach dem Weg zu Ketchet, dem Leinenweber. Sie sagte, daß sie mir den Pfad dorthin zeigen wolle, und während wir nebeneinander dahinschritten, betete ich zu Ptah, sie möge ihren Kummer in Worte kleiden, auf daß ich ihr beistehen könne.

Und als spräche sie zu sich selbst, begann sie: «Noch vor einer Woche war ich das glücklichste Weib in Kam, nun aber bin ich das elendste Geschöpf auf Erden. Von Kindheit an haben mein Mann und ich einander gekannt, denn unsere Väter waren Brüder, und als ich fünfzehn Jahre alt war und er siebzehn, heirateten wir. Niemals waren wir getrennt, und vor fünf Jahren gebar ich uns einen Sohn, und alle Tage waren voller Freude. Mein Mann nahm unseren Sohn oft in seinem Boot mit hinaus, denn er war Fischer. Aber vor einer Woche, als ein plötzlicher Sturm aufkam, kenterte das Boot, und als es ans Ufer trieb, fand man ihrer beider Leichen, verstrickt in das Netz. Warum muß ich in Verzweiflung und Trauer leben? Meine Welt liegt in Trümmern. Warum sieht sie dennoch aus wie vorher, warum sehe ich die Sonne und höre die Vögel, wenn mein Herz und meine Liebe und mein Leben begraben liegen unter der Erde und mir auf ewig verloren sind? Warum haben die Götter mich so heimgesucht? Wie kann es sein, daß Steinbilder so grausam sind?»

Ich sagte: «Wenn du deine Augen schließt, verschwindet die Sonne nicht vom Firmament, sondern wärmt dich weiterhin mit ihren Strahlen. Für die kurze Zeit auf Erden kannst du die beiden Geliebten deines Herzens nicht sehen, dennoch sind sie dir nahe, und im Schlaf weilst du bei ihnen.»

«So etwas sagt sich leicht. Wie kann ich es glauben? Du sprichst, als wärest du eine Priesterin, doch bist du nur ein Mädchen, jünger als ich. Wenn man dir sagt, der Tod ist sanft, so höre nicht darauf! Und selbst wenn ich den Worten der Priester glaubte, was hülfe es mir? Mir – die ich nie träume! Für mich ist der Schlaf dunkle Leere, und so muß auch der Tod sein: das Ende des Bewußtseins, das Ende der Hoffnung.»

«Wenn du dich aber an das, was du im Schlaf erlebst, erinnern, klarer erinnern könntest als an deinen gestrigen Tag, würde dich das nicht lehren, den Worten der Priester zu glauben?»

«Auch dies sagt sich leicht. Ebensogut kannst du mich fragen, ob ich glaube, mein Mann sei am Leben, wenn ich ihn hier auf diesem Pfad sähe und seine Stimme hörte und seine Hand in der meinen fühlte. Beides ist gleich unmöglich. Warum also plagst du mich mit Gedanken an Gesichte, die ich nie haben werde?»

«Willst du etwas für mich tun? Etwas tun mit deinem ganzen Herzen? Denke vor dem Einschlafen an deinen Mann und dein Kind, doch nicht so, wie du sie sahst, als sie tot waren. Denke an sie, wie sie waren, als sie lebten. Denke an die kleinen, glücklichen Begebenheiten euerer Tage. Denke an das Lachen deines kleinen Sohnes und daran, wie dein Mann zur Mittagszeit im Schatten die Netze flickte und wie du neben ihm saßest. Verhülle du dich nicht vor ihm mit dem Schleier deiner Trauer, dann will ich versuchen, deine Erinnerung an die Begegnung mit ihm zu stärken, auf daß du beim Erwachen wissest, er lebt. Ich verlange nicht von dir, daß du daran glaubst, aber ich will dir einen Beweis geben, auf daß du selbst urteilen kannst. Komme morgen drei Stunden nach Tagesanbruch hierher, und ich werde gute Nachricht für dein Herz haben.»

Ich sah wohl, daß sie mir nicht glaubte, doch sie versprach zu kommen.

In dieser Nacht ging ich im Schlaf zu ihr, und ich fand sie in das Gespinst ihrer Tränen gefangen. Sie stand neben dem gekenterten Boot, dort, wo es ans Ufer gespült worden war; und sie stand dort versteinert vor Grauen beim Anblick der beiden in das Netz verstrickten Toten. Und neben ihr sah ich ihren Mann und ihren kleinen Sohn, und beide mühten sich, das graue Spinnweb der Trauer zu zerreißen, das sie umhüllte, damit sie zu ihnen spreche und sehe, sie lebten.

Da ließ ich einen Lichtstrahl auf ihre erstarrte Gestalt fallen, und das Bild des Todes schwand vor ihr dahin, und ihre graue Hülle schmolz wie Nebel in der Sonne. Und als erwache sie aus tiefer Betäubung, sah sie plötzlich ihren Mann und ihren Sohn, und ein Schein erhellte ihr Antlitz, strahlender als bei einem Blinden, der sehend geworden. Und nun führte ich diese drei zu einem lieblichen Ort mit grünen Ufern und blühenden Blumen und rauschenden Wassern. Denn zahllos sind dort die Abbilder unserer Erde, und es treffen die Menschen ihre geliebten Dahingeschiedenen an Stätten, wo sie einst glücklich waren, und inniger vereint als je auf Erden, vergessen sie dort die Stunden ihrer Einsamkeit. Doch müssen sie aus diesem Land der Wirklichkeit jeden Tag für eine Weile zur Erde zurückkehren, für eine Spanne, die sie kürzer dünkt, als verließen sie den Geliebten, um einen Krug voll Wasser im Fluß zu schöpfen, der vor ihrem Hause fließt. Bevor ich sie verließ, machte ich der Witwe das Zeichen des Kreises auf die Stirn und gebot ihr, sich alles dessen auf Erden zu entsinnen. Und ich sagte ihr, daß ich dasselbe auf neue machen werde, wenn wir uns am nächsten Tag träfen, und dann werde sie wissen, daß dies kein leerer Traum, sondern Wirklichkeit gewesen sei.

Als wir uns am nächsten Morgen trafen, wollte sie in Dankbarkeit zu meinen Füßen niederknien. Und als ich ihr das Zeichen auf die Stirn schrieb, weinte sie vor Freude. Und sie sprach: «Du hast mich aus dem Grab gehoben und mir das Leben wiedergeschenkt. Einst glaubte ich nicht, was die Priester verkünden, nun aber bedarf es keines Glaubens mehr, denn nun weiß ich, daß sie wahr sprechen.

Und jeden Tag will ich darum beten, daß auch ich einem anderen Gutes zu tun vermag, wie du es mir getan.»

18 HYKSO-DIOMENES

Während meines letzten Jahres im Tempel begann man den Bau von zwei neuen, ummauerten Vorhöfen, um die Neyah den Tempel des Atet bereichern wollte. Und diese Mauern sollten nicht aus geweißtem Ziegel sein, sondern aus Stein. Und sie sollten geschmückt werden mit Bildern aus dem Leben unseres Volkes: mit Fischern und ihren Netzen, mit Vogelstellern und ihren Schlingen, mit Winzern und ihren Keltern und mit Hirten und ihren Herden. Und diese Darstellungen sollten tief in Stein gehauen werden, auf daß sie die Zeiten überdauerten, gleich den Inschriften im Pflanzenpavillon meines Vaters. Und weder Abbilder von Pharaos Streitwagen noch solche von Tributpflichtigen sollten diese Mauern schmücken, denn im Tempel bestimmt allein der Rang des Herzens den Wert.

Der Baumeister dieser neuen Tempelstätten war der Sohn eines Edlen aus dem Delta und hieß Hykso-Diomenes. Sein Haar hatte die Farbe polierten Kupfers, und seine Augen waren gelb wie die des Löwen, doch mit dunklen Flecken. Seine Aufgabe führte ihn oft in den Tempel, denn er allein plante den Bau und entwarf die Fresken; und auch die Steinschneider standen unter seiner Leitung. Er wohnte in der Nähe des Tempels, und in seinem Haus verwahrte er die großen Papyrusrollen mit den Plänen und Zeichnungen, von denen etliche für die Fresken, andere für die Flachbildwerke bestimmt waren. Im Vorhof stand ein Modell des neuen Bauwerks, und dieses hatte er eigenhändig aus Palmenholz und gehärtetem Wachs gefertigt, um den anderen das zu zeigen, was erst in seinem Geiste bestand, auf daß alle, die am Bau mitwirkten, sehen konnten, was ihre Hände schufen; denn hatten sie von Anbeginn Kenntnis von dem fertigen Ganzen, mußte das Werk besser gelingen.

Die Zeit, da er nicht im Tempel weilte, brachte er auf den Feldern zu oder im Sumpfland, wo er die Tiere und Vögel zeichnete.

Mit diesem Mann, den ich Dio nannte, sprach ich häufig, denn ich wünschte so viel wie möglich von der Baukunst zu erlernen, damit die Tempel und Paläste, die ich dereinst als Pharao errichtete, würdige Mahnmale meiner irdischen Reise wären.

Bisweilen erzählte ich ihm von den Dingen, die ich fern der Erde geschaut, doch ich merkte, daß er mir lauschte, als erzählte ich ihm Märchen. Er glaubte, daß der Mensch mit seinem Leibe sterbe und daß man Unsterblichkeit allein durch Kinder oder im Gedächtnis der Menschen gewinnen könne. Und er sprach von Kindern, als mehre jede Generation den Wissensschatz der vorhergehenden, gleichwie ein Obstbaum jede Erntezeit reichere Frucht trägt, da die wachsenden Äste üppiger blühen. In seiner Vorstellung wurde der Geist eines Kindes aus dem Geist der Eltern gezeugt, auf daß es deren kluge Gedanken weiterdächte; und verläßt sein Körper den Mutterschoß, dann schaut es zum erstenmal die Sonne; und allein in dem Kind erringen die Eltern Unsterblichkeit. Und wiewohl er keinen sinnvollen Plan im Leben kannte, war er doch zufrieden und guter Dinge. Das, was ich ihm erzählte, hielt er für harmlose Einbildungen von der Art, wie wenn seine Magd der Hausgöttin einen Napf voll Speise vorsetzte, bevor sie selbst aß. Ich aber sagte ihm, sein Glaube sei so, als habe er den gestrigen Tag bereits vergessen und leugne, daß der morgige komme.

Für Dio eilte die Zeit so rasch dahin, daß er ihre fegenden Fittiche über dem Sand zu hören vermeinte. Für ihn waren Leben und Zeit begrenzt, und in dem schwarzen Meer ewigen Nichts erschien ihm sein Leben wie ein Öllämpchen, das ihn für eine kurze Zeit sehen ließ; gehe das Öl aber zur Neige und erlösche das Flämmchen, sei dort allein das Meer des Nichts, gewaltig und unbelebt in seiner Stille.

Einmal sagte er: «Ein Bauwerk im Geist zu zeugen und es danach unter Mühen zu gebären wie ein Kind, um es dann in der stillen Reinheit seiner Linien zu schauen, das ist das Höchste, was ein Mensch erhoffen kann. Denn aus seinem Inneren soll er etwas von unvergänglicher Schönheit gestalten, auf daß andere in Zukunft es sehen und sprechen: ‹Er wußte gleich mir, daß Schönheit ewig währt, der Leib aber zu Staub zerfällt›!»

Ich war nie jemandem begegnet, der also dachte. Böses kannte ich und Gutes. Er aber war weder gut noch böse. Kinder waren mir vertraut, zu jung, um anderes zu begreifen als die einfachen Regeln von Gut und Böse. Doch dieser Mann war im Feuer des Lebens gehärtet, und ich konnte die seltsame Verdunklung seines Geistes nicht begreifen. Und ich mühte mich, sie kraft meines Willens und meines Verstandes und mit meinem Herzen und meiner Seele zu verscheuchen. Doch wie der blinde Musiker lieblichere Weisen schafft als sein Bruder, der die Sterne schaut, so können vielleicht die Kinder dieser Erde die Schönheit am klarsten sehen, sind ihre Augen des Geistes mit Bleisiegeln verschlossen.

Wie aber können sie leben, diese Menschen? Wie lachen und singen und die Sterne preisen, wenn sie glauben, daß jeder neue Tag und jeder Sonnenaufgang sie dem zeitlosen Dunkel um einen Schritt näher bringt? Warum mühen sie sich, ihr Lebensboot zu steuern, wenn sie wähnen, der endlose Strom sei ein seichter Tümpel? Warum schmähen sie nicht die blinde Willkür, die sie an Stelle der Götter setzen, wenn ihr Leben keinen Sinn erkennen läßt? Denn sie sehen sich selber nur als ein Sandkorn im gewaltigen Wirbelsturm blinder Kräfte, ein Sandkorn, das rasch planloser Vernichtung zutreibt.

19 Der Traum von Minoas

Bisweilen erzählte Dio Legenden aus dem Lande seiner Mutter, welches Minoas war, das Inselreich im nördlichen Meer. Und ich vernahm, daß ihre Götter in den Sternen thronten und die Menschen mit Ruten aus Blitzen züchtigten, wenn sie versäumten, ihnen zu opfern. Und daß man dort die Stiere verehrt, denn, so sagt das Volk von Minoas, ohne Milch stürben die Kinder, und stürben die Kinder, gehe die Menschheit zugrunde; und die Milch kommt von der Kuh, die Kuh aber spendet sie erst, nachdem der kräftige Stier ihr den sprießenden Samen schenkte, der ihre Flanken schwellen läßt. Diese Menschen ringen mit ihren heiligen Stieren und schlagen Volten zwischen ihren gleich Dolchen drohenden Hörnern. Und überlistet ein Sterblicher den Gott, jauchzen die Zuschauer.

In meinem Bemühen, Dios Herz besser zu begreifen, besuchte ich Minoas in einem Traum.

Dieses Land grünt üppiger als Kam, und Weingärten bedecken in Stufen die Abhänge zum Meer. In ihren Tempeln feiern sie Feste mit großem Gepränge, doch ist dies wie eine Maske vor einem Antlitz, das nicht vorhanden ist. Ihre Götter sind Götzen aus Stein, vergessene Sinnbilder von etwas, das nie war. Ihre Tempel hallen wider von Musik für taube Ohren, und Weihrauch steigt in die Nüstern derer, die nicht riechen können. Sie suchen die Wahrheit auf Lippen von gemeißeltem Stein und schmücken sich mit Rosen für blinde Augen. Und in ihrer Verehrung dieser Steingötzen errichten diese Menschen große Bauwerke voll irdischer Schönheit; und doch werden sie ohne das wahre Wissen sein wie verwüstete Hallen, wo allein Echsen über den geborstenen Estrich huschen und verlassene Altäre unter offenem Himmel zerfallen.

In diesen Tempeln gibt es keine Wahrträumer, doch brauen die Priester dort einen Sud aus Kräutern und Mohnsamen, und von diesem Trank geben sie den Tempelbesuchern – wenn sie bezahlen können. Und denen, die davon trinken, kommen seltsame Träume, denn der Trank öffnet wohl die Augen des Geistes, führt aber zu keiner Stätte, die zu sehen erstrebenswert wäre. Erwacht der Schläfer, berichtet er seinen Traum den Priestern, listigen Männern mit scharfem Verstand und großem irdischem Wissen, die jedoch aller wahren Weisheit ermangeln. Diese deuten seinen Traum und machen ihm weis, daß er einen geheimen Sinn enthalte. Und sie drehen und deuteln an diesem krankhaften Traumgespinst, bis der arme Träumer glaubt, eine Botschaft der Götter empfangen zu haben.

In einem dieser Tempel, dem Tempel des Praxitlares, gab es einen Hohenpriester, der klein im Geist, aber wollüstig im Fleisch war. Nun sind in diesem Lande die Priester wie die Priesterinnen unverheiratet, denn unbegreiflich genug, halten diese Menschen es für wichtiger, ihre Jungfräulichkeit zu bewahren, als die Pforten ihres Geistes zu öffnen. Und der Säer dieses Hohenpriesters war ungeduldig, weil sein Samen in den Kammern lagerte, und es verlangte ihn danach, ihn in eine fruchtbare Furche zu streuen.

In diesem Tempel gab es ein Standbild, welches hohl war, und in einer geheimen Zelle darunter pflegte sich der Hohepriester zu verbergen, und von dorther ertönte seine Stimme, so als spräche das Steinbild. Und das Volk verehrte dieses als Orakel.

An gewissen Tagen nahten sich die Jungfrauen diesem Orakel und erbaten eine Beschreibung ihrer künftigen Liebhaber und Ehegatten. Und sie umkränzten den Sockel des Standbildes mit Blumen, denn es verkörperte all ihre Wünsche, da es wie ein Jüngling von großer Schönheit geformt war, mit gerader Nase in einer Linie mit der Stirn, vollen, geschwungenen Lippen und dichtem, lockigem Haar.

Eines Tages, als die Jungfrauen davor knieten, sprach die Stimme dieses Priesters zu ihnen durch das Standbild: «Ich bin ein Gott, bisweilen aber, wenn mich Schönheit wie die euere lockt, steige ich hinab zur Erde. Nahte ich euch jedoch in meiner wahren, göttlichen Gestalt, würdet ihr vergehen wie durch Feuer. In menschliche Gestalt kann ich mich nicht kleiden, denn solches hieße Gold in Unrat hüllen. Doch will ich euch erscheinen als Schwan, und zehn unter euch, die ihr selbst als die lieblichsten erwählt, sollen mein Lager teilen, auf daß ihre Schönheit noch strahlender werde. Und schauen euch hernach die Männer, werden sie meinen, Göttinnen wandelten auf Erden, und die stolzesten unter ihnen werden euch zu Füßen fallen und flehen, daß ihr sie zum Gatten nehmt.

So kommt denn also heute in mondloser Nacht im geheimen zum dritten Heiligtum hinter dem Tempel. Und es trete eine jede allein ein. Dann werdet ihr spüren, wie meine Schwanenschwingen über euer Antlitz streichen, und eine jede darf eine Feder aus meinen Fittichen behalten. Und ist in einer von euch ein stärkerer Funken Göttlichkeit als in den gewöhnlichen Sterblichen, dann wird sie den Gott unter meiner Schwanengestalt spüren, und im Dunkel werde ich ihr nahen in meiner heiligsten Gestalt – als Mann.

Laßt kein Wort davon euren Lippen entschlüpfen, auf daß ihr göttliche Botschaft nicht enheiligt, indem ihr sie anderen Sterblichen kündet. Heute nacht werde ich euch als Schwan erwarten und vielleicht einer unter euch als Mann erscheinen.»

Und die Mädchen kehrten heim und verbrachten den Tag in sehnender Erwartung und glätteten ihre Leiber mit wohlriechendem Öl.

Als sie des Abends durch das mondlose Dunkel zum Tempel hinanschritten, sangen ihre Pulse in erwartungsvoller Freude. Und der Hohepriester harrte ihrer im Inneren Heiligtum, und jedesmal, wenn ein Mädchen eintrat, warf er einen Mantel aus Federn über sie, so daß ihr war, als umfange sie ein großer Schwan mit seinen Schwingen. Und während sie auf weichem Lager ruhte, wähnte sie eine Göttin zu sein, die gemeinsam mit einem Gott den Gipfel der Seligkeit erreicht, wo Vergangenes und Künftiges in gefiederten Flammen verschmelzen.

Durch eine Geheimtür des Heiligtums verließ eine jede hernach den Tempel und fand sich allein auf dem Berghang wieder, eine Feder in der Hand. Eine aber war wie betäubt von ihren Erinnerungen und schlief die ganze laue Nacht unter einem Baum. Ihr Körper hatte ihr unbekannte Wonnen offenbart, und noch verbarg die Zukunft ihre Schwere und die schneidende Grausamkeit des Gebärens.

20 Die blinde Göttin

Dio errichtete einen Tempel, in welchem die Wahrheit wohnen sollte, und doch konnte er sie nicht durch die Vorhöfe wandeln sehen und ihre Stimme nicht in den Heiligen Hallen vernehmen. Aber wenngleich ich ihm nichts von meinem Wissen schenken konnte, gab er mir vieles, was dieser Erde angehörte. Er zeigte mir, daß das Gefieder eines Vogels, in Stein gemeißelt, dennoch unter der Hand warm erscheinen, und ein Eselfohlen im Relief all die rührende Unbeholfenheit seiner Jugend bewahren kann. Auf einem Jagdfries spielten die gestrafften Muskeln weich unter dem Fell eines jungen Leoparden, und der Hirsch, an der Tränke überrascht, stand starr in jähem Entsetzen. Er zeigte mir, daß die Bewegung einer Tänzerin so eingefangen werden kann, daß sie mit ihrem gleitenden Rhythmus die Pulse auch dann noch rascher schlagen läßt, wenn sie selbst schon in der Reglosigkeit des Todes liegt. Und daß das glatte Silber eines Fisches, der nun stumpf und tot ist, Jahrtausende überdauert, ist er in Stein verewigt.

Eines Tages, da ich Dio zuschaute, wie er einen Fries mit Fischern meißelte, die ihre gefüllten Netze einzogen, dachte ich in meinem Herzen: Wenn ich Pharao bin, werde ich alle von Dio erträumten Werke auf Erden errichten. Ich werde Boten aussenden, um Maler und Steinschneider in Men-atet-iss zu versammeln. Ich werde in Granit bauen, wie andere in Ton und Ziegel gebaut haben. Und die Säulen werden die Menschen überragen, wie die Getreidehalme eine Feldmaus, und doch soll der gemeißelte Stein kunstvoll sein wie das Werk eines Goldschmieds. Die Schreiber sollen zeichnen, so daß ihre Botschaften gleicherweise Auge und Herz erfreuen, und die Wände sollen bemalt werden, so daß sie Spiegeln gleichen, die die Schönheit der Zwei Länder widerstrahlen. Im Traum besuchte ich Länder, wo große Tempel waren, leer an Weisheit, und andere, die Weisheit bargen, doch leer an Schönheit waren. In Kam aber soll das Licht eine würdige Wohnstatt haben: die klare Flamme in einer Lampe aus makellosem Alabaster.

Es drängte mich, Dio zu sagen, was ich in Zukunft für ihn zu tun plante, doch fürchtete ich, er könne mir die Tür seines Herzens verriegeln, wüßte er, daß Pharao mein Bruder ist und ich auf dem Königlichen Gebärstuhl zur Welt kam. Denn ich hoffte, daß diese Pforte eines Tages weit offenstand für mich und daß ich dort eintreten durfte, obgleich ich die Weiße Krone trug.

Als ich mit ansah, wie sich der Stein unter Dios Händen zu Fischen im Netz verwandelte, gedachte ich der Großen Schöpfer, und ich erzählte ihm von ihnen, und daß sie in Fleisch schufen wie er in Stein. «Alle, die deine Fische sehen, haben teil an dem Bild in deinem Inneren, doch die Gedanken der Götter gewinnen Leben auf Erden und verwirklichen selbst die Pläne, die ihre Schöpfer mit ihnen hegten. So wurden Fische geschaffen, gemächlich im mittäglichen Schatten unter Lotosblättern zu träumen, und andere, die großen Wasserwege hinabzureisen ins Meer.»

Ich merkte, daß meine Worte den Fluß seiner Gedanken nicht kräuselten, doch liebte er es, meiner Stimme zu lauschen.

«Dio, du glaubst nicht, daß die Erde von Ptah erschaffen wurde. Wie aber, meinst du, lernten die Ameisen, ihre bevölkerten Hügel bauen? Warum gedeiht der Lotos nur im Wasser und der rote Mohn allein zwischen der Saat der Felder?»

«Der Lotos stammt von Pflanzen, die schon vor Tausenden von Jahren wuchsen, als die Erde noch feucht war. Diejenigen Pflanzen, die der Sonnenwärme auf ihren Wurzeln bedurften, starben aus, und deshalb wissen wir nichts von ihnen. Der Lotos jedoch fügte sich den Bedingungen und trieb lange Stengel, so daß sich seine Blüten auf der Wasseroberfläche entfalten konnten.»

«Glaubst du wirklich, daß jene Pflanze dort an der Mauer selbst ihr schützendes Laub ersann, um ihre Knospen vor der heißen Sonne zu hüten? Leugnest du die Großen Schöpfer und behauptest, alle Dinge schufen und wandelten sich selbst?»

Und Dio sagte: «So muß es sein. Ich habe gehört, daß in den Ländern hoch oben im Norden den Tieren im Winter ein dickeres Kleid zum Schutze wächst; und solcher Dinge gibt es viele. Die, welche sich ihrer Umgebung fügen, überleben, die anderen aber sterben. Wir sehen nur die, denen dies gelang; was unterging, ist vergessen.»

«Dann glaubst du also, daß eine Pflanze einen mächtigeren Willen hat als eine Frau! Denn du nimmst an, daß diese Pflanze selbst ihr Laubwerk ersann. Ich aber kenne Frauen, die sich rotes Haar wünschten, und obwohl sie sich dreißig Jahre lang danach sehnten, sproß ihr Haar unverändert schwarz hervor – wenn sich auch der Rest damit abfinden mußte, in Farbe getränkt zu werden. Du sprichst von der Natur, und hältst sie wohl für eine blinde Göttin, die Zwillingsschwester des Zufalls. Doch die Form eines lebendigen Dinges so zu wandeln, daß auch der Same diesen Wandel beibehält, das können nur die Großen Schöpfer. Dir gefällt es, die Götter zu leugnen, doch gelingt es dir nicht, denn du gibst ihrer Macht nur einen anderen Namen. Eines Tages wirst du einsehen, daß du nur mit Worten spielst, denn obgleich du glaubst, die Welt begreiflicher zu machen, knüpfst du die Wahrheit in kleine, verworrene Knoten.

Du glaubst, daß die Ackerwinde einst am Boden kroch, wo größere Pflanzen sie von der Sonne fernhielten, und daß sie dann aus eigenem Willen rankende Arme ausstreckte, um sich vor dem Tode im grünen Schatten zu retten. Glaubst du, daß das Veilchen seinen Duft ersann und der Fisch die Vielfalt seiner Schuppen? Du erwartest nicht, daß der Stein unter deiner Hand sich formt, ohne daß dein Meißel ihn berührt. Warum gestehst du den Blumen diese göttliche Kraft zu und den Fischen die Klugheit und Gedankenklarheit, daß sie selbst ihre Schönheit erschufen? Wie kann es sein, daß du, der du die Schönheit und Ordnung des Planens liebst, wo jeder Stein seinen vorgezeichneten Platz hat, im Weltenraum nur Chaos siehst und versuchst, den ebenmäßigen Gang der Welt zu deuten als den eines trunkenen Toren, der eine Straße entlangtaumelt ins Nichts?»

Dio lächelte und sagte: «Sekeeta, warum grübelst du stets über solche fremden Unermeßlichkeiten? Verscheuche diese Gedanken, bis du einst, wenn du den kalten Lufthauch des Grabes spürst, ihres wärmenden Trostes bedarfst. Warum die Freude an einem Sykomorenbaum trüben, der zur Mittagszeit mit seinem Schattenspiel den Sand mustert? Was tut es, wer ihn schuf und warum er ist? Freue dich der Sonne und denke nicht an sie als an einen eurer gewichtigen Götter; sieh den Fluß als klares Wasser, worin wir baden können, und nicht als das Sinnbild endlosen Lebens. Freue dich deiner Jugend und sinne nicht über Vergangenes. Sei dankbar für die Schönheit und vergleiche sie nicht einer Vision, die sie in den Schatten stellt. Genieße die Musik und lausche nicht auf das Echo der Gestirne. Bist du alt, dann magst du deine Einsamkeit mit Erinnerungen und Grübeleien betäuben, doch jetzt brauchst du sie nicht, denn die Gegenwart ist köstlich vor deinen Augen.

Eines Tages werde ich dich aus diesem alten Lande fortführen, wo die Menschen unter der Bürde ihrer Weisheit ernst sind, und dann werde ich dich nach Minoas bringen, wo alle Herzen von Jugend singen.»

21 Dio

Wollten Gedanken an die Zukunft meine Tage verdüstern, drängte ich sie fort von mir, denn die Blumen der Gegenwart waren lieblich unter meinen Füßen. Erwachte ich des Morgens, war mein Herz voll Freude, denn es beschien die Sonne ein Land, in welchem Dio und ich gemeinsam weilten. Nicht länger bat ich Thoth-terra-das, mir Geschichten von alter Weisheit oder den großen Streitern des Lichts zu erzählen; ich bat ihn, mir von Liebenden zu berichten, die in ihrer Liebe mächtig waren wie die Götter.

Wiewohl Dio und ich nie von Liebe sprachen, wußten wir, daß sie in unseren Herzen lebte. Ich hatte ihm gesagt, daß ich den Tempel erst nach meiner Weihe verlassen würde, doch glaubte er, daß ich dann frei sei, sein Leben mit ihm zu teilen. Oft war mir, als wäre ich drei verschiedene Wesen in einem: ich sehnte mich danach, Priesterin und Ney-sey-ras würdig zu werden; ich sehnte mich danach, Pharao an Neyahs Seite zu sein; doch war ich mit Dio zusammen, ersehnte ich allein die Freiheit, als sein Weib Glück zu finden. Unsere gemeinsamen Stunden waren klar wie ein Traum, den nichts Irdisches trübt, und frei von den Schatten eilender Tage; denn ich umhegte meine Gedanken, auf daß die Furcht sie nicht angreife, dieses Glück könne ein jähes Ende finden, wenn ich bei den Prüfungen der Weihe stürbe.

Als die Zeit meiner Einweihung nahte, befahl meine Mutter, die in ihrer Weisheit in meinem Herzen las, daß Dio für sechs Monate in den Süden fahre, um dort neue Steine für die Standbilder im Tempel auszuwählen. Und obgleich es mich schmerzte, daß er von mir fortfahren sollte, war ich doch froh, daß er während meiner Weihe nicht anwesend sein würde.

Am Vorabend seiner Abreise sagte er mir, daß er sechs Vollmonde später zurückkehren werde und daß wir uns dann am Sumpf treffen wollten, wo wir so oft gemeinsam gewandelt waren. Und er sagte mir auch, er werde mir dann offenbaren, was er im Herzen trage. In meinem Herzen aber war die bange Frage, ob er mich bei seiner Rückkehr in die Arme schließen könne oder ob mein Leib dann in einem Sarkophag liege, mit Pulsen, die kein Liebeslied schneller schlagen ließ, und ohne lebendigen Atem, der mir den Duft von Erdpech und Myrrhe brächte. Kurz nach seiner Abreise sandte Dio mir ein Gedicht, kunstvoll und in schönen Farben auf eine Papyrusrolle geschrieben:

> Ich bin ein Bildhauer, der seine Hände verlor,
> und ein Obstgarten, wo kein Wasser rinnt.
> Ich bin ein Segelboot an windstillem Tag
> und ein Vogel mit gebrochenen Schwingen.
> Ich bin ein Lotos in einem versiegten Weiher
> und ein Bogen, dessen Sehne geborsten.
> Ich bin ein Heiligtum ohne Gott
> und ein Nachthimmel ohne Gestirn.
> Denn ich mußte scheiden von dir,
> und du gabst mir nicht dein Herz auf den Weg.

Und später sandte er mir dies:

> Die Saat ist gesät,
> die Keime entsprießen den Furchen.
> Es wirft der Fischer sein Netz,
> und schwer ist es von silberner Last.
> Es pressen die Winzer die Trauben,
> und Krug steht gefüllt an Krug.
> Es fliegt der Pfeil durch die Lüfte,
> und der Vogel stürzt zu des Jägers Füßen.
> Lang währet die Nacht,
> doch der Morgen entzündet den neuen Tag.
> Heiß glüht die Sonne am Mittag,
> doch lang sind die Schatten in der Kühle des Abends.
> Ich hatte dir mein Herz gegeben,
> doch schenktest du mir deines dafür?

IV

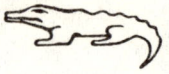

1 Vorspiel der Weihe

Die Stätte der Weihen lag jenseits des großen Sees in Richtung von Amenti im Westen. Sie war lange vor unserer Zeit errichtet worden, und ihre Form war die einer Pyramide, doch waren ihre Seiten nicht eben, sondern dreifach gestuft; es waren diese Stufen Sinnbilder von Leib, Seele und Geist. Beherbergte diese Stätte einen, der, fern der Erde weilend, die Flamme seines Geistes erprobte, entzündete man auf ihrer Spitze ein Feuer. Vom See führte eine gemauerte Wasserrinne zum Eingang, und von diesem ein Tunnel zur Einweihungskammer, welche einem Sarkophag mit kantig gewölbtem Deckel glich. Dieser Tunnel wurde mit drei gewaltigen Felsblöcken verschlossen, auf daß die Kammer wie ein Grab versiegelt sei, denn es war, als sterbe der Eingeweihte, um hernach wiedergeboren zu werden in Weisheit. Doch viele erlagen den schweren Prüfungen, und für sie wurde das Sinnbild des Grabes Wirklichkeit.

Es überquert der, welcher sich der Weihe unterzieht, den See in einem goldenen Nachen, ähnlich der Todesbarke, und eine Prozession anderer Boote gibt ihm das Geleit, wie bei der Bestattung eines Pharaos. Und hat der Prüfling seine Schwingen erprobt, dann ist seine Rückkunft wie die Heimkehr eines großen Kriegers nach einem Sieg, und es ist diese Rückfahrt über das Wasser ein Symbol dessen, der nun beflügelt die Wasser des Vergessens zu überqueren vermag.

Während der sieben Tage vor meiner Weihe weilte meine Mutter bei mir im Tempel und teilte mein Gemach. Die Tage mir ihr waren erfüllt von Frieden und trauten Worten, und der Schlaf meiner Nächte war lind und heilend, denn Ney-sey-ra in seiner Weisheit ließ nicht zu, daß Erinnerungen mich bedrängten, auf daß ich stark sei bei den großen Prüfungen. Und des Morgens, wenn ich erwachte, und des Abends, wenn ich mich niederlegte, goß ein Heiler Ptahs Lebenskraft in mich, auf daß mein Leib nicht Schaden nehme, wenn ich ihn für vier Tage und vier Nächte verließ.

Am letzten Tag ruhte ich, bis die Sonne hoch am Himmel stand. Dann kleidete meine Mutter mich in den weißen Leinenmantel einer Priesterin und legte mir den goldenen Gürtel einer Geweihten um; und an den Finger steckte sie mir einen Ring mit den geschnittenen Insignien des Anubispriesters. Kehrte ich zurück, würden diese Dinge mein eigen sein, oder sie würden meinen Leichnam für meine Bestattung schmücken; denn erlag ich, würde ich mit allen Ehren eines Kriegers beigesetzt werden, der in der Schlacht fiel. Mein Antlitz wurde mit Gold bemalt, so daß es war wie eine Totenmaske, und an den Füßen trug ich die Goldenen Sandalen, wie jene sie tragen, die die Hohe Straße der Götter zu wandeln vermögen.

Da alles bereit war, küßte meine Mutter mich auf die Stirn und sagte, sie harre darauf, mich als Siegerin willkommen zu heißen. Dann legte ich mich auf eine Bahre, deren Seiten geformt waren wie zwei Schakale des Anubis, und vier Priester trugen mich durch die von Menschen gesäumten Alleen – da ich gesehen, wie andere diese Reise machten, wußte ich, was um mich her geschah, wiewohl ich die Augen geschlossen hielt. Und die Sonne brannte auf meine Lider, und diese durften nicht zittern; denn wie sollten jene, die mich schauten, in mir einen Spiegel der Götter erkennen, wenn nicht einmal mein Leib meinem Willen untertan war.

Als wir den See erreicht hatten, wurde die Bahre auf die Todesbarke gesetzt, deren Bug ein Anubiskopf zierte und auf deren Heck der goldene Affe Thoths thronte, der das Steuerruder hielt. Dann vernahm ich das Knirschen der Ruder und wußte, daß das Führerboot vom Ufer abgelegt hatte. Und ich gedachte all dessen, was nach Ney-sey-ras Worten meiner harrte. Ich werde die Stätten betreten, wo die Bewohner der Höhen weilen, und muß allein durch die Grotten der Unterwelt wandern. Den Unwissenden muß ich raten und sie zum Lauschen zwingen. Auf dem Pfade zur Linken habe ich einen Mächtigen zu bekämpfen, jedoch nicht als eine in großer Schar, sondern allein. Und es harren meiner die großen Prüfungen, und meine ältesten Ängste werden mir entgegentreten in ihrer schrecklichsten Gestalt. Sie gilt es zu überwinden, jedoch nicht mit jener Weisheit, die mir fern der Erde eignet, sondern in den Fesseln meiner irdischen Begrenzung, und diese Wesen, die meinen Weg hemmen, erkenne ich nicht als Gestalten eines anderen Willens; denn es ist mein irdischer Wille, welcher gestählt werden muß, soll ich des Priesternamens würdig sein. Vermag ich aber bei meiner Rückkehr zu berichten, was ich geschaut, dann werde ich Priesterin des Anubis sein.

Ra leuchtete noch mit langen Strahlen, als das Rauschen der Ruder erstarb und ich den letzten Wasserweg in der gemauerten Rinne entlangglitt. Und als man meine Bahre aus dem Nachen hob, hörte ich die Schritte der Priester hallen, wie sie durch den Tunnel gingen, und spürte die Kühle des Steins um mich.

Und wieder, da meine Bahre niedergesetzt wurde, überkam mich jenes Entsetzen, das sich meiner in der ersten Nacht im Tempel bemächtigt hatte, jedoch tausendfach verstärkt, so daß mein Mut flackerte wie eine Lampe im Windhauch. Es drängte mich hinauszuschreien, daß ich die kommenden Schrecken nicht werde ertragen können, doch ist der Stolz bisweilen unser stärkster Schild, und also beschirmte er mich, Ney-sey-ra untreu zu werden.

Es drang das Knistern wehender Mäntel an mein Ohr, da die Priester mich in äußerster Einsamkeit zurückließen.

Die drei mächtigen Felsblöcke rollten einer nach dem anderen in ihr Lager und schlossen mich in dieses lebende Grab ein, das von ihrem dröhnenden Fall widerhallte; und es war, als ruhte ich unter einem gewaltigen Gong. Umhüllt von diesem schwingenden Schweigen, wußte ich, daß ich nun wie eine Tote sein würde: Nicht länger durfte mein Leib mir freundliche Zuflucht gewähren, in die ich flüchten konnte, wenn die Mächte des Bösen mich zu übermannen drohten. Würde er mir je wieder still und vertrauend gehorchen, oder würde er mich gefesselt halten als seine unwillige Gefangene? Würde ich werden wie Hekket, der einst versagte und dennoch nicht starb, sondern nun im Tempelhof hockte mit blinden Augen und triefenden Lippen?

Und die Furcht erhob sich neben mir in der Finsternis, und da ich sie kraft meines Willens verscheuchte, wähnte ich, das trockene Rasseln ihres Gebeins zu hören.

Ich muß an die guten und einfachen Dinge denken, auf daß mein Herz ruhig werde.

An Herdfeuer will ich denken und den Rauch, der bei Sonnenuntergang sachte steigt; so innig will ich daran denken, bis daß ich ihre Wärme spüre und ihre traute Hut.

An Vögel will ich denken, die an einem stillen Morgen bei Sonnenaufgang aus dem Ried auffliegen, bis daß ich das Schwirren ihrer Flügel in der friedvollen Weite vernehme.

An Blumen will ich denken, die ihre Kelche mählich dem neuen Tag öffnen.

An Kinder will ich denken, die in sanftem Schlummer liegen und leise atmen neben ihren Müttern.

An Krieger will ich denken, deren Schwerter das Licht widerstrahlen, für das sie kämpfen. Ihr Mut wird mein Schild sein, und die Erinnerung an sie mir Kraft schenken. Und die Liebe meiner Mutter wird mich umhüllen wie ein Mantel.

An die Weisheit meines Lehrers Ney-sey-ra will ich denken, und seine Worte werden mir sein wie ein Leitstern, der dem Wanderer der Wüste durch die Nacht leuchtet.

2 Die Peiniger

Und ich stieg hinab in die Grotten der Unterwelt.

Grau ist diese Stätte, und kein Lichtschein dringt dort hinab, wo die Menschen jenes Übermaß an Schuld sühnen müssen, das sie auf Erden nicht abbüßen konnten. Viele Male schon wurden sie durch die bittere Ernte ihrer Saat belehrt, daß ihre Taten wider die Gesetze der Götter sind, doch sie wollten nicht hören. Nun erleiden sie, gefesselt mit Ketten, die sie sich selbst schmiedeten, in nicht endender Folter, was sie einst auf Erden anderen taten.

Zuerst kam ich zu der Stätte der Peiniger. Hier liegen Menschen, die an Händen und Füßen mit Seilen an gewaltige Räder gebunden sind gleich lebenden Bogen von Schmerzen. Zwanzig ihrer Gefährten spannen diese Bogen. Hat der Gefolterte das äußerste Maß an Qual erfahren, muß er sich denen zugesellen, die an den Seilen ziehen, während ein anderer seinen Platz auf dem Rad einnimmt.

Und sie wissen, daß sie tot sind, und gleichen an Gestalt dem Bild des Todes, das sie in ihrem Gedächtnis bewahrten: Einige sind Gerippe, andere tragen Fetzen verwesenden Fleisches an ihrem Skelett, und wieder andere sind wie Leichen, die in der Sonne quollen.

Es ertönet kein Ächzen und kein Wehgeschrei, sondern allein das dumpfe Knarren der Seile und das scharfe Knakken von Gliedern, die aus dem Gelenk gezerrt werden.

Unter diesen sah ich ein Weib, das am Ende ihres Läuterungsweges angelangt war. Sie hatte einen Stamm von Kriegerinnen angeführt, denen sie sich einst zugesellt, weil ihr Liebhaber sie verlassen hatte. Um ihren Schmerz an dem Geschlecht der Männer zu rächen, pflegte sie die Gefangenen oder zuweilen auch Hirten, die sie beim Hüten des Viehs überrascht, mit den Armen an einen Baum und mit den Füßen an einen Ochsen zu binden. Auf diesen Ochsen schlug sie dann mit dornigen Ruten ein, bis daß er rasend vor Schmerz seine lebende Fessel zerriß.

Als ich ihre Hand ergriff, spürte ich das Zittern ihrer alten, dürren Knochen. Doch da ich sie aus dieser Hölle führte, erstrahlte sie in jugendlicher Schönheit wie einst vor zweitausend Jahren. Und nun schlummert sie bis zu der Stunde, da sie wiedergeboren wird voll Erbarmen für alles, das da Pein leidet.

Dann sah ich einen, der einst ein Priester des Bösen gewesen war in einem Lande, welches Peru heißt. Hockend auf einem mächtigen, kegelförmigen Turm in seinem Tempel des Schwarzen Opfers, hatte er Tausenden von Sklaven die Brust aufgeschlitzt und das lebende Herz herausgerissen und sich daran geweidet, ihr Herzblut in seiner Hand pochen zu fühlen.

Nun liegt er nackt auf seinen eigenen Altar gekettet und muß ansehen, wie ein anderer dem Bösen opfert. Und er spürt, wie das Messer seine Haut mit dünnem, scharlachrotem Strich ritzt, wie es tief in seine Brust dringt und wie klauenartige Finger sich um sein Herz krallen. Tausend und aber tausend Mal fühlt er, wie ihm also geschieht, und weiß, daß er einst war wie sein Peiniger. Dennoch glaubt er, es sei sein grausamer Zwillingsbruder, und erkennt nicht, daß er nur eine Vision seiner selbst schaut und daß es seine eigene Grausamkeit ist, die ihn nun foltert.

Und ich sah einen, der einst der Häuptling eines großen Stammes in einem Sumpfland gewesen war. Die Menschen unter seinem Joch lebten in Schrecken vor ihm, denn wen sein Zorn traf, ließ er den Tod im Wasser sterben. Er warf ihn in das seichte Wasser am Rande des Sumpfes und band ihn mit schweren Steinen auf den Grund; in seinen Mund aber ließ er zwei hohle Schilfrohre von Fingerdicke stecken, durch welche dieser die Luft einsaugen konnte. Und es wurde die Rohrmündung täglich durch einen feuchten Lehmklumpen verengt, so daß der Verurteilte immer wilder nach Atem ringen mußte, um die Pein in seinen Lungen zu lindern. Und einige dieser Menschen lebten drei Tage und vier Nächte, ehe sie starben.

Als des Häuptlings Stunde gekommen war, bettete man

seinen Leichnam in einen großen Steinsarg. Doch vor der Bestattung empörte sich sein Volk, das ihn lange gehaßt hatte, wider ihn, und sie trugen seinen Sarg nicht zu der Begräbnisstätte, sondern an den Ort, wo er ihre Brüder gefoltert hatte. Dort versenkten sie ihn in das schlammige Wasser, und zwischen seine Lippen steckten sie zwei Schilfrohre; doch wähnten sie, ihre Rache gelte nur einer unbeseelten Puppe.

Aber wenngleich er tot war, verblieb sein Geist in seiner alten Behausung, und also gefesselt an seinen Leichnam, rang er nach Atem noch lange, nachdem sein Leib eins geworden war mit dem Morast, in dem er ruhte.

Und ich ging zu ihm und zog ihn aus dem Schlamm und verkündete ihm, daß die Zeit nun reif sei, da er wiedergeboren werde auf Erden als ein Fischer, der erfahren sei in den Dingen des Meeres. Und er, der Menschen mit Wasser getötet habe, werde nun lernen, anderen mit seinen Fischen das Leben zu erhalten.

Und ich trat zu einem aus dem Drachenvolk, der danach getrachtet hatte, alle Laute des Schmerzes und all seine Tiefen zu vernehmen, denn es hatte ihm Wonnen bereitet, auf den lebenden Körper anderer die Mißtöne der Grausamkeit zu spielen.

Zuerst wird ihm jeder Zahn aus den Kiefern gerissen, und dann die Nägel von den Fingern, deren blutende Stümpfe mit rauher Wolle gerieben werden, und darauf jedes einzelne Haar aus der Kopfhaut, so daß ihm ist, als fielen stechende Fliegen über seinen Schädel her. Dann werden ihm die Finger abgehackt, Glied auf Glied, und in siedendes Fett getaucht, um den Blutfluß zu stillen. Und die Lider werden ihm sorgfältig abgetrennt, auf daß das Entsetzen ihm ständig vor den geöffneten Augen stehe. Und an seinem Leibe nagen hungrige Ratten, und sind sie gemästet von seinem zuckenden Fett, vermeint er in ihnen jene zu sehen, denen er einst bei lebendigem Leibe die Haut abzog.

Dann schaute ich einen, der andere verbrannt und den Menschen das Feuer zum Feinde gemacht hatte. Nun meidet ihn das Feuer, und verlassen weilt er in einem Lande knisternder Kälte. Nackt wandert er über das Eis, das ihm wie mit Messern die Füße zerschneidet, und die Kälte hält seine Adern mit Eisesfingern umklammert. Wieder und wieder sieht er vor sich den Schein eines Lagerfeuers und hastet darauf zu in seiner Gier nach Wärme; hat er es aber erreicht, verwandelt es sich in Eiszapfen.

Er muß hier so lange weilen, bis daß er nie wieder das Feuer mißbraucht, das die Menschen umhegen sollen wie einen Freund; denn es ist das köstliche Geschenk, das die Erde allein dem Menschen gab.

Und ich gelangte an einen Ort, wo sich Tiere in Qual wälzten: Rinder mit klaffenden Wunden in den Flanken, hungernde Hunde mit zerschmetterten Rippen, Affen mit abgeschnittenen Pfoten und Vögel ohne Flügel.

Und da ich sie näher betrachtete, sah ich, daß aus diesen Tieraugen menschliche Wesen schauten, Gefangene in Gestalt derer, die ihnen wie Brüder hätten sein sollen, aber ihre mißhandelten Sklaven waren.

3 Die Giftzüngigen

Dann ging ich zu dem Ort, wo jene, deren Zungen giftige Waffen gewesen, die Pein durchleiden, die ihr Geifer anderen bereitete. Solche aber, deren Worte närrisch oder gedankenlos waren, weilen dort nicht, sondern allein die, welche dem Bösen in ihren Herzen hämisch freien Lauf ließen.

Zuerst sah ich einen Mann, der mit dem Gesicht zu Boden lag, und auf seine Fußsohlen fielen die peitschenden Hiebe einer Rute, rascher denn die Hufschläge des laufenden Ibex. Er hatte einst eine makellose Perle gestohlen, und um zu verheimlichen, was er getan, bezichtigte er seinen Diener dieser Tat. Und diesen Diener peitschte man zu Tode.

Darauf sah ich eine Frau, die war das Kebsweib eines Königs gewesen, eines Herrschers über ein Volk im Osten. Die rechtmäßige Gemahlin dieses Königs war rein im Herzen gewesen und lieblich anzuschauen, und aus Eifersucht gegen sie träufelte das Kebsweib das Gift des Hasses in die Seele des Königs. Sie flüsterte ihm ein, daß, wenn er fern des Palastes weile, die königliche Gemahlin sich mit jedem vergnüge, den sie begehrenswert finde, selbst mit Männern der niedrigsten Kaste. Da die Königin zu stolz war, sich zu verteidigen, und ihr Gemahl sie für so niedrig hielt, wünschte sie nichts anderes, als durch ihn den Tod zu erleiden. Und der König war so verblendet von Eifersucht, daß er ihr das Leben raubte, doch nicht mit dem Dolch oder durch Gift, sondern durch Gewalt, die er ihr antat. Dem Kebsweib aber schenkte er fünfzig Beutel mit Goldstücken.

Nun liegt dieses Weib auf dem Erdboden, und ihre gespreizten Hände und Füße sind gebunden an Pfähle. Ihr zu Häupten steht ein Krug, und dort hinein fallen gleich Tropfen die Goldmünzen, welche sie einst voll Entzücken durch die Finger gleiten ließ. Und jedesmal, wenn das Gold im Kruge klingt, erleidet sie eine der nie endenden Vergewaltigungen: von einem Asiaten der niedrigsten Kaste, von einem eklen Aussätzigen mit schwärenden Wunden oder von einem Sklaven, dessen Glieder durch Ketten zerschunden.

Dann sah ich eine Frau, deren Anwesenheit im Hause stets den Frieden jener gestört hatte, die es mit ihr bewohnten, bis daß ihnen war, als würden sie von stechenden Insekten gepeinigt. Nun umschwirrt sie ein Schwarm von Hornissen: Sie haben ihre Hände zerstochen, so daß sie den Schwimmfüßen der Enten gleichen; ihre Augen blicken durch schmale Schlitze aus dem geschwollenen Fleisch ihrer Lider; und ihre Zunge liegt gequollen zwischen ihren zerplatzten Lippen, an denen Trauben von Fliegen hängen.

Und darauf sah ich einen Mann, welcher nie ein Wort des Trostes und der Linderung für seine bekümmerten und bedrängten Brüder gehabt, sondern ihnen voll Dünkel erklärt hatte, daß ihre Leiden selbstverschuldet und sie deshalb seines Mitgefühls unwürdig seien.

Er, der keinen Trost für andere bereit hatte, weilt nun in schattenloser Wüste, und die Sonne brennt auf ihn herab, so daß seine Haut aufbrach wie der gedörrte Flußschlamm vor der Überschwemmung. Vor sich erblickt er Palmen um einen Brunnen mit kühlem Wasser, und dort im Schatten sitzt ein Mann mit zwei Krügen. Und er weiß, daß in dem einen Krug linderndes Öl ist, und er nähert sich dem Fremdling unter den Palmen und bittet ihn, seine Wunden zu salben. Doch der Fremdling greift in den anderen Krug, der gefüllt ist mit Salz, und dieses reibt er in die klaffenden Wunden, daß es sie beleckt wie mit feuriger Zunge. Und dann jagt ihn der Fremde von dannen, und wieder muß er in der Sonne wandern, um zu erkennen, daß, wer einen Weggenossen, der sich in der Wüste verirrte – und geschähe dies auch durch eigene Schuld –, seinem Schicksal überläßt, selbst bei anderen Hilfe suchen wird, ohne sie zu finden.

Und ich sah solche, welche Kinder und Menschen verhöhnt hatten, die sich der scharfen Waffen ihrer Worte nicht zu erwehren wußten. Nun stehen sie nackt und bloß auf einem Marktplatz und haben keine Gewalt über ihre Glieder, die in lächerlichen Bewegungen zucken und den eigenen Körper mit Unrat bewerfen, so daß sie nun ihrerseits zum Gespött der Umstehenden wurden.

Dann sah ich einen Mann, der hatte den unfreiwilligen Mitwissern seiner Geheimnisse die Zunge herausgerissen, auf daß sie ihn nicht verraten könnten, so wie er andere verraten hatte. Nun liegt er in sengender Sonne auf einer Klippe, und an ihm vorüber schreiten Wasserträger, die ihm auf seine Bitte gern das süße Naß in den schmachtenden Mund gießen würden, doch er ist stumm.

Und ich fand einen, der hatte von schattigem Ort aus heilige Dinge bespäht und hernach offenbart, die nicht für seine Augen bestimmt waren. Nun, da er erstarrt auf dem Boden liegt, schaut er über sich kreisende Geier, und einer stößt herab und pickt ihm beide Augen aus. Dann ist für einen Augenblick Nacht um ihn; aber wieder sieht er die kreisenden Geier, bis einer aufs neue herabtaucht mit Finsternis im Schnabel.

Darauf schaute ich die Stätte, zu der alle kommen, die einen bewährten Freund betrogen. Denn es ist dies eine der größten Sünden: Der, welcher einen Freund verrät, verrät die Bruderschaft der Menschen. Nun muß er ohne Freund seinen Weg wandeln, und der Schrecken ist sein einziger Gefährte. Alle, die also sündigten, wandern durch ödes, karges Land, wo sich vor ihnen ein endloser Weg windet durch düstere Klüfte und nackte Wüsteneien, wo Nebel wallen und weder Sonne noch Sterne leuchten. Und hinter ihnen stampft ein Ungeheuer einher, welches die Verkörperung ihrer geheimsten Ängste ist. Und sie bemühen sich, in größter Hast zu entfliehen, doch zäher Schlamm hemmt ihre Schritte.

Und so lange müssen sie hier bleiben, bis einer, dessen Freundschaft sie nicht würdig sind, sie in seinem Erbarmen fortführt, auf daß sie aufs neue zurückkehren können in die menschliche Bruderschaft.

4 Der falsche Priester

Darauf ging ich zu einem, welcher Anubispriester gewesen war in dem kleinen Tempel in Atlantis. Und in diesem Tempel, wo das Licht hätte leuchten sollen, war er der einzige Wahrträumer gewesen, doch hatte er seinen Willen stumpf werden und seine Schlaf-Erinnerungen verkümmern lassen; und er war wie ein rußbedeckter Spiegel, der das Licht nicht länger einfing. Trägheit hinderte ihn, seine verlorene Fähigkeit wiederzuerlangen, und Stolz verbot ihm, sein Unvermögen einzugestehen. Also verkündete er nicht die Wahrheit, sondern allein das Gespinst seiner irdischen Gedanken. Und die Prophezeiung vom Untergang, die alle wahren Priester verkündeten, drang nie zu den

Ohren der Besucher seines Tempels, so daß die Fluten sie zusammen mit ihrem falschen Priester ertränkten.

Mehr als zweitausend Jahre weilt er nun schon allein in einem Tempel, dessen Höfe widerhallen von seinen einsamen Schritten. Dort stehen Statuen von Göttern, deren Antlitz ihm fremd ist, und zu ihnen betet er, wiewohl er weiß, daß ihre Ohren taub und ihre Herzen von Stein sind, denn andere Götter kann er nicht erreichen. Und er fleht sie an, ihm ein einziges lebendes Wesen in dieses Land der Trostlosigkeit zu senden, denn er wähnt, die ganze Welt sei durch seine Sünde vernichtet.

Oft steht er an der Tempelpforte und schaut hinaus über die endlose Weite. Und bisweilen sieht er, wie ein geliebtes Kind ihm entgegeneilt, und glaubt, seine Gebete seien erhört. Doch berührt er es, ist es, als wären seine Hände glühendes Metall, denn das Kind schrumpft zusammen, und in seinen Armen hält er eine Puppe aus verkohltem Holz. Ein andermal sieht er einen Mann, der ihm im Gewand eines wahren Priesters entgegenschreitet, doch ergreift er seine Hand zum Gruß, hält er nur die gebleichten Knochen eines längst Ertrunkenen in der seinen. Und wieder ein andermal sieht er seine Mutter auf sich zukommen, und ihre Augen leuchten in menschlichem Erbarmen; umfängt er sie aber, gleiten ihm schleimige Algen durch die Finger. Oder er sieht weit hinten auf der dürren Ebene Blumen sprießen; eilt er aber hinzu, erstarren sie zu Korallen, die ihm die Füße zerschneiden.

Als ich ihm nahte, stand er vor mir und wagte nicht die Hand auszustrecken, auf daß ich mich unter seiner Berührung nicht zu Asche verwandelte. Da ich ihm aber meine Hände auf die Schultern legte, ging ein Leuchten über sein erstarrtes Antlitz. Und ich sprach zu ihm: «Deine Zeit ist gekommen. Du wirst zurückkehren zur Erde, um dein Gedächtnis zu schulen, und es harren deiner fünf Wiedergeburten, auf daß du jene Vollkommenheit erreichst, die dir einst geboten war. Deine große Einsamkeit ist beendet. Fünf Monde noch, und du wirst den Schoß deiner Mutter verlassen und die zarte Liebkosung ihrer Arme spüren. Und als Gefährten sind dir drei Brüder beschieden. Und da du sieben Jahre zählst, wird ein Seher euer Haus betreten, und er wird dir sagen, du mögest dich in deinem zwölften Jahr zum Tempel begeben, um dich dort unterweisen zu lassen. Und die Zeit wird kommen, da du den Bewohnern der Erde die Weisheit kündest, und dein Wissen wirst du in solche Worte kleiden, daß du heißen wirst ‹Der Silberzüngige›.»

5 Die Schätze dieser Erde

Darauf kam ich zu der Stätte, wo jene weilen, die auf Erden ihre Schätze zum Götzen gemacht hatten und diesen als ihren Gott anbeteten.

Und ich sah einen Mann, welcher einst einen großen Weinberg besessen. Und wiewohl die Liebe zu den Gewächsen dieser Erde dem Herzen Frieden zu bringen vermag, hatten sie bei diesem Mann von all seinen Gedanken Besitz ergriffen und seinen Geist eingeschnürt.

Nun weilt er in seinem Haus, eingekerkert von den Reben, die er über das Maß liebte. Sie haben die Mauern umrankt und die Türen und Fensterläden gesprengt. Sie kriechen über den Estrich, und ihr dichtes Laub hält das Licht fern, so daß die Luft im Zimmer dunkel ist gleich tiefem Wasser, auf welchem das Meer lastet. Wild sprießend, züngeln ihm die Reben entgegen wie Blutegel auf einem Dschungelpfad. Er möchte schreien, doch er ist stumm wie ein Fisch. Und er glaubt, daß ihre Ranken, die mit blinden, grünen Fingern nach ihm tasten, ihn umschlingen und erdrosseln werden, gleichwie die Liebe zu diesen Pflanzen sein Herz überwucherte.

Auf Erden kannte er keine anderen Feinde als die Insekten, die seine Reben befielen, und der Himmel war für ihn nur der Hintergrund für das Muster ihrer Blätter. Ihm war sein Leben allein das Sprießen ihrer Triebe und der Tod das Welken ihrer Ranken. Und er befahl, daß man ihn nach dem Tode unter dem großen Weinstock an seiner Hauswand begrabe, auf daß sein vermodernder Leib der Pflanze Nahrung und Kraft zum Wachsen spende. Seine Weinstöcke waren ihm Vater und Mutter, Kinder und Götter, und er betete, daß sie wüchsen wie keine anderen Weinstöcke auf Erden.

Und da er starb, erhörten die Götter sein Gebet.

Dann sah ich einen Mann, welcher seltene Kostbarkeiten in seinem Hause angehäuft hatte. Wiewohl er anderen nicht die Freude ihres Anblicks gönnte, lud er dennoch Gäste in sein Haus, auf daß sie ihm seine Schätze neideten. Es tat ihm wohl zu sehen, wie ihre Finger die weichen Kurven seiner Trinkgefäße entlangglitten, weil er wähnte, sie trügen Gram im Herzen, daß ihr eigener Wein nicht in so edlen Bechern gereicht werden konnte. Er weidete sich daran, sie über seinen Boden aus Zedernholz schreiten zu sehen, auf daß ihnen der Fußboden des eigenen Heims schien wie gestampfter Lehm in einer Fischerhütte. Ihm gefiel es, sie auf seinen Ruhebetten mit den vergoldeten Leoparden schlafen zu lassen, auf daß ihnen die eigenen Lagerstätten vorkamen wie strohbedeckte Pritschen. Und er pflegte in seinem Haus umherzuwandeln und die kostbaren Hölzer seines Hausrats zu streicheln und eine Elfenbeinfigur zu liebkosen, als wäre es der Kopf seines Lieblingshundes. Und spürten seine Finger das winzigste Staubkörnchen auf der Tischplatte, ließ er seine Diener mit Ruten züchtigen. Er sah weder die Sterne, denn seine Augen waren trunken von der Schönheit seiner Fresken, noch gewahrte er die Lieblichkeit eines Baumes, denn für ihn besaß Schönheit allein das, was er sein eigen nannte. Und er machte sein Haus zu seinem Heiligtum, welches er allein bewohnte, und seine Habe machte er zu seinem alleinigen Gott.

Als er aber starb, blieb sein Geist gebannt in die Wände seines Hauses, und jene Dinge, die sein Herz erfüllt hatten, machten ihn nun zu ihrem Sklaven. Er mußte sehen, wie eine Elfenbeinstatue rissig wurde, und nur, wenn er sie in die Hand nahm, wurde sie wieder heil. Weiße Termiten fielen über seinen Hausrat her, und nur, wenn er das Holz mit weichem Tuche rieb, war es wieder unbeschädigt. So eilt er denn durch sein Haus von Gemach zu Gemach und müht sich, seine Habe vor Zerstörung zu bewahren. Ihn dürstet, und seine Weinkannen sind leer. Ihn hungert, und auf seinen goldenen Schüsseln liegt keine Speise. Ihn verlangt es nach Schlaf, und er wagt nicht zu ruhen, aus Furcht, daß am Morgen alle die Dinge, die er vergöttert, zerbrochen sind.

Da ich nahte, ihn zu befreien, mühte er sich, den Staub auszukehren, der den Boden seines schönsten Zimmers bedeckte. Und der Staub wirbelte um ihn in einer stickigen Wolke, und nur dort, wo er stand, glänzte das polierte Zedernholz durch die graue Schicht. Als ich zu ihm trat, wallte die Staubwolke zurück und verging wie Schaum am Strande, und vor mir lag ein Pfad, schimmernd wie Mondenlicht auf einem See. Und ich sprach zu ihm: «Auf Erden bautest du dir dein eigenes Grab, doch nicht für deinen Leib, sondern für deinen Geist, denn im Geist hast du darin gewohnt. Jetzt aber ist die Zeit gekommen, da du frei bist.»

Dann nahm ich ihn bei der Hand und führte ihn aus dem Kerker, den er sich selbst geschaffen, und wies ihm den Ort auf Erden, wo er wiedergeboren würde: ein Eiland, wo weiße Klippen aus dem Meere ragen und welches da heißt «Die weiße Insel». Und ich verkündete ihm, daß er dort wenig finden werde, was ihn der Wirklichkeit entfremde oder an solches gemahne, was er früher über das Maß geliebt. Sein Herz dürstete nach Weisheit, er aber wähnte, es sei dies der Durst des Leibes. Damit er ihn stille, reichte ich ihm Wasser in einem irdenen Becher, und da er getrunken, zerschellte er den Becher, auf daß er nicht sein Herz daran hänge.

6 Die Erbärmlichen

Dann ging ich zu der Stätte, wo jene weilen, welche auf Erden nicht die wahren Götter erkannten, sondern ein blindes Abbild der Ungerechtigkeit anbeteten, welches sie «das Schicksal» hießen. Hier führt sie nicht der eigene Wille, sondern es lenken sie die Zügel ihres eigenen Trugbildes.

Unter ihnen gibt es solche, die Hungersnot fürchten. Und obgleich die Kornspeicher gefüllt sind und ihre schlafenden Leiber wohlgenährt, gleichen sie hier Gerippen; und um sie verstreut liegen leere Getreidemaße, und selbst ihre Wasserkrüge sind rissig und geborsten.

Und es gibt dort auch jene, welche auf Erden nur von leichtem Fieber befallen sind. Hier aber werden sie von schrecklichen Krankheiten geplagt, von denen sie gehört oder die sie gesehen haben, und verbringen ihre Nächte keuchend im Todeskampf, den allein ihr eigener Wahn schuf.

Und auch jene gibt es, die den Tod in der Schlacht fürchten, wiewohl in ihrem Lande Friede herrscht. Ihre schlafenden Leiber liegen geborgen auf den Ruhebetten im eigenen Heim, dennoch spüren sie Nacht für Nacht, daß Pfeile sie durchbohren, und vermeinen, ihr Schädel berste unter den Streitkolben der Feinde.

Und es gibt andere, die auf Erden reichlich bewässerte Äcker mit üppiger Saat besitzen und fette Rinder, denen die Milch aus schweren Eutern spritzt. Hier aber ringen sie die Hände über ihre kargen, verdorrten Felder oder über ihr krankes Vieh, das im Stall verendet.

Zu allen diesen ging ich und sagte ihnen, daß sie nicht weniger grausam seien gegen sich selbst denn ein Schreiber, der sich die rechte Hand abhackt, oder ein Gärtner, der seine schönsten Pflanzen ausreißt. Und ich offenbarte ihnen, daß sie diese Wirklichkeiten, welche sie peinigten, allein aus ihrer eigenen erbärmlichen Angst schüfen und daß sie sich den Zugang zu dem weisen Mitgefühl der Götter allein durch die Schranken des eigenen Wahns verwehrten.

Wenige nur lauschten meinen Worten, doch sprach ich zu einem, der seit Jahren allnächtlich den Tod erlebte. Auf Erden war er Soldat in der Grenzfestung von Na-kish und befand sich gerade auf einem Feldzug in den tiefen Wäldern des Südens. Da ich wußte, daß das Zwergvolk sein Lager umzingelt hielt, sagte ich ihm, daß er sogleich auf die Erde zurückkehren solle, um seine zwanzig Gefährten durch einen engen Hohlweg zum Fluß hinunterzuführen, wo sie dem sich schließenden Netz entschlüpfen könnten. Ich legte ihm die Hände auf die Schultern und sprach: «Es wird dich der erflehte Mut beflügeln, und nicht länger wirst du dieses Schattenland aufsuchen, denn du wirst zu der Schar der Tapferen zählen.» Und seine Augen, in denen der Schrecken stand, wurden ruhig, und er kehrte in seinen Körper zurück und entschwand meinen Blicken. Ich aber wußte, daß die Zeit für seine Rückkehr aus der irdischen Verbannung gekommen war, ehe die Sonne sich über Kam senkte, und daß er im Sterben von seiner Furcht frei sein und kläräugig und kühn hinauswandern würde in das Licht.

Darauf sprach ich zu einem Mann, welcher den Schmerz und die Krankheit fürchtete; ihm sagte ich, daß er nicht länger an die eigene Bresthaftigkeit denken, sondern alle Leidenden und Krüppel um sich scharen solle, die seinen Pfad kreuzten. Denn leiste er denen Hilfe, die ihrer wahrhaft bedürften, könne er den Mut jener erringen, die, wiewohl heimgesucht von Schmerzen, die Luft dennoch nicht mit Wehklagen erfüllten, sondern lächelten in ihrer Tapferkeit.

Und einen Reichen, der zu verhungern fürchtete, ermahnte ich, nicht länger seine Kornspeicher zu hüten, sondern seinen Überfluß mit den Armen zu teilen. Denn tue er dies, könne er der Zufriedenheit jener teilhaftig werden, die er speiste, und also lernen, daß es besser sei, hungrig auf dem Stroh zu liegen und Erquickung jenseits der Erde zu suchen, als in steter Furcht vor dem Verhungern zu leben und diese Qualen im Schlaf zu erleiden.

Diese drei waren es, die mir lauschten, doch die anderen verschlossen sich meinen Worten und ersehnten den Mut nicht, der ihnen die Freiheit geschenkt hätte. Also verblieben sie bei den Erbärmlichen, die in den Kerkern ihrer eigenen Einbildung schmachten müssen.

7 Das Haus der Götter

Dann sah ich vor mir den Palast der Prächtigen Pfeiler, und er erstrahlte von Licht, als wäre er aus Alabaster, durchglüht von lebendem Feuer.

Davor standen zwei riesige Löwen, ihren irdischen Brüdern so überlegen an Größe und Wildheit, wie diese den jungen Katzen, und sie überragten mich weit, als hätte ich die Größe einer Feldmaus. Ich wußte, daß ich ihnen ruhig und unberührt und ohne Hast nahen und daß in meinem Herzen der Frieden wohnen mußte, denn sie kannten es; und kühn mußte ich sein in meiner Stärke und ohne Furcht. Und da ich auf sie zutrat, ragten sie nicht länger hoch über mir auf, sondern wurden wie irdische Löwen, und als ich zwischen ihnen hindurchschritt, kauerten sie sich zu Boden, fügsam wie die jungen Löwen in meines Vaters Zwinger.

Ich schritt die Stufen empor und durch die Säulenreihe der Terrasse unter dem gewaltigen Gesims. Und vor mir stand der Hüter der Pforte und gebot mir zu lesen, was auf dem Sims geschrieben stand. Da ich meinen Blick hob, war es von glattem Stein, doch plötzlich loderten dort feurige Schriftzeichen, und ich las: «Friede, Wahrheit und Weisheit sind eines, und von ihnen erstrahlt das Ewige Licht, welches keinen Schatten wirft.»

Da taten sich die Flügel des Tores auf vor mir.

Und ich sah viele seltsame Dinge, doch erschienen sie mir nicht fremd. Ich sah Dinge, welche mein irdisches Auge nie geschaut, und doch waren sie mir lieblich vertraut. Denn an diesem Ort war ich wie ein Baum, der sein Wachstum kennt durch die Jahre, und nicht nur wie ein Blatt an einem Zweig.

Ich betrat eine große Halle, wo viele an einer langen Tafel saßen, die weiß war wie polierter Stein, wie Perlmutt, wie Elfenbein und doch keinem von diesen glich, denn sie schimmerte von Licht. Es schauen die Wächter darauf wie auf einen leuchtenden Spiegel und erblicken jeglichen Ort auf Erden.

Und es sind diese Erhabenen bar aller Gestalt, wie wir sie kennen, und doch erschienen sie mir als Menschen. In ihrem Antlitz ist die Weisheit des Alters und der Glanz der Jugend, und sie sind weder Mann noch Weib, doch ihrer ist die Schönheit, ihrer ist die Stärke, ihrer ist die Einsicht beider in einem einzigen.

Und hier ist alles Licht, welches da ist ein lebender Stoff.

8 Die Stätte der Aufzeichnungen

Dann kam ich zu der Stätte der Aufzeichnungen, wohin die Hüter der Großen Waagschalen des Tahuti diejenigen Menschen führen, welche ihre Vergangenheit nicht selbst schauen können. Hier zeigen sie ihnen die Dinge, die in ihre Zukunft hineinstrahlen, auf daß sie erkennen, was sie aus eigenem freiem Willen tun müssen, um Tahutis Waagschalen im Gleichgewicht zu halten.

Es gleicht diese Stätte einer großen Audienzhalle, und ihre Wände sind von klarem Weiß. Diejenigen aber, welche hierhergesandt werden, sehen alles wie einen irdischen Verwahrungsort für Urkunden, in der Form, wie sie einen solchen aus ihrem eignen Lande kennen.

Etliche sehen dort Tontafeln, anderen erscheinen diese Aufzeichnungen auf Blättern von Gold oder in bunten Farben auf Pergament geschrieben, und wieder andere sehen sie wie Papyrusrollen oder Inschriften auf einer Tempelwand. Doch in welcher Form diese Aufzeichnungen ihnen auch

DIE STÄTTE DER AUFZEICHNUNGEN

erscheinen, stets finden sie eine darunter mit dem eigenen wahren Namen, und nichts anderes können sie lesen. Halten sie diese Urkunde in den Händen, lesen sie, was sie zur Beschleunigung ihrer langen Reise wissen müssen, allein sie sehen es nicht in Schriftzeichen, sondern in einer Vision wie in einer Seherschale oder wie die Schlaf-Erinnerung, doch klarer als diese beiden.

Und ich sah einen alten Mann des Drachenvolkes. In den Händen hielt er eine Platte aus weißem Jade, und darauf schaute er sich selbst, wie er in seinem früheren Leben gewesen war, da er als Sohn eines Gärtners die Päonien seines Herrn zu pflegen hatte. Es schmerzte ihn sehr, ihre Blütenblätter fallen zu sehen, und er sehnte sich danach, ihre Schönheit auf Seide zu bannen. Sein Herr wußte von seinem Verlangen und nahm ihn zu sich ins Haus und ließ ihn in der Kunst des Schreibens unterweisen. Dieser Knabe ist in seinem jetzigen Leben ein reicher Mann, und sein Haus beherbergt viele Dinge von großer irdischer Schönheit, Dinge aus Jade und Elfenbein, Dinge aus Chalzedon und Bronze und Dinge aus dem zerbrechlichen Porzellan, welches glatt ist wie Öl. Der Mann aber, welcher einst sein gütiger Herr war, ist nun arm und arbeitet in den Reisfeldern. Und der, welcher auf der Jadeplatte las, wird ihm am nächsten Morgen auf dem Weg zum Tempel begegnen, und sie werden über die milde Philosophie plaudern, der sich diese Menschen verschrieben haben. Und gemeinsam wandern sie heim und vergessen, daß der eine einen bestickten Rock und der andere einen blauen Baumwollkittel trägt, und also wird ihre Freundschaft neu erblühen.

Dann sah ich eine Frau, die unfruchtbar war. Ihr wurde gezeigt, daß sie einst ein Kind gebar, welches starb, da es sechs Jahre zählte. Am nächsten Morgen aber, wenn man sie in ihrer Sänfte durch die Straßen trägt, wird sie einen kleinen Knaben im Staube spielen sehen, und wenngleich sie ihn nicht erkennt, wird ihr Herz sich ihm in großer Liebe zuneigen. Und wenn sie dann erfährt, daß seine Eltern tot sind und er bei einem Oheim lebt, einem geizigen Silberschmied, wird sie dem Alten einen Beutel mit Gold geben und das Kind zu sich nehmen. Und sie beide werden glücklich sein, denn der Sohn, welcher ihr vor zweihundert Jahren starb, kehrte zu ihr zurück.

Dann sah ich einen Knaben, der in seinem vorigen Leben gefoltert worden war, damit er einen Freund verrate. Aber es hatte sein Leib über seinen Willen triumphiert, und er hatte gegen sein eigenes Herz gesprochen. Und es hatte dieser Verrat seine Tage verdüstert, denn nun wußte er, daß er ein Feigling war. In diesem Leben ist er der Sohn eines Ziegenhirten in Minoas, und er ist glücklich in seinem beschiedenen Dasein, das so friedlich ist wie die Weide, über die er wandert. Doch eines Tages wird er aufbrechen zu dem Hof der Heiligen Stiere, und dort wird er lernen, seinen Leib dem Willen untertan zu machen, so daß er ihm ohne Furcht gehorcht, bis die Tapferkeit ihn als ihren Sohn erkennt und ihm ihr Zeichen auf die Stirn schreibt.

9 Die Stätte des Wetters

Dann kam ich zu der Stätte, von wo aus das Wetter auf Erden gelenkt wird.

Gemäß dem Willen ihres Herrn entrollen hier die brüllenden Donner ihre Feuerbänder, und die tosenden Stürme rasen durch das Himmelsgewölbe und beugen große Wälder gleich Grashalmen und mahnen das Menschengeschlecht, eingedenk zu sein der Geißel in Wadons Hand.

Hier hausen die Winde, die den Tiefen der Ozeane zurufen, sich aus ihrer Ruhe zu erheben und sich gleich Berggipfeln aufzutürmen bis zu den sturmgepeitschten Wolken, die den Sterblichen Ras Antlitz verhüllen.

Hier wohnt der ·Friede des schläfrigen Sommerwindes, der die Meere des reifenden Korns kräuselt; und es wohnt hier auch die junge Frische der Abendbrise, die den Aufgang des Sommermondes kündet.

Hier weilen die Meere und Seen, verwandelt zu Regen, der sein silbernes Leben über die Erde schüttet, und die Quellen der Brunnen und Bäche, der Erwecker von Blumen und Gräsern im Ödland.

Hier harren die schwellenden Segel der dunklen Wolken, die Erde in schwermütigen Regen zu hüllen, und die Morgennebel, die sie vor der Sonne verbergen, wie ein dichtes Rebendach zur Mittagszeit.

Hier weilt in seinem kristallenen Panzer der Schnee, der die Unvollkommenheit der Erde in das Weiß hüllt, worin alle Farben schlummern, um wieder zu erwachen, wenn die Sonne sie weckt.

Und hier hockt auch der leise Tod der schleichenden Kälte, die das pochende Herz der Erde in den riesigen Sarkophag aus Eis zur Ruhe bettet, aus welchem es sich jedoch neugeboren erhebt, lüftet Ra den Deckel.

10 Die Stätte der Melodien

Dann kam ich zu der Stätte der Melodien.

Hier, inmitten der Vollkommenheit schöner Klänge, ist die Freude des Hörens tausendfach verstärkt, und mich erfaßten die erhabenen Harmonien, wie das Wasser erfaßt wird vom Sehnen des drängenden Flusses nach schaumgekrönten Gipfeln und teilhat an den sprühenden Schleiern sachte plätschernder Kaskaden und an der Stille des Teiches im Mondenschein.

Auf Erden erklingt nur ein schwaches Echo dieser Harmonien. Hier aber singen die frostigen Stimmen der Steine durch die Klüfte der Nacht im kalten Glanz von Unermeßlichkeiten; und Triumphgesänge, lodernd wie die Sonne, brechen hervor mit übermütiger Gewalt wie prasselnde Brände; und die Weisen, mit denen die Mütter ihre Kinder in den Schlaf wiegen, sind lieblich wie die Schattenspiele der warmen, duftenden Dämmerung. Und es erklingt hier auch die Melodie im Herzen aller Liebenden, die sich durch die Zeiten sehnten, die Geliebte mit silberbesaitetem Entzücken zu preisen. Und die still rinnenden Tränen des Grams wandeln sich zu glitzernden Seufzern des Sommerregens.

Hier rauschen unerahnte Kaskaden von Tönen majestätisch dahin in verschlungenen Mustern aus Türkis, Violett, Blau und Rosa, aus Gelb, Zinnober, Amethyst und Grün und entrollen das Gewebe des himmlischen Gesanges.

Hier sprudelt der Quell, dem alle Musik entströmt. Es sprühen jedoch nur wenige Silbertropfen hinab zur Erde: ein paar gleitende Töne auf den Saiten einer Harfe oder Laute, das zitternde Lied aus der Kehle der Nachtigall, das den Duft der schlafenden Blumen weckt.

Hierher kommen die Musikanten in ihrem Schlaf und flehen, die Erinnerung möge sie nicht verlassen, wenn ihr Leib erwacht; und auf Erden weinen sie dann über die Schattenklänge, die die irdischen Instrumente allein zu geben vermögen. Denn selbst tausend Flöten ein Echo von der wahren Musik in ihrem Glanz entlocken zu wollen, wäre, als trachte ein Fischer, das goldene Gleißen der Sonne mit seinem Netz einzufangen.

O Sänger, so du weise bist, bleibe dieser Stätte fern! Denn es könnte sein, du flehtest hernach zu Ptah: «Laß mich taub sein auf Erden, auf daß ich in der Stille meiner leiblichen Behausung den Erinnerungen lauschen kann.»

11 Die Stätte der Wohlgerüche

Dann kam ich an den Ort, wo die Wohlgerüche all ihre Harmonien entfalten.

Hier weilt der dunkelrote Duft der Rosen, der schläfrige Duft der Bohnenfelder in der Dämmerung, der sanfte Tod des Herbstes in tiefen Wäldern und die reine Frische gepflügten Ackerlandes nach dem Regen.

DIE STÄTTE DER WOHLGERÜCHE

Der traute Rauch des Herdfeuers, die würzige Kraft des Brotes im Backofen, das unirdische Grün frischgemähten Grases und die mondberauschte Süße der Nachtviolen.

Die Wärme bienenumsummten Klees, der schläfrige Frieden der Zitronenhaine, die schwüle Liebkosung der Tuberosen und die kühle Strenge der Bergblumen.

Die gelbe Innigkeit der Primeln zur Mittagszeit, der frische Hauch rinnenden Wassers, die verlorene Trauer des Flußnebels und die reine Weiße von Leinen und Schnee.

Die staubige Weisheit der Papyrusrollen, die warme Würze von Zedernholz und Myrrhe, die heiße Heftigkeit des Nardenöls und die halbvergessenen Träume getrübten Silbers.

Die klare Schärfe der Zitrone, der Liebesjubel der Orangenbäume, die Schwermut der Winternächte und der Hyazinthen azurenes Echo des Lenzes.

Der salzige Reiz windzerstäubten Schaumes – dieses wanderlustigen Boten des Meeres –, der zarte Hauch sonnengedörrter Blumen und die stille Ergebenheit der Felder unter der Mittagssonne.

Der betaute Purpur frischgeernteter Trauben, das lachende Aroma von Bier im Krug, der erregende Stachel des Pferdeschweißes und die stolze Pracht einer Löwenmähne.

Die beißende Schärfe eines Kupferschwertes, das kühne Flackern der Fackeln im Wind, der Moschuspomp der Zeremoniengewänder und die Herbheit des Erdpechs.

Und es vermögen hier die Nüstern unsere Herzen zu entzücken, bis daß wir die Farben vergessen und taub sind den Klängen.

12 DIE STÄTTE DER GEBETSERHÖRUNG

Dann gelangte ich zu dem Ort, wo die wahren Gebete erhört werden, wenngleich die Zeit ihrer Erhörung auf Erden noch nicht gekommen ist.

Hier speisen solche, in deren Land Hungersnot herrscht, bis daß ihr Hunger gestillt ist; und die in sengender Hitze Schmachtenden löschen hier ihren Durst an kühlen Brunnen.

Hier sitzen die Weiber, die über ihre Unfruchtbarkeit weinen, nicht länger mit leeren Armen, denn auf ihrem Schoß ruht ein Säugling; und hier werden verlassene Kinder umhegt und gedeihen in der Liebe.

Hier sehen die Blinden durch den dunklen Vorhang ihrer Lider, und die Tauben hören liebliche Weisen und lauschen der Stimme des Freundes.

Hier frohlocken die Lahmen im schnellen Lauf, und den Stummen gleiten die Worte leicht über die Zungen.

Hier halten Kinder ihre Spielsachen in den Händen, und sie sind nicht länger zerbrochen; und zu ihren Füßen sitzen ihre entlaufenen Lieblingstiere.

Hier legen die Wüstenbewohner schöne Gärten an, wo während einer einzigen Nacht dem Boden Blumen entsprießen; sie ruhen unter schattenspendenden Bäumen, die sie selbst pflanzten; und jene, die im Walde von der Nacht überrascht wurden, sitzen im Kreise der Freunde am Lagerfeuer.

Und solche, die auf sturmumtosten Schiffen schlafen, wiegt hier das sanfte Geplätscher der ruhigen See; und Schiffe, die auf den weiten Meeren in Not gerieten, durchfurchen die Wogen im auffrischenden Wind.

Hier schaut der sich mühende Bildhauer seine Statue in ihrem Glanz, unbeschädigt von seinem plumpen Meißel; und der Musiker spürt, wie die Saiten seiner Harfe unter den Fingern schwingen, gleich den Halmen des Kornfelds im Nordwind.

Hier wandelt sich Kummer in Frieden und Furcht in Ruhe. Hier erkennen die Liebenden, daß weder Tod noch irdische Trennung sie scheiden konnten, denn hier weilen sie beieinander, ihren Herzen zur Freude.

13 DIE LEHRER

Dann kam ich zu der Stätte der Lehrer. Hier werden diejenigen unterwiesen, die Kinder im Geiste sind und die auf Erden nicht wissen, weshalb sie dort weilen und zu welchem Ziel ihre Reise führt.

Und ich sah einen Strand am tiefblauen Meer und Palmenbäume von anderer Art als die unseren mit großen rauhschaligen Früchten zwischen den Blättern. Das Volk dort ist kupferhäutig und schön; den Frauen fällt das Haar herab wie ein Mantel, und sie schmücken sich mit Blütengirlanden und Kränzen. Einer, der ihnen an Gestalt gleicht, auf daß sie ihn als ihren Ratgeber erkennen, spricht zu ihnen. Er sitzt unter einem ragenden Baum, der hinter einem Riff am stillen Wasser wächst, wo scharlachrote, violette, grüne und goldene Fische durch die schimmernde See huschen wie fliegende Vögel durch die blauen Tiefen des mittsommerlichen Himmels. Er erzählt ihnen von Schönheiten anderer Art, welche ihrer harren, wenn sie auf der Fahrt in dem Großen Kanu, getrieben von den Paddeln ihrer vielen Leben, über die Grenzen der Meere gelangen und sich Triumphgirlanden aus den Blumen einer anderen Welt binden werden, einer Welt, deren Widerschein die Wolken bei Sonnenuntergang färbt.

Und ich kam zu einer Insel im Westen, wo ein großer, schneegekrönter Berg in die Wolken ragt, den das Volk dort für die Wohnstätte der Götter hält. Es blühen hier viele Mandelbäume und andere, die Blüten tragen, weiß wie Schnee. Hier erscheint der Lehrer in Gestalt eines Mannes, der schwer ist von Erdenjahren, aber die heitere Ruhe der Weisheit auf der Stirn trägt. Sein Antlitz ist von der Farbe dunklen Elfenbeins und sein Mantel aus safranfarbener Seide, bestickt mit grünen und silbernen Blumen. Und er ermahnt die, welche bei ihm im blütenduftenden Schatten sitzen, nicht der Pracht des Tempels zu gedenken, wiewohl seine Dächer golden glänzen und der himmlische Drache silbergezähnt ist, sondern allein den Worten der Wahrheit zu lauschen, denn besser sei es, aus einer hölzernen Kumme Reis zu essen, denn Gift zu trinken aus einem Jadebecher.

Und ich kam zu einem anderen Ort auf Erden. Dort braust ein mächtiger Wasserfall, dessen brandender Rhythmus durch eine Schlucht hallt, wo die Felsen in den flammenden Farben der Morgendämmerung aufwärtsstreben und mit dem Himmel Zwiesprache halten. Den Bäumen entströmen würzige Düfte von kostbarem Harz und süßbrennendem Holz, und ihre Stämme stehen wie Säulenreihen. Die Menschen hier haben Gesichter wie die unseren, doch mit schmaleren Lippen und von dunklerer, kupferfarbener Haut. Sie leben in Höhlen und jagen den Fisch im Fluß mit dem Speer, und ihre Nahrung kochen sie auf offenen Feuern, doch ihre Weisen offenbaren das stolze Erbe von Königen. Ihre Krieger tragen im Haar eine rote Feder, doch hat diese für sie eine andere Bedeutung als für uns in Kam, denn bei ihnen kündet sie: «Einer, der sich nicht der Furcht beugt». Versagt einer, der sie trägt, bei einer Mutprobe, muß er den reißenden Stromschnellen in seinem zerbrechlichen Kanu trotzen, und steuert er es glücklich durch die umbrandeten Klippen, heißt sein Stamm ihn wieder willkommen. Reißen ihn jedoch die Wasser hinab, steht es ihm frei, sich den mächtigen Jägern ihres Geisterlandes zuzugesellen.

Hier ist irdischer Mut gehärtet zu scharfer Schneide, und gleich zählt es, ob man ihn errungen durch Erklimmen steiler Felsen oder im Zweikampf mit dem Kühnen eines anderen streitbaren Stammes. Und durch ihre körperliche Schulung stärken sie auch ihren Willen. Derjenige, welcher sie unterweist, trägt eine gelbe Feder als Sinnbild der Weisheit, die ihnen von jenseits der Erde gebracht wurde. Und wenngleich sie keine Priesterschaft haben wie wir, leben unter ihnen etliche, die wir Anubispriester heißen würden, denn durch Träume offenbaren sie ihrem Stamm die Weisheit. Und jedesmal, wenn sie Erinnerungen zum Wohl ihres Stammes zurückbringen, dürfen sie ihrer Feder eine neue hinzufügen, und es reicht der Federschmuck ihrer

Ältesten und Weisen und Häuptlinge fast bis zum Boden hinab.

Dieses Volk kenne ich wohl, denn unter ihm habe ich einst gelebt, wenn auch die Jahre seither zu einem Meer anschwollen. Dann gelangte ich zu der Weißen Insel, wo die Menschen viel von der Weisheit kennen. Hier lauschen viele den verkündenden Worten, denn sie werden auch auf Erden unterwiesen von Lehrern, welche aus einem Ort namens A-vey-baru kommen, wo die Priester unseren Anubispriestern gleichen. Ihre Tempel sind umfriedet von breiten Gräben und die Mauern errichtet aus gewaltigen rohen Felsblöcken, die aneinandergefügt sind durch Holz und gekalkten Lehm. Und mit solcher Ehrfurcht gedenken diese Menschen ihrer Tempel, daß sie sie auch im Schlaf aufsuchen, um die Wahrheit zu trinken.

Hier sind die Jahreszeiten schärfer getrennt als bei uns. Da ich dort weilte, war gerade die Zeit, da das Land in den kalten Schlaf versank. Die tiefen Wälder, die alle schwellenden Hügel bedeckten, trugen Laub, das nun, ehe es die Äste entkleidete, gleich den im Feuer schimmernden Kupferschilden glühte; und auf den Pfaden häufte sich das raschelnde Gold, das die Scholle vor dem bitteren Wind schützt. Und da ich schaute, wechselten die Jahreszeiten, und die winterlichen Bäume warfen Muster an den Himmel, verschlungener als die Zeichen eines Schreibers; und grüne Nebel wallten über sie hin und krochen die Täler entlang und die Wälder und leckten die Zweige wie mit grünem Feuer, bis daß die Bäume ihre neuen Blätter entfalteten und der Sommer sein schattiges Laubdach spannte.

Wenig weiß das Volk dort von menschlicher Kunst, doch erkennen sie die Schönheit ringsum, und statt Harfen und Flöten lauschen sie den Singvögeln, die in den Lüften schweben wie auf den Sprossen ihres himmlischen Gesanges.

Hierher gelangen viele, denen die Wirren des Lebens den Pfad versperrten, denn hier ist nichts, das ihr Sinnen störte: weder gemeißelte Tempel noch Standbilder von Göttern, weder Tänzerinnen noch Palastfeste noch Wein. Sie nahen ihren Göttern in Schlichtheit und in dem Schweigen ihrer belaubten Haine, und in der Schönheit der rauhen Stämme und Zweige schauen sie sie deutlicher als in den Werken großer Bildhauer.

Hier sind keine Schranken errichtet, weder die des Ranges noch die des Reichtums, denn ein jeder wird beurteilt nach seinem Wissen. Und die, welche noch zu jung sind, um Erkenntnis ihr eigen zu nennen, vertrauen sich der Führung ihrer Priester an, gleichwie glückliche Kinder denen folgen, die sie lieben.

14 Das Land des Friedens

Dann kam ich in das Land des Friedens, wo diejenigen wohnen, welche die einst auf Erden gesäte Freude ernten.

Hier weilen Menschen aller Zeiten und aller Völker, deren Herzen mit der Feder der Wahrheit geboren wurden und die durch Tahutis Pforte eingingen in die Freiheit.

Hier im Licht ihrer Seligkeit widerfährt ihnen das Glück, das sie ersehnten, bis daß sie das stärkere Sehnen ergreift: zu wandeln unter den Sternen.

Hier kosten sie aufs neue die Stunden der Freude, gekleidet in das Gewand früherer herrlicher Tage und unbeschattet von den schlagenden Schwingen des Künftigen und frei von den Sorgen des Vergangenen.

Unter ihnen sind solche, die vor Zehntausenden von Jahren, ehe Atlantis versank, zum letztenmal auf Erden wiedergeboren wurden; und andere sind dort, die in ihrem wohlverdienten Frieden ruhen, bis sie dereinst aufs neue das Schwert ergreifen müssen.

Hier erstrahlt die Schönheit, wie sie der Maler erträumt, unbeengt durch die Grenzen von Holz und Farbe. Hier erheben sich Tempel mit Dächern aus Gold und Jade, wie sie das ferne Drachenvolk zu bauen ersehnt.

Hier segelen Schiffe auf weiten Meeren, und günstige Winde treiben sie zu den Gestaden im Westen, nach denen nun längst verstorbene Matrosen suchten, die von ihrer würzigen Luft träumten und nicht ahnten, daß solche Schönheit nicht von dieser Welt ist.

Hier tun sich den Schwimmern die Geheimnisse des Meeres auf, denn hier gleiten sie mit den Fischen durch die schimmernden Tiefen und schauen die Schönheit der Korallenhaine.

Hier lebt ein Mann, der sich wünschte, gleich einem Vogel mit entfalteten Schwingen in der Luft zu ruhen. Und hier fliegt er dahin mit der Schnelligkeit des Schwanes und erhebt sich über die aufgehende Sonne im kühnen Flug des Adlers.

Hier sah ich auch Menschen, wie ich sie auf Erden nicht kenne, wiewohl ich einst in ihren fernen Ländern weilte und mein Leib den ihren glich. Denn einst lebte ich in dem alten Atlantis und dem noch älteren Land, und hier sind sie mir vertraut wie Kam.

15 Ishtak

Dann aber stand ich allein, und mir entgegen trat Ishtak, welcher vor fünftausend Jahren seine Anhänger den Weg Sets geführt hatte.

Einst waren wir Brüder gewesen. Als wir aber einander das letztemal auf Erden begegneten, war er ein mächtiger Priester in der südlichen Provinz von Atlantis. Er entsann sich damals unserer alten Freundschaft, und wäre ich ihm gefolgt, hätte er mir ein großes Reich geschenkt. Ich aber wußte, daß er seine Macht nicht im Dienste des Lichtes ausübte, sondern wider es. Also hörte ich nicht auf ihn und schloß mich einer Bande umherstreifender Soldaten an, die mit der Gewalt ihrer Schwerter viele vor der Tyrannei der Priester beschützten. In jenem Leben wurde ich noch jung an Jahren in der Schlacht getötet, und wiewohl meine Knochen dort bleichten, wo mein Leib fiel, starb ich in Freiheit.

Als Ishtak mich damals versucht hatte, seiner Schar zu folgen, hatte ich ihm erwidert, daß dereinst die Zeit kommen werde, da auch ich mächtig sei, und daß ich ihn dann zum Kampfe fordern und durch meine Stärke zwingen würde, zum Licht zurückzukehren.

Nun war diese Zeit da. Übertraf er mich in diesem Streit an Stärke, dann würde mein Leib sterben, obsiegte ich aber, dann mußte er seine Schar aus dem Dunkel führen.

Wir standen einander gegenüber in unserer einstigen Gestalt. Er als Koloß, das Gesicht stolz und starr wie aus Granit, die Haut dunkel wie eine blaue Weinbeere, und in einem Purpurmantel, bestickt mit schwarzen und blutroten Zeichen, ich aber als Jüngling und Angehöriger des rotbraunen Volkes in einem Kittel von der scharlachroten Farbe der Krieger und mit dem goldenen Stirnband eines Hauptmanns.

Und wir bekämpften einander nicht mit dem Schwert, sondern einzig mit dem nackten Willen, und standen allein auf einem Felsgipfel, einer einsamen Klippe im umwölkten Meer des Nichts. Hinter ihm aber reihten sich seine Heerscharen, um zu sehen, wie ihr Herr für sie stritt; ich aber nahm sie wahr als dunkle Gewitterwolken. Hinter mir aber leuchtete ein Pfeil von scharlachrotem Licht durch die leeren Tiefen des Weltenraums.

Also stand ich im Universum und rang mit dieser ungeheuerlichen, finsteren Macht. Und wiewohl ich meinen Willen gegen ihn schleuderte wie Blitze, zuckten seine starrenden Augen nicht. Vergangenes und Künftiges waren mir entschwunden, und da war nichts denn das ewige Jetzt unseres Kampfes. Ich glaubte meine letzte Widerstandskraft erschöpft und wußte nichts von Göttern noch guten Kräften. Ich war allein. Dennoch mußte mein Wille standhalten und durfte sich dem seinen nicht beugen. Und wiederum schoß ich meine flammenden Pfeile ab, der weißglühenden Drohung seiner Blicke zu begegnen.

Und es flackerte der grelle Purpurschein, der von ihm ausging, und färbte sich tiefer, und Lichtpfeile spalteten die Wolkenmassen hinter ihm. Und dann, bei dem letzten lodernden Ansturm meines Willens, wankte er und stürzte wehrlos zu meinen Füßen nieder.

Nun sah ich ihn als Knaben, so wie er einst war, da wir Brüder gewesen. Und obgleich ich wußte, daß er nur zur Erde zurückkehren mußte, war mir, als liege er im Sterben durch meine Schuld. Auf Erden wird er sich in Demut üben, und ist sein Stolz dereinst geläutert zu reiner weißer Flamme, dann wird auch er in Herrlichkeit weilen im Licht.

Ehe er meinen Blicken entschwand, gab er seinen Gefolgsleuten den letzten Befehl. Er hieß sie umkehren und den Weg wandeln, den die Hohen Gebieter der Erde ihnen bestimmt hatten. Und die Wolken trieben von dannen, und vor mir lag eine weite Ebene, über die Ishtaks Heerscharen den Weg in ihre Verbannung wanderten.

16 Die sieben grossen Prüfungen

Dann unterwarf ich mich den sieben großen Prüfungen.

Nicht länger konnte ich nun mit jener Weisheit, die mir meine lange Wanderung beschert, über das Meer der Zeit schauen. In dieser Erprobung meines Willens würde ich an das Jetzt gefesselt sein, eingeengt durch irdische Begrenzungen und eingehüllt in irdische Ängste.

Vor mir sah ich einen weiten Sumpf, dessen wabernder Schlamm die Augen und Nüstern und Münder derer füllte, die dort versunken waren. Aus der schwarzen Oberfläche ragten Knochenarme empor mit Krallenfingern, die in Verzweiflung erstarrt waren; und aus der schwärzlichen Tiefe brachen stinkende Blasen, der sterbende Atem jener, die der Morast verschlungen. Büschel welken Schilfs schwammen dort, und als ich darauf trat, versanken sie unter mir, eingesogen vom Schlamm. Allein durch die Kraft meines

Willens wurden meine Schritte leicht, so daß ich das nächste Büschel erreichte, bevor das erste versank. Es dehnte sich der Sumpf vor mir, soweit mein Auge reichte, und endlos währende Zeit mühte ich mich dort. Endlich spürte ich festen Boden unter den Füßen, und nun wußte ich, daß ich die erste Prüfung bestanden hatte.

Und vor mir in einer Felswand tat sich eine Grotte auf, und von dort führte ein Gang steil hinab in die Finsternis, wo Schwärme von Fledermäusen mich mit ihren ledernen Flügeln umschwirrten. Und steiler ging es den Schacht hinab, der erhellt war von dem Phosphorschein menschlicher Leiber, deren verwesendes Fleisch die Luft schwer machte von widrigem Gestank. Der Schacht verengte sich, und ich mußte kriechen, bis daß ich platt auf dem Boden lag und meinen Körper nur vorwärtsziehen konnte, indem ich die Finger in das Gestein krallte. Also wand ich mich vorwärts in Finsternis, die schwärzer war denn die des Grabes, und wähnte mich dort auf ewig eingekerkert unter dem zermalmenden Panzer des gewaltigen Gebirges. Und die Zeit stand still und war doch wie die Ewigkeit. Da versperrte mir ein Felsblock den Weg, allein mein Wille trieb meine verzagenden Hände an, und erst als meine Finger wie Stümpfe zersplitternder Knochen waren, wich der Fels. Und ich trat hinaus ins Freie und wußte, daß ich die zweite Prüfung bestanden hatte.

Dann stand ich vor einem lodernden Feuerfeld, und die Luft war schwarz vom Qualm versengenden Fleisches. Zwischen den prasselnden Säulen gieriger Flammen sah ich verkohlte Leiber sich in Qualen winden, und da ich der Pein gedachte, die diese Menschen erlitten, war mir, als berste meine Haut durch die Lohe und lege meine Knochen bloß, schwarz im verkohlten Fleisch. Doch ich schritt in diesen Tumult züngelnder Flammen hinein, und sie teilten sich vor mir, wichen zurück und erloschen, wie wenn ein Grasbrand den Strom erreicht. Und ich wanderte weiter auf einem Pfad von schwelender Asche, aber die Glut rötete meine Füße nicht von Blut. Schließlich spürte ich den kalten Hauch von Wind, und die Stimme des Feuers erstarb. Ich hatte die dritte Prüfung bestanden.

Und vor mir lag ein breiter Strom, den ich überqueren mußte. Als ich auf das Wasser niederschaute, sah ich, daß es von Krokodilen brodelte. Und das Entsetzen packte mich, so daß ich nahe daran war zu fliehen, denn einst hatte ich mit angesehen, wie ein Krokodil nach einem Mann schnappte und ihn zwischen den Kiefern zerknackte wie einen Zweig. Es glitt die Reptile wie Stämme am Ufer entlang und hielten aus schwerlidrigen Augen Ausschau nach mir, und dann schossen sie auf mich zu, wie Fische im Teich auf der Jagd nach Futter. Doch kraft meines Willens ließ ich sie erstarren, bis sie dahintrieben wie eine Flotte von Flößen, und auf ihren steifen Rücken überquerte ich den Fluß. Doch es lagen nur die still, welche mein Blick zwang, die anderen aber hinter mir schlugen wütend mit ihren schuppigen Schwänzen und peitschten das Wasser in rasender Verfolgung. Als ich bereits mit Grauen ihren Atem spürte, hatte ich die Geborgenheit des jenseitigen Ufers erreicht und wußte, daß ich die vierte Prüfung bestanden hatte.

Und ich sah vor mir einen schmalen Pfad, welcher zu beiden Seiten gesäumt war von Bogenschützen. Auf dieser Straße lagen die Opfer, durchbohrt von Pfeilen, andere aber krochen im Todeskampf vorwärts und färbten den Sand mit ihrem Blut. Ich schritt zwischen diesem sirrenden Tod einher und wußte, daß ich versagt hätte und mein irdischer Leib sterben müßte, streifte mich auch nur ein Pfeil. Meine einzige Wehr war, ohne Furcht zu sein, und gelassenen Schrittes ging ich voran, während der Hauch der schwirrenden Pfeile mir heiß um die Wangen strich und sie summten wie zornige Bienen. Also wanderte ich diesen Todespfad dahin, bis daß die Luft schließlich ruhig war und ich allein stand auf einer Aue. Ich hatte die fünfte Prüfung bestanden.

Und vor mir ragte eine gewaltige Klippe auf, die sich über mir erhob bis in die Wolken, und sie war grau wie eine Gruft, in die kein Sonnenstrahl dringt. Am Fuße dieser Klippe lagen die zerschmetterten Leiber derer, die von der Höhe herabgestürzt waren, und ich wußte, daß ich diese Steilwand erklimmen mußte, die glatt schien wie ein polierter Schild. Da ich nähertrat, sah ich jedoch in der glatten Fläche Risse und Ritzen, in welchen man sich mit verzweifelten Fingern festklammern konnte. Ich mühte mich hinauf, höher und höher, und mein Körper schien mir schwerer denn Stein. Bisweilen glitt die Klippe unter meiner Hand fort, und ich hing nur noch an einem Glied meines Fingers. Meine Muskeln dehnten sich zu knirschenden Seilen aus Schmerzen, doch stetig wand ich mich höher, bis daß mir die Haut in Fetzen von den Armen hing und fleischlose Finger meine versiegende Stärke hielten. Und als ich schon spürte, daß der Sog der Tiefe über meinen Willen triumphieren würde, erklomm ich in letzter verzweifelter Anstrengung den Grat, und dort schleuderte ich mich der Länge nach auf den Boden, beglückt über diesen gesegneten Ankergrund. Und ich blickte an meinem geschundenen Leibe hinab, und er war heil. Da wußte ich, daß ich die sechste Prüfung bestanden hatte.

Und es harrte meiner die letzte Prüfung, welche für mich schwerer war als alle vorangegangenen, denn sie barg die bittere Essenz aller meiner Ängste. Vor mir öffnete sich eine tiefe Grube, und inmitten des raschelnden Gewimmels verschlungener Schlangenleiber erhob eine Kobra ihr Haupt. Vipern und Nattern wanden sich und glitten über den Boden und woben das lose Gewebe ihres giftigen Todes. Über diese ringelnden Leiber mußte ich schreiten, um die Kobra mit meinen bloßen Händen zu erwürgen. Ihre Augen glitzerten rot, und ihre gewaltige, geblähte Haube schimmerte gleich Metall. Und mir schien, als stünde ich dort eine nie endende Zeit gebannt, im Blick das nackte Grauen. Doch ich stieg in diese zischelnde Grube, und im bedrohlichen Wiegen glitten die Vipern vor mir davon. Und ich packte die Kobra hinter ihrem tänzelnden Kopf und hielt sie auf Armeslänge von mir, da sie zu stechen versuchte. Zehntausende und aber Zehntausende von Malen glaubte ich den letzten Hort meines verzweifelten Willens erreicht, und mir war, als sei die Zeit ohne Ende und die Erde erkaltet, bis das Reptil endlich unter dem letzten Anbranden meines Willens in Windungen zusammensank. Und die Grube war leer, und dort stand ich mit ihrem toten Leib in den Händen.

17 Die Beflügelte

Plötzlich erbebte die Luft von Musik, und ich war nicht länger allein in einem kalten, grauen Land. Gebadet in einen Strahl goldenen Lichts, erblickte ich vor mir Ney-seyra, und aus seiner Stimme erklang die süße Melodie der Freude, da er sprach: «Nun bist du der Beflügelten eine. Frei bist du, zu kommen und zu gehen nach deinem Ermessen, frei, zu wandern in die Grotten der Unterwelt, um sie zu erhellen, unberührt von ihren Schrecken. Liebliche Weisen vernahmst du, wo die Musik ihre Heimstatt hat, und die Schönheit schautest du in ihrem Haus des Lichts. Künde davon auf Erden, auf daß das Herz deines Volkes sich freue und die Bösen sich in Furcht abwenden von ihrem Weg, um den Pfad in die Freiheit zu wandeln.

Entfalte deine Schwingen und gleite sanft zurück zur Erde gleich einer weißen Taube, welche heimkehrt mit Botschaft von den Beflügelten.»

Also kehrte ich in meinen Körper zurück, welcher während vier Tagen und vier Nächten auf dem weißen Kalksteinsarkophag an der Stätte der Weihen geruht hatte. Meine Lider lagen schwer auf den Augen, und mein Leib gehorchte nur langsam meinem Willen, so als sei er erschöpft von langem Fieber. Dann gewahrte ich, daß Thothterra-das neben mir saß, meine Rede zu verzeichnen, und daß das traute Licht eines Öllämpchens die Schatten bekämpfte. Und es strömte die Erinnerung an das Erlebte mir zu wie das Wasser eines Flusses, und ich betete zu Ptah, daß meine Worte klar seien wie Silbertropfen.

Ich berichtete Thoth-terra-das von der Schönheit über alles irdische Begreifen, von den Melodien, die kein irdisches Ohr je vernahm, von den Farben, deren Glanz den Sonnenuntergang verblassen läßt, und von der erhabenen Ruhe, welche im Herzen des Friedens wohnt. Und ich sprach ihm auch von dem Grauen, das nicht auf irdischen Pfaden wandelt, von der Pein, die über unseres Leibes Kraft geht, und von den Tränen, die kein sterbliches Auge je zu weinen vermag.

Nachdem ich ihm diese meine Erinnerungen berichtet hatte, hörte ich Schritte durch den Schacht hallen und sah Ney-sey-ra in seiner irdischen Gestalt. Und da ich die Freude aus seinem Antlitz leuchten sah, wußte ich, daß ich mich seiner würdig erwiesen.

Ehe ich mich erheben durfte, gebot er mir zu ruhen und reichte mir einen Trank aus Kräutern und Wein; und ein Heiler kam und füllte mich mit neuer Lebenskraft, so daß die Schwere meiner Glieder mir leicht wurde.

Dann nahm Ney-sey-ra meine Hand und geleitete mich hinaus, so wie ich andere zu der Stätte der Ruhe geleitet hatte, und am Ende des Schachtes sah ich eine goldene Mauer gleißen: die Sonne über dem Lande Kam. Und es harrte meiner eine große Menge Volks, festlich gekleidet und blumenbekränzt, und zu beiden Seiten der gemauerten Rinne, welche zum See hinabführte, ragten goldene Triumphmasten mit flatternden scharlachroten, gelben und grünen Wimpeln.

Und ich stand am Steuerruder des Nachens der Zeit und führte die große Flotte zurück über den See, gleich einem Krieger, der siegreich heimkehrt. Auf dem Wasser schwammen leuchtende Blüten, und die Luft war erfüllt von dem Jubel meines Volkes, da es den Triumph der Beflügelten besang:

DIE BEFLÜGELTE

«Wir freuen uns,
denn wir wandelten in schwarzer Nacht,
und nun strahlen am Himmel die Sterne.

Wir freuen uns,
denn wir wanderten durch Wüste und Nebel,
und nun erhebt sich Ra in seinem Glanz.

Wir freuen uns,
denn uns drohten die Speere der Feinde,
und nun sind sie bezwungen, und wir sind frei.

Wir freuen uns,
denn unsere Zungen klangen dumpf in den Höhlen,
und nun singen wir auf lichten Höhen.

Wir freuen uns,
denn wir wanderten in Furcht vor Hunger,
und nun bäckt im Ofen das Brot.

Wir freuen uns,
denn wir wanderten auf steinigem Grund und dornigem Pfad,
und nun führt uns die Beflügelte zu lieblichen Auen.

Wir freuen uns,
denn wir waren wie weinende Kinder im Finstern,
und nun sind wir behütet in strahlendem Licht.

Wir freuen uns,
denn wir irrten im Dunkel,
und nun lauschen wir froh der Botschaft.

Wir freuen uns,
denn uns dürstete,
und nun trinken wir von der Quelle des Lebens.

Wir freuen uns,
denn wir wandelten einsam,
und nun sind wir Geschwister einer liebenden Schwester.

Wir freuen uns,
denn wir fürchteten uns,
und nun sind wir stark im Schutz eines Schwertes.

Wir freuen uns,
denn wir irrten umher im Gewirr der Pfade,
und nun folgen wir der Beflügelten in die Befreiung.»

V

1 Pharaos Hochzeit

Erst nach meiner Weihe erkannte ich, daß ich lange Jahre daran gedacht hatte wie an einen Abgrund, der meinen Pfad spaltete. Nun hatte ich ihn auf einer Brücke überschritten, die ich selbst gezimmert, und mit den Goldenen Sandalen an den Füßen konnte ich weiterwandern, ohne die Klippen des Weges zu fürchten.

Meine Hochzeit mit Neyah wurde bestimmt für den fünfzehnten Tag nach meiner Einweihung, und am Vorabend dieses Tages kehrte ich heim in den Palast. An diesem Abend sprach ich lange mit meinem Bruder, und unser beider Herzen freuten sich, daß wir gemeinsam Pharao sein würden. Wenngleich wir wir einander liebten, war die Hochzeit doch nur das Sinnbild unserer Herrschaft als ein Pharao. Bisweilen überkam mich Sehnsucht, zu sein wie andere Frauen, denen der Gatte näher steht denn der Bruder und der der Vater ihrer Kinder ist. Und ich fragte Neyah, ob er nicht lieber einer Königin vermählt wäre, die ihm nicht nur die Schwester, sondern ein Eheweib sei.

Und er sprach: «Da ist niemand, mit dem ich die Herrschaft würde teilen wollen, als du. Seit Jahren habe ich den Tag herbeigesehnt, da du mit mir auf dem Thron sitzest und wir wieder beisammen sind wie in der Kindheit, denn, Sekeeta, Herrschen macht einsam. Wohl habe ich Jagdgefährten und Krieger, Ratgeber und Wesire, doch bin ich allen, wie nahe sie mir auch sein mögen, Pharao. Allein zwischen dir und mir ist keine trennende Wand.»

Dennoch fragte ich mich im stillen, ob in seinem Leben nicht eine Frau sei, die er gleichermaßen mit dem Leibe wie mit dem Herzen liebte. Und da ich diesen Gedanken aussprach, erwiderte er: «Warst du nicht in den Frauengemächern und sahst du dort nicht meine Nebengemahlinnen? Ich habe deren vier und nenne zwei Töchter und einen Sohn mein eigen. Doch würde ich keine dieser Frauen auf den Thron erheben, wiewohl ich sie liebe. Denn Pharao kann allein die Herrschaft mit der teilen, die ihm ebenbürtig ist. Und wenn auch Sesket die Mutter meines Sohnes ist und zudem sanft und schön, so würde ich doch nicht einmal ihrem Rat lauschen, wenn er dem Schmuck meiner Sandalen gälte. Dir aber, meine Schwester, vertraue ich mein Land an.»

Nun erinnerte ich mich, daß ich Sesket beim Horusfest gesehen hatte. Man hatte mir wohl gesagt, daß sie im Palast wohne, doch hatte ich nicht gewußt, daß sie Neyahs Gemahlin war. Plötzlich verdroß es mich zu denken, daß die Kinder einer anderen Frau nach mir herrschen würden, und ich sagte: «Neyah, du hast Kinder von anderen Frauen. Wie aber, wenn ich ein Kind von einem anderen Mann bekomme?»

Neyah runzelte die Stirn, was er stets tat, wenn er nicht zu verstehen vorgab. «Du bist die Königliche Gemahlin, und wenn du ein Kind bekämest, würde dieses Kind uns auf den Thron folgen, denn – so lautet das Urteil – es wäre dank göttlicher Fügung dann auch das meine. Doch wenn du klug bist, Sekeeta, dann schenkst du keinem Manne deine Gunst, denn in der Natur der Frau liegt es, in ihrem Liebhaber auch ihren Herrn zu sehen. Pharao aber kann keinen Herrn über sich dulden außer den Göttern. Auch würdest du erfahren müssen, daß ein schwangeres Weib ihrem Leib verhaftet ist und daß ihre Weisheit sich trübt.»

Ich wollte dagegen aufbegehren, doch er fuhr fort: «Zehn Jahre lang hast du dich auf die Kunst des Herrschens vorbereitet, und töricht wäre es, deine Weisheit durch Dinge zu verdunkeln, die das Dasein solcher Weiber ausfüllen, deren Horizont eng ist wie ein Salbentopf und die über nichts anderes zu herrschen verstehen als über ihren Schlafplatz – und selbst diesen hoffen sie durch Eroberung zu verlieren. Sekeeta, besser ist es, die Geißel zu halten, denn einen schreienden Säugling in Windeln zu wikkeln, und besser ist es, unter Tahutis Waagschalen auf dem Thron zu sitzen, als im Bett unter einem Mann zu liegen.»

«Solche Worte sind leicht gesprochen. Du bist Pharao und kannst hundert Weiber haben, mir aber neidest du einen einzigen Mann...»

«Nicht hundert Weiber! Ich habe nur vier Gemahlinnen, und zwei sind es nur dem Namen nach. Die eine dieser beiden zählt elf Jahre, und die andere neun; es sind die Töchter meiner Wesire, und ich sehe sie nur, wenn ich ihnen Puppen schenke und sie frage, ob sie sich in meinem Hause wohlfühlen.»

«Mag sein, daß ich auf deinen Rat höre, Neyah. Aber es mag auch sein, daß ich mich demselben Gesetze füge, dem auch du dich unterwirfst. Denn du lebst ein zweites irdisches Leben, wiewohl du mir vermählt wirst. Es könnte aber sein, daß ich nicht allein den Thron mit dir teilen will, sondern auch die Vorrechte.»

«Forsche in deinem Gedächtnis, Sekeeta, das du so lange schultest, ob du nicht selbst ein Beispiel findest, das dir die Torheit deines Wunsches besser zeigt, als meine Antwort es getan hat.»

Und darauf sagte er, er müsse mich nun verlassen, denn ich bedürfe des Schlafes, da die Zeremonien des morgigen Tages ermüdend seien.

Ehe er ging, legte er mir die Hände auf die Schultern, und es schien, als wolle er mir noch etwas sagen. Doch plötzlich wandte er sich wortlos um, und ich sah ihn erst bei der Hochzeit wieder.

Am Morgen des Tages, da ich Pharao werden sollte, betete ich lange zu den Göttern, daß Krummstab und Geißel in meinen Händen zu wahren Sinnbildern ihrer Weisheit, ihrer Gerechtigkeit und ihres Erbarmens würden. Und ich betete auch, daß ich, wenn ich den Eid des Pharaos schwor, die rechten Worte für meine Gedanken fände und daß meine Stimme klar sei und ohne Beben.

Fern der Erde hatte ich meinen Vater gesprochen, und ich wußte, wie froh er ob der Erfüllung seines Wunsches war, daß seine beiden Kinder sich in die Herrschaft teilen.

Mein Hochzeitsgewand, das mir bis zu den Füßen reichte, war aus feinem Linnen und gefältet über Brust und Schultern. Und es war bestickt mit Bienen, Schilfrohr und Lotos, und den Saum zierten sieben Reihen von Goldschnüren, so daß der Rock sich blähte wie die Glocke einer Blume. Ich trug den fünfstrahligen Brustharnisch, dessen Buckel geformt waren wie Blätter, und ein jedes Blatt war das Sinnbild eines Erdenlebens. Die der ersten Reihe waren aus Fayence, dem Symbol für *Khat*, die der zweiten aus Kupfer, dem Symbol für *Ba*, die der dritten aus Silber für *Nam*, die der vierten aus Bernstein für *Za* und die der fünften aus dreifach geläutertem Gold für *Maat*. Jedes Glied meiner goldenen Armreifen hatte die Form eines doppelköpfigen Löwen, der für die allsehende irdische Macht steht. Meinen Kopf zierte das Stirnband der Goldenen Kobra, das allein dem vorbehalten ist, welcher die Kobra in der siebenten Prüfung überwand und durch diesen Sieg seinen Willen bereicherte um ihre Stärke.

Vierundzwanzig Träger trugen mich in der Königlichen Sänfte dem Hochzeitszuge voran zum Tempel, und Kinder bestreuten meinen Weg mit Blumen. Hinter mir schritt Zeb mit meiner Standarte, und ihn begleiteten zur Rechten und zur Linken Natee und Simma. Dann folgten drei Hauptleute mit je einhundert Mann der Königlichen Leibwache: Bogenschützen, Streitkolbenträger und Speerwerfer. Hinter ihnen schritten zweihundert Musikanten, welche Flöte bliesen, Harfe spielten und sangen. Darauf kamen – von vier Trägern in Sänften getragen – die Frauen des Königlichen Haushaltes und die Gemahlinnen der Edlen in der Folge, wie ihr Rang es gebot, und alsdann Jungfrauen, welche weiße lilienbekränzte Rinder führten; und diese Lilien waren rot wie jene, die ich einst Ptah geweiht, zur Erinnerung an den Tag, da ich Ney-sey-ra das erste Mal begegnet war. Den Schluß bildeten die Überbringer der Gaben aus den Zwei Ländern; sie waren gekommen mit Elefantenzähnen und Schildkragen von Gold, Tiegeln mit Salben und Alabasterkrügen mit kostbarem Öl, Halsketten aus Lapislazuli, geschnittenem Karneol und Topas und Silber, Malachit und Leopardenfellen.

Aufgereiht im Vorhof des Atet-Tempels standen die Hauptleute der Armeen mit polierten Schilden, gleißend gleich Sonnen – eine Mauer von Licht.

Am Fuße der Säulenterrasse stand eine Statue des Ptah aus vergoldetem Zedernholz und vor der Pforte zum Innenhof der große Doppelthron aus rotem Granit, dessen einen Sitz eine Statue Za Atets einnahm. Priester in großer Schar, gehüllt in ihre Zeremoniengewänder, harrten unser auf den Stufen der Terrasse; da waren die Seher mit Maats roter Doppelfeder, die Horuspriester, deren Antlitze von Habichtsschwingen umrahmt waren, Ptahs Priester mit dem Goldenen Schlüssel des Lebens, die Schauerinnen mit ihrer geflügelten Mondscheibe und die Anubispriester in ihren gelben, von zwei goldenen Schakalköpfen gehaltenen Mänteln, und ihre weißen, mit violetten Borten besetzten Gewänder – eine jede für die Tempelausbildung, der sie ein Leben geweiht – schimmerten im Sonnenschein.

Vor der Statue erwartete mich Neyah mit der Geißel in der Hand und der Roten Krone auf dem Haupt, und neben ihm stand meine Mutter, die die Weiße Krone trug und den Krummstab hielt.

Zuerst brachten Neyah und ich Ptah unser Opfer dar, und dann führte uns unsere Mutter, begleitet von den Priestern, über den Innenhof in die Halle der Heiligtümer. Ptahs Heiligtum aber betraten Neyah und ich allein, denn es sind alle, die vor den Göttern vereint werden, allein, bis auf einen Priester, welcher diese vertritt.

Hinter dem Bild Ptahs stand erhöht der Hohepriester, auf daß es klänge, als spräche der Gott zu uns.

Und er rief uns bei unseren wahren Namen und sprach: «Du, der du bei deiner Geburt Neyah geheißen wurdest und als Pharao der zweite des Namens Za Atet bist, und du, die du bei deiner Geburt Sekhet-a-ra genannt wurdest und als Pharao den Namen Zat Atet, Gemahlin und Tochter des Za Atet, tragen sollst, zeiget hinfort allem Volke, daß ihr auf Erden denselben Weg wandert, wie auch euere Geister gemeinsam in den Sphären wandelten.

Wird einer von euch müde, leihe der andere ihm seine Stärke. Geht einer von euch in die Irre, weise der andere ihm den Weg in die Freiheit. Fallen einen von euch die Pfeile des Bösen an, sei der andere ihm ein Schild.

Seid einander, was der Krummstab für die Geißel, der Pfeil für die Bogensehne, das Steuerruder für das Schiff ist.

Gemeinsam sollt ihr eines großen Volkes Vater sein und sollt es behüten, wie ich, Ptah, euch behütet habe. Seid das Ohr, mit welchem es Weisheit vernimmt; der Mund, mit welchem es Weisheit spricht; und die Augen, mit welchen es die Früchte der Weisheit auf Erden sieht.

Es steht die Sonne eueres Lebens nun in der Höhe des Mittags, neigt sie sich aber dem Untergang zu und kehrt ihr zurück in euere wahre Heimat, dann lasset mein Herz Freude finden an euerer Tagereise.

Also sind hinfort Za Atet und Zat Atet PHARAO.»

In der Halle der Heiligtümer nahm darauf meine Mutter vor den Priestern die Weiße Krone ab und setzte sie mir aufs Haupt.

Als ich hernach mit Neyah in den Hof des Lotosteiches hinaustrat, gedachte ich der Stunde, da ich als Kind hier auf Ney-sey-ra gewartet, an jenem Tag, da ich die Tempel als Schülerin betrat.

Jetzt hatte sich im Vorhof eine große Menschenmenge versammelt, und schweigend wie ein Kornfeld, das die

Abendbrise kräuselt, wartete sie darauf, daß ich den Eid vor den Göttern ablege. Und vor Ptahs Statue und dem Granitthron, auf welchem meine Mutter neben der Statue des großen Za Atet saß, sprach ich den Schwur des Pharao:

«Mächtiger Ptah, höre meine Stimme, auf daß du vor der Bruderschaft der Götter bezeugen kannst, daß die Worte aus meinem Herzen und meinem Geist kommen und die Wahrheit sind.

Mit diesem Krummstab will ich meinem Volk ein Hirte sein, auf daß sein Fuß nicht vom rechten Wege abirre, sondern ungesäumt zum großen Strome wandere, um im Nachen der Zeit überzusetzen zum Lande des Friedens.

Mit dieser Geißel will ich die Eindringlinge vertreiben aus meinem Lande. Sie sei den Unschuldigen ein Schirm und den Missetätern eine Zuchtrute der Furcht, auf daß sich ihre Herzen wandeln und den rechten Pfad in die Freiheit suchen.

Mit der Macht der Goldenen Kobra will ich die Heerscharen des Bösen angreifen. Und Kams Tempel sollen hell erstrahlen, auf daß niemand in der Finsternis weile. Und die Tempelhöfe sollen widerhallen von den Schritten derer, die die Goldenen Sandalen tragen, auf daß viele Zungen das wahre Wissen von deinem Reiche künden.

Und kein Kind soll Furcht kennen oder Hunger, noch ohne Hüter sein; und kein Mann und kein Weib sollen ohne Freund sein, und niemand soll Not leiden, dessen Leib nicht mehr stark genug ist für das Tagewerk: Denn ich werde meinem Volke sein wie ein Vater.

Und ich will dem Blinden das Auge und dem Tauben die klare Stimme sein, dem Verwundeten die heilende Salbe und dem Fiebernden der Kräutertrank; und dem Schwachen will ich ein Stab sein und dem vom Feinde Bedrängten ein Schild.

Und ich will stets eingedenk sein, daß du allem Irdischen das Leben gabst, und dies im Gedächtnis bewahrend, werde ich wissen, daß alle meine Untertanen meine Anverwandten sind.

Und die Pforten meines Geistes sollen deiner Weisheit offen stehen, auf daß das Licht der Götter meinem Volke stets scheine und es von deiner Hand durch die meine geleitet werde.

Ptah, durch dessen Lebenskraft ich hier auf Erden wandele; Horus, der meinen Willen für das Herrscheramt stärkte; Anubis, der mir die Hohe Straße der Götter wies! Euch allen verpfände ich meinen heiligen Eid: Ich werde Tahutis Waagschalen im Gleichgewicht halten.»

Hierauf grüßte mein Volk mich mit starker Stimme und jubelte mir zu als Pharao... Meine Gedanken aber gingen zurück zu dem Tag, da ich den Tempel zum erstenmal betrat, und mir war, als sähe ich das betrübte kleine Mädchen, wie es durch die Pforte zum Wohnheim der Schülerinnen schritt.

Nachdem die Wesire einer jeden Provinz mir Treue geschworen, kehrten Neyah und ich in den Palast zurück, nun beide als Pharao. Stehend fuhren wir in einem Wagen, den zwei Rosse zogen, und unseren Weg säumte das Volk, und die Luft sang von seiner Freude.

Am Abend hielten wir im Audienzsaal ein großes Festmahl für die Priester, Wesire, Edlen und Hauptleute, die aus allen Teilen der Zwei Länder herbeigeeilt waren, um Pharao willkommen zu heißen. Rund um den Palast standen die Pavillons, wo unsere Gäste wohnten, und vor seinen Mauern wurden Ochsen am Spieß gebraten und tausend Weinkrüge des Palastes geleert; und Fisch wurde gebacken und Enten und Gänse gebraten und Süßigkeiten gereicht und Kuchen, gewürztes Weißbrot und Bier; und ein jeglicher durfte teilnehmen an unserem Fest.

Als wir uns nach dem Bankett zurückzogen, eilten meine Gedanken allzu rasch dahin, als daß ich hätte schlafen können. Ich suchte Neyah in seinem Gemach auf und fand ihn noch wach. Und wir plauderten eine Weile von den Geschehnissen des Tages, und dann sagte Neyah: «Wir sind beide allzu ruhelos, um schlafen zu können. Komm, Sekeeta, wir gehen zum See hinunter und segeln. Heute nacht ist Vollmond, und es weht eine gute Brise: Sieh, wie die Vorhänge sich blähen.»

Ich kehrte in mein Schlafgemach zurück und zog einen einfachen Kittel an; mein Haar ließ ich frei herabhängen. Und wir schritten durch den Garten, wo das Mondlicht durch die Feigenbäume schien und so scharfe Schatten warf, daß das Muster dem schwarzweißen Federkleid des Ibis glich. Ich pflückte ein paar Feigen und nahm sie mit, denn da wir Kinder waren, erschienen uns unsere Ausflüge stets abenteuerlicher, nahmen wir Mundvorrat mit, selbst dann, wenn wir nicht hungrig waren. Und ich dachte daran, wie wir einst gespielt hatten, wir befänden uns auf Entdekkungsfahrt zu fremdem Land; und die Früchte wurden zu Tieren, die wir mit dem Speer erlegt, und die Wasserflasche war die Ration eines Soldaten auf dem Marsch durch die Wüste.

Ein Wachtposten sah uns, und da er uns in der Dunkelheit für ein Liebespaar hielt, wünschte er uns lachend glückliche Stunden.

Das Boot war an einem hölzernen Steg im Schilf vertäut. Wir banden es los und stakten durch das seichte Wasser hinaus, bis wir vom schützenden Ufer freikamen. Draußen entfaltete sich das Segel, und wir glitten sachte dahin. Und wir erspähten ein Flußpferd und legten das Ruder um, denn bisweilen geschieht es, daß sie Boote zum Kentern bringen, besonders wenn sie Junge haben wie dieses Tier.

Dann warfen wir den Ankerstein aus und legten unsere Kleider ab und schwammen lange im Mondschein. Das Wasser war erquickend wie kühles Leinen auf der Haut, und wiewohl ich für gewöhnlich nicht gern im See schwamm, da dort im tiefen Wasser Krokodile hausten, dachte ich in dieser Nacht nicht daran.

Nachdem wir wieder ins Boot geklettert waren und den Ankerstein eingezogen hatten, ließen wir uns vom Winde treiben. Und hier in der stillen Dunkelheit war es, als seien wir nicht Herrscher und Herrscherin, sondern diese seien zwei fremde Wesen, die wir bei der Hochzeitszeremonie gesehen.

Weilte ich außerhalb meines Körper und schaute hinab auf die Erde, zu der ich dann zurückkehren mußte, erschien sie mir stets unwirklich und mein Leib nur wie ein Gewand, das sich nur so lange um ihn schmiegte, wie ich es trug. Hier aber schien es, als seien allein Neyah und Sekeeta wirklich, Pharao uns aber so fern, wie die Götter den Statuen, die sie versinnbildlichen.

Und ich sagte: «Zehn Jahre habe ich danach gestrebt, die Last der irdischen Dinge leicht zu tragen. Ich gedachte allein meiner priesterlichen Aufgabe und mußte sehr einsam sein, um die Stimme meines Geistes vernehmen zu können. Ich habe mich bemüht, die Pforte meines Gedächtnisses zu öffnen, und habe in dem Licht gebadet, das durch sie mit immer stärkerem Schein schien. Ich habe mit Menschen gelebt, denen Palast, Zeremonien und Höflinge nur Kindertand sind. Und schwer wird es sein, mich daran zu erinnern, daß die Worte den Ohren vieler Menschen weiser klingen, wenn sie einer im Zeremonienmantel spricht. Und bei einer Königin wachsen unbedachte kleine Handlungen zu gewaltiger Größe, gleich den Schatten bei Sonnenuntergang: eine kleine Höflichkeit wird zu königlicher Gnade, eine kleine Ungeduld aber zum Peitschenhieb königlichen Zorns.»

«Und doch wirst du es leichter haben als ich, Sekeeta, denn du erwachst jeden Morgen erfrischt durch schöne Erinnerungen. Auch ich träume bisweilen, doch meistens ist mein Schlaf wie ein dunkler Vorhang, den man des Abends vorzieht und der sich des Morgens wieder auftut.»

«Dir, Neyah, ist dein Leib die Rüstung deiner Gedanken. Sie schlüpfen nicht über deine Lippen, wie meine es leicht tun. Deine Rede ist bewacht durch deine Klugheit, und von dir vernehmen die Menschen nur das, was ihren Ohren angemessen. Ich aber sage allzuoft, was in meinem Herzen wohnt, und glaube meine Zuhörer reif dafür, doch oft täusche ich mich in ihrem wahren Alter. Alle die Jahre war ich Schülerin eines Mannes von großer Weisheit, eines, der meine Kräfte nie überanstrengte und der stets wußte, welcher Nahrung mein Geist bedurfte. Nun aber schaut ein großes Volk zu mir auf und erwartet, von mir geführt zu werden. Und nie darf ich zaudern, denn dann würden sie sich fürchten, mir zu folgen. Und nie darf ich ungeduldig sein oder rasch im Urteil, denn dann kämen ihnen Zweifel an der Gerechtigkeit Pharaos.»

«Aber, Sekeeta, wir beide haben einander, jetzt und in aller Zukunft. Nie werden wir einsam sein, wie ich es so viele Jahre gewesen bin.»

«Ja, Neyah, stark werden wir sein, einer im anderen, gleich zwei mächtigen Säulen, auf denen das Land Kam als Sims ruht; und es soll unserm Volk eine Pforte sein zum Licht.»

«Zum Gedächtnis an diesen Tag wollen wir ein Mahnmal errichten, keine Stele, sondern einen Torturm für den Hof des Palastes. Und auf der einen Seite soll dein Name stehen und auf der anderen der meine. Und auf dem Sims über der Pforte sollen eingemeißelt sein das Schilfbündel und die Biene, der Lotos und der Papyrus, die Mittagssonne und Tahutis Waagschalen. Und es soll dieses Tor keine Flügeltüren haben, denn es soll eine stets geöffnete Pforte zu Pharao sein. Und die, welche nach uns kommen, werden wissen, daß zu der Zeit unserer Herrschaft in den Zwei Ländern Gerechtigkeit und Wahrheit wohnten.»

2 Tägliches Leben

So lange das Herrschen mir noch neu war, schien mir das Zeremoniell meiner Tage den Kinderspielen zu gleichen, mit denen Neyah und ich uns einst die Zeit vertrieben, da die Weinkrüge die zweiundvierzig Räte darstellten, da ein am Flußufer geschnittenes Schilfrohr Pharaos Geißel war und die Bäume, die sich im Winde bogen, sein Volk, das sich vor ihm verneigte.

Noch immer erwachte ich kurz nach Tagesanbruch und verzeichnete auf meiner Tafel die Erinnerung an das, was ich fern der Erde erfahren und was mir bei meinem Amt dienlich sein konnte. Neben meinen Gemächern lag ein kleines Heiligtum, dem Raum nachgebildet, in welchem ich im Tempel zu schlafen pflegte. Dort stand kein Hausrat, und die getünchten Wände waren schmucklos bis auf ein paar Blumen in einer Nische unter dem hohen Fenster. Und dort betete ich nach dem Erwachen und vor dem Einschlafen zu den Göttern, mich meines Amtes würdig zu machen, auf daß ich meinem Volke Weisheit, Gerechtigkeit und Erbarmen schenken könne.

Danach pflegte ich mit Neyah in dem Schwimmbecken in Za Atets Kräutergarten zu baden, auf den unsere Gemächer hinausführten. Waren wir dort eine Weile geschwommen, legte ich mich auf eine hohe, schmale Ruhestatt, und Pakee knetete meinen Körper mit wohlriechenden Ölen, bis meine Muskeln weich unter ihren Fingern waren. Dann besprengte sie mich mit erfrischender Essenz aus einer silbernen Schale, und während ich mit entspannten Muskeln ruhte, wurden meine Hände und Füße gepflegt und die Nägel zinnoberrot bemalt oder auch, wenn es ein Festtag war, mit Blattgold belegt.

Im Tempel hatte ich nur einen einzigen Kamm und einen kleinen Kupferspiegel mein eigen genannt, welcher mein Bild trübe zurückwarf wie ein vom Wind gekräuselter Teich. Nun trugen alle meine Elfenbeinkämme das geschnittene Siegel des Beflügelten Pharaos mit dem Habicht des geschulten Willens auf der Triumphbarke und darüber ein Paar Fittiche und darunter mein Horusname, Zat, geschrieben mit dem Zeichen der Schlange; und daneben den Schlüssel des Lebens mit dem Zepter der Macht zu jeder Seite – der Macht, die auf Erden, und der, die fern der Erde herrscht. Auch meine Salbentiegel, die Hochzeitsgabe meiner Mutter, trugen dieses Siegel. Ferner besaß ich Töpfe mit Pasten und Schminke und Alabasterfläschchen mit duftenden Ölen, silberne Handspiegel mit Griffen aus geschnitztem Elfenbein und Steinplatten zum Zerreiben des Malachits, womit ich meine Lider färbte. Mit Stäbchen aus hartem, schwarzem Fett, die sich wie ein Schreibrohr verjüngten, verlängerte ich die Winkel meiner Augen; und meine Brauen formte ich mit silbernen Zupfzangen, so daß sie sich aufwärtsbogen wie die Flügel eines fliegenden Vogels. Und Pakee kämmte mir das Haar, das bis auf die Schultern herabfiel, und rieb es mit feinen Leinentüchern, bis daß es glänzte wie das Fell eines schwarzen Hengstes.

Bisweilen trug ich das leinene Kopftuch der Sphinx, bisweilen auch eine Perücke aus vielen feinen, zu Zöpfen geflochtenen Wollfäden, deren Spitzen golden betupft waren; meistens aber umwand ich mein Haar mit einem Blütenkranz oder zwang es in ein Netz aus kleinen, runden Türkisen. Allein bei den Zeremonien trug ich die goldene Stirnbinde der Königlichen Kobra oder die Weiße Krone, welche schwer auf meinem Haupte ruhte, wiewohl sie nur aus verschiedenen Lagen gestärkten Linnens bestand.

War der Tag heiß, nahmen Neyah und ich unsere erste Mahlzeit im Pavillon der Kräuter ein; war es aber kühl, speisten wir in einem unserer privaten Gemächer. Wir tranken Milch aus Alabasterbechern und aßen Früchte – reife Datteln und Feigen, Melonen, Aprikosen und Trauben – von Schalen, die mit Lapislazuli eingelegt waren. Hernach spülten wir unsere Hände in einem Napf mit duftendem Wasser und trockneten sie an Tüchern, die bestickt waren mit Gazellen oder roten Fischen oder verschlungenen Weinreben.

Jeden zweiten Tag hielten Neyah oder ich Audienz ab bis eine Stunde vor Mittag; weilte er jedoch fern der Königlichen Stadt, erteilte ich an vier von sieben Tagen allein Audienz. Abwechselnd hielten wir auch im Siegelsaal Rat mit den Wesiren und Oberaufsehern und allen, die kamen, Pharaos Billigung zu erhalten. Abgesandte kamen aus fernen Städten mit Nachrichten über die Ernte und das Wohlergehen des Volkes. Alles, was das Volk in Kam betraf, sei es der Bau einer Straße oder einer neuen Bewässerungsrinne, eines Tempels oder einer Heimstatt, wo die Alten ihre Tage in Ruhe verbringen konnten, das Pflanzen von Bäumen in den Alleen zur Erquickung der Wanderer oder die Anlage öffentlicher Gärten für das Volk – alles dieses wurde mit Pharaos Siegel versehen, denn es ist das Volk Kams wie Pharaos eigene Familie, und es sind die Provinzen Kams wie Pharaos eigener Garten und die Häuser Kams wie Pharaos eigener Palast; die Freude seiner Untertanen ist seine Beglückung, und ihre Sorgen sind die Tränen seines Herzens.

Unter alle Beschlüsse, die die Tempel betrafen, setzte ich mein Siegel mit meinem Priesternamen Meri-neyt – «die, welche Ney-sey-ra liebt» –, den er mir, seiner Schülerin, nach der Weihe gegeben hatte. Der Name Ney-sey-ra bedeutet «geborener Priester des Lichts», denn bereits bei seiner Geburt war bekannt, daß er vor seiner Rückkehr zur Erde ein Priester aller Weihen gewesen war. Diesen seinen Namen schrieb er mit dem Zeichen der Göttin Neyt, der Göttin derer, die reich an Jahren geboren werden, und es ist dieses Zeichen eine Garbe, gebunden mit einem Riemen: die gesammelte Weisheit. Und über der Garbe sind die beiden Pfeile des geübten Willens, einer zur Erde weisend und der andere von ihr fort: der in beide Richtungen lenkbare Wille. Beim Fest der Göttin Neyt trägt man eine Standarte mit ihrem Zeichen. Mein Priestersiegel bestand aus einem Pflug, *meri*, das ist «geliebt», denn gleichwie der Pflug den Acker vor der Saat durchfurcht, so macht die Liebe das Herz fruchtbar; und auf dieses Zeichen folgte dann Ney-sey-ras Siegel.

Einer der Namen des großen Menes war Za-ab gewesen. «der Weise des Herzens», und sein Siegel für diesen Namen war ein mit rotem Riemen geknüpftes Bündel Schilf und ein Papyrus, denn er hatte den Norden – das Papyrusland – mit dem Süden – dem Schilfland – vereint durch die

Weisheit seines Herzens und die Tapferkeit eines Kriegers. Auch mein Vater hatte sich dieses Siegels bedient, Neyah und ich aber verwandten es getrennt: entweder den Papyrus oder das Schilfbündel, beides bisweilen mit der Zeichnung eines jungen Vogels, was besagte «Kind auf Erden», sowie dem Zeichen für Za in der Form eines Siebs: Pharao, Sohn des Horus, Za, Sohn des Za.

Nun hatte mein Vater seinen Namen auch mit einer Schlange und mit einem Arm geschrieben, dem Lautzeichen für Za. Neyah und ich aber schrieben den Namen allein mit dem Schlangenzeichen.

Es waren diese Siegel in ein von Säulen umrahmtes Viereck eingeschlossen, um anzuzeigen, daß wir Zutritt zum Haus der Götter, dem Palast der Prächtigen Pfeiler, gewonnen hatten. Und über diesem Viereck thronte der Habicht als Sinnbild des geschulten Willens und tat kund, daß dies Pharaos Horusname war. Bisweilen schrieben wir hinter den Horusnamen auch Atet: eine Feder für *a* – dieselbe Feder, die Weisheit bedeutet – und einen Halbkreis für *t*. Wollte ich deutlich machen, daß ich es war, die das Siegel gesetzt hatte, verwandte ich meine eigene Form des Namens, in welchem ein Wassertropfen das Priestersymbol war; damit wurde offenbar, daß ich das Wasser meines *Maat* auf die Erde gesandt, gleichwie der Regen vom Himmel fällt; und es ist dieses Zeichen, welches «erinnerte Weisheit» bedeutet, das Lautzeichen für *tet*.

Der Wesir des Königlichen Haushalts war Rey-hetep. Seine Schreiber verzeichneten alle Tribute, und nach seinem Rat wurden diese zum Wohle Kams verteilt. Der Oberaufseher des Königlichen Haushalts, welcher sein Amt bereits zu meines Vaters Zeiten innehatte, gebot über die Schar der Palastdiener, über die zwanzig Köche und alle Küchenjungen über die hundert Dienerinnen, über die Leinenweber, die Wäscherinnen und Wasserträger. Der Oberaufseher der Wagen war noch immer Harka, der auch für die Königlichen Tiere zu sorgen hatte, die Pferde und Löwen, die Jagdhunde und Rinder, die Esel, Gänse, Enten und Milchziegen. Pharaos Mundschenk bekleidete gleichzeitig das Amt des Aufsehers über die Weingärten. Nach seiner Anweisung wurden die Reben gepflanzt und die Trauben geerntet, in Kübeln gepreßt und in Krügen in den Gewölben gelagert. Der Aufseher über die Gärten war Maatas Bruder; ihm unterstanden die dreihundert Männer und Weiber, die in den Gärten des Palastes und auf Pharaos Feldern arbeiteten.

Neben allen anderen kamen auch alle diese bisweilen zu Pharao, um Anweisungen zu erbitten oder um zu berichten, daß eine neue Pflanze zum erstenmal blühte, daß Rebstöcke aus fremden Ländern üppig gediehen, daß eine Stute ein Fohlen werfen würde oder daß ein Kornfeld von Mehltau befallen war. Und allen diesen Dingen lieh Pharao sein Ohr und sein Herz.

Stand die Sonne hoch am Himmel, ruhten die Menschen im Palast zwei Stunden. Wurde Ra auf seiner Tagesreise milder, segelten Neyah und ich auf dem See oder jagten mit unserem Gefolge: Wir erlegten Krokodile mit dem Speer oder schnellten unsere Wurfhölzer nach den Singvögeln. Oder auch wetteiferten wir mit unseren Hauptleuten im Wagenrennen, doch tat es daran niemand Nexah gleich: Hielt er die Zügel, wendeten die Rosse geschwind wie Schwalben im Flug, und beim Klang seiner Stimme stoben sie davon wie der Wind.

Des Abends saßen wir oft beim Bankett in der großen Halle des Palastes; mir aber waren die Abende die liebsten, da ich mit Neyah allein war. Dann sprachen wir über das Geschehen des Tages, und hatte ich Gericht gehalten, berichtete ich ihm von dem, was vor mich gebracht worden war, und fragte ihn, wie er an meiner Statt entschieden hätte. Dann war mir, als seien die langen Jahre der Trennung so rasch dahingeeilt wie Wolkenschatten über die Felder. Unsere Herzen waren einander nahe, und unsere Gedanken waren wie zwei Rosse in einem Gespann.

Nun, da ich Pharao war, wohnte meine Mutter nicht mehr im Palast. Wiewohl sie des Herrschens lange müde gewesen, hatte sie doch gemeinsam mit Neyah über Kams Wohl gewacht, bis ich die Geißel ergreifen konnte. Jetzt fühlte sie sich frei, dieses Leben der Zeremonien zu verlassen und das Haus zu bewohnen, das sie mehr liebte denn jeden anderen Wohnsitz auf Erden: das Haus, in welchem sie mit meinem Vater die ersten gemeinsamen Jahre verbracht hatte. Dieser kleine, von Menes erbaute Palast war umstanden von Sykomoren, und seine Rasenflächen öffneten sich dem See. Dort besuchten Neyah und ich sie häufig, und war auch unser Tag lang gewesen und die Last der Verantwortung drückend, so waren wir doch wie glückliche Kinder, weilten wir bei ihr in ihrer Stille.

3 Pharao in Audienz

Jeden Abend, der einem Tag der Audienz voranging, sandte ich diesen Ruf aus: «Herr, wird morgen etwas vor mich gebracht, das gerecht zu richten ich aus eigener Erfahrung nicht vermag, laß mich fern der Erde schauen, was für das rechte Verstehen not tut, auf daß ich die Weisheit erkenne und die Waagschalen, unter welchen ich zu Gericht sitze, wahre Sinnbilder der Gerechtigkeit seien.»

Eines Morgens wußte ich beim Erwachen, daß ich zwischen zwei Frauen zu richten haben würde: einer, die ich an den fünf goldenen Armreifen an ihrer Linken erkennen würde, und einer anderen, der Schuldlosen, die ein weißes Mal in Form einer Pfeilspitze an ihrer linken Schläfe trug.

Der Thron in der Audienzhalle war aus vergoldetem Holz, und seine Füße waren geformt wie Löwentatzen. Saß ich allein in Audienz, hielt ich Krummstab und Geißel, war aber Neyah mit mir, trug ich den Goldenen Lotos. Zu beiden Seiten der Halle stand ein Tisch, an welchem die Schreiber die Urteile aufzeichneten; und neben ihnen saßen diejenigen, welche die Fälle verlasen, in denen das Urteil gesprochen werden sollte. Diese Neuerung hatte Neyah im fünften Jahr seiner Regierung eingeführt, denn früher hatte ein jeglicher seine Geschichte mit eigenen Worten erzählt, und bisweilen hatte ein Mann eine ganze Stunde gesprochen, ohne daß der Sinn seiner Rede deutlich wurde. Nun aber war jedem Kläger und Beklagten ein Schreiber zugeteilt, der eine lange, verworrene Geschichte in wenige Worte zu fassen verstand.

Im ersten Fall, der mir verlesen wurde, handelte es sich um die Witwe eines reichen Edlen aus Abidwa und um ein Mädchen, das ein Kind hatte, doch nicht verheiratet war. Der Vater dieses Kindes – der gestorben war, ehe das Kind geboren – war der Sohn der reichen Witwe, und diese forderte für sich das Recht, den Enkel in ihr Haus zu nehmen, denn die Mutter des Kindes sei eine Dirne und habe somit weder ein Recht auf das Kind noch auf ihre Mildtätigkeit.

Die Mutter aber wollte ihr Kind behalten und hatte angegeben, sie habe einen Acker geerbt und könne das Kind ernähren und kleiden und wolle es erziehen in der Lehre des Lichts.

Und ich befahl, die beiden Frauen hereinzuführen.

Die eine war ein Weib von ungefähr fünfundfünfzig Jahren. Sie war auffallend kostbar gekleidet, ihr Mund war bitter, ihre Hände weich und fett, und an ihrem linken Arm trug sie fünf Goldreifen. Die andere, ein junges Mädchen, war in weißem Kittel aus grobem Leinen und in einem blauen Mantel, den sie über den Kopf gezogen hatte, so daß er ihr Haar verbarg; dennoch sah ich die Narbe an ihrer Schläfe.

Die Witwe des Edlen war befangen in Ehrfurcht vor mir und unsicher, wie sie sich hier verhalten solle. Es war ihr anzusehen, daß sie wünschte, sie befände sich im Palast auf einem Fest, wo sie gemäß ihres Ranges behandelt würde, und nicht vor Gericht, wo alle Menschen gleich sind. Ihre Züge waren nicht von reiner Rasse; vielleicht war sie die Tochter eines reichen reisenden Händlers, denn die Form ihrer Nase ließ vermuten, daß Zumablut in ihren Adern rann. Ihre fetten Hände waren ständig in Bewegung: Sie fingerte an ihrer Halskette, und ihre Armreifen klirrten. Dennoch glaubte sie sich sicher in ihrem Rang und Reichtum und fürchtete nichts von seiten einer, die in ihren Augen eine Hure war.

Das Mädchen stand ganz still mit hängenden Armen. Sie hatte die schöne, stolze Haltung der Weiber, die es gewohnt sind, den Krug auf dem Kopf zu tragen. Ihr Blick hing an dem meinen, und sie war ruhig in ihrem Vertrauen auf ein gerechtes Urteil und darauf, daß ich ihr Herz kenne und das Kind in ihrer Hut lassen werde.

Und ich erhob meine Stimme und frage das Mädchen: «Warum hast du dieses Kind?»

Und sie antwortete mir: «Tochter des Horus, Trägerin der Doppelten Weisheit, Wägerin der Herzen und Siegel der Wahrheit! Ich liebte seinen Vater, den Gemahl meines Herzens, doch konnte ich sein Heim nicht als Eheweib mit ihm teilen, denn meine Habe ist nur gering, und die Mutter meines Gemahls wünschte, daß er sich einer von edlem Blut vermähle, die sein Haus mit Schätzen fülle. Und wenn wir auch nicht vor dem Priester eins werden konnten, so waren unsere Leiber doch eins auf Erden, und schliefen wir, waren wir ohne Furcht vor den Göttern, und in unseren Herzen wohnte keine Scham.

Als er erkrankte – und dies geschah, ehe das Kind geboren wurde –, rief er oft nach mir, so hat mir ein Diener erzählt. Aber sie wollten mich nicht zu ihm lassen, obgleich ich im Garten wartete und mit seiner Mutter sprach und sie in aller Demut anflehte, meinen Geliebten sehen zu dürfen und ihn zu trösten. Sie sah, daß ich ein Kind trug, und schalt mich ein Geschöpf der Nacht, das durch seine Gegenwart ihren Garten ärger verpeste als der Misthaufen ein Dorf. Da ihr Sohn starb, ohne andere Kinder zu hinterlassen, ließ sie mich durch Späher bewachen, bis mein Kind geboren war, und dann sandte sie ihre Diener in mein Haus, auf daß sie mir meinen Sohn fortnähmen.»

Und ich fragte sie, was sie ihrem Sohn geben könne.

«Er soll Nahrung haben und Obdach, Sonne und Luft, den Strom, darin zu baden, und Tiere, mit denen er spielen kann, und Kräuter, ihr Wachsen zu schauen. Und wenn er größer ist, soll er ein Stück Land haben zum Pflügen und eine Kuh, die er auf die Weide führen und melken kann. Und er soll lernen, ein Boot zu steuern und ein Netz auszuwerfen. Ich will ihn Milde lehren und Wahrhaftigkeit, auf daß er in einen Spiegel schauen kann ohne Furcht vor dem, was er in seinen Augen liest. Und ich will ihn lehren, seinen Körper rein zu halten und stark zu machen, und ihm sagen, daß es das größte Glück auf Erden sei, einen zu finden, den man mehr liebt als sich selbst.»

Und ich wußte, daß dieses Mädchen wahr sprach, denn also hatte ich es in meinem Traum vernommen.

Darauf wandte ich mich dem anderen Weibe zu und fragte sie, was sie ihrem Enkel geben könne.

Und sie schmähte das Mädchen und nannte es eine Lügnerin und Hure, mit der sich ihr Sohn für eine kurze Stunde vergnügt habe. Doch habe sie sich in der Güte ihres Herzens und im Gedenken an ihren verstorbenen Sohn entschlossen, das Kind vor einem Leben im Hause eines solchen Weibes zu bewahren. Auch könne sie, die einem vornehmen Geschlecht entstamme, nicht dulden, daß ihr Enkel ein Feld pflüge und lebe wie ein Knecht. Dann zählte sie auf, welche Reichtümer ihrem Enkel zufallen würden: Gärten und Weinberge, Dienerinnen und Gold, denn all dies sei ihr eigen, da sie Witwe sei; und wenn sie stürbe, werde das Kind all dies erhalten, denn sie wolle es zum Erben einsetzen.

Da sie geendet hatte, wartete ich eine Weile, bis ich sprach. Sie war ganz sicher, daß ich zu ihren Gunsten entscheiden würde, denn sie ahnte nicht, daß ich in ihrem Herzen las und seinen Wert kannte. Dann sprach ich also zu ihr: «In deinem Hause hätte der Knabe alles, was er zur Bequemlichkeit seines Leibes benötigte. Wohl schliefe er auf vergoldetem Ruhebett, wohin aber würde sein Geist gehen, während er dort schläft? Du hast gezeigt, daß du nichts davon weißt, wie man bei einem Kinde das Wachsen des Geistes fördert.

Du glaubst, Reichtum sei wichtiger als Liebe, denn du willst dem Kind Schätze geben, doch seiner Mutter willst du es berauben. Dieses zeigt, daß du eine Törin bist.

Willst du das Kind als deinen Enkel anerkennen, dann sollte seine Mutter dir eine Tochter sein. Allein in deinem Dünkel siehst du herab auf das Mädchen. Wenn du meinst, sie habe gesündigt, dann hatte dein Sohn teil an ihrer Sünde, und du hättest alles tun müssen, was in deiner Macht stand, um wiedergutzumachen, was dein Sohn ihr antat. Statt dessen aber willst du ihr das einzige Kind rauben. Also bist du eine Diebin.

Die Geliebte deines Sohnes hast du von deiner Tür gewiesen. Also bist du ohne Mitleid.

Aber du, die du eine Törin und eine Diebin und ohne Mitleid bist, wagst es, eine zu verachten, die selbstlose Liebe kennt. Dies zeigt, daß du ohne Weisheit bist und ohne Erkenntnis.

Und schließlich: Du hast nicht gewagt, dich dem Gericht in deiner eigenen Stadt zu stellen, denn dort wußte man, daß dieses Mädchen nur deines Dünkels wegen nicht die Frau deines Sohnes hatte werden können. Also brachtest du deine Sache vor mich, da du glaubtest, ich, Pharao, ließe mich von dir täuschen. Dieses aber zeigt, daß du, Törin und Diebin und Weib ohne Mitleid, ohne Wissen und ohne Erkenntnis, es wagst, gegen deinen Herrscher unehrerbietig zu handeln, indem du wähnst, ihm deine dürftige Wahrheit verheimlichen zu können.

Dafür sollte man dir die Fußsohlen peitschen.

Statt dieser Strafe aber sollst du der Mutter deines Enkels den Teil deines Besitzes geben, den sie erhalten hätte, wenn sie vor dem Priester das Eheweib deines Sohnes geworden wäre und nicht nur in ihrem Herzen und damit vor den Göttern. Und dazu sollst du ihr zwei Esellasten Gold geben und eine Esellast Silber. Und siehst du künftig weniger Speise auf deinem Tisch und weniger Dienerinnen in deinem Hause, dann mag dich dies daran erinnern, daß ich Pharao bin und die Wahrheit.»

Darauf führte man einen Mann herein, einen Gevatter des Wesirs der Schakalprovinz. Er war ein reicher Edelmann namens Shalnuk und verlangte sein Recht, von Pharao gehört zu werden.

Er hatte den Wasserlauf in seine eigenen Gärten geleitet, weil er danach trachtete, die Zahl seiner Rebstöcke zu verdreifachen. Und die Äcker zwischen seinem Anwesen und dem Strom verdorrten, und das Getreide wurde welk.

Und da es sich erwies, daß er dies nicht aus Unwissenheit getan, sondern weil er die kleinen Äcker gering geachtet hatte und die einfachen Bauern unwürdig seines Mitgefühls, fällte ich also den Spruch über ihn:

«Du hast gefehlt, weil du nicht bedachtest, was du anderen mit deiner Handlung antatest. In der grünen Obhut deines Gartens vergaßest du die Not der verbrannten Felder. Da aber Einsicht die Frucht der Erfahrung ist und Einsicht das ist, was dir mangelt, so sollst du die dir unbekannte Frucht kosten. Hinfort wirst du die Hütte eines Pflügers bewohnen, und deine ganze Habe wird ein Acker sein und zwei Ochsen, welche deinen Pflug ziehen. Neben deiner Hütte soll ein Trog stehen, und seine Höhe soll sechs Ellen messen und sein Umfang drei Ellen. Und erst wenn dieser Trog gefüllt ist mit dem Korn, das du aus eigener Saat geerntest hast, dann sollst du deine Ländereien zurückerhalten.»

Und es erwies sich, daß, obwohl das Kornmaß in drei Monaten hätte gefüllt sein können, Shalnuk drei Jahre dazu benötigte. Denn als die Halme seines Ackers sich gelb färbten, verließen die Pflanzengeister das Korn, so daß die Ähren faulten und unreif zu Boden fielen. So mühte er sich in glühender Sonne, bis daß das Feld durch seine Tränen bewässert war und er den Kummer teilte, den andere durch ihn erlitten hatten. Schließlich aber, da alle Hoffnung in ihm erstorben war, reifte sein Korn, und der Trog füllte sich.

Und wieder vernahm der Boden seines Hauses die Schritte seines Herrn, und seither lebt in der Schakalprovinz kein Herr, der freundlicher zu seinem Volke wäre denn er.

4 Der Giftmischer

Eines Tages, da Neyah und ich in der jungen Dunkelheit nach Sonnenuntergang durch die Weingärten wandelten, sagte er, er habe gerade einen Beweis für die Weisheit eines seiner Urteile erhalten. Und er berichtete mir von Benshater, welcher der erste Schreiber bei dem Wesir der Habichtprovinz gewesen war. Dieser Wesir war vor drei Monaten, kurz nachdem ich Pharao geworden war, gestorben, und der Bote, der die Todesnachricht brachte, überreichte auch eine Bittschrift des Benshater, worin dieser bat, für das Amt des Wesirs auserwählt zu werden. Neyah wollte bereits sein Siegel unter die Ernennungsurkunde setzen, als er sich entsann, daß ich ihm von einem Traum erzählt, worin ich einen goldenen Habicht tot und gedunsen in der Sonne liegen sah, als sei er durch Gift verendet. Wiewohl wir beide dem Traum zu jener Stunde keine Bedeutung beigemessen, erkannte Neyah nun den Sinn, denn die Standarte des toten Wesirs zeigte einen goldenen Habicht in blauem Feld. Also sandte Neyah den Boten mit leeren Händen zurück und ließ den Bewerber mitteilen, er solle, ehe die Ernennung stattfinden könne, in der Königlichen Stadt erscheinen.

Als Benshater zur Audienz kam, erkannte Neyah, daß dieser nicht allein ein Schreiber, sondern auch ein Gelehrter war; und so gut verbarg sein Gesicht die Bosheit seines Herzens und so gewandt war seine Zunge, daß er selbst Pharao hätte täuschen können. Doch der Seher, der anwesend war, teilte Neyah mit, daß das Licht seines *Ba* getrübt sei durch Grausamkeit, Neid und Geiz, und daß er nicht allein unwürdig sei, andere zu führen, sondern daß sein

Licht sogar in einer finsteren Höhle einen Schatten werfen würde. Auf eine jede Frage hatte Benshater eine glatte Antwort, und da Neyah merkte, daß er zu wendig war, um sich zu verraten, befahl er ihm, tags darauf wiederzukommen, um Pharaos Entscheidung zu vernehmen.

Darauf bat Neyah Ney-sey-ra, in den Krug von Benshaters Gedächtnis zu schauen und in dem Wasser seines *Maat* den Widerschein seiner irdischen Taten zu lesen.

Ney-sey-ra tat also und verkündete Neyah, daß Benshater den Wesir vergiftet habe. Und er nannte auch den Namen des Giftes und daß er es ihm in gewürzter Milch gereicht, die der Wesir statt Wein oder Bier zu trinken pflegte, und daß er dieses fünfzehn Tage lang getan habe.

Am nächsten Tag trat Benshater vor Neyah im Glauben, große Ehre und den Titel und die Macht eines Wesirs zu empfangen. Statt dessen aber mußte er nun die Geschichte seiner frevlen Tat hören. Und Neyah tat ihm alle Einzelheiten kund, die seine Bosheit ihm eingegeben, so daß Benshater glaubte, es habe ihn einer bei seiner Tat belauscht und hernach verraten, denn er konnte sich nicht denken, woher Neyah dieses Wissen käme. Und er warf sich auf das Gesicht vor Pharao und schrie um Gnade.

Dann sprach Neyah das Urteil über ihn: «Du, der du einem, den du hättest ehren sollen, einen langsamen und qualvollen Tod bereitetest, sollst auf die gleiche Art sterben wie dein Opfer. Doch sollst du nicht wissen, zu welcher Stunde dein Tod kommt. Du wirst in einem finsteren Kerker liegen, wo dein ruchloses Herz die Bilder deiner Sünde und des Gemordeten heraufbeschwören wird, so daß du dich verkriechen willst vor diesem deinem einzigen Gefährten. Damit aber dein Leib nicht schwach werde, sollst du des Nachts hinausgeführt werden und ihn durch Bewegung geschmeidig erhalten, doch wird dies geschehen mit verbundenen Augen, denn es sind deine Augen unwürdig, die Sterne zu schauen. Zweimal des Tages wirst du Nahrung empfangen, und allein während du issest, wird eine Lampe dir leuchten. Viele Tage magst du deine Speise genießen, eines Tages aber, da es dir wie gewöhnlich gemundet hat, wirst du spüren, wie dein Gedärm sich zusammenschnürt, als wolle es deinen Geist aus dem Leibe winden. Doch du wirst wieder genesen und erstarken, und es wird, dir aufs neue das gleiche widerfahren. Und dies wird viele, viele Male geschehen, bis du schließlich, von Schmerzen zerfressen, zu den Göttern flehst, deine Qual zu mehren, auf daß dein Geist befreit werde.

Vielleicht meinst du, dich der Strafe entziehen zu können, indem du die Nahrung, die man dir bringt, verweigerst; doch kennst du nicht die Macht des Hungers. Denn es erfordert einen stärkeren Willen als deinen, sich zu Tode zu hungern, wenn der Duft köstlicher Speisen von Pharaos Tafel dir in die Nüstern steigt. Vielleicht wirst du dir sagen, daß die Speisen dir nichts anderes schenken als ein wohliges Gefühl der Sättigung; wühlt aber der Hunger im Gedärm, vergißt man leicht, daß das Gericht vergiftet sein kann. Und selbst wenn du dem Hunger widerstehen könntest, wird dir der Durst die größere Pein bereiten; und du wirst erkennen, daß nur wenige den Tod durch Verdursten zu wählen vermögen, wenn ein Becher voll warmer, gewürzter Milch vor ihnen steht. Denn bis zu dem Tag deines Todes sollst du keine andere Flüssigkeit trinken, als den Trank, durch welchen dein Herr den Tod fand.»

Hier brach Neyah seinen Bericht ab, und ich sagte ihm, daß dies ein gerechtes Urteil gewesen sei. Er aber lächelte und meinte, ich kennte erst einen Teil der Weisheit seines Richterspruchs. «Heute morgen fand man Benshater tot und steif mit zerbissenen Lippen und verzerrtem Gesicht. Sein Leib und seine Gliedmaßen waren verrenkt durch den Todeskampf, und seine blinden Augen schienen auf etwas über die Maßen Schreckliches zu starren. Und doch, meine Schwester, sage ich dir, daß meine Weisheit jedes Körnchen Gift verschmähte. Benshater ahnte nicht, daß er während dreier Monate die Speisen des Königlichen Haushalts vorgesetzt bekam und bisweilen sogar die Gerichte unserer eigenen Tafel aß. Doch da er ständig das Bild eines grausamen Todes vor sich sah, den er im Geist wohl tausendfach erlitten haben muß, überwältigte dieser seinen Leib derart, daß er – höchst angemessen – der Erinnerung an die eigene Bosheit zum Opfer fiel.»

5 Tribut

Zweimal des Jahres gibt Kams Volk aus freiem Willen den zwölften Teil dessen, was es während der letzten sechs Monate geerntet und gewonnen hat. Dieser Tribut wird zum Wohle aller verwandt, außer einem Zehnten, den die Priester empfangen, und einem Zehnten, der Pharaos ist.

Die Schätze des Reiches werden von den Wesiren verwaltet, welche die Dinge, an denen wir Überfluß haben, in fremden Ländern gegen solche Waren tauschen, an denen es uns mangelt. Nun walten in jeder großen Stadt die Wächter des Stroms ihres Amtes und verzeichnen den Stand des Wassers, und am Steigen des Stroms können sie ablesen, ob die Ernte die Speicher füllen wird und das Korn zum Tausche reicht, oder ob Hungersnot droht und wir Gold und Elfenbein für Brot geben müssen.

Diejenigen unseres Volkes, die Äcker haben oder Vieh oder anderen Besitz, den die Zeit nicht schnell zerstört, geben als Zins den zwölften Teil ihrer Ernte, ihres Viehs oder des Leinens, das sie woben. Fischer aber und andere, deren Gut leicht verdirbt, geben den Zwölften täglich an die Tempel oder den Armen als freiwillige Spende. Und diejenigen, welche im Dienst anderer stehen und ohne eigene Habe sind, arbeiten einen Monat des Jahres für Pharao, sei es auf den Feldern oder in den Ziegelbrennereien, sei es bei dem Bau von Straßen und Wasserrinnen.

Überall im Lande nehmen die Tempel den Tribut entgegen, außer in der Königlichen Stadt, wo er Pharao dargebracht wird. In diesem ersten Jahr unserer gemeinsamen Herrschaft nahmen Neyah und ich den Tribut auf den

Stufen im äußeren Vorhof des Palastes entgegen. Dort thronten wir auf zwei mit Zebrafellen bedeckten Zeremonienstühlen, und zu unseren Füßen saßen die Schreiber, welche das dargebrachte Gut verzeichneten. Auf der linken Seite des Vorhofes hatten die Beamten ihren Platz, die den Tribut in Verwahr nahmen: der Verwalter der Kornspeicher, der Königliche Hirte, der Wesir Pharaos und der Aufseher des Königlichen Haushalts.

Bei der Darbringung des Tributs gibt es keine Rangfolge, denn alle Bewohner Kams sind vor Pharao gleich. Ein Landmann mit zwei kleinen, mit Kornsäcken beladenen Eseln wurde abgelöst von einem Edlen, dessen Diener Elefantenhauer trugen; einem Weib mit zwei Enten in einem geflochtenen Käfig folgte ein Händler mit sechs Flaschen *Sheptess*-Öl; dann kam ein kleines Mädchen mit einem Bund Rettichen und einem Zopf Zwiebeln; ein Knabe führte eine Geiß mit zwei Zicklein, und ein Mann brachte zwei Ballen Rohwolle; darauf nahte ein Edler mit vier Schildkragen aus Gold; hinter ihm schritt eine Dame des Königlichen Haushalts mit zwei zahmen Gazellen, und ihre Diener trugen sechs Salbentiegel, die eingelegt waren mit Lapislazuli; ein Mann führte einen rotgescheckten Stier, und ein Weib überreichte zierlich bestickte Leinentücher; ein Edelmann aus dem Süden brachte Gold und Malachit dar, und auf alle diese folgten sechs Karren voll Korn und zwei mit kostbarem Wein in großen Krügen.

Von dem Tribut erhalten zuerst diejenigen, die in den Tempeln wohnen, auf daß sie Nahrung und Kleidung haben: die Priester, die Tempeldiener und die Seher und Heiler, welche durch das Land reisen, auf daß ihrer aller Leben nicht belastet werde mit kleinen irdischen Sorgen.

Zweitens werden die elternlosen Kinder bedacht und die Alten, welchen es an Kraft gebricht, ihr Tagewerk auf den Feldern zu verrichten. Es wohnen diese entweder im Haus eines Freundes, welcher dann hinreichend Korn aus den Speichern für ihren Unterhalt oder zum Tausch erhält, oder sie leben in Häusern, welche Pharao eigens für sie errichten ließ. Eine jede Stadt hat ein Haus für die Waisen, und diese Häuser sind umgeben von Gärten, wo sie spielen und die Pflege der Pflanzen erlernen können, und ferner einen Bauernhof, wo sie mit ihren Brüdern, den Tieren, vertraut werden; andere erlernen die Fischerei oder das Bauen mit Ziegeln. Die Mädchen lernen das Leinenweben, Kochen, Hausarbeit und Nähen. Alle diese Waisen sind in der Obhut kinderloser Frauen, die sich nach Kindern sehnen.

Die Kranken und Siechen, die eine Familie haben, welche sie pflegt, werden von den Heilern besucht, diejenigen aber, welche allein leben, finden Aufnahme in den Tempel, wo sie verweilen, bis sie genesen sind.

Drittens wird der Tribut dazu verwandt, Kams Heer, Garnisonen und Schiffe, sowohl Kriegs- als auch Handelsschiffe, instand zu halten.

Viertens werden daraus die öffentlichen Arbeiten bestritten, wie der Bau von Straßen und Kanälen, das Pflanzen von Bäumen und die Reinigung der Städte.

Von zwei Stunden nach Tagesanbruch bis zum Sonnenuntergang empfingen Neyah und ich die Tribute, und währenddessen ruhten wir nur eine Stunde zur Mittagszeit. Hinter den Mauern des Palasthofes erklang das Knarren der Räder und das Blöken des Viehs, wenn die Herden auf die königlichen Weiden getrieben und die Säcke mit Korn in die Speicher geschafft wurden.

Und alle, welche ihren Tribut darbrachten, kamen nicht aus Furcht vor der Geißel, sondern aus Dankbarkeit gegenüber Pharaos Krummstab, und es war, als brächten sie ihren Eltern Gaben dar zum Jahrestag.

6 Mins Fest

Waren die Wasser der Überschwemmung gesunken und hatten sie die Felder gestärkt mit neuem Leben für die Saat zurückgelassen, wurde Mins Fest gefeiert und also der Beginn eines neuen Kreislaufs der Fruchtbarkeit kundgetan.

An der Spitze der Edlen, der Hauptleute und der Wesire in ihren Sänften fuhren Neyah und ich in zwei Königlichen Wagen zu Atets Tempel. Und ich trug die Weiße Krone des Südens und Neyah die Rote Krone des Nordens.

Im Vorhof des Tempels standen dreihundert Krüge mit Getreide in dreißig Zehnerreihen. Mein Vater, der nicht allein Pharao, sondern auch Heiler-Priester gewesen, hatte während seiner Herrschaft den ersten Saatkrug mit Lebenskraft gefüllt. Nun aber war es Ptahs Hoherpriester, der kraft seines Willens die Pflanzengeister des Korns segnete, auf daß die Saat rasch dem Boden entsprieße und reiche Ernte gebe. An der Spitze von neun jungen Heiler-Priestern schritt er zwischen den Reihen der Krüge dahin, und in den ersten Krug einer jeden Reihe goß er selbst Ptahs Odem, während die jungen Priester seines Gefolges die übrigen damit füllten.

Nach dieser Zeremonie wurden die Krüge auf Karren geladen, von denen ein jeder gezogen wurde von drei weißen, bekränzten Ochsen, deren Hörner mit grünen und roten Streifen bemalt und an den Spitzen vergoldet waren. Darauf wurde Mins Statue in Gestalt eines zeugenden Mannes in einer goldenen Sänfte aus dem Tempel getragen, und Neyah und ich führten nun die Prozession an, bei der vierzig junge Priester Mins Statue rund um die Königliche Stadt Men-atet-iss trugen. Und ein jeder Bauer stand bereit, sein Saatgetreide entgegenzunehmen, und begann alsbald mit der Aussaat; und das Korn prasselte auf die Erde gleich einem goldenen Regen. Und überall säumte das Volk unseren Weg: Dort standen Kinder mit Ziegen und Weiber mit Entenkäfigen, und viele hatten ihre Rinder hinausgeführt, auf daß Mins Schatten sie treffe und fruchtbar mache. Und während die Prozession vorüberzog, sang das Volk die Hymne an Min:

«Min, der du dich der Einsamkeit des Menschen erbarm-

test und aus ihm unsere ersten Eltern erschufest, gib von deiner Fruchtbarkeit dem Lande Kam!
Lasse den Schoß der Erde die Saat empfangen und mache sie gedeihen unter den Blicken Ras.
Lasse die Zweige unserer Obstbäume erstarken, auf daß sie die Ernte unserer Gärten tragen.
Lasse im Laub unserer Rebstöcke die Trauben glühen gleich Amethysten.
Mache unsere Stiere kräftig, auf daß unsere Kühe ihre Milch mit Freuden spenden.
Lasse unsere Geißen Zwillingszicklein gebären und den Strom wimmeln von Fischen.
Lasse unseren Enten eine Schar Küchlein zum Teich folgen und das Ried rascheln von Federwild.
Möge das Land Kam deine Wohnstatt sein, auf daß du uns jene als Kinder sendest, welche dein Herz liebt.»

Während die Sonne noch hoch am Himmel stand, wurde in der großen Halle des Palastes das Festbankett abgehalten. Neyah und ich, die Edlen, die Wesire und die Hauptleute-der-Hauptleute saßen auf Sesseln an dem einen Ende der Halle. Vor uns lag der Raum frei, und an der gegenüberliegenden Seite war vor die große Eingangspforte ein weißer Vorhang gespannt, auf welchem wir während der Dauer des Festmahls die Schattenspiele sahen. Dort zogen Tributträger in einer Prozession vorüber, mit goldenen Schirmkragen und Elefantenzähnen, mit Hirschen und Kälbern, die an zusammengebundenen Hufen von einer Stange herabhingen, und mit Pyramiden von Früchten in flachen Körben; und Knaben schritten vorüber mit Jagdhunden und zahmen Leoparden, die an der Koppel zerrten – ein ständig bewegter Fries in Schwarz und Weiß.

Ich trug einen Kranz aus Stephanotisblüten im Haar, und mein blaßgrünes Gewand war bestickt mit goldenen Weizenähren, als Sinnbild dessen, wie das frische junge Grün, das der Strom uns bringt, alsbald vergoldet wird von der Sonne. Und jeder Stein meines Brustharnisches war geschnitten wie eine Blume oder auch wie eine Frucht. Neyahs Gewand aber war blau und bestickt mit Fischen und Vögeln und Hirschen, als Sinnbild dessen, wie der Strom allen Tieren unter dem Mond das Leben erhält.

Die übrigen Gäste saßen an den beiden Längsseiten der Festhalle. Neben jedem Stuhl stand ein niedriger Tisch für die Speisen, und jeder Tisch war geschmückt mit einer Lotosblüte. Die Gäste saßen paarweise oder in kleinen Gruppen mit ihren Freunden; manche saßen auch allein und waren es zufrieden, Augen und Bauch Ergötzen zu bereiten.

Einige Frauen trugen gefältelte Gewänder aus durchsichtigem Linnen, das ihre Brüste und die schöne Wölbung ihres Leibes sehen ließ. Denn sind die Brüste eines jungen Mädchens schön, dann ist es wohlgetan, sie zu zeigen, denn sie zu verbergen, wäre ebenso töricht, wie ein rothaariges Weib töricht wäre, trüge sie eine schwarze Perücke; doch ist es töricht, Schönheit zu verbergen, so ist es noch törichter, das zu zeigen, was nicht länger schön ist.

Während wir speisten, spielten uns die Musikanten auf, doch entflammten ihre Weisen nicht wie die Gesänge der Soldaten, sondern erquickten das Ohr wie Wasser den staubigen Garten. Und Rohrpfeifen und Flöten verflochten ihre Klänge mit den Tönen der Harfen, und sie alle kühlten die Luft mit ihren silbernen Melodien wie klares Wasser, das rhythmisch von der Höhe fällt.

Der Wesir der Hasenprovinz, der über siebzig Jahre zählte, saß allein, denn er liebte es, sein Mahl ungestört zu genießen. Seine Köche waren berühmt für ihre Kunst: sie mischten die Feinheiten des Geschmacks mit Bedacht, wie ein Maler seine Farben. Für ihn war die Zeitspanne, welche die Ofenhitze eine Wachtel umschmeicheln mußte, um sie seines Gaumens würdig zu machen, was einem Dichter eine Verszeile ist.

Zur Rechten dieses Wesirs saß die Frau eines Hauptmannes der Königlichen Leibwache. Ich bemerkte, daß sie zum drittenmal der Bedienerin winkte, die eine große Schale mit honiggewürzter Sahne trug, worin reife Datteln und süße, sonnengedörrte Orangenschalen lagen. Ich fragte mich, wie lange es wohl dauern würde, bis sie einsah, daß die Vorliebe für Süßigkeiten und die für durchsichtige Gewänder sich nicht gut vereinen lassen.

Mir zur Rechten saß Ptah-kefer. Er erzählte mir eine lange Geschichte, wie er als kleiner Knabe zusammen mit seinem Bruder bei hohem Wasser südwärts bis nach Nekht-an gesegelt war. Ihr Boot hatte eine Klippe gestreift, und sie waren auf einer Insel gestrandet, wo sie drei Tage ausharren mußten, bis ihr Vater sie fand. Ich lauschte Ptahkefer nicht sehr aufmerksam, denn ich hatte diese Geschichte bereits mehrmals gehört. Zwischen ihm und mir bestand eine lange und tiefe Freundschaft, und obgleich er mir im gemeinsamen Gespräch viel von seiner Weisheit geben konnte, plauderte er weit lieber von den kleinen irdischen Dingen. Für ihn war ein kindliches Abenteuer ein fesselnderer Gesprächsstoff als ein großer Sieg über das Böse. Den meisten Menschen bedeutet das Irdische ihr Tagewerk, das Leben des Geistes aber ist ihnen Labsal; doch für einen Erhabenen Träger der Goldenen Sandalen wie Ptah-kefer ist die Hohe Straße der Götter der Weg, wo er seine Bürde trägt, die Erde aber die Stätte, wo er Erholung findet.

Die Halle war erfüllt von dem lieblichen Duft der sonnendurchglühten Früchte und der schweren Süße der Blumen. Die Bedienerinnen, in Kitteln aus grünem Leinen und bekränzt mit grünen Weizenhalmen, gingen mit gefüllten Schüsseln umher: Da waren kleine, in Weinlaub gewickelte Vögel, junge, am Silberspieß geröstete Gazellen, frische Datteln auf einem Bett von dampfendem Reis und junge Weizenähren mit feigengefüllten Wachteln, welches mein Lieblingsgericht war.

Mit uns an der Königlichen Tafel saß Sesket, die Mutter von Neyahs Sohn. Sie sprach wenig, und wenn sie aß, gemahnte sie an eine Gazelle, die am Weiher trinkt und eine

Löwin wittert. Ihre Augen waren groß und die Lider schön geschnitten, und sie hatte einen sanften Blick, als sei sie schüchtern und einfältig. Wie konnte es sein, daß Neyah sie liebte? Vielleicht genoß seine Stärke ihre Sanftheit, wie Natee, der die Stallkatze auf seinem Lager duldete. Auch Tetab, eine andere der Königlichen Nebenfrauen, war anwesend. Ich beobachtete sie, wie sie Trauben aß: Sie griff mit ihren braunen Fingern in die Schüssel wie mein Affe nach einer Honigwabe. Nun war ich meinem Affen sehr zugetan, doch suchte ich vergeblich in meinem Herzen nach einer Zuneigung für dieses Weib. Ihre Augen waren blank und rund gleich polierten Onyxsteinen, und da sie bemerkte, daß meine Blicke auf ihr ruhten, zog sie den Vorhang ihrer Lider darüber. Neyah hatte sie zu sich genommen, da er ihren Vater in hohen Ehren hielt, doch hatte er es wohl ohne Freude getan.

Mädchen mit flachen Binsenkörben voller Blumenkränze schritten zwischen den Gästen einher, auf daß die Frauen frische wählen konnten für die in der Hitze verwelkten. Der Oberaufseher der Flußwächter hatte seinen Becher häufiger geleert, als die Weisheit gebot, und als eins der Blumenmädchen vorüberging, griff er nach einem Kranz von Kaprifolium und versuchte, ihn seiner Nachbarin ins Haar zu drücken. Doch mit seinen ungeschickten Fingern verschob er ihre Perücke, so daß die rasierte Linie des Haaransatzes sichtbar wurde, wodurch sie eine höhere Stirn vortäuschen wollte. Ihm wird hernach bedeutet werden, daß Pharaos Halle nicht sein Heim noch die Schenke einer Garnison ist und daß er unklug tat, dies zu vergessen.

Danach tanzten junge Mädchen, nackt und schlank gleich Binsenhalmen, den Schattentanz des Nordwinds. Zuerst standen sie reglos wie ein Kornfeld an einem stillen Tag, und gedämpfte Trommeln murmelten von der Hitze, die schläfrig macht. Doch alsbald flüsterten die Schilfflöten von der Abendbrise, und die Arme der Tänzerinnen erbebten wie hohes Ried, das im Winde zittert. Dann bewegten sie sich sachte, wie Laub im ersten Anhauch des Windes zu flattern beginnt, und der Wind brauste stärker zu den Klängen der Harfen, und nun wogten sie wie Papyrus, der sich zum Sumpf neigt. Und als die Musik den nahenden Sturm fanfarengleich kündete, waren sie wie Bäume, deren Äste der Sturmwind packt und deren Blätter er den rasenden Wolken zum Opfer streut. Und die Trommeln grollten in Donnerschlägen, als sei ein Unwetter über uns. Da die Musik abschwoll, rührten sich auch die Tänzerinnen in sanfterem Gleichmaß, und als sie zur Stille erstarb, standen sie wieder reglos wie Bäume am friedlichen Abend.

Ehe das Bankett sich dem Ende neigte, wurde ein Trinkspruch ausgebracht, welchen Na-mers Mundschenk verfaßt hatte, der seinen Herrn einst vor dem Tod durch Gift bewahrt hatte. Und zum Gedächtnis an ihn wurden diese Verse stets bei Mins Fest vorgetragen. Ein letztes Mal füllte man unsere Alabasterbecher mit kühlem Wein ...

Wein, welcher wert, daß Pharaos Siegel
verschließt des irdenen Kruges Mund;
Wein, welcher lagert in tiefem Gewölbe,
wo er geboren als Kind
der üppigen Trauben und heißen Sonne,
ist kein Trank, wie das Volk ihn trinkt,
zu verscheuchen Trübsinn und Furcht.
Den dieses wäre, als züchtigte Pharaos Geißel
aus eigener Macht den Herrscher selbst;
als zerfleischte ihn das Löwenjunge zu seinen Füßen,
daß weiß die Knochen in der Wunde liegen.
Laßt Narren und Memmen die rote Haube tragen,
dem inneren Auge die Bürde zu verbergen.
Wir trinken mit ihm Weisheit, Mut und Wahrheit,
Vernichtung unserer Feinde, Ausbreitung des Lichts.

7 Dio

Als ich noch im Tempel weilte, war ich des Glaubens, daß mir dereinst die Ausübung meiner priesterlichen Macht Befriedigung schenken werde. Nun aber, da ich die Doppelte Krone teilte, ersehnte mein Herz die ruhige Stärke, wie Ney-sey-ra sie besaß, und nach dem vertrauten Umgang mit ihm war mir die Rede meiner Höflinge und Diener wie das schrille Pfeifen auf einem Schilfrohr nach den reichen Harmonien von Harfen und Flöten.

Stets hatte ich Pharao zu sein, erhaben und weise und unberührt, und vor niemand außer Neyah konnte ich diesen Panzer des Zwanges ablegen. Es durfte die Ungeduld mich nicht übermannen, wenn der Spiegel mir sagte, daß mein Haar schlecht gekämmt war; und war die Linie meiner Augenwinkel verwischt, durfte ich den Wachsstab nicht zu Boden schleudern, was ich oft gern getan hätte. Stets mußte ich vollkommene Ruhe zur Schau tragen, als schimmere das Licht meiner Seele in mildem Perlenglanz und sei nie gefleckt von der Röte des Zorns. Niemand ahnte, daß ich war wie eine zu straff gespannte Harfe, die bei leiser Berührung in schrillem Mißton erbebt; daß Krone, Perücken und Zeremoniengewänder schwer auf mir lasteten nach dem schlichten Kittel und offenen Haar; und daß das unbewegliche Sitzen auf einem Thron meine Muskeln ermüdete, die freies Spiel gewohnt waren. Im Tempel war ich viel allein gewesen, nun aber umgaben mich ständig Menschen, es sei denn, ich schlief oder weilte in meinem Heiligtum. Und es waren Menschen, denen ich mit Weisheit und Milde begegnen mußte und denen ein unbedachtes Wort zur Kränkung wurde, das sie von anderen hingenommen hätten. Doch war diejenige, zu welcher sie in Ehrfurcht aufschauten und vor deren Weisheit sie sich beugten, nur ein Bild von mir, das sie in ihrem Herzen trugen. Niemand kannte meine geheimen Zweifel und Ängste, und niemand hörte die törichten und gereizten Worte, die nicht über meine Lippen kamen, aber laut in der Stille meiner Gedanken riefen. Wohl hatte ich Neyah zum Gefährten, dennoch war ich allein, denn trotz dieser unserer Gemeinschaft verlangte es mich nach der Ergänzung, wie eine Waagschale der anderen bedarf, um im Gleichgewicht schweben zu können. Meinem Bruder konnte ich meine Sehnsucht nicht offenbaren, denn es würde ihn betrüben, daß ich an seiner Seite die Einsamkeit eines Weibes empfand, dessen Leben kein Mann teilt.

Oft war Dio in meinen Gedanken, und ich ersehnte seine Rückkehr; denn er war der einzige Mensch, der mich nicht kannte als Priesterin, sondern allein als Sekeeta.

Fünf Monate waren verstrichen, seit Dio zu den Steinbrüchen im Süden gereist war, und nun hatte sich der Mond wiederum gerundet. In dieser Nacht würde Dio meiner unten am See harren. Bald nach Sonnenuntergang suchte ich meine Gemächer auf und bedeutete meiner Dienerin, ich sei müde und wolle allein sein und niemand dürfe vor mir erscheinen, es sei denn, ich riefe ihn.

Dann verließ ich den Palast durch den Garten meines Vaters, wo seine Kräuter ihre herben Düfte aussandten, und wanderte durch den Weingarten und weiter den kleinen Pfad im Ried entlang. Ein großes Tier brach dicht vor mir durch die Nacht und erschreckte mich; und das Wasser zwischen den Schilfrohren zu beiden Seiten des Pfades war schwarz wie Erdpech.

Dann aber sah ich ein Licht. Es spiegelte sich im Wasser und drang aus der geöffneten Tür des kleinen Lusthauses am See, wo Dio mich erwartete. Dort trat ich ein, und Dio empfing mich mit ausgebreiteten Armen. Und ich flüchtete mich hinein, wie ein müder Wanderer, der heimgefunden hat.

Viele Male traf ich mich dort mit Dio oder auch auf Ras Wiese. Da ich ihm gesagt hatte, ich sei eine der Palastdamen der Königin, nahm er es hin, daß es mir nicht immer möglich war, zu ihm zu kommen. An den Tagen, da ich ihn nicht treffen konnte, legten wir eine Botschaft in den hohlen Feigenbaum vor der Einfriedung des Palastes. Bisweilen versteckte er dort eine Zeichnung, bisweilen auch ein Gedicht. Eines Tages sandte er mir dieses:

Der trockene Weiher in meinem Garten
füllt sich mit klarem Wasser und blauem Lotos,
da deine Augen darauf geruht.
Mein kahler Garten steht geschmückt mit Blumen,
da deine Füße seinen Pfad betraten.
Mein Rebstock neigt sich unter der Last der Trauben,
da du seinen baren Stamm berührtest.
Meine öden Felder erbeben vom Sang der Vögel,
da sie deiner Stimme gelauscht.
Meine geborstene Harfe ist voller Weisen,
da sie dein Lied vernommen.
Meine karge Hütte wurde zum säulenreichen Palast,
da sie dir Schatten gespendet am Mittag.
Und ich, der die Steine meißelt,
wäre reicher denn Pharao,
schenktest du mir dein Herz.

   Und ich antwortete ihm:

Wär ich der milde Wind von Norden,
deine Stirne wäre allezeit kühl.
Wär ich ein Krug voll Weines,
dein Becher stünde niemals leer.
Wär ich der große Strom,
dein Garten kennte keine Dürre.
Wär ich deine Sandale,
dein Fuß fühlte nicht steinigen Pfad.
Wär ich ein Korb voll Früchten,
dein Leib verspürte nicht Hunger.
Wär ich ein Speer im Kampf,
kein Feind käme dir nahe.
Allein ich bin nur ein Weib
und kann mein Herz dir nicht schenken,
denn es ist dein bereits.

Und später fand ich in dem hohlen Feigenbaum dieses:

Ich sah meine Liebste schlafen:
ein Garten, friedlich im Mondenschein.
Ich sah meine Liebste wachen:
es scheucht die Sonne die Nebel vom Fluß.
Ich sah meine Liebste weinen:
Sterne sind blinkende Tränen der Nacht.
Ich hörte die Liebste lachen:
die Nachtigall singt am Mittag.
Ich sah meine Liebste schreiten:
es wiegt sich das Korn im kühlenden Wind.
Ich sah meine Liebste die Arme breiten:
nun weiß ich, es harret mein in den Gärten der Götter
kein Entzücken, das ich nicht zuvor gekannt.

Und Dio und ich saßen am Ufer des Stroms. Es wehte ein linder Abendwind, und das Wasser brach sich in kleinen seufzenden Wellen am Gestade.

«Dio, wie kann es sein, daß du mich liebst, wenn du alle Dinge bezweifelst, die ich dir erzähle? Du könntest hundert Tänzerinnen finden, die schöner sind als ich. Du glaubst nicht, daß Liebe währt; du meinst, sie flamme auf zwischen zwei Menschen, jäh wie die Späne trockenen Palmenholzes, die beim Surren des Feuerstabes auflodern.»

«Meine Sekeeta, warum grübelst du ständig über die Ursachen der Dinge? Ist es nicht genug, daß ich dich liebe? Ich weiß es nicht, warum die schönste der Tänzerinnen mir neben deinem Bild erscheint wie eine fette, kornmahlende Nubierin, und weiß auch nicht, warum die liebliche Stimme einer Sängerin mir klingt wie das Knirschen des Meißels am Schleifstein, da ich deine Stimme gehört. Und doch bin ich glücklich, daß es so ist. Du bist sehr schön, meine Sekeeta, und wäre ich ein größerer Bildhauer, würdest du es selbst vor dir sehen können. Und die Geschichten, die du mir erzählst, sind lieblicher als alle Märchen, die man sich im Heimatland meiner Mutter am Herdfeuer erzählt von jenen Zeiten, da die Erde noch jung war und die Götter gemeinsam mit dem Menschen im Lustgarten des Westens wandelten.»

«Ach, Dio, dein armes Land! Gern würde ich dorthin reisen und zu deinem Volke sprechen. Schätzen sie die Wahrheit so gering, daß sie das wenige, was sie glauben, nur für Märchen halten?»

«O Sekeeta, du würdest das Land lieben! Dort würdest du lernen, wie man die Schönheit des Augenblicks fängt, so daß es ist, als währe sie ewig, gleichwie der Flug des Vogels für die Zukunft bewahrt ist in Stein. Dort würden deine Augen lachen, und du würdest singen vor Freude in deinem Herzen. Und ich würde dich bekränzen mit Rosen und weißem Jasmin, und zusammen würden wir über den weißen Strand laufen zum Rauschen der See. Wir würden Berge erklimmen, so hoch, daß die Wolken unter unseren Füßen dahinziehen. Wir würden unter den Sternen schlafen und durch Täler mit weißen Tulpen wandern... Und dort bauen wir uns ein weißes Haus mit einem Garten, der den steilen Hang hinanklettert, so schön, wie du seinesgleichen noch nicht geschaut, mit Wasserkaskaden, die uns in den Schlaf singen, und weiten Terrassen, die sich dem Meer öffnen. Und weiße Tauben werden dort nisten, und wir werden sie zähmen, daß sie uns auf die Schultern flattern, und ihr Gurren wird das Echo unserer Zufriedenheit sein. Und unsere Pfade werden umstanden sein von Thymian, und die Hecken werden sein aus Rosmarin, und die Blumen meines Landes werden dir dein Heim zu allen Jahreszeiten schmücken. Weilten wir jetzt dort, wären die Hänge scharlachrot von Anemonen, und über deinem Fenster knospete der Oleander. Und wir würden stets beieinander sein, und mein Auge würde von deiner Schönheit trinken, bis ich sie schließlich in Stein schneiden kann. Und Tausende von Jahren später, wenn wir längst tot sind, wird man diese Statuen von dir finden, und dann wird man wissen, daß die Schönheit, nach der der Mensch suchte, seit die Erde jung war, einst in der Gestalt einer Frau in Minoas gelebt hat.»

Er lag mit dem Kopf in meinem Schoß, und ich liebkoste seine Augen, so daß er sie geschlossen halten mußte und die Tränen in meinen nicht sehen konnte. Denn Dio erzählte von den Dingen, die wir beide im Traum erlebt hatten: Ich kannte das Tal der wilden Tulpen wieder, und aufs neue sah ich ihre spitzen Staubgefäße vor mir so deutlich, als wüchsen sie in Kam und ich hätte sie im Wachen gesehen. Warum war ich dazu geboren, eine Krone zu tragen und nur im Traum einen Kranz von Jasmin? Wenn Dio erführe, wer ich war, verlöre ich ihn vielleicht auf dieser Erde. Würde er mich dann im Schlaf verstehen, oder wären selbst meine Träume schwer von Trauer? Dieses Glück währte vielleicht nur eine kurze Spanne, stets aber würde die Erinnerung daran ein Teil meiner selbst bleiben, und wandelte ich dereinst in den Gefilden der Götter, würde ich dieses Jetzt in Ewigkeit leben.

Obgleich ich Dio gesagt hatte, daß ich den Palast nie verlassen würde, glaubte er mir nicht. Er meinte, ich sei durch meine hohe Stellung verblendet und messe der Freundschaft der Königin allzu große Bedeutung bei. Er hoffte, der Glanz des Hofes werde für mich rasch verblassen und dann würde ich ihm in sein Heim im Delta folgen.

Dio haßte die Königin. Für ihn verkörperte sie all den Pomp und die Zeremonien, die er verabscheute. Und er nannte sie selbstisch und ohne Mitgefühl, da sie mich zwinge, bei ihr zu bleiben, wiewohl ich nur bei ihm das Glück finden könne. Da ich sie in Schutz nahm und ihm begreiflich zu machen suchte, wie schwer Pharaos Leben sei, schnitt er mir einfach das Wort ab. Ich wußte, er würde bald entdecken, daß ich und sie eins waren, und ich fragte mich besorgt, welches Bild wohl in seinem Herzen haften bliebe: das der Königin, die er haßte, oder das der Frau, die er liebte.

Ich hatte zu Ptah gebetet, daß ich ein Kind von ihm empfinge. Und als ich sicher war, daß Ptah meine Bitte erhört hatte, sagte ich es Dio. Und er meinte, nun könne uns nichts länger trennen, und er werde um Audienz bei der

Königin nachsuchen und von ihr fordern, daß sie mich freigebe, ihm als sein Weib zu folgen.

In diesem Augenblick hätte ich ihm die Wahrheit gestanden, doch es war bereits spät, und ich mußte in den Palast zurückkehren. Und ich bat ihn, er möge am nächsten Tag bei Sonnenuntergang zu dieser Stelle kommen und bis dahin nicht um Audienz bitten.

Nun wußte ich gewiß, daß das Ende der verschwiegenen Stunden im Garten nahte und ich dieses Heiligtum grüner Stille für immer verlassen mußte, um hinfort im klaren Licht des Tages mit ihm zu wandern. Denn wie die Sonne nicht stillsteht auf ihrer Reise über das Himmelsgewölbe, so kann auch das Leben des Menschen nicht ohne Wandel sein. Beseligend war es gewesen, teilzuhaben an der Freiheit aller Liebenden und mein irdisches Selbst der Liebe zu überantworten und das frohe Erbe anzutreten, das Min der Menschheit geschenkt hat. Denn töricht ist es, sich nicht des frischen Grüns der jungen Blätter zu erfreuen und nach dem strengen Maßwerk kahler Zweige im Mondenlicht zu seufzen oder das schattige Laub des Sommers zu ersehnen. Doch nun trug uns die Zeit davon, und Dio und ich würden wirken zum Ruhme Kams.

Und ich ersann das Muster unseres gemeinsamen Lebens...

Es werden Bauten in Stein erblühen, die erst in Dios Geist lebten, und allerorts neue Tempel wachsen, wo die Menschen unterwiesen werden in der Wahrheit, gleichwie ich unterwiesen wurde. Und Zedernholz für die Portale wird über das Meer kommen, und Lastkähne werden weißen Kalkstein aus dem Norden bringen und rosenroten Granit aus den Steinbrüchen in Za-an. Und Künstler werde ich rufen aus allen Provinzen der Zwei Länder und Maurer und Bildhauer, Tischler und Maler versammeln, die Gärtner werden die Bauten umfrieden, wo Lotosteiche zwischen ragenden Bäumen schimmern. Und im Süden, wo felsige Eilande den Fluten des Stromes trotzen, werde ich einen kleinen Palast errichten, den Dio erdacht. Und auch den

Hausrat wird Dio ersinnen – makellos soll er sein, aus edlen Hölzern, eingelegt mit den sanft schimmernden Schalen der Austern, mit Lapislazuli, der den Himmel spiegelt, und mit Leisten aus Elfenbein und Kanten von Gold. Und meine Vorhänge sollen durchwirkt sein mit Schwänen im pfeilförmigen Flug über das Ried, und an den getünchten Wänden sollen Lotosknospen erblühen, und selbst der Fußboden soll von Zedernholz sein. Und ich werde Dio zum Herrn bestellen über einen großen Besitz, so als wäre er ein Sohn Pharaos und einer Nebengemahlin. Reist er durch das Land, seine Bauten zu überwachen, soll ein Schiff mit vierzig Rudern für ihn bereit sein und ein Wagen mit Rossen, die sein Eigentum sind. Und ich werde ihn in den Stand der Götter erheben, denn wenn auch niemand sonst davon erfährt, so weiß er doch, daß Pharao, Sohn des Horus, sein Kind ist.

Wie töricht war es doch gewesen, darüber zu trauern, daß ich im Königlichen Hause geboren war. Wäre ich nur Sekeeta, hätte ich zwar sein Weib vor dem Priester werden, ihm aber keine andere Gabe darbringen können als allein meine Liebe. Wären seine Augen dem Licht geöffnet, hätte ich ihm schon vor langer Zeit von meinem Erbe erzählen können, denn es bedeuten die nichtigen irdischen Dinge jenen wenig, die die gewaltigen Schwingen der Zeit und ihr majestätisches Schlagen durch die Äonen vernommen haben. Ihnen zeigen sich die Menschen entkleidet ihres irdischen Ranges, denn sie wissen, daß das Herz eines kleinen Fischermädchens Schätze bergen kann und die Armut tausend Truhen voll Gold; daß zwei, die einander lieben, in vielen Verkleidungen auf Erden wandeln, in hundert Zungen zueinander sprechen und einander umarmen können in Palästen, um in der Hütte eines Hirten wiedervereint zu werden. Warum nur fürchtete ich, daß seine Liebe sterben könne, erführe er, daß Sekeeta und Pharao eins sind? Er wird sehen, daß mein Haar in demselben Glanz schimmert, wiewohl ich die Weiße Krone trage, wird spüren, daß meine Lippen wie zuvor warm sind unter den seinen, wiewohl sie den Eid Pharaos gesprochen haben, und meine Hände noch immer die schmalen, langen Finger haben, die er liebt, wiewohl sie Krummstab und Geißel halten.

Morgen abend werde ich wieder bei ihm weilen, und dann wird mein Herz nicht länger schwer sein von ungesprochenen Gedanken. Hinfort werden keine Schranken zwischen uns sein, und durch seine Nähe gestärkt, werde ich den Göttern besser dienen denn zuvor. Bald werden wir beide lachen über seine Worte des Hasses gegen die Königin – Haß, da er sie in den Armen hielt! Und so wird er erfahren, daß Haß und Verstehen einander nicht begegnen dürfen, soll der Haß lebendig bleiben; denn begegnen sie einander, wird ihnen ein Kind geboren, dessen Name Liebe ist.

Als ich am nächsten Morgen Audienz hielt, war es, als säßen zwei Frauen auf dem Thron: Pharao, Hüterin des Rechts mit Krummstab und Geißel, und Sekeeta, die davon träumte, daß am Abend ihr Glück die Furcht verscheuche und sie in klarer Geborgenheit Frieden finde.

Der Tag war heiß, und die Stunden wollten nicht vergehen. Doch dann, als ich endlich die Audienz für geschlossen erklären wollte, verlas mir der Schreiber den Namen Hykso-Diomenes.

Noch klangen in meinem Herzen die zärtlichen Worte, mit denen ich ihm hatte gestehen wollen, daß seine Sekeeta Pharao war. Und er schritt durch die weite Halle auf mich zu, die Augen auf Natee gerichtet, der zu meinen Füßen lag. Nun würde sich offenbaren, ob seine Liebe währte in der Zeit, oder ob die erhoffte Tiefe nur ein seichter Pfuhl war, den die Sonne der Wahrheit zur Wüste ausdorren würde. Und wie ein Blitz durchzuckte mich der Gedanke an den zweiten Menes, wie er einst reglos auf seinem Thron verharrte, nicht wissend, ob die, so ihm nahten, Gaben in den Händen hielten oder Dolche.

Und Dio stand vor mir. Er hob den Kopf und schaute mich an. Und ich sah Verwirrung in seinen Augen sich in

Haß wandeln, und wortlos wandte er sich um und verließ den Audienzsaal.

Am Abend berichtete man mir, Hykso-Diomenes habe die Königliche Stadt verlassen und die Modelle seiner neuen Tempelbauten lägen zerschlagen im Hof seines verlassenen Hauses. Hinfort gab es keine Sekeeta mehr. Die Königin war die einzige Wirklichkeit – eine Königin, die für eine Weile Gefallen an ihrem Baumeister gefunden.

8 Kams Gesetze

Am ersten Tage des neuen Jahres wurden in ganz Kam die Gesetze verkündet: in den Tempeln von den Hohenpriestern, in der Hauptstadt einer jeden Provinz von dem Wesir, in den Dörfern von dem Dorfältesten, in den Festungen von dem Hauptmann-der-Hauptleute, auf See oder auf dem Strom von den Schiffsführern, in der Königlichen Stadt aber von Pharao.

In diesem ersten Jahr meiner Herrschaft verkündete ich von den Stufen zum großen Palasthof meinem Volk die Gesetze:

«Höret meine Stimme!

Niemand verwehre demjenigen den Weg, welcher Weisheit im Tempel oder Gerechtigkeit bei Pharao sucht.

Alle Einwohner Kams sind Verwandte; also sollen sie aneinander handeln wie an einem geliebten Bruder.

Niemand verweigere einem Kranken die Hilfe und einem Hungernden die Speise. Niemand nehme, was nicht sein ist dem Rechte nach. Und niemand flöße einem Kinde Furcht ein oder lasse die Betagten darben ob ihrer Bresthaftigkeit, sofern er nicht Pharaos Zorn spüren will, des ganzen Volkes Vater.

Ein jeglicher behandele seinen Diener, wie er selbst wünscht behandelt zu werden: mit Gerechtigkeit und Mitgefühl. Und ein jeglicher Diener und Knecht erweise sich seines guten Herrn würdig.

Ein jeglicher Gatte begegne seinem Weibe freundlich, auf daß sie lächele beim Klang seiner Schritte und seine Kinder mit Freuden gebäre. Eine jegliche unter euch, die einen Gatten, Vater oder Bruder hat, zähme ihre Zunge, auf daß ihre Worte nicht Unfrieden stiften im Hause. Und lasset alle in euerem Hause Freude empfinden darüber, daß sie es mit euch teilen.

Lasset keine Kreatur leiden durch Grausamkeit, Unachtsamkeit oder mangelnde Pflege. Wer sein Vieh hungern läßt, sei selbst zwölf Tage ohne Speise, auf daß er erfahre, wie Hunger tut. Wer seinem Vieh Wunden zufügt durch Schläge oder Zaumzeug, welches schabt, erhalte fünf Hiebe auf die Fußsohlen und fünf auf den Rücken für jedes also gepeinigte Tier.

Wer seine Pflanzen verdorren läßt, wiewohl hinreichend Wasser vorhanden, gebe den Tempeln eine Ernte seiner Felder, auf daß er wisse, was Hungersnot ist.

Einem jeglichen Händler, der seine Waren mit Lügen feilbietet oder mit solchen Ware tauscht, die seine Unredlichkeit nicht zu erkennen vermögen, sei während sechs Monaten der Handel verboten; und wird er dieses Vergehens zum zweitenmal für schuldig befunden, sei seine Habe unter dem Volke geteilt, und er selbst behalte nur einen Acker, nicht größer, als daß er durch ihn unter Mühen ein kärgliches Leben friste.

Ein jeglicher Beamte, Wesir oder Marktwächter, Schreiber oder Aufseher, welcher unredlich ist in seinem Amt und also Pharaos Vertrauen mißbraucht, sei verbannt aus Kam.

Und ein jeglicher, welcher diese Gesetze bricht, erfahre, daß Pharao euer aller Herr ist und euch entgelten läßt, was ihr anderen widerfahren ließet.

Zweifelt ihr an der Weisheit eueres Tuns, dann fraget euch: Wäre derjenige, dem ich dies tue, Pharao oder Pharaos Diener, würde ich dann dabei beharren? Bejaht euer Herz dieses, dann tuet ihr recht.

Seid stets eingedenk, daß ihr meine Kinder seid und daß ihr das, was ihr einander tut, auch mir tut. Lasset kein Wort über euere Lippen, das meine Ohren fürchten müßte. Behandelt eure Kinder, als wären es Kinder meines Leibes. Behandelt euer Vieh, wie ihr den Löwen zu meinen Füßen behandeln würdet, und pfleget euere Leiber, als wären sie die Königlichen Gärten.

Strebet stets danach, die Zeit herbeizuführen, da ihr sagen könnt: Da ist niemand, welcher sündigt, niemand, welcher leidet, niemand, welcher weint durch meine Schuld. Denn also erfüllet sich die Weisheit der Götter und das Trachten Pharaos.»

9 Feldzug nach Punt

Sechs Monate, nachdem ich Pharao geworden war, überbrachten Boten die Nachricht, daß unser Grenzland im Südosten geplündert werde von dem Volke in Punt, das uns dieses Jahr keinen Tribut entrichtet hatte.

Und Neyah zog aus, ihnen eine Lehre zu erteilen, und mit ihm zogen zehntausend des Königlichen Heeres. Es stehen diese Krieger unter Pharaos persönlichem Befehl und werden allein in Kriegszeiten berufen. Jeder Edle stellt hundert Mann von seinen eigenen Leuten; und diese Männer sind ihm Freunde, denn sie sind ihm vertraut von Kindheit an und erlernten das Speerwerfen und Bogenschießen bei demselben Lehrer wie ihr Herr. Fällt einer von ihnen im Kampf, sorgt der Herr für ihre Weiber und Kinder, als gehörten sie seinem Haushalt an. Und ein jeder Krieger erhält ein Haus für sich und seine Familie, Land, um Gemüse zu pflanzen, und soviel Korn aus den Speichern, wie er für sein Brot braucht, und dasselbe Maß noch einmal, um Tauschhandel damit zu treiben. Überdies gibt der Edle seinen Kriegern in jedem Monat einen Krug Bier und einen Ballen grobes Leinen und Wolle in einem jeden Jahr.

Ehe Neyah auszog, musterte er seine Truppen. Da waren fünftausend Bogenschützen, eintausend Streitkolbenträger und zweitausend Lanzenträger; und ein jedes Hundert wurde angeführt von einem Hauptmann, und fünfzig Hauptleute wurden befehligt von einem Hauptmann-der-Hauptleute. Und ferner waren da zweitausend Kornträger, Köche, Zeltträger und andere, die für Nahrung, Wasser und das Gepäck zu sorgen hatten. Sie alle waren bewaffnet mit einem kurzen Schwert, das sie in einer Scheide am Gürtel trugen und das ihnen sowohl auf der Jagd wie auch im Kampf diente. Und jeder Mann trug ein Kopftuch aus Leinen zum Schutz vor der Sonne, von der schlichten Form wie das Kopftuch der Sphinx; und ein jeder besaß einen wollenen Mantel, den er in seinem Marschgepäck mit sich führte und der ihm als Schlafdecke diente. Die Hauptleute waren kenntlich an ihren Armspangen von Gold und ihren rot- und grüngestreiften Kopftüchern. Und ein jeder Hauptmann hielt eine Standarte, worauf sein Wappen und das seiner Provinz gestickt waren, und seine Leute trugen dieses Zeichen an ihren Stirnbinden.

Rosse wurden auf diesem Feldzug nicht mitgeführt, denn seit wir keinen Handel mehr mit Zuma betrieben, waren Pferde sehr selten geworden in Kam. Früher tauschten wir gegen Hengste Gold, Elfenbein, wohlriechende Essenzen und Malachit ein; Stuten jedoch hatten die Zuma uns nie überlassen, auf daß wir nicht selbst Pferde züchteten und also weniger für die ihren zum Tausche boten. Doch hatten wir im letzten Kampf gegen Zuma fünf Stuten erbeutet, und die Königlichen Ställe beherbergten nun fünfzig Pferde, welche zu unserer kostbarsten Habe zählten; befiele eine Seuche sie, gäbe es keine Pferde mehr in Kam. Auf Feldzügen wurden deshalb Pharaos Wagen und die der Hauptleute-der-Hauptleute von zwei weißen Eseln gezogen, doch hofften wir, eines Tages Zuma und die Länder östlich davon zu erobern, und dann würde ein jeder Edle mit seinen eigenen Rossen in den Streit ziehen könen.

Das Heer begleiteten vier Heiler, zwei junge Seher-Priester und sechs Schauerinnen. Jeden Tag wurden mir aus dem Tempel Nachrichten über Neyahs Vorrücken überbracht, und lange betete ich zu Ptah um seinen Schutz und daß er siegreich heimkehren möge.

Das Heer fuhr stromabwärts in neunzig Segelbarken. Von der Mündung segelten sie ostwärts bis dahin, wo das Schmale Land zwischen den Zwei Wassern begann. Hier stiegen die Krieger an Land und marschierten vier Tage lang, bis sie das Schmale Meer erreichten, wo eine Flotte von hundert Schiffen ihrer harrte. Dort segelten sie die Küste gen Süden entlang und landeten also an Punts Nordküste, wo wenige Festungen lagen, denn in Punt erwartete man, daß ein Angriff Kams allein von der Westseite her erfolgen könne.

Ihr König hieß Shebastes, und seine Hauptstadt lag vier Tagemärsche von der Küste entfernt. Neyah teilte seine Truppen in zwei Flügel, auf daß die Stadt von zwei Seiten gleichzeitig angegriffen werde. Und also geschah es, und Punts wilde Horden wurden rasch auseinandergetrieben von den geordneten Reihen unserer Krieger, die sich ihnen entgegenwälzten, unaufhaltsam wie die steigende Flut. Danach umzingelte Neyah die Stadt und erwartete ihre Übergabe, denn er war gekommen, Kams Macht zu zeigen, nicht aber, das Volk in Punt zu vernichten. Und am dritten Tag trat Shebastes aus der Stadt heraus und überreichte seinen Tribut. Er kniete vor Neyah nieder und berührte seinen Fuß in Demut mit der Stirn und schwor Kam Treue. Und er erbot sich, zweitausend seiner Krieger die Hände abzuhacken, um also seinem Schmerz Ausdruck zu verleihen, daß sie gewagt hatten, diese Hände gegen Pharao zu erheben. Neyah aber sprach, daß solches Tun ihn sehr betrüben würde, da Shebastes sich dadurch selbst zweitausendmal verstümmele. Statt dessen solle er seine Ergebenheit dadurch beweisen, daß er Kams Gesetze auch zu seinen Gesetzen mache.

Und Neyah verweilte vierzig Tage in Shebastes' Stadt, während welcher die Häuptlinge eines jeden Stammes und die Ältesten eines jeden Dorfes ihm Gefolgschaft schworen. Darauf zog er heimwärts, doch dieses Mal durch die Wüste, denn er wollte Na-kish besuchen. Und das Volk von Punt, das zu ihm als seinem Befreier aufsah, trauerte, da er von dannen zog. Und unserem Heere folgten zweihundert Träger mit dem gespendeten Tribut.

10 Das Glied der goldenen Kette

Mein Volk freute sich, daß ich ein Kind trug, denn es galt dieses Kind als zweifach königlich, als sei es nicht allein meins, sondern auch Neyahs. Es wird der Vater des Kinddes einer Königin, die ihrem Bruder vermählt ist, nie genannt. Und diejenigen meines Volkes, die noch Kinder im Geiste sind und der Legenden bedürfen, glauben, daß der königliche Titel, Sohn des Horus, der diesem Kinde zusteht, nicht allein ein Titel ist, sondern die Wahrheit offenbart.

Mein Körper war mit stets ein leichtes Gewand gewesen, nun aber kettete er mich an die Erde; und wandelte ich auf der Hohen Straße der Götter, brachte ich keine Erinnerungen zurück. Ich bat darum, daß Neyah zurückkehren möge, ehe mein Kind geboren werde, auf daß er unter den Waagschalen sitze, wo ich nun allein thronte.

Ein Weib, deren Geliebter tot ist, lebt mit ihm in der Erinnerung; sie braucht nur in Schlaf zu fallen, und schon weilt der Geliebte bei ihr. Mich aber mied Dio selbst in den Träumen. Und ich durfte ihn nicht lieben, auf daß mein Herz nicht davon erfüllt und meine Weisheit nicht davon beschattet werde, denn diese gehörten meinem Volke; und ich konnte ihn nicht hassen, denn ich trug sein Kind, welches dereinst würdig sein sollte, über Kam zu herrschen.

Ich zwang mich, an die kurze Spanne meiner Liebe zu denken, als gehöre sie dem Leben einer anderen Frau an, und mühte mich, die beiden Schattengestalten in diesem Liebeslied mit fremden Augen zu betrachten.

Als ich den Tempel verließ, war Thoth-terra-das mir als Schreiber in den Palast gefolgt, und ihm galt ich noch immer als der Mensch, der seine Liebe zu den Worten teilte. Dank seinem Amte wußte er von meinem Kummer, und er sprach zu mir: «Denke daran, Sekeeta, wie ich dich einst gelehrt, die Freude mit Worten zu glätten, auf daß ihr Glanz einer silbernen Scheibe gleiche, die das Glück selbst in die Schatten deiner sorgenvollen Tage strahlen läßt. Formst du deine Gedanken in Worte, stehen sie deutlich vor dir wie ein Ding, und du vermagst das Leuchten vergangener Freuden neben die vergängliche Nichtigkeit deines Kummers zu stellen. Wähle nicht die Trauer zu deiner Gefährtin, die sich an die Füße heftet mit dumpfen Schritt, sondern verwandle sie in ein Steinbild, an dem du vorüberschreitest – eine Statue an einem verlassenen Pfad.»

Und so suchte ich denn für mein kummervolles Herz den milden Balsam der Worte.

Es blüht der weiße Jasmin in Minoas,
doch seh ich die zarten Zweige nicht welken.
Es streicht der Wind durch das Tal wilder Tulpen,
und verstreut die einst so leuchtenden Blüten.
Es liegen die Pfade purpurn von Thymian,
doch schreitet mein Fuß nicht über die duftende Süße.
Es liegt der Strand im Brausen des Meeres,
doch zeichnet mein Schritt dort keine Spur.
Es wirft der Mond den Schatten des Oleanders
in ein Gemach, das leer wie mein Herz.
Herablassen will ich den weichen Vorhang des Schlafes,
wiewohl kein Wasserfall singt vor dem Fenster,
und fern meiner bitteren Tage suche ich Frieden,
der tiefer ist denn das gurrende Glück der Tauben.

Da die Zeit nahte, daß mein Kind nicht länger in meinem Leibe beherbergt sein wollte, war Neyah noch drei Tagereisen entfernt von der Königlichen Stadt.

Gern hätte ich wie andere Weiber mein Kind in der Einsamkeit auf einem Lager geboren und Kraft gewonnen aus der Liebe des Mannes. Allein ich mußte mein Kind auf dem Königlichen Gebärstuhl gebären, und um mich standen die diensttuenden Priester, mit denen ich sprechen mußte, um anzuzeigen, daß mein Wille Herr über meinen Leib sei und daß kein anstürmender Schmerz vermochte, mir einen Schrei zu entlocken.

Ptah-kefer weilte bei mir, um achtzugeben, daß alles wohlbestellt sei mit meinem Leibe. Und war das Kind dann dieser Erde geboren, würde er diejenigen schauen, die gekommen waren, ihm auf seiner Wanderung Glück zu schenken; und an diesen Gefährten würde er erkennen, ob es reich an Gaben war oder jung im Geiste, so daß es aufs neue zur Erde zurückkehren müsse. Bei mir weilte auch ein heilender Priester, das Kind zu stärken, wenn es von den Mühen der Geburt erschöpft wäre. Und hinter mir stand Maata, bereit, das Kind in Empfang zu nehmen und es in warmem Öl zu baden und in weiche Tücher zu hüllen, so wie sie auch mich einst entgegengenommen hatte. Und neben ihr wartete Pakee darauf, meinen Leib zu pflegen, wenn ich ihn seiner Last entbunden hatte und ihrer Obhut anvertrauen konnte.

Der Gebärmantel, der mit einem beflügelten Mond an meinem Nacken befestigt war, umhüllte mich und hing bis auf den Boden. Unter seinen weiten Ärmeln trieb ich mir die Nägel in die Handflächen, und es war dies beruhigend für den Geist, wie ein Schwertstich, der das Herz die Sorgen vergessen macht. Und ich fühlte den Schweiß über mein Antlitz laufen wie Mottenfüße. Nie hatte ich gewußt, daß die Erde so viel Schmerz birgt: In roten Wogen brandete er gegen die Klippe meines Willens, und ehe ich davon verschlungen, zog er sich zurück, um sich zu größerer Raserei zu sammeln. Und wiewohl kein Priester, der ein Mann ist, je begreifen kann, mit welch wütendem Griff die Erde das Weib zu packen vermag, mußte ich dennoch zu ihnen von priesterlichen Dingen sprechen, mit gelassenen Worten und ohne daß mein Atem zu einem Keuchen wurde.

Ich sprach von der neugebauten Straße zwischen Menatet-iss und Abidwa. Jede Elle dieser Straße versuchte ich vor Augen zu sehen, und fest heftete ich meinen Geist an den stillen Frieden ihrer schattigen Bahn. Doch es war meine Beherrschung wie eine flackernde Flamme, die ich zwischen meinen Händen zu schützen suchte, während ein Sturm sie umtoste und sie auszulöschen und in ein schwarzes Meer von Schmerzen zu stürzen drohte. Auch an die zahllosen Geschlechter auf Erden zwang ich mich zu denken, und daran, daß das, was ich nun erlitt, eine jede Mutter eines jeden Menschen erlitten hatte. Doch Schmerz und Furcht sind Verliese, worin wir allein hausen.

Ich hörte meine Stimme noch immer von den schattenspendenden Bäumen sprechen, als die weißglühenden Schwerter des Schmerzes mich ein letztes Mal durchbohrten und mein Kind geboren wurde. Ich hörte noch seinen Schrei ... dann zog der Blick des heilenden Priesters mich fort von meinem Leibe, und ich hatte Frieden.

Fern der Erde wurde ich gelabt, und da ich in meinen Leib zurückkehrte, schien er mir lind wie ein weicher, reiner Kittel. Ich schlug die Augen auf und sah Pakee an meinem Lager wachen. Und sie berichtete, Ptah-kefer habe gesagt, mein Kind werde ein würdiger Träger der Geißel werden und solle Den heißen, denn diesen Namen habe es einst als Krieger geführt, wiewohl es nun als Mädchen auf die Erde zurückgekehrt sei.

Das Haar meiner Tochter war von der Farbe blassen Kupfers, so als habe sich das Kupfer im Haar ihres Vaters vermischt mit Gold; und deshalb gab ich ihr den Kosenamen Tschekeea.

Ich schaute sie an und dachte an Dio ... Für ihn war eine glatte weiße Steinmauer, die seines Meißels harrte, um zum Leben zu erwachen, wertvoller denn irgendeine Gabe, die ich ihm hätte schenken können; und selbst Gold war nur ein Metall unter anderen, um zu Schönheit geformt zu werden. Für ihn wurde der Wert eines Tempels nicht dadurch bestimmt, was man darin lehrte, sondern durch die

Reinheit seiner Linien. Ich besaß also nichts, das ich ihm schenken konnte, aber seiner Tochter würde ich einen Thron geben. Nie hatte er erkannt, wie sehr ich mich danach gesehnt, der Bürde meiner Erbschaft ledig zu sein und mein Glück als Weib über die Führung eines großen Volkes zu stellen. Vielleicht lachte er nun bei dem Gedanken, daß sein Kind zu einem Abkömmling der Götter erhoben worden war. Die Weiber, die zu mir kamen, ihr Herzeleid zu klagen, verwunderten sich stets ob meines Verstehens und hielten dieses für die Frucht großer Weisheit; sie wußten nicht, daß es nur die Frucht der Torheit war, die ich mit ihnen teilte.

Da meine Tochter drei Tage zählte, kehrte Neyah zurück, und kaum hatte er den Palast betreten, eilte er zu mir. Seine Blicke hafteten auf dem roten Haar des Kindes, als er neben meinem Lager stand, und mit einer Stimme, kalt und glatt wie Stein, sprach er: «Es wuchsen Horus während des Feldzuges rote Federn.»

Damit wandte er sich zum Gehen, ich aber rief ihn zurück, und unwillig blieb er stehen und harrte meiner Worte.

Wiewohl ich mich nach seiner Freundlichkeit sehnte, packte mich heftiger Zorn. Und ich dachte: Er und seine geputzten Weiber! Wie schnatternde Papageien sind sie, grell, bunt und dumm. Sie leben allein dafür, die Lider mit Antimon zu schwärzen und die Nägel zu färben. Ihre Leiber sind weich und glatt, aber leer wie Statuen. Und sie sind wie die Katzen, doch bei weitem nicht so klug. Betrete ich ihre Gemächer, gleiten sie davon in den Schatten. Solange ich Pharao bin, sind sie ein Nichts. Was also kümmern sie mich? Für ihn sind sie wie ein schöner Köcher oder eine witternde Jagdhündin oder ein Wagen, der flinker wendet denn andere; und natürlich ist er freundlich zu ihnen und schenkt ihnen Elfenbein und Halsbänder und kostbare Essenzen. Mich aber fürchten sie. Denn ich bin Pharao der Zwei Länder, und die Grenzen meines Reiches sind Meer, Wüste und Gebirge. Mein Geist kann seinem Leibe entfliehen und sich aufschwingen zu der Schwelle der Götter.

Dennoch nagt an mir die Eifersucht auf die, welche nichts sind denn Weiber, deren Reich ihre Kammer, deren Thron die Matte ihres Lagers und deren einziges Traumziel der Leib eines Mannes ist. Neidete ich ihnen ihr Los, wäre dies, als ersehnte ich dumpfe Zufriedenheit einer Kuh, die im Stall ihr Futter widerkäut. – Wie er dieses Kind hassen muß! Drei Kinder nennt er sein eigen. Ich kenne ihre Mütter, er aber wird nie erfahren, wer der Vater meines Kindes ist. Drei seiner Edlen, ein Hauptmann und sein erster Schreiber, sie alle haben kupferfarbenes Haar, und nie wird er wissen, welchen dieser fünf er als Bruder grüßen müßte.

Lange wohl hatte ich diese Gedanken gezügelt, nun aber, da die Erde mich mit starken Armen herabzog, schlüpften sie aus dem Gehege meines Geistes. Viele Monate war mein Leib ein Kerker gewesen und das Schwert meines Willens umhüllt von leinenen Binden, so daß die ungebetenen Gedanken die Schranken durchbrachen und eintraten in die geheime Kammer meines Herzens.

Noch immer harrte Neyah meiner Antwort.

Und wieder verlangte es mich heftig nach einem guten Wort von ihm, dennoch sprach ich: «Keine deiner Gemahlinnen ist rothaarig, Neyah. Das ist töricht von dir, denn du würdest entdecken, daß sie dir Wonnen bereiten, die du bisher entbehren mußtest.»

Nun ging er, und ich war ganz allein.

Als Tschekeea zwölf Monate alt war, befiel eine Seuche das Kind; sie fegte über unser Land, und es schien, als müsse meine Tochter daran sterben. Ihr Gesicht und ihr kleiner Leib waren besät mit bläulichen Flecken, und sie brannte in einem seltsamen inneren Feuer, und gleich darauf lag sie eiskalt in meinen Armen. Und sie verweigerte jede Nahrung, und man mußte ihr Milch und Wein durch eine Binse zwischen die Lippen träufeln.

Neyah wachte bei ihr Tag und Nacht, und in seinen Armen fand sie einen Frieden, den ich ihr nicht zu geben vermochte. Am zehnten Tage wurde ihre Stirn kühl und feucht, und Ptah-kefer verkündete uns, daß die Gefahr vorüber sei und sie dem Leben erhalten bleibe.

Und als Tschekeea genesen war, lief sie stets zu Neyah, um sich in ihren kleinen Schmerzen trösten zu lassen und mit ihm das Entzücken über ein Spielzeug zu teilen. Also wurde dieses Kind, welches anfangs zwischen uns gewesen war wie ein Speer, das stärkste Glied in der goldenen Kette, die uns aneinanderband.

Und es reute mich, daß ich meine Augen von seinen Kindern abgewandt hatte, und ich ging fortan häufig in die Frauengemächer und plauderte mit den Nebenfrauen, und also lernte ich ihr Wesen begreifen. Ich brachte ihnen Geschmeide und andere Geschenke, und sah ich ihre Freude über eine Armspange, ein gefälteltes Gewand oder ein Töpfchen mit einer neuen Hautpaste, fand ich in meinem Herzen zunächst nur Verachtung. Allein mit der Zeit erkannte ich, daß ihnen diese Dinge soviel galten wie einem Krieger der Speer oder einem Schreiber die Tafel. Und ihren Kindern schenkte ich Liebe und umhegte sie mit meinem Schutz, gleichwie Neyah diese Tschekeea schenkte.

Also lernte ich, daß Eifersucht ein großes Übel ist, denn es ist dem Eifersüchtigen die Liebe wie ein Silberschmuck, den er mit beiden Händen umklammert, aus Furcht, ein Dieb könne ihn stehlen; und verliert er ihn, glaubt er alles verloren. Doch ist ein jeder von uns gleich einer Sonne, und ihre Strahlen, welche da sind Liebe und Freundschaft, treffen viele; die aber, welche sie treffen, dürfen ihre Wärme nicht deshalb wohliger finden, weil ihr Bruder im Schatten steht.

Dieses will ich alle jene lehren, welche der gleiche Schmerz heimsucht, der einst so bitter auf meinen Lippen war.

VI

1 Seereise

Als Tschekeea drei Jahre alt war, stattete Kiodas, König von Minoas, Kam einen Staatsbesuch ab. Die Bande der Freundschaft zwischen seinem Lande und dem unseren waren stark, und wir gelobten, innerhalb Jahresfrist auch sein Inselreich zu besuchen.

Im folgenden Jahr, welches das fünfte meiner Herrschaft war, am zweiten Tage des vierten Monats sagten wir der kleinen Tschekeea und meiner Mutter Lebewohl. Ich wünschte, sie hätten uns auf der Reise begleiten können, doch sollte unsere Mutter während unserer Abwesenheit das Land regieren, und Tschekeea würde sich bei ihr in der Freiheit des Palastes wohler fühlen als eingeschlossen in der Enge des Schiffes auf einer Reise, die viele Tage währte.

Lange hatte ich den Wunsch gehegt, Minoas zu besuchen, doch freut es das Herz wenig, eine Reise zu tun, wenn der Geliebte sich mit jeder Elle, die man ihm näher kommt, weiter entfernt. In Kam herrschte Ruhe, denn seit der Niederwerfung Punts konnte niemand sich mit Atets Macht messen; doch da die Königliche Galeere von den Ruderern stromab gefahren wurde und ich Tschekeea an der Hand meiner Mutter am Kai kleiner und kleiner werden sah, wünschte ich fast, dem Lande möge plötzlich eine Gefahr drohen, so daß ich dem Schiffsmeister hätte befehlen können, zu wenden.

Unsere Flotte bestand aus sechs Schiffen. Es begleiteten

uns Ptah-kefer, Zerta und zwei Schauerinnen, vier meiner Palastdamen, zehn Dienerinnen, sechs junge Edle und zwanzig von Neyahs Bedienten, Zeb und drei andere Hauptleute mit dreihundert Mann der Königlichen Leibwache und dazu acht Musikanten – drei Harfenisten, zwei Flötenspieler und drei Rohrpfeifer, welche auch alle Sänger waren. Als Gaben für den König führten wir mit uns: ein zahmes Löwenjunges von vier Monaten, zwei goldbeschlagene Zedernholztruhen, Geschmeide aus Lapislazuli, Karneol, Amethyst und Topas, fünfzig Ballen feines Linnen, vier mit Gold und Fayence geschmückte Schreine und zwölf Elefantenzähne.

Sechs Tage währte es, ehe wir die Küste erreichten, denn jeden Tag stiegen wir an Land, um dem versammelten Volk Audienz zu erteilen, gleichwie mein Vater es getan, da wir ihn als Kinder auf seiner Fahrt nach Na-kish begleiteten.

Es sind die Bewohner des Nordens von Gestalt kleiner, jedoch kräftiger gebaut als die im Süden, und ihre Stimmen sind rauher, und ihre Worte klingen nicht. In diesen Gebieten fällt zu gewissen Zeiten des Jahres Regen, also herrscht an Wasser niemals Mangel. Es ist dies deshalb das Land der großen Kornspeicher, und ehe die Halme unter der Sichel fallen, erstreckt sich ein Meer von Getreide, so weit das Auge reicht. Die Hauptstadt des Nordens liegt am östlichen Mündungsarm des Stroms unweit des Meeres, und sie heißt Iss-an, wie die nördliche Festung, die am östlichen Rande der Stadt liegt, von wo aus das Delta regiert wird. In jenen Tagen aber, da Lotos und Papyrus noch nicht in demselben Teich gediehen und die Biene noch nicht im Ried wohnte, war Iss-an die Königliche Stadt des Herrschers über den Norden.

Horem-ka, der Wesir dieser Provinz, wohnte in dem alten Palast. Er war ein gewaltiger Krieger, aber auch ein Mann von großer Weisheit; und in der letzten Schlacht gegen Zuma hatte er an der Seite meines Vaters gekämpft. Er hatte einen achtjährigen Sohn, der gleichfalls Horem-ka hieß, und diesem Knaben sagte ich, er müsse zu einem Abbild seines Vaters heranwachsen, auf daß auch er eines Tages Wesir werde. Und ich schenkte ihm ein Schiffsmodell aus Sykomorenholz mit Rudern von Elfenbein, ähnlich denen, die Neyah als Knabe zu schnitzen pflegte; und seinen kleinen Schwestern gab ich Spielzeug und seiner Mutter ein Halsband aus Gold und Lapislazuli.

Dort blieben wir drei Tage und erteilten unserem Volke Audienz, und viele waren aus dem großen Ackerland zusammengeströmt, um Pharao zu schauen. Am vierten Tag bestiegen wir wieder unsere großen Schiffe. Das Segel der Königlichen Galeere war scharlachrot und der schwarze Rumpf geschmückt im Blau und Gold. Unseren fünf großen Schiffen folgten andere, welche Kiodas ausgesandt, auf daß sie uns geleiteten. Seine Schiffe lagen höher im Wasser als die unseren, und sie hatten zwei Reihen von Ruderern, doch waren die Segel kleiner, und ihr Steven war geschnitzt in Form eines Fisches, denn es ist das Meer ihr Element.

Drei Tage lang segelten wir gen Nordwesten, bis wir die Küste sichteten; und mit günstigem Wind segelten wir dann weitere acht Tage gen Norden, und während dieser Fahrt sahen wir zur Rechten am Horizont ragende Berggipfel. Unterwegs begegneten wir drei Schiffen aus Kam, welche südwärts fuhren mit einer Last von Zedernholz.

Ich teilte Neyahs Vorliebe für große Schiffe, welche der schweren See trotzen, nicht, denn ich liebte die kleinen Boote, welche dahinschweben gleich Seeschwalben, und das gelassene Gleiten der Königlichen Galeere, majestätisch wie das eines Schwans. Und ich haßte die Stürme, die uns nun von allen Seiten anfielen, so daß unsere Schiffe sich die grünen Wasserberge hinankämpfen oder verzweifelt in Wellentäler tauchen mußten. Je wilder der Sturm aber brauste, desto mehr freute dies Neyahs Herz. Viele Stunden stand er am Steuerruder und schien es zu genießen, wenn der Gischt seine Haut peitschte. Und die Wogen ergossen sich über unsere Ruderer, die hart in den Rudern lagen, um den Bug des Schiffes stolz zu halten im Wind. Wurden die Türen und Luken des Deckshauses geschlossen, war es, als weilten wir im Bauch eines Fisches, standen sie aber offen, wälzte sich das Wasser herein, unsere Plagen zu mehren. Meine Palastdamen und Dienerinnen lagen auf ihren Polstern und flehten zu Ptah, er möge sie in seiner Barmherzigkeit sterben lassen. Wiewohl ich von dem Übel nicht gepackt wurde, wünschte ich doch, ich wäre eine Göttin und könnte die Hände ausstrecken und den Wogen Ruhe gebieten.

Nach dieser langen Nacht flaute der Sturm ab, und das Meer glättete sich. Meine Frauen kämmten ihr wirres Haar und tupften die Augenschminke von ihren Wangen, und sie krochen an Deck und hockten verzagt in der Sonne. Nun, da die See nicht mehr grollte, rühmten sie sie scheu wie einer, der am Käfig eines wilden Leoparden vorüberschreitet, argwöhnend, das Gitter sei morsch.

Am zwölften Tage landeten wir auf einer großen Insel, einer Provinz von Minoas, wo unsere Schiffe neuen Vorrat aufnahmen: Lattich, Rettiche und Suppenkräuter, Granatäpfel, Trauben, und Orangen, Ziegenkäse, Butter und kleine, in Öl eingelegte Fische. Hier grünten die Weingärten, wo der berühmte Wein gedieh, von dem in jedem Jahr hundert Krüge als Gabe nach Kam gesandt wurden, und hier blühten die Veilchenfelder, welche das kostbare Öl für Spezereien lieferten. Wir brachten die Nacht im Hause des Statthalters zu, und ehe wir schieden, schenkte ich ihm zwei goldene Armreifen und seiner Frau ein Halsband.

Und wir segelten weiter gen Norden, bis wir die bergige Küste sichteten, die wir während fünf Tagen zu unserer Rechten gehabt hatten. Dann hielten wir südlichen Kurs und segelten an der Insel Bakiss vorüber, in deren großem Hafen viele Schiffe der minoischen Flotte gebaut werden. Auf der Hochebene dieser Insel grasen Ziegen mit langem, seidigem Haar, aus welchem die feinsten Wollgewebe verfertigt werden. Da der Wind uns günstig war, landeten wir dort nicht, sondern hielten weiter auf Süden zu, bis wir die große Insel Minoas sahen.

Als man uns vom Ufer aus erblickte, lief eine Flotte von

fünfzig Schiffen aus, uns den Gruß zu entbieten. Die größten unter ihnen hatten Segel in Karneolrot und Weiß, den königlichen Farben von Minoas. Während die beiden Königlichen Galeeren so still nebeneinanderlagen wie zwei Ochsen im Stall, wurde eine hölzerne Planke zwischen ihnen ausgelegt, und wir schritten hinüber, Kiodas zu grüßen. Er trug eine weiße, geraffte Tunika mit Borten in Purpur und Gold, und sein bronzefarbenes Haar, das ihm in Locken bis auf die Schultern wallte, war mit einem glatten Goldreif zusammengehalten. Seine Sandalen waren besetzt mit Amethysten, und auch an dem ersten Finger seiner rechten Hand trug er einen großen Amethyst. Kaum hatten unsere Füße das Deck berührt, begann eine Schar junger Mädchen in hauchfeinen, mandelblütenfarbenen Gewändern auf Leiern und Zimbeln uns einen Willkommsgruß zu spielen und zu singen:

«Die Sonne ging auf nach langer Nacht,
die nackten Zweige knospen;
den stummen Vögeln schwellen die Lieder,
das Meer ruht sanft wie ein Weiher,
und die Flüsse glänzen silbern von Fischen,
da wir singen unsere Freude,
daß Kams Herrscher uns ehren mit ihrem Besuch.»

Kiodas sagte mir, daß seine Königin, Artemiodes, uns den Willkommsgruß im Palast entbieten werde. Im Hafen wimmelte es von kleinen Booten, von wo aus uns das Volk zujubelte, als das königliche Schiff an den Kai gerudert wurde. Und am Strand standen die Bewohner der umliegenden Dörfer, und alle reckten die Hälse und schauten einander über die Schultern, um uns besser sehen zu können, und alles schwatzte vor Aufregung durcheinander. Ihre Kleider waren von leuchtenden Farben, nicht so herben und klaren, wie sie das Volk bei uns trägt, denn eine jede Farbe gab es in vielen Tönungen. Alle lächelten zur Begrüßung mit offenherziger und kindlicher Freundlichkeit, so daß wir spürten, wie glücklich sie über unseren Besuch waren.

2 Kiodas' Palast

Die Reise in der Sänfte bis zu dem Palast währte zwei Stunden. Jede Biegung des steilen Weges bot unseren Augen neue Schönheit: kleine Buchten mit weißem Strand, golden vor dem Schaum der sich brechenden Wogen; das Meer im Spiel seiner wechselnden Farben, von Grün und Türkis bis Purpurblau; einen Olivenbaum, umrankt von Klematis; Kaskaden von wilden Rosen auf einer Felsklippe. Die kleinen Dörfer waren weiß getüncht, oder auch gelb oder blaßrosa, und es schien, als wären die Hütten, die an den steilen Hängen emporkletterten, so sicheren Fußes wie die Bergziegen. Die Luft war lind und süß von dem Blütenduft der Täler. Die Äste der Olivenbäume waren knorrig von Alter, und gehüllt in das Silbergrün ihrer jungen Blätter, glichen sie würdigen Greisen, die eine neue Jugend erlebten. Überall aus den Häusern kamen Kinder gelaufen und warfen Blumen in unsere Sänften, denn hier sind die Hänge Lustgärten der Götter.

Aus der Ferne glich Kiodas' Palast einer prächtigen Stadt an einem Hügel oder einer von Riesen fünfzig Ellen hoch erbauten Treppe. Da wir uns der großen Eingangspforte näherten, kam Artemiodes die vielen Stufen herabgeschritten, uns zu begrüßen. Ihre Stimme klang gut und sanft, da sie mich willkommen hieß. Und sie war wie eine liebliche Statue aus Kupfer und Elfenbein: die Haut wie blasser Honig, das Haar von der Farbe der Dotterblume.

Sie zeigte mir die schönsten Dinge ihres Palastes und die blühende Freude ihrer Terrassen und Haine und war eifrig dabei wie ein glückliches Kind, das seinen Gespielen seine Schätze vorweist. Zypressen umstanden die Gärten wie Wächter, und diese blühende Fülle ergoß sich bis hinunter zu den Olivenhainen; und so gut hatten sich Mensch und Natur hier in ihr Werk geteilt, daß es war, als wüchse jede Rose, jedes einzige wuchernde Büschel von Veilchen und jede kleine Armee der in der Sonne marschierenden Hyazinthen hier zum eigenen Entzücken.

Die Gemächer des Palastes führten auf weite Terrassen, welche das Dach für die darunterliegenden bildeten. Mein Schlafgemach zierte ein Fries von Tänzerinnen in Schwarz und Rot, und darüber hingen Stierköpfe, aus weißem Stein geschnitten, deren Hörner durch Girlanden taufrischer Blumen miteinander verbunden waren. Mein Ruhebett hatte weiche Kissen und Decken von gelber Seide, und sein Kopfende war geformt wie eine Muschel. Gewebte Matten in Schwarz und Weiß bedeckten den Boden, der aus Stein war, denn in Minoas sind nicht allein die Tempel, sondern auch die Paläste daraus erbaut. Vor den Säulen der drei Bogengänge stand rosa Oleander in roten Tonkrügen, und die Bogengänge öffneten sich einer kleinen Terrasse, welche die eine Seite des Raums einnahm, so daß er einem Lusthaus glich. Bei Regen konnte man diese Bögen von außen durch Läden verschließen, und während der Mittagsruhe versenkten blaue Vorhänge den Raum in ein Dämmerlicht.

Meine Badewanne war nicht in den Boden eingelassen, wie dies bei uns üblich, und gemahnte mich an einen Sarkophag aus Stein. Dort hinein sprudelte aus dem Maul eines steinernen Fisches kaltes Wasser, welches durch eine kleine Rinne im Boden abfloß. Die Wände entlang liefen Borte, wo vielgestaltige Tonvasen mit getrockneten Kräutern und Blüten standen, welche das Bad duftend machten. Und die Wände waren bemalt mit Seevögeln, Muscheln und Korallenzweigen.

Vor der einen Seite der Terrasse lag ein Schwimmbecken, und es schien allein umfriedet von dem Himmel und dem fernen Meer; an der anderen Seite lud eine Laube, beschattet von Weinranken und Kletterrosen, zum Verweilen.

Als ich meine Gemächer aufsuchte, um mich für das Festmahl zu unseren Ehren zu kleiden, sah ich, daß meine

Frauen meine Gewänder aus den Reisetruhen genommen und sie in lange Schreine aus bemaltem Zedernholz gelegt hatten. Maata verriet mir, sie habe zwölf Perückenständer im Ankleideraum entdeckt, und sie vermutete, daß die Leute in Minoas uns für kahlköpfig hielten, da sie gehört, wir trügen bisweilen bei unseren Zeremonien Perücken. Die gute Maata! Sie war auf mein Haar viel stolzer, als sie es je auf ihr eigenes gewesen, und überzeugt, daß sein Glanz ihrem eifrigen Kämmen zu danken war.

Und ihre Gedanken drängten sich, über ihre Lippen zu kommen, und während sie mein Haar glättete, erzählte sie, daß die Mädchen, die das warme Wasser für mein Bad gebracht, nackte Brüste mit rotbemalten Brustwarzen hätten, «und ihr Haar ist orangerot und gelb gefärbt, gelockt und bebändert, statt daß sie anständige Perücken tragen und Leinenkittel wie unsere Dienerinnen. Ich bezweifle, daß es in diesem Lande ein einziges Mädchen gibt, das der Ehemann in der Hochzeitsnacht etwas lehren könnte.»

Ich lachte und ermahnte sie, nachsichtiger zu sein gegenüber den Sitten anderer Völker, denn sonst würden die Menschen hier uns für fade halten und steif wie Steinbilder.

Maata schnaubte verächtlich. «Diese feilen, kichernden Weiber! Nicht eine würde ich auch nur einen halben Tag in unserem Palast dulden, nicht einmal den Löwenstall dürfte sie säubern. Und wenn die, welche ich sah, nicht einen runden Leib haben, so liegt das gewiß nicht an ihrer Tugend, sondern allein daran, daß die Männer allzu beschäftigt sind damit, ihr Gesicht zu malen und ihr Haar zu kräuseln, als daß sie sich ihrer Männlichkeit entsännen.»

«Schweig, Maata! Sie sind anders als wir, vielleicht sind sie nur jünger im Geiste. Doch es sind unsere Freunde. Mag sein, wir könnten sie ein wenig Weisheit lehren – nach dem, was ich von ihren Priestern vernahm, täte es not. Doch verschließen eine gerunzelte Stirn und Tadel die Herzen gegen solche Worte, welche sie lenken könnten. Sieht man deine Miene, könnte man meinen, wir seien umzingelt von einem

Wald von Speeren, unser Wein vergiftet und unsere Ruhebetten voller Skorpione.»

«Wenn du es wünschst, werde ich meine Gedanken verbergen. Doch sind meine Worte hier nur Töne, die niemand versteht, wie auch ich ihr heidnisches Geschnatter nicht begreife.»

«Tu, wie ich es wünsche, Maata, und lächele! Auch ich finde es schwer, mich in ihrer Sprache auszudrücken, und bin froh, daß ich ein wenig davon vor ihrem Besuch im vorigen Jahr erlernte. Und es war sehr höflich von ihnen, daß sie uns in unserer eigenen Sprache begrüßten.»

Maata hatte mich bereits verlassen, als Neyah kam, mich zu holen. Und ich erzählte ihm, was unsere Amme von Minoas und seinen Bewohnern hielt. Neyah war fröhlich gelaunt und lachte vor sich hin, und auf dem Wege zum Festsaal meinte er: «Es ist ein Glück, daß Maata nicht in meinen Gemächern war, denn als ich ins Bad ging, fand ich dort sechs junge Mädchen zu meiner Wartung. Und da ich sie zu gehen bat, gaben sie vor, mich nicht zu verstehen, und wiesen aufeinander und auf das Bett, damit ich ihnen bedeute, welche von ihnen des Nachts das Lager mit mir teilen solle.»

Die eine Seite des Festsaals bestand aus einer offenen Säulenreihe, und der Vorhang war der Sonnenuntergang. Zwei lange Marmortische nahmen die ganze Länge des Raumes ein, und ein kleinerer stand auf einer Estrade, wo Neyah und ich zwischen Kiodas und seiner Königin saßen. Ihr mit Falbeln besetztes Kleid war leinblütenblau mit violetter Kante und schmiegte sich eng um Leib und Schenkel. Und das Mieder war tief ausgeschnitten und ließ die Brüste mit den vergoldeten Warzen frei. Ihr hoch aufgetürmtes, gelocktes Haar wurde von silbernen Nadeln mit Amethystköpfen gehalten.

An der königlichen Tafel speisten auch Ptah-kefer und Zerta sowie der Hohepriester von Minoas, des ferneren Kiodas erster Wesir und der Befehlshaber seiner Flotte. Alle Edlen und Hauptleute aber saßen mit ihren Frauen und denen aus unserem Haushalt auf mit Kissen belegten Bänken an den langen Tischen. Hier muß ein jeder das Fest mit denen verbringen, die neben ihm sitzen, und darf seine Gesellschaft nicht nach Belieben wählen, wie es bei uns Sitte ist.

Der blaßgoldene Wein, welcher weich auf der Zunge und sehr kalt war, wurde aus langhalsigen Krügen mit zierlich geformten Griffen von Knaben in kurzen Kitteln ausgeschenkt, deren gelocktes Haar mit Bändern umwunden war.

Wir speisten viele Arten Fisch, die ich nie zuvor gekostet, und unbekannte süße Gerichte, von denen eines aus Honig, gestoßenen Mandeln und gezuckerten Rosenblättern bestand. Die Tafel war bestreut mit Veilchen und weißen Rosen, und während unsere Zungen sich an lieblicher Speise labten, umschmeichelte Musik unsere Ohren, und Tanz ergötzte unsere Augen.

Zu den Klängen einer Rohrflöte kam ein Tänzer, dessen Hüften mit Weinlaub umgürtet waren, in die Mitte des Saals gesprungen, und er hielt lange Blumengirlanden, an denen er sechs gleichfalls mit Weinlaub umgürtete Mädchen hinter sich herzog, welche Sklavinnen darstellten, die er dem König zuführte. Plötzlich wirbelten die Mädchen im Tanz umher, und er stand in ihrer Mitte, bis er, von den Girlanden umwunden, ihr gefesselter Gefangener war. Dann, während sie ihn singend verhöhnten, zerriß er seine Blumenbande, und sie flohen in gespieltem Schrecken in die Nacht hinaus, wohin er ihnen folgte. Darauf traten zwei Männer und ein Mädchen ein, und sie alle waren sehr anmutig, glichen aber eher Akrobaten denn Tänzern. Die Männer warfen einander das Mädchen durch den Raum zu, und mit ausgebreiteten Armen flog sie wie mit Vogelschwingen durch die Luft.

Nach einem jeden Tanz klatschte die Gesellschaft den Tänzern Beifall und warf ihnen Blumen zu. Das erste Mal, da dieses geschah, war ich darob sehr verwundert, denn priese man in Kam eine Tänzerin, wäre dies, als bewundere man den Bildhauer und nicht die Statue, die er schuf; und für uns ist der Rhythmus eines Tanzes ebenso getrennt von dem Tänzer, wie die Statue von ihrem Schöpfer. Hier aber sind es die Tanzenden selbst, die das Lob ernten, nicht aber der Gedanke, den sie mit ihren Körpern lebendig machen.

Ich nahm eine weiße Rose, die neben meinem Teller lag, und warf sie der Tänzerin zu; damit erfreute ich den König sehr. Da er als unser Gast in Kam geweilt, mußte er uns wohl für sehr engherzig gehalten haben, denn er wußte ja nicht, daß uns das Preisen derer, die einen Schattentanz vollführen, wäre, als besängen wir den Mond, weil er das schöne Muster eines Feigenbaums an eine Mauer wirft.

Ehe ich an diesem Abend einschlief, trat Neyah in mein Gemach. Er hatte im Schwimmbecken geschwommen, und sein Haar troff von Nässe, und ich riet ihm, es zu trocknen, ehe er sein Lager aufsuche.

Doch er sprach: «Ich habe kein Bett, denn darin liegt ein schlafendes Mädchen, das meiner harrt. Ich aber schätze diese übertriebene Gastfreundschaft nicht, und ich möchte schlafen. Schicke ich sie jedoch fort, glaubt Kiodas vielleicht, ich hielte seine Frauen meiner nicht für würdig... Doch ist es so, daß ich diejenige, welche mein Lager teilen soll, lieber selbst erwähle.»

«Armer Neyah! Erzähle ihr doch, daß wir in Kam an diesem Tage ein heiliges Fest feiern, da alle Männer für eine Nacht Keuschheit schwören und die Frauen dem Gotte Min überlassen. Sie wird es gewiß für wahr halten, denn diese Menschen glauben uns zu allem fähig, selbst daß wir Zauberer sind, die auf Krokodilen durch die Lüfte reiten und sich in Frösche verwandeln können!»

«Es war klug von dir, Sekeeta, daß du die Rose warfst, denn dieses erfreute Kiodas. Mir fiel es schwer, mit seiner Gemahlin zu plaudern; vielleicht wäre es leichter gewesen, wenn auch sie im vorigen Jahr nach Kam gekommen wäre, allein sie haben sich erst im Frühling vermählt.»

«Es ist ein glückliches Volk, Neyah. Sie sind fröhlicher

als wir, da wir noch Kinder waren. Wiewohl sie nicht wissen, wer sie sind noch woher sie kommen noch wohin ihre Wanderung führt, so leben sie doch lachend diese kurze Spanne, die wir das Jetzt nennen.»

«Ja, aber ihre Fröhlichkeit ist wie Wogenschaum, der rasch verfliegt.»

«Mag sein, Neyah, doch ist Wogenschaum, so lange er währet, von Zauberfarbe und schöner als die Tiefen aller Meere. Wohl haben wir die Zufriedenheit, die Jahre überdauert, sie aber drücken das Jetzt an ihre spitzen Brüste, packen jeden Zweig der Zeit, als sei er eine Rose, und pressen jeden Dufttropfen heraus, ehe die Blätter fallen und ihr Blütenherz bloßlegen.»

«Aber sie wissen nichts von der Weisheit. Könnte ich Kiodas überreden, meinen Priestern Einlaß zu gewähren in seine Tempel...»

«Sie sind jung und heiter, und das ist gut für sie. Trachtete man danach, ihr Leben zu ändern, wäre dies so grausam, als schnitte ich Tschekeeas Lieblingsspielzeug auf und zeigte ihr, daß der Inhalt nur Federn und Leinen ist und es keine Katze sei, der sie ihre Märchen zu erzählen pflegt. Laß dieses Volk, wie es ist! Sie sind nicht böse, nur jung. Wenn sie aber reicher an Jahren sind, werden sie in einem Lande wiedergeboren werden, das dem unseren gleicht.

Es ist spät nun, der Tag war lang, und wir müssen ruhen. Gute Nacht, mein Bruder. Geh jetzt in dein Gemach und erzähle mir morgen, wie du geschlafen hast.»

3 Artemiodes

Artemiodes kam häufig zu mir in mein Gemach, und dann pflegte sie diejenigen meiner Pasten zu erproben, die ihr neu waren. In Minoas gab es keinen Malachit, und es bereitete ihr großes Vergnügen, sich mit dem meinen die Lider grün zu färben. Ich zeigte ihr, wie man ihn mit einem Tropfen Öl auf der Fingerspitze zu einem weichen Brei verrieb, und versprach ihr, daß sie, so lange es Malachit in Kam gäbe, keinen Mangel daran leiden solle; außerdem würde ich ihr eine geschnitzte Palette senden, auf der sie ihn zu Pulver verreiben könne.

Ihre Schönheitspflege nahm viel Zeit in Anspruch: Jede einzige ihrer zahlreichen Locken wurde um ein Stäbchen gewickelt, mit einem Faden umwunden und dann mit Rosenwasser getränkt, und danach fächelten die Dienerinnen ihr Haar trocken. Ihre Haut war sehr hell, fast von der Farbe der Perlen, und jeden Tag badete sie in frischer Ziegenmilch, und die Hände salbte sie mit Schafsahne, auf daß sie weich blieben.

Ihre Kleider hingen in einer langen, schmalen Kammer, ein jedes Gewand für sich auf einem Ständer, geordnet nach der Farbe. Eines, das ich besonders liebte, war von gelber Seide, besetzt mit purpurfarbenen Bändern; und ein anderes war rosa und weiß gestreift wie eine Tulpe und am Hals und Saum mit lebhaftem Grün gekantet; und die fünf Falbeln eines dritten, welches die zarte Malvenfarbe des Rosmarins hatte, waren bestickt mit Perlen, und ihre Sandalen waren ebenso vielfarbig wie ihre Kleider. Waren wir beide aber allein, trug sie oft eine schlichte Tunika, die unter der Brust mit bunten Bändern gebunden war.

Von ihren Kleidern erzählte sie mit dem gleichen Eifer, wie wenn ein Hauptmann von der Schlachtordnung berichtet, und über das Zusammenstellen von Farben grübelte sie wie ein Dichter über seine Verse, und über eine Verzierung konnte sie sich freuen, wie Thoth-terra-das, wenn er einen Gedanken in gelungene Worte gekleidet.

Als Artemiodes entdeckte, daß ich jedes meiner Gewänder vierfach besaß, verwunderte sie sich sehr. Ich erklärte ihr, daß wir in Kam Kleider trügen, die sich während der letzten hundert Jahre weder in der Farbe noch im Schnitt geändert hätten.

Obgleich sie Kiodas' Gemahlin war, hatte sie keinen Teil an seinem Herrscheramt, und es schien, als bedaure sie mich sehr, daß auch mir die Verantwortung eines Herrschers oblag, statt daß ich nur die Vergnügungen einer Königin genoß.

Ich hatte Artemiodes ein Löwenjunges als Gastgeschenk mitgebracht. Da mir Natee soviel Freude bereitet hatte, glaubte ich, auch sie damit mehr erfreuen zu können als mit irgendeinem anderen Geschenk. Und sie sah auch sehr zufrieden drein und sagte, das Tier werde auf einem violetten Kissen neben ihrem Ruhebett schlafen. Doch die Tatzen eines Löwenjungen, und sei es noch so sanft, sind scharf und seine kleinen Zähne spitz, und so fraß es sein violettes Kissen auf und zerriß die Bänder ihrer Kleider. Und da Artemiodes erkannte, daß es ebenso schwer war, das Herz zwischen einem jungen Löwen und der Vorliebe für Kleider zu teilen, wie eine Taube und eine Wildkatze in demselben Käfig zu halten, fragte sie mich, ob ich mich ohne Natee nicht einsam fühle und es mich nicht glücklich machen würde, wenn der kleine Löwe während der Zeit, da ich in Minoas weilte, mein Gemach teile. Und ich nahm ihn zu mir, und er betrug sich sehr brav, und näherten sich mir Menschen, die er nicht kannte, versuchte er mit seiner kleinen, heiseren Stimme ein Brüllen. Und das kleine Tier wurde meinem Herzen so lieb, daß ich beschloß, es wieder mit heimzunehmen und es Tschekeea zu schenken. Zu Artemiodes aber sagte ich, daß die Winter in Minoas doch wohl zu kalt für einen Löwen seien und daß ich ihr als ein besseres Zeichen unserer Freundschaft besticktes Leinen und geschnittene Armreifen schicken würde.

Und es war jeder Tag eine Blüte am Baum der Zeit. Die Herrschersorgen waren fern von uns, und wir hatten nur an unsere Vergnügungen zu denken, um also unsere Gastgeber zu erfreuen.

Fünf friedvolle Tage verbrachten wir in einem kleinen Sommerpalast am Meer, nur in Gesellschaft von Kiodas und Artemiodes. Dort gingen wir in einfachen Kitteln wie Fischersleute und bereiteten eigenhändig unsere Mahlzeiten über einem Feuer aus Treibholz.

An dem felsigen Gestade, wo das Meer mit dem Monde Zwiesprache hielt, lagen kleine Weiher mit Blumen, welche ihre gefiederten Kelchblätter zusammenfalteten, berührte man sie. Und Seegras wuchs dort, rot wie das Haar eines Meerweibes, und gelbe Krabben hausten dort, die seitwärts wanderten und in schützende Grotten krochen. Neyah pflegte sich unsere Angelleinen um den Leib zu knüpfen, und dann schwammen wir beide zu einer Klippe, die steil aus dem tiefen Wasser wuchs. Hier warfen wir unsere Angelhaken aus, bis daß ein starker Fisch an der Leine zerrte. Einmal fing ich einen kleinen Tintenfisch; seine Arme glichen einem Schlangennest, und aus seinen Augen starrte mich die Bosheit an, bis Neyah ihn mit einem Jagdmesser tötete. Die gefangenen Fische reihten wir auf eine Schnur, und diese trug Neyah wie ein Halsband um den Nacken, wenn wir zum Ufer zurückschwammen. Danach lag ich am Strande und badete in der Sonne, und meine Haut, die von den Salzkristallen des Meeres glitzerte, färbte sich von Tag zu Tag tiefer. Erst wenn die Dämmerung fiel, kleideten wir uns an, denn selbst die Mittagssonne war in diesem Land nicht allzu ungestüm.

Ich gewann Artemiodes sehr lieb, wiewohl ihr Herz mir fremd blieb und ich ihr Denken nicht verstand. Sie wollte stets von meinem Leben hören, doch nur von der äußeren Hülle, und nie fragte sie nach meinen Gedanken, und nie wünschte sie von Dingen fern der Erde zu sprechen. Sie begehrte zu wissen, was unser Volk aß, wie viele Stunden die Menschen bei uns ihrem Tagewerk nachgingen und auf welche Weise sie sich vergnügten. Wollte ich ihr aber erzählen, worin man sie unterwies, dann spürte ich, daß sie nur aus Höflichkeit lauschte. Und trachtete ich zu erkunden, woran sie glaubte, plauderte sie von einer neuen Speise, die ihr Koch erfunden, oder von einem neuen Einfall, mit dem sie Kiodas erheitern wollte.

Von ihrem Königlichen Gemahl sprach sie bisweilen in der Art, als sei sie seine Lieblingstänzerin: Sie rühmte sich, daß sie selbst dann, wenn er voller Unruhe auf eine überfällige Flotte wartete, alle Herrschergedanken aus seinem Geiste vertreiben und ihn in inniger Umarmung fesseln könne. Dann wieder sprach sie von ihm, als sei er ein schöner Jüngling, der noch ihre Jungfräulichkeit bestürmen müsse, und wieder ein andermal, als sei sie eine nachsichtige Mutter, die voller Stolz von ihrem eigensinnigen Kind berichtet. Die Liebe zu ihrem Gemahl schien sich mit jeder ihrer Launen zu wandeln. Es hatte dies seinen Grund vielleicht darin, daß die Menschen in Minoas noch nicht gelernt hatten, sich selbst zu erkennen, und noch nicht begriffen hatten, daß beständige Liebe das Wissen ist um das Maß von Gut und Böse, von Weisheit und Torheit, das dem anderen eignet, und daß man die lange Reise an seiner Seite machen will, wiewohl man dies in aller Klarheit schaut.

Eines Nachts trug man uns in verhangenen Sänften, worin wir schliefen, auf einen der hohen Berge, welche die Insel krönen. Und zum erstenmal hielt ich Schnee in meinen Händen und sah, wie meine Finger ihn mit ihrer Wärme formten. Wohl kannte ich das schimmernde Weiß der Perlen, das warme Weiß soeben geschnittenen Elfenbeins, das schäumende Weiß der sich brechenden Woge und die vielen Tönungen des Weiß von Blumenblättern im Sonnenlicht; nun aber hielt ich in meiner Hand das Herz aller Weiße, die Essenz aller Farben, veredelt zu Reinheit.

Dort in der Höhe hängte der östliche Himmel am Tage Banner aus, und der Morgenwind löschte die flackernden Lichter der Sterne. Das Land zu unseren Füßen schlief noch unter einer Nebeldecke, und von unserem weißen Eiland über den Wolken sahen wir, wie die kalte Pracht unter uns sich verwandelte in einen korallenen Thron für die Götter. Und ein Horizont, mächtig wie das Rad der Zeit, umschloß uns im ungebrochenen Rund, und wir sahen die schlafende Erde sich regen beim Nahen von Ras Wagen, der mit den Farbenfanfaren der Morgenröte wiederkehrte, um seine Kinder mit einem neuen Tag zu grüßen.

4 Die Kunst in Minoas

Gleichwie die minoischen Götter anders sind als die unsrigen, so sind auch die Malereien in Minoas, die Steinbilder, Gärten und Bauten von anderer Art, als wir sie gewohnt sind. Doch erst nach vieltägigem Aufenthalt in diesem Lande erkannte ich, was es war, das den Unterschied machte.

In Kam schauen wir das geordnete Muster des Weltenalls, worin kein Chaos ist und kein Zufall: Es pflügen die Sterne ihre vorgeschriebenen Furchen über das Himmelsgewölbe, es sprießen die Keime aus der Saat, und es reift das Korn, fällt aus der Ähre und wird wiedergeboren in ebenmäßigem Zyklus. Gleichwie kein Stein ins Wasser fällt, ohne es zu kräuseln, so ist auch keine Tat, gut oder böse, welche nicht im Gleichgewicht gehalten würde durch das Künftige, das das Jetzt erschafft. Nicht allein das All, nicht allein unser Menschenleben, sondern auch jedes Sandkorn, das im Winde wirbelt, ist sorgfältig gewogen von dieser makellosen Gerechtigkeit, deren Sinnbild uns die Waagschalen Tahutis sind. Und dieses unser eingeborenes Wissen um den ewig währenden Rhythmus spiegelt sich in all den Dingen, welche wir erschaffen, und es ist dies das Sinnbild der Form, in welcher wir die Schönheit über die Erde wandeln sehen.

In unseren Gemächern ist die eine Seite des Raumes das Gegenbild der anderen. Befindet sich ein Fenster an der einen Wand und läßt sich kein zweites in die gegenüberliegende einlassen, dann malen wir statt dessen ein Bild dieses Fensters darauf: Nicht daß wir wünschten, man sollte dieses Bild für ein wirkliches Fenster halten, sondern wir tun damit unser Wissen davon kund, daß die Schönheit die Zwillingsschwester der schwebenden Waagschalen ist. Eine gepflückte Lotosblume hat für uns die Hälfte ihrer Schönheit eingebüßt, denn so lange sie auf dem klaren Weiher schwimmt, sind die Blüte und ihr Spiegelbild vereint in ausgewogener Harmonie. Und diesen Gleichklang trachten wir auch in unseren Gärten zu verwirklichen: Steht ein Granatapfelbaum zur Linken eines Teiches, muß er einen Bruder zur Rechten haben; wachsen Ptahs rote Lilien an der einen Mauer, muß ihr Spiegelbild die gegenüberliegende zieren.

Und so erkennen wir auch das Jetzt als Spiegelung des Vergangenen oder als das, was sich im Künftigen spiegeln wird. Denn allein so kann das Jetzt in seiner Gänze geschaut werden; es ist der eine Arm einer Waage ohne den anderen sinnlos und vermag seinen Zweck nicht zu erfüllen.

Wir haben auch erkannt, daß Schönheit beständig und somit jenseits der Grenzen unserer fünf Sinne ist, denn sie kann allein vom Geist erfaßt werden. Deshalb malen wir einen Fries nicht so, als wollten wir das Auge überzeugen, daß das Geschaute ein wirklicher Mann sei und nicht sein Abbild. Unsere Maler stellen die Dinge so dar, daß sie den Geist des Betrachtenden anregen, auf daß er mit seinem inneren Auge das wiedererstehen lasse, was der Maler im Geiste schaute.

So wie Schriftzeichen Worte vermitteln, welche ihrerseits Gedanken offenbaren und die Vision dessen kundtun, was der Schreiber im Geiste sah, also künden auch unsere Bilder von dem, was der Maler in seinem Herzen und nicht allein mit den leiblichen Augen schaute. Geben unsere Maler die Schönheit eines Gartens wieder, dann malen sie nicht, wie sie ihn sehen; denn ein Trugbild der Wirklichkeit schaffen, hieße doch nur ein Trugbild schaffen. Niemand kann im Schatten eines gemalten Baumes verweilen, sei auch jedes seiner Blätter getreulich abgebildet; und eine Blume, wie schön sie auch gezeichnet ist, spendet keinen Duft, es sei denn den des Mörtels, auf welchem sie dargestellt ist. Doch gleichwie die Ähre dem trockenen Samenkorn entsprießt, so pflanzt auch der Maler den Samen seines Gedankens: Es ist deshalb sein Weiher nur ein Rechteck mit welligen Linien, und beherbergt er Lotosblumen und

Fische, sind diese in schlichten Zeichen kenntlich gemacht, und auch seine Bäume tragen den ihnen eigenen Umriß und zeigen an, wo sie gesetzt sind und von welcher Art ihre Früchte und Blüten sind. Und im Geist des Beschauers werden diese Gedankensamen keimen und sprießen, bis daß er vernimmt, wie der Wind die Blätter rauschen macht, bis daß er sieht, wie die Fische im Schatten des Lotos huschen, bis daß er spürt, wie der Saft des Granatapfels die Zunge kühlt, und bis daß er in diesem Garten seines Geistes Erquickung findet.

Wir meißeln eine Statue nicht so, daß der Betrachter vermeinen soll, Atem in den steinernen Nüstern zu finden, und wir formen nicht jede Ader und jeden Muskel oder die Poren der Haut, denn die genaue Wiedergabe des Körpers ist nicht wesentlich. Doch sind unsere großen Bildhauer lebendig im Geist, und also vermögen sie auch einen Menschen wiederzugeben, dessen körperliches Abbild sie in Stein erschaffen; denn gleichwie ein Schilfrohr im Wasser ein Schilfrohr widerspiegelt, also spiegelt auch der Geist des Bildhauers den Geist des Menschen wider, den er in Stein bildet. Diese unsere Kunst ist in ihrer höchsten Vollendung in dem Standbild des großen Menes zu finden, denn es ist durchleuchtet von seiner Gerechtigkeit und seinem Mut; und auch die Weisheit und Güte meines Vaters leben fort im Granit.

In Minoas sah ich Statuen von zweifacher Art. Da waren solche, welche allein Widerschein des Körperlichen sind: Jede Linie eines Muskels, jede Falte der Lider, jede Verästelung der Adern, alles dies war getreulich geformt, so als habe sich das Fleisch in Stein verwandelt; dennoch waren diese Standbilder nur wie liebliche Leichname, denn sie waren verlassen von dem Geist, der einst darin wohnte. Dann gab es dort andere Statuen, wo die Seele des Dargestellten durch die Seele des Künstlers gestaltet war, und betrachtete man diese, konnte man sagen: dieser Mann war gierig, jener in sein Gold vernarrt; diese Frau war listenreich und jene liederlich in der Liebe. Doch da war nicht einer, von dem man hätte sagen können: Dieser hegte tiefe Gedanken, dieser hatte Erbarmen, und jener war stark im Geiste.

Auch die Gemälde offenbarten den gleichen Mangel. Als ich das erste Mal einen Fries mit Tänzerinnen betrachtete, war mir, als brauchte ich nur die Augen abzuwenden, und schon würden sie zu tanzen beginnen und ihre durchsichtigen Schleier würden flattern im Winde. Dann aber erkannte ich, daß sie nur die leere Vortäuschung von Tänzerinnen waren und nicht einmal so wirklich wie Schattenbilder auf einer Wand. Weder vermochte ihr Anblick den Klang von Flöten hervorzuzaubern noch ließen ihre Girlanden den flüchtigen Duft der Blumen neu erwachen: es waren leere Hüllen, in denen das Blut nie gekreist hatte. Sie hatten nie Liebe gefühlt noch Schmerz, denn ihr Geist war nur Malerfarbe und ihre Welt nur Stein.

In Minoas freuen sich die Menschen der Schönheit ihrer Leiber. Doch auch darin gleichen sie uns nicht, denn für uns ist ein Körper schön nicht allein durch äußere Gestalt, sondern auch durch den Geist, den diese birgt. Wir färben unsere Lider mit Malachit und tragen feines Linnen aus dem gleichen Grunde, wie ein Mann ein schönes Lusthaus errichtet als Rahmen für die Frau seines Herzens. Hier aber liebt man den Körper um seiner selbst willen, und das ist, als streue man Kräuter auf den Fußboden eines leeren Hauses, wo sie zu Staub zerbröckeln, auf ewig unberührt von dem Fuße eines Lebenden.

Allein sie sind glücklich in ihrer Jugend. Und wollte man danach trachten, ihnen unsere Art des Denkens zu erklären, wäre dies, als wolle man einem neugeborenen Kätzchen, das blind und zufrieden in der mütterlichen Wärme säugt, von den Dingen erzählen, die es schauen wird, wenn seine Augen sich öffnen.

5 Der Hof der Heiligen Stiere

Wir erreichten den Hof der Heiligen Stiere zwei Stunden nach Mittag, während die Sonne noch hoch stand und keine Schatten warf, welche die Schausteller hätten verwirren können.

Neyah und ich saßen rechts und links von Kiodas auf Stühlen mit niedriger Rückenlehne, gestrichen in minoischem Rot und Weiß. Mit uns auf der königlichen Estrade, die sich gegenüber den Pforten befand, durch welche die Stiere hereingetrieben wurden, saß unser Gefolge.

Der Platz war oval und umgeben von zehn Reihen weißer Steinstufen, auf welchen die übrigen Zuschauer saßen, einige auf Kissen, andere auf zusammengefalteten Mänteln in leuchtenden Farben. Weinverkäufer, Wasserträger und Mädchen mit flachen Körben voll gezuckerter Kuchen, Früchte und Naschwerk gingen unter der Menge umher.

Als ich die Menschen betrachtete, die so fröhlich waren wie lärmende Kinder, mußte ich daran denken, wie anders sie im Beisein ihres Königs waren als Kams Einwohner in Pharaos Gegenwart. Ein Mädchen hielt den Stiel einer Weintraube zwischen den Zähnen, während ihr Liebster versuchte, die Beeren von ihren Lippen zu essen; und ein Mann, der mit einem Mädchen an seiner Seite flüsterte, küßte sie dabei auf die Schulter.

In Kam ist uns der Leib, wiewohl wir Kleider aus durchsichtigem Leinen tragen, nicht wesentlicher als die Hände oder Füße. Diesen Menschen aber ist der Körper nicht das Schwert ihres Willens, sondern ein Gefäß, das Genüsse für die Sinne birgt. Die Brüste der Mädchen sind glatt wie Alabasterschalen – Schalen voll eines Liebestrankes, der das Blut befeuert. Ihre Kleider umspannen ihre jungen Schenkel und gewölbten Bäuche gleich den Armen eines Liebhabers; und ihre milchweißen Leiber, anmutig wie die der Gazellen, bergen unter ihrer seidigen Wärme die Wildheit des Leoparden.

Die Männer hier sind ebenso rank und muskulös wie die Männer von Kam, doch scheint es, als hätten sie ihre Muskeln nicht durch Keulenschwingen, Rosselenken oder Speerwerfen erworben, sondern bei der Jagd auf ihre schnellfüßigen Geliebten, deren Lachen sie durch die sonnengefleckten Schatten zu gierigem Triumph im säuselnden Hain lockte. Sind uns die Körper nur die Gewandung für eine lange Reise, sind sie hier wie festliche Trachten. Für diese Menschen ist die gemeißelte Linie von der Brust zu den Schenkeln eine Melodie, klar wie die Töne der Nachtigall. Über ihre Lippen kommt keine Weisheit, doch flüstern sie ein zärtliches Wort, so hold wie weiße Blumen im Mondesdunkel. Das Haar ist ihnen ein Netz, das sie über die Schwingen des Geliebten werfen, bis daß sie ihn gefangen in den Armen halten. Ihre Füße wissen nichts von dem gemessenen Schritt der Gedankenfülle, doch tanzen sie in stets neuerwachter Ekstase. Wohl wandeln sie im Schatten, doch rosenbekränzt, und die schlafenden Vögel heben ihre müden Köpfe aus dem Gefieder, um in ihre heiteren Weisen einzustimmen.

Warum sollten ihre Herzen sich nach dem Frieden des Tempels sehnen, wenn sie in Geißblattlauben ruhen? Warum sollten sie von den Gefilden der Götter träumen, wenn zu ihren Füßen goldene Narzissen sprießen und Jasmin die Nacht für sie besternt? Warum sollten sie nach Weisheit lechzen? Sie wird sich ihnen offenbaren, wenn sie älter geworden sind auf dieser ihrer langen Reise. Doch dieweil ihr noch diese Erde mit eueren Armen umfangen könnt, sammelt Erinnerungen aus diesem honigsüßen Glück, sammelt sie im Glanze euerer Jugend, auf daß ihre goldene Süße euere Herzen letze, wenn sie müde sind von langer Wanderung ...

Kiodas unterbrach meine Gedanken und teilte mir mit, daß heute fünf Mädchen und sieben Jüngline an dem Kampf teilnähmen. Und während er noch sprach, betrat ein Mann die Arena und verlas die Namen derer, die heute ihre Kunst an den Stieren erproben wollten.

Dann sprangen die hölzernen Tore auf, und herein kam der Zug der Kämpfer. Sie standen auf Tragbahren, welche die Träger in Schulterhöhe hielten, und unter dem Jubel der Zuschauer wurden sie rund um den Platz getragen. Sowohl die Jünglinge als auch die Mädchen waren nackt bis auf ein vergoldetes Schutzpolster zwischen den Lenden, und ihre Körper waren geölt und glänzten wie Elfenbein. Das Haar der Mädchen war ebenso kurzgeschnitten wie das der Männer und lag ihnen in dichten Locken um den Kopf. Vor der königlichen Tribüne sprangen alle von ihren Tragbahren, und ein jeder von ihnen warf dem König eine Blume zu.

Nun traten die drei vor, die an dem ersten Kampf teilnehmen sollten, ein Jüngling und zwei Mädchen, und stellten sich mitten in der Arena bereit. Unter den schmetternden Klängen von Trompeten öffneten sich die Pforten aufs neue, und hereingestürmt kam ein prächtiger, schwarzer Stier. Seine nach vorne geschwungenen Hörner waren vergoldet, und um seinen Nacken hing eine Girlande aus roten Rosen. Plötzlich stemmte er die Vorderhufe in den Sand und blieb stehen, brüllend vor Wut. Eines der Mädchen tänzelte auf ihn zu, und der Stier raste ihr entgegen. Als er den Kopf zum Angriff senkte, ergriff sie mit jeder Hand ein Horn, sprang über seinen Kopf hinweg und kam hinter ihm zu Boden.

Der Stier war verdutzt. Nun entdeckte er den Jüngling zu seiner Rechten und griff ihn an. Der Jüngling schlug eine Volte zwischen den Hörnern und stand einen Augenblick aufrecht auf dem Rücken des Tieres, ehe er hinabsprang und sich in Sicherheit brachte. Die Zuschauer schrien und jubelten vor Begeisterung. Als der Stier weiterstürmte, ergriff das andere Mädchen ihn beim Schwanz, und da er sich nach ihr umwandte, hüpfte sie über seinen Rücken. Diese Leistung wurde sehr gefeiert, und Kiodas sagte zu mir: «Niemand anders im ganzen Land hätte dieses vermocht!»

Während zwei Kühe hereingetrieben wurden, den Stier aus der Arena zu locken, traten die drei Sieger vor den

König, und er krönte sie mit roten Rosen; denn der Stier, den sie besiegt hatten, war der Rosenstier geheißen. Kiodas sagte mir, daß ein Stier, einmal von Menschen besiegt, nicht länger würdig sei, als Heiliger Stier gewartet zu werden; man treibe ihn hinaus auf die Weide zu den Opfertieren, bis seine Zeit komme.

Der nächste Stier war weiß und umkränzt mit Veilchen. Er ging gemächlicher zum Angriff vor als der erste, und die Akrobaten – diesmal nur Mädchen – schlugen Volten zwischen seinen Hörnern. Nachdem die Kühe ihn hinausgelockt hatten und die Mädchen vorgetreten waren, um bekränzt zu werden, gebot Kiodas einer von ihnen, näherzutreten. Sie war die Tochter eines seiner Schiffsführer, und ihr Körper strotzte von Muskeln wie der eines Jünglings, und quer über den einen Schenkel hatte sie eine lange Narbe. Als ich ihr sagte, wie sehr ich ihre Geschicklichkeit bewunderte, lachte sie und sagte, auf die Narbe weisend: «Manchmal mache ich Fehler, doch hatte ich das Glück, wieder einmal einen begehen zu können.» Ich fragte sie, ob sie je Angst verspüre oder ob ihre Gedanken ganz von ihren Bewegungen in Anspruch genommen seien, daß ihr keine Zeit bliebe, Furcht zu hegen.

Und dieweil ich mit ihr sprach, gedachte ich des rotbraunen Volkes im Lande der Wasserfälle: Hier in dieser Stierarena in Minoas war der Mut noch mehr gehärtet. In unserem Lande lehrt man, daß wir einer Gefahr, die uns den Weg versperrt, entgegentreten und sie überwinden müssen; hier aber sucht man die Gefahr wie ein Jäger, der seine Beute aufspürt im hohen Ried. Dieses Mädchen lebt unter einem Volke, welches glaubt, der Leib sei das wahre Selbst und ihre Jugend kenne nur ein Blühen. Dennoch schreckt sie nicht davor zurück, diese kurze Spanne der Jugend einzusetzen gegen anstürmende Hörner, welche danach trachten, ihre Kraft zu beenden, gegen stampfende Hufe, in welchen sie das Echo der Todesstimme vernehmen mochte.

Der nächste Stier war schwarz und trug eine Girlande aus Dotterblumen, mit denen auch seine Besieger bekränzt wurden. Der Stier, der danach kam – und es war dieses der letzte –, war rot und weiß gescheckt und gehörte deshalb Kiodas, gleichwie alle Kälber dieser Farbe, die in seinem Reich geboren wurden. Der Stier stampfte in königlichem Zorn durch die Arena, und doch sprangen zwei der Akrobaten zwischen seinen Hörnern hindurch. Ehe der letzte seine Kunst zeigte, rief er etwas, das ich nicht verstand. Kiodas erklärte mir, er wolle den schwersten aller Sprünge wagen, wobei der Springer sich während der Volte um sich selbst dreht und rittlings mit dem Gesicht nach vorn auf dem Rücken des Stieres landet.

Als der Stier auf ihn losstürmte, war die Stille so groß, daß man die Arena hätte für leer halten können, wäre nicht das Gestampfe seiner Hufe gewesen. Der Jüngling flog in einer Volte hoch, höher denn alle seine Vorgänger; doch während sein Körper noch in der Luft wirbelte, blieb der Stier plötzlich stehen, so daß der Jüngling nicht auf seinem Rücken landete, sondern auf einem Horn. Scharf wie ein Dolch schlitzte es ihm den Bauch auf wie einer überreifen Feige, und ehe ihm jemand zu Hilfe eilen konnte, hatte der Stier ihn durchbohrt und zu einer blutigen Masse zerstampft. Die Geistesart dieses Volkes war mir unbegreiflich. Statt in Klagerufe, wie ich erwartete, brach die Menge in jubelnden Beifall für den Stier aus. Blumen regneten auf ihn hinab, und als die Kühe ihn aus der Arena lockten, brüllten die Zuschauer in einer Raserei von Begeisterung. Als man dann einen Mantel über den Toten warf, legte ich dem Mädchen zu meinen Füßen die Hand auf die Schulter. Es mußte schrecklich für sie gewesen sein, ihren Gefährten sterben zu sehen, da sie so oft das gleiche Schicksal herausforderte. Aber ihr Gesicht spiegelte nichts aus ihrem Herzen wider.

Auch Kiodas war entzückt, und er sprach zu mir: «Sieh, die Götter erwählten *meinen* Stier! Also ist uns reiche Ernte gewiß, denn niemand anders, es sei denn Zeus, hätte den größten Athleten dieses Landes besiegen können.» Und als ich ihn fragte, ob er nicht betrübt sei, daß er einen solchen Mann verloren, erwiderte er: «Ja, er war ein großer Kämpfer. Wahrlich, es muß Zeus selbst gewesen sein, der ihn besiegte! Deshalb wird dieser Stier, den der Gott ehrte, indem er sich seiner Gestalt bediente, hinfort im Tempelvorhof leben. Zwanzig Jungfrauen werden ihm aufwarten und ihm Futter reichen, und sein Stall soll kniehoch bestreut sein mit süßem Heu und Blumen. Und die fetteste Weide soll sein eigen sein, und er soll soviel Kühe haben, wie es ihn gelüstet. Und da er ein Königlicher Stier ist, muß der Tempel mir die Hälfte allen Tributs geben, den er empfängt. Diejenigen, welche ihm ihre Kuh zuführen, müssen fünf Krüge Öl oder acht Krüge Wein spenden oder den entsprechenden Wert für eine jede Kuh, die er trächtig macht. Und der Mist eines solchen Stieres ist ein starkes Zaubermittel gegen alle Erkrankungen des Halses und wiegt sein Gewicht in Silber auf. Im Vertrauen gesagt, vermute ich, daß die Priester ihr Einkommen vermehren, indem sie den Mist von geringeren Tieren damit vermischen, doch argwöhnt das Volk nichts, und manch einer gibt eine Perle hin für einen Napf voll Mist, um ihn seinem kranken Kind auf die Brust zu streichen.»

Da wir den Hof der Heiligen Stiere verließen, gedachte ich wieder des Jünglings, dessen Leichnam unter dem Mantel in der leeren Arena lag. Und wie ein Echo erklang in meinem Herzen eine Saite der Erinnerung, und nun wußte ich, daß ich ihn an der Stätte der Aufzeichnungen gesehen hatte, da ich meine Schwingen errang. Dort war ihm geraten worden, den Mut im Hofe der Stiere zu machen, und nun hatte er ihn gefunden und war Maats Sohn geworden.

6 Tempelritual in Minoas

In Kams Tempeln sind sich alle Tage gleich, und kein Tag ist wichtiger denn ein anderer, sucht man Rat bei den Priestern; denn der Weisheit nur an einem festgesetzten Tage zu gedenken, wäre, als dürste ein Mensch sechs Tage und tränke allein am siebenten aus dem Bach vor seinem Hause. In Kam ist jeder siebente Tag ein Ruhetag: Die Fischer legen ihre Netze nieder, und die Ochsen stehen müßig, während der Pflüger sein Bier trinkt, denn gut ist es, daß ein jeder einmal ungestört schlafe im Schatten.

Will einer ernsten Gedanken nachhängen, kann er dies ebenso leicht tun, wenn seine Hände arbeiten, wie wenn er an einem heißen Tag seine Ruhe mit einem Fächer kühlt. Für das Volk von Minoas aber sind die Götter nicht der Atem ihrer Nüstern. Sie werden ihrem Alltag ferngehalten, und allein an bestimmten Tagen, wenn die Winzer keine Trauben pflücken und die Schiffe vor Anker schlafen, gehen diese Menschen in ihre Tempel. Doch nicht einmal dieses ist ihren Herzen ein Fest, sondern es ist nur ein Ritual, das sie vollziehen.

An einem solchen Tage begleiteten Neyah und ich Kiodas in den Tempel des Praxitlares, welcher auf einer weiten Terrasse an einem Berghang lag. Dort gab es keinen Vorhof, statt dessen führten viele Stufen zum Portal hinan, dessen geriffelte Säulen in einem warmen Rosa getüncht waren, und der ganze Tempelbau sah aus, als sei er aus matten Korallen gemeißelt. Das Innere glich einem gewaltigen Audienzsaal und war erhellt durch verborgene Fenster im Dach; die Wände waren so bemalt, daß sie Säulengänge vortäuschten, durch die man einen Fries mit Heiligen Stieren sah und Mädchen und Jünglinge, die auf Flöten bliesen. Auf einem mächtigen Altar aus Stein erhob sich eine Statue des Zeus, und in der Linken, hoch über seinem Haupte, ein Bündel Blitze. Vor dieser Statue standen zwei hochlehnige Throne, vergoldet und mit reichem Schnitzwerk verziert, und zu beiden Seiten davon hatte man zwei andere für Neyah und mich aufgestellt. Hinter uns saßen minoische Edelleute, geordnet nach Rang und Würden, und der Rest des Saales war gefüllt mit einer dichten Volksmenge, welche teils stand, teils auf Holzbänken saß.

Nachdem wir uns niedergelassen hatten, trat durch eine verhängte Tür hinter dem Standbild der Hohepriester ein. Sein Gewand war von Purpurseide, und der eine Zipfel war über die Schulter geworfen, und die andere war bloß, und es fiel in schweren Falten bis auf den Boden. Ihm folgten Knaben in klargrünen Kitteln, welche Gefäße mit aromatischen Kräutern schwenkten. Danach kamen zwei Mädchen mit einer großen Schüssel, auf welcher ein frischgeschlachtetes Zicklein lag, dem das Blut noch aus der Kehle tropfte, als sie es vor den Altar legten. Nun begann der Priester die rituellen Gebete zu sprechen.

Von seinen Worten verstand ich nur wenig, doch betäubte seine Stimme das klare Denken und war einschläfernd wie das Summen der Bienen an einem heißen Sommertag. Die Zeit schien träge wie der Gang der Schnecke, und ich fragte mich, ob diese Menschen wirklich meinten, Zeus könne Gefallen an diesen endlosen und eintönigen Anrufungen finden, und ob diese gemurmelten Worte des Hohenpriesters Rufe seien, die zu den Sternen dringen, oder seine Gebete mit dem Echo im Raum stürben.

Aus der Menge, die wohl gleich mir schläfrig geworden war, drang nun ein Raunen und Wispern, wie wenn ein Oryx durch dürres Schilf huscht. Doch dann, als Musik von Zimbeln und hohe, klare Flötentöne durch die verhängten Portale erschollen, verstand ich die freudige Erwartung. Die Eintretenden trugen Bögen über den Schultern, und vom Gürtel hingen Köcher mit Pfeilen; den Kopf zierte eine silberne Mondsichel, und ihre dünnen Gewänder, von der Farbe des Nachthimmels, waren unter der Brust mit silbernen Bändern geschnürt. Artemiodes flüsterte mir zu, dies seien die Dienerinnen der Mondgöttin, und sie seien gekommen, Zeus zu bewegen, ihre Herrschaft über den nächtlichen Himmel nicht mit seinen Donnerwolken anzugreifen. Die Mädchen tanzten mit flehentlichen Gebärden vor der Statue, und ihre Arme erbebten in rieselnden Bewegungen wie Mondlicht auf gekräuseltem Wasser. Die Flötenmusik wurde schriller, und als das Klirren der Zimbeln – Zeus' Musik – nun Sturm verkündete, heuchelten sie Entsetzen. Darauf, als Zeichen, daß sie seine Gunst errungen, klangen die Zimbeln gedämpfter, bis sie dem Murmeln der langen Dünung glichen, die einem Sturm folgt.

Nun stimmten die Tänzerinnen und die Tempelknaben einen Jubelgesang an, in welchem sie Zeus gelobten, daß sie, sofern er seine Blitze im Zaume halte und die Mandelhaine schwer von Frucht werden lasse, die Ölkannen füllen und tausend Lampen ihm zu Ehren entzünden würden; und daß das ganze Volk, sofern die Weingärten reichlich trügen und die Keltern überflössen, ihm zutrinken würde.

Dieses Ritual glich so sehr dem Schautanz bei einem Bankett, daß ich bereits zu Artemiodes sagen wollte, wie sehr ich die Tänzerinnen und Sängerinnen bewunderte, die sie zu unserer Kurzweil aufgeboten, als mir zur rechten Zeit einfiel, daß dies eine Zeremonie im Tempel war. Und wiewohl es nicht in der Natur dieser Menschen lag, beim Anblick von Tänzerinnen teilnahmslos zu bleiben, waren sie nun doch alle so ernst wie das Volk der Zwei Länder, wenn es der Verlesung der Gesetze lauscht. In Kam ist der Tempel die Stätte, wo der Wille gehärtet und das Denken geklärt wird, hier aber betäubt man den Geist durch ein Ritual, so daß die Zuschauer auf die Schwelle des Schlafes zutaumeln, und hernach bietet man ihren Sinnen Wonnen.

Auf dem Altar stand eine Schale aus feinglasiertem Ton mit Tempelszenen in Schwarz und Rot. Sie war gefüllt mit dem Öl eines Mandelbaumes, der vom Blitz getroffen, aber dennoch nicht verdorrt war, sondern als zwei Bäume weiterlebte. Mit diesem Öl salbte der Hohepriester dem König und der Königin Stirn, Brust und Augen, und auch mich und Neyah salbte er, nachdem er unsere Erlaubnis eingeholt hatte. Es freute ihn sichtlich, daß wir an dem Ritual teilnahmen; er wußte nicht, daß wir in Kam auch die Götter anderer Völker ehren, sofern sie nicht Sets Horden angehören. Denn es ist nur eine Wahrheit und eine große Bruderschaft, der alle wahren Götter angehören, welches Bild die Menschen sich auch immer von ihnen machen. Und wäre selbst das, was andere als einen Gott verehren, nichts anderes denn eine Statue ohne geistiges Urbild im Weltenall, würde es dennoch unseren Sitten widerstreben, diesem Geringen, welcher aber der Höchste für solche Menschen ist, die Ehrerbietung zu verweigern.

Danach verließ der Hohepriester die göttliche Gegenwart mit der gleichen feierlichen Zeremonie, mit der er gekommen war. Als wir aus dem Tempel traten, überraschte es mich, daß die Sonne noch hoch am Himmel stand, denn ich hatte bereits die Schatten des Abends erwartet, so lange schien mir diese Zeremonie gewährt zu haben.

In den schläfrigen Stunden des frühen Nachmittags, da alle im Palast ruhten, hatten Neyah und ich im Laubengang auf meiner Terrasse ein langes Gespräch über das Ritual des Morgens. Ich lag zurückgelehnt auf blauen Polstern und betrachtete müßig das Muster der Blätter vor dem Himmel, und Neyah hockte mit um die Knie geschlungenen Armen neben mir und starrte auf das Meer. Und plötzlich brach er in mein schlafverhangenes Schweigen ein und sprach: «Wenn das Begreifen die Frucht der Erfahrung ist, muß ich ein Mann sein, der zum erstenmal auf dieser Erde geboren wurde, denn ich begreife nichts von den Tempeln dieses Volkes. Zwei lange Stunden schaute ich heute morgen dem Hohenpriester zu, wie er seines Amtes in diesem prunkenden Aufzug waltete und die rituellen Gebete sprach. Und da war nicht ein einziges Wort der Weisheit, das meine Ohren traf, nicht einmal eine schlichte Regel über das menschliche Beieinanderleben vernahm ich. Entweder ist er ein Narr oder ein Gaukler, oder er ist beides in einem. So wie er mit seinem Gott feilschte, hätte er sehr wohl ein Hökerer auf dem Markt sein können: Seines Gottes Gnade suchte er sich durch Bestechung mit Wein und Opfertieren zu erkaufen, und mit den Tänzerinnen wollte er Zeus locken, als wäre dieser ein reicher, lüsterner Kaufherr. Unter ihren Priestern ist nicht einer, der sich beflügelt über die engen, irdischen Grenzen erheben könnte. Obwohl ein jeder nur so viel von der Gottheit zu schauen vermag, wie es ihm das Alter seines Geistes gestattet, sollten sie ihren Göttern zum mindesten so viel Weisheit zubilligen, wie sie selbst besitzen. Sie aber preisen Zeus, als könnten sie ihn durch Schmeichelrede umgarnen, aber selbst der eitelste Edle würde einem Manne mißtrauen, der ihm sein Lob so unverhohlen spendet; denn das Netz der Schmeichelrede hat grobe Maschen.»

Nun erzählte ich Neyah, daß Kiodas sich über meine Frage verwundert habe, ob sie in Minoas Tempelratgeber hätten, und daß seine Antwort gelautet, sie ließen die Streitfälle ruhen, bis daß die Aufseher in das Dorf oder die Stadt kämen.

Darauf sprach Neyah: «Hast du bemerkt, Sekeeta, daß die Menschen hier verlegen werden, sobald die Rede auf den Tod kommt? Es ist, als verstieße man gegen eine Regel des Anstands, und für sie scheint es ebenso peinlich wie für mich, wenn ich während der Audienz bemerke, daß ich vergaß, meinen Zeremonienbart anzulegen. Zwar scheint es, als fürchteten sie den Tod nicht, dennoch wollen sie darüber nicht sprechen. Denke an ihren Mut bei dem Kampf mit den Stieren! Der Tod ihres Nächsten kümmert sie nicht, denn als dieser Jüngling getötet wurde, wandten selbst die Weiber nicht die Blicke ab. Nun fürchtet aber kein Mensch, über das zu sprechen, was er kennt – also muß ihnen das Antlitz des Todes verschleiert sein. Und was erwarten sie vom Tode? Ein Schattendasein, wo sie ihre Erde wiedererleben können, oder aber Vergessen in einem Meer nichtendenwollender Nacht?»

«Aber sie wissen nicht einmal, daß ein Priester einer ist, welcher spricht: ‹Ich kann euch die Geringheit des Todes künden, denn seine Pforten sind mir seit langem vertraut. Und ich sage euch, wie ihr euer Leben leben müßt, auf daß ihr, wenn ihr dereinst durch diese Pforte schreitet, euch dessen erfreuen könnt, was ihr dahinter finden werdet›.»

Nun wies Neyah auf fünf Schiffe, welche gerade die felsige Landspitze im Westen umsegelten, und er sprach: «Sie rühmen sich mit Recht ihrer Flotte. Doch würden sie nie einen blinden Lotsen an Bord nehmen und erwarten, daß er sie zu einem sicheren Ankergrund führe. Auch jenen würden sie nicht wählen, welcher zu ihnen spräche: ‹Zwar vermag ich auf Grund meines Wissens nicht zu sagen, wo die Klippen verborgen liegen, doch glaube ich, daß dies der Kurs ist, auf den ihr euer Steuer legen müßt›. Wagte solch ein Mann, sich Lotse zu nennen, würfen sie ihn ins Meer – und gewiß hätte er eine lange Schwimmreise verdient. Dennoch lassen sie zu, daß der Kurs ihres Lebens von denen befohlen wird, deren Geistespforten verriegelt sind.

Sekeeta, wiewohl Kiodas nicht begreift, was ein wahrer Priester ist, meine ich dennoch, er hat bei seinem Aufenthalt in Kam gesehen, was die Tempel unserem Volke und wie stark wir in unseren Göttern sind. Und gewiß hegt er Ehrfurcht vor unserer Weisheit, obwohl er sie nicht begreift, und bäten wir ihn um die Erlaubnis, einen Priester in sein Land zu schicken, der unter diesem Volk lebt und zu ihm spricht, würde er wohl einwilligen – sei es auch nur aus Höflichkeit oder sei es, daß er sich die Freundschaft Kams erhalten will.»

«Neyah, entsinnst du dich jenes Traumes, den ich vor langer Zeit hatte, da ich dieses Land im Schlaf besuchte und sah, wie sich der Hohepriester, als Schwan verkleidet, im dritten Heiligtum vergnügte? Somit wußte ich bereits vor unserer Reise, daß diese Tempel ohne Licht sind, doch hoffte ich, wir könnten der Funke sein, es zu entzünden. Zunächst glaubte ich, dieses Volk sei alt im Geist und lebte nur im Schatten, wo ihnen das eigene Wissen verborgen ist, weil sie es in der Vergangenheit mißbrauchten. Und es sind solche Menschen wie ein Haufe dürren Palmenholzes, welchen eine kleine Flamme zu einem Brand entfachen kann. Nun weiß ich, daß diese Hoffnung eitel war, denn fern der Erde erfuhr ich, daß das Volk von Minoas nicht in der Finsternis lebt, sondern noch jung ist im Geist. Mit jungem, grünem Holz aber läßt sich kein Fanal entfachen.»

«Wenn sie selbst noch nicht reif sind für die Priesterschaft, dann könnten wir ihnen einen Lehrer senden, dessen Weisheit sie lauschen und dessen Worte sie der neuen Generation weiterreichen können.»

«Und käme selbst Ptah in eigener Herrlichkeit, und fände sich einer, der seinen Worten lauschte und sie beherzigte, sie weiterreichte und sie in Stein meißeln ließe, so würde es nur hundert Jahre währen, und der Sinn seiner Worte wäre verloren, wenn nicht wahre Priester diesem einen folgten. Denn soll die Lehre lebendig bleiben, muß die Weisheit ungehindert zur Erde hinabströmen können, oder sie stirbt wie ein Glied, in dem das Blut nicht mehr kreist.»

«Wenn auch die Erinnerung an das wahre Wissen verblaßte, wäre dies nicht besser, als wenn sie gar nichts Beständiges ihr eigen nennen, das die Zeiten überdauert?»

«Nein, denn Minoas wäre ärmer als zuvor mit halberinnerter Wahrheit. Liegen in einem Kübel voll Sand einige wenige Goldkörner verborgen, achten die Menschen alles in diesem Kübel für gering. In den Tempeln dieses Landes wirken Männer, aber keine Priester; was hülfe es, sprächen sie andere Worte? Wie, wenn unsere Priester auf die Frage, wie ihnen ihr Wissen zuteil geworden, nicht länger sprächen: ‹Diese Dinge erfuhr ich selbst, also weiß ich, daß sie wahr sind›, sondern statt dessen sagten: ‹Natürlich kann ich dieses nicht wissen aus eigener Erkenntnis, doch hat ein weiser Mann einst also gesprochen, denn seine Worte stehen eingemeißelt in einer Stele, welche sieben Ellen mißt›? Spräche ein Priester in Kam also, lauschte ihm niemand im ganzen Land. Viel Weisheit wurde aufgezeichnet in der Vergangenheit, und gut ist es, daß dem so ist, denn wenn auch alle wahren Lehrer durch die Zeiten dasselbe lehrten, so wußten doch etliche die Wahrheit so wohl in Worte zu kleiden, daß sie die Herzen der Lauscher rührten. Es erstrahlt die Wahrheit in vielerlei Glanz, und ihr Licht leuchtet immerdar, anfänglich wie von einer kleinen Öllampe, welche nur die Schatten im Raum verscheucht, schließlich aber mit mächtigem Funkeln gleich der Sonne, welche die Finsternis von dieser Erde treibt. Doch vermag die Lampe des wahren Lichts auf Erden nur zu leuchten, wenn Priester sie warten. Ohne Priester glimmt der Docht noch eine Weile, dann ist das Öl verbraucht, und obgleich die Alabasterlampe reich verziert ist, spendet sie kein Leben und keine Wärme mehr.

Doch einst wird kommen die Zeit, da diese Menschen ihren Hunger spüren werden. Vergeblich werden dann ihre Priester Hymnen und Gesänge anstimmen, denn niemand wird dieser Verhöhnung der Götter Beachtung schenken, und diejenigen, welche einst dem Ritual beiwohnten, werden dann die Weisheit auf den Märkten suchen. Und es wird ein Raunen anheben im ganzen Land – am Herdfeuer, in den Weingärten, auf den Feldern und auf den Schiffen –, ein Raunen, welches also spricht: ‹Wir sind allein, wir wissen nicht, wohin wir gehen noch woher wir kommen. Wir schwellen, bis daß es zu den Göttern dringt und also spricht: Wir begehren deine Weisheit für uns.› Und dann werden die Götter ihnen Kinder senden, welche alt sind im Geist und die Hohe Straße der Götter zu wandeln vermögen. Und diese Kinder werden wiederkehren und dem Volke mit klarer Stimme und der Kraft unversehrter Weisheit also verkünden: ‹Dieses ist die Wahrheit, denn ich bin ein Priester›.»

7 Der Zauberer

Unweit des Palastes lag ein kleines Tal, dunkel von Bäumen, und darin stand das verfallene Gemäuer eines Tempels. Niemand wagte sich diesem Ort zu nahen, weder nach Sonnenuntergang noch vor Tagesanbruch, denn es hieß, daß dieses Gemäuer ein Hort böser Geister sei und daß ein jeder, der dort bei Vollmond weile, heimkehre mit leeren Augen, so über die Maßen Schreckliches habe er geschaut. Als ich Kiodas darob befragte, merkte ich sein Unbehagen, und daß auch er sich fürchtete. Ich aber wollte erkunden, ob dort wirklich ein Böser wohne oder ob es nur ein Unbehauster sei, der durch seine eigene Unwissenheit dort gefesselt war und der Hilfe bedurfte.

Also beschloß ich, den Palast heimlich des Nachts zu verlassen und diesen Zauber zu ergründen. Ptah-kefer hielt es für gut, daß wir gemeinsam dort hingingen, und so verließen wir den Palast beim Schein des Mondes und wanderten im dichten Schatten der Zedern hinab ins Tal.

Das Gemäuer war einst ein kleines Heiligtum gewesen; nun lagen gestürzte Säulen am Boden, und aus dem geborstenen Estrich wuchs neben der verwitterten Statue eines Gottes ein Baum empor. Über der Stätte lag der modrige Geruch von fauligem Laub und Verwesung, und Furcht, getränkt mit Verzweiflung, breitete sich gleich einem Tuch grauen Spinnwebs darüber, so daß mein Herz den Schrekken derer nachempfand, die hierhergekommen waren.

Ptah-kefer bedeutete mir, still zu verharren, und mit bedeckten Augen schaute er im Geiste diese Stätte. Und er sprach also: «Hier ist einer, welcher vor fünfhundert Jahren starb und dessen Name Keirondeides lautete. Er wurde als Wissender geboren, und wäre er geduldig gewesen, hätte er ein Erleuchteter sein können. Er aber gierte nach Erkenntnissen und trachtete, die Pforten anderer mit unreiner Gewalt aufzubrechen. Er wußte, daß diejenigen, welche einen schwachen Körper haben oder in heftigem Fieber liegen, Dinge schauen können, welche anderen unsichtbar bleiben. Und er führte drei Jungfrauen hierher mit schwachem Willen, und diese zwang er, Unreines zu essen: das Fleisch totgeborener Kinder und Katzenunrat, Schlangeneier und lebende Schaben in Öl. Und bäumten sich ihre Leiber dagegen in großer Übelkeit auf, zwang er sie, hernach aufs neue davon zu essen, bis daß sie so geschwächt waren, daß sie keine Gewalt mehr über ihren Geist hatten. Und so schauten sie Ungeheuerliches und rasten im Entsetzen über das, was sie erfuhren. Er, der ein wahrer Priester hätte sein können, war ein Zauberer geworden.

Und während vieler Jahre verzeichnete er, was sie sagten, bis daß schließlich eine der Jungfrauen sich wider ihn empörte und einen giftigen Pilz in seine Speise tat. Daran starb er unter großer Qual.

Nun tut er durch die Vielzahl der Jahre wieder und wieder das gleiche: Er ißt den Unrat, den er andere zu essen zwang, er windet sich in Todesqualen, er taumelt zu dem Feuer und sieht das Grauen im Kessel brodeln, doch kann er seiner Hand nicht Einhalt gebieten, die es an die Lippen führt. Er weiß nicht, daß er hier bereits fünfhundert Jahre haust, denn er ist gefangen im ewigen Jetzt und kennt nichts denn die Gegenwart, und es ist das nicht endende Entsetzen stets neu für ihn.»

Darauf gebot mir Ptah-kefer, den Mann zu erlösen. Und dieweil er über mich wachte, verließ ich meinen Leib, der auf dem Boden lag, gehüllt in seinen Mantel. Und ich spürte ein schleimiges Graues dicht neben mir und trieb es von dannen mit Strahlen gelben Lichtes. Ich wußte, daß der, welchen ich erlösen sollte, zu meinen Füßen hockte, doch sah ich ihn nicht deutlich, sondern nur einen kauernden Schatten. Und ich befahl ihm: «Höre meine Worte! Nicht länger soll der Tod in deinen Nüstern sein, noch deine Zunge Fäulnis kosten, noch deine Augen Unrat sehen. Schlafe fortan! Und wenn du erwachst, wirst du wiedergeboren sein unter der Sonne.»

Nun sah ich zu meinen Füßen nicht einen Greis, gealtert in seiner Zauberei, sondern den Jüngling, der er einst gewesen war, ehe er im Schlamm watete. Und er glich einem jungen Ziegenhirten, welchen ich einst in der Sonne schlummern sah, während seine Herde unter den Ölbäumen am Berghang graste.

Alsdann kehrte ich in meinen Leib zurück, und Ptahkefer reinigte den Ort mit dem Wasser des Friedens, auf daß die Erinnerungen schwanden; und war dies, als reinige Ptahs Lebenskraft eine vergiftete Wunde. Und wir verließen das Tal als eine Stätte des Friedens, und der Mond badete sie in seinen milden Strahlen.

8 Das Poseidonfest

Der Tag vor unserer Rückfahrt nach Kam war der festliche Tag des Poseidon, an welchem die Minoer dem Meeresgott Opfer darbringen mit der Bitte, der Flotte günstige Winde zu senden und die Stürme erst freizugeben, wenn die Schiffe sicher im Hafen schliefen. Kiodas bat uns, diesem Fest beizuwohnen und minoische Tracht anzulegen. Als Maata mir beim Ankleiden half, merkte ich, daß sie wünschte, ich wäre wieder ein Kind und sie habe über meine Kleidung zu bestimmen. Ich kräuselte mein Haar nach Art der minoischen Weiber und steckte es mit Korallennadeln fest. Mein Falbelkleid war übersät mit kleinen Muscheln und Knötchen aus winzigen Perlen. Das Mieder, das besetzt war mit Trauben von Korallensteinen, ließ meine Brüste frei, welche ich trotz Maatas Mißbilligung vergoldet hatte. Und ehe sie ihre Gedanken laut werden lassen konnte, sagte ich, es sei besser, ein Kind der Höflichkeit zu sein, denn ein Sklave der Gewohnheit. Und ich sprach: «Die Gesetze für Gut und Böse sind sich gleich zu allen Zeiten und in allen Ländern. Zucht aber und Höflichkeit haben mancherlei Gewand, denn sie sind Früchte ihrer Zeit und ihres Ortes und sind gewachsen in ihrer Umgebung. Träte ich hier als Pharao auf, wäre dies nicht weniger töricht, als trüge ich beim Schwimmen im See die Weiße Krone oder säße nackt auf dem Thron.

Schwer ist es, ein Schiff ein versandetes Flußbett entlangzuziehen, doch auf dem Wasser schwimmt es mit Leichtigkeit; und Höflichkeit zwischen den Völkern auf Erden ist wie das Wasser zwischen dem Schiff und dem Flußbett. Ihre Farbe ist nicht das Scharlachrot des Mutes noch das glänzende Gold der Weisheit, sondern das milde Grün der Wiesen, vor welchem alle anderen Farben ihre Pracht entfalten können. Sie gleicht dem kühlenden Linnen, wenn wir müde sind, oder der Glut einer Kohlenpfanne in kalter Nacht. Sie ist nicht der frische Wind der Erfahrung, welcher unser Schiff auf der Reise vorantreibt, doch vermag sie unsere Segel zu blähen, dieweil andere Seefahrer in eine Windstille geraten.»

Als ich bereit war, trat ich zu den anderen auf die Terrasse. Artemiodes trug Perlenschnüre in ihrem Haar, und Kiodas war gekrönt mit Korallen, doch waren Neyah und ich in unseren Gewändern nicht minder königlich gekleidet als sie. In Sänften trug man uns den steilen Hang hinab, und sie waren geformt wie Muscheln, und die Träger hatten Masken, die Fischköpfen glichen.

Und ich schaute von der Höhe über dem Meer hinab auf die vielen Schiffe im Hafen mit ihren Segeln in Safrangelb, Orange und Indigo über dem warmen Braun frischgeschnittenen Zedernholzes; und sie waren wie Blumenkelche in einer Schale von Lapislazuli.

Auf dem Deck des Königlichen Schiffes lag eine Matte von Veilchen, und ihre Süße mischte sich mit der salzigen Würze der Luft. Grüne Wimpel flatterten an den Masten wie Seegras, und die Ruder waren rot und weiß gestreift. Als wir an der Spitze der Flotte aus dem Hafen segelten, nahm Kiodas seinem Schiffsmeister das Steuer aus der Hand. Und der Wind war frisch aber mild, und kleine Wellen plätscherten heiter um das Schiff. Artemiodes sagte mir, dies zeige, daß Poseidon gnädig gestimmt sei, denn im Jahre zuvor habe er sie mit Sturm empfangen, so daß sie vor seinem Zorn in den Hafen flüchten mußten.

Ich war nie sicher, inwieweit Artemiodes den Glauben ihres Volkes teilte. Meinte sie wirklich, das Meer sei ein hungriger Gott, den man durch das jährliche Opfer gnädig stimmen müsse? Als habe sie meine Gedanken gelesen, antwortete sie: «Ist Poseidon uns freundlich gesinnt, nimmt er unsere Opfer entgegen; verschmäht er sie, dann schwimmen sie obenauf, und alles Volk ist betrübt, denn viele von ihnen haben einen Nächsten, welcher Seemann oder Fischer ist und durch seinen Zorn in Gefahr geraten kann. Und Kiodas sagt, es gereiche dem Land zum Schaden, wenn alle glauben, Poseidon sei ungehalten, und deshalb läßt er die königlichen Opfergaben nun mit Gewichten beschweren, auf daß sie versinken, wie immer Poseidon gelaunt sein mag. Ich befürchtete, dies könne den Gott erzürnen, doch hat mir der Hohepriester versichert, die Zeichen seien günstig. Und gewiß ist, daß die Stürme nicht ärger waren als ehedem und daß die Schiffsleute sehr zufrieden sind.»

Wir erreichten die Landzunge, wo Strudel kreiseln, welche bereits viele Schiffe auf die Klippen geschleudert hatten, und Kiodas weihte die Opfergaben und warf sie hinab ins Meer. Und von allen Booten regnete es Blumenkränze ins Wasser, und auch diese wurden von den Wirbeln hinabgesogen, und das Volk jubelte. Als allen offenbar schien, daß Poseidon das Opfer angenommen, öffnete Kiodas einen Käfig aus Weidenruten, und diesem entflatterten drei weiße Tauben, welche das Schiff umkreisten und dann mit ihrer guten Botschaft heimflogen zur Insel.

Dann richteten sich die Schiffe in einer langen Linie aus, und auf ein Zeichen vom Königlichen Schiff schossen sie vor dem Wind dahin und pflügten das Wasser in diesem Wettkampf um die Führerschaft. Weit draußen zur Linken überflügelte ein Schiff die übrigen, und während das Wasser weiß um das Galionsbild schäumte und das brandgelbe Segel sich spannte zu einem Bogen der Hast, gewann es vor allen anderen die Einfahrt zum Hafen. Der Triumph wurde mit tosenden Beifallsrufen begrüßt, und Kiodas sagte, daß dieses Schiff die größte Ehre errungen, die ein Schiff erringen könne, und fortan habe es das Vorrecht, bis zum Wettsegeln im nächsten Jahr an seinem Steven den goldenen minoischen Stier zu tragen.

9 Die Heimreise

Unsere Segel waren zur Heimreise gesetzt, und über einem sanft wiegenden Meer sah ich Minoas' Berge im Westen versinken. Dieses Land, das ich vor langer Zeit in meinen

Träumen geschaut, besaß Schönheit auch in Wirklichkeit. Doch nun war dieses blumige Zwischenspiel vorüber, und wieder mußte ich Krummstab und Geißel ergreifen.

Bei mir auf dem Deck saß Ptah-kefer, und unsere Blicke folgten den silbernen Furchen, die die Schiffe durch das ruhige Wasser zogen. Er hatte sich in seinen Mantel gehüllt, denn es wärmt der Wind nicht altes Blut. Da ich fühlte, daß er seine Gedanken gern in Worte gekleidet hätte, fragte ich ihn, ob er betrübt sei, Minoas zu verlassen, und was er von diesem Volke denke, dessen Leben wir während zweier Monate geteilt hatten. Zwar heuchelte er Ernst, doch war Lachen in seinen Augen, da er sprach: «Ich fürchte, der Hohepriester von Minoas hegt wenig Ehrfurcht vor meiner doppelten Feder, denn er hält mich für einen ausgemachten Schelm. Seine Erfahrung ist so gering, daß er nicht nur von der Vielzahl der Länder jenseits der Erde nichts weiß, sondern sogar zu bezweifeln scheint, daß es diese Stätten gibt. Er begegnete mir mit einer Vertraulichkeit, wie sie zwischen zwei Marktschreiern üblich ist, die sich die Schliche ihrer Gaukeleien anvertrauen. So fragte er mich, auf welche Weise ich das Volk täusche, und als ich ihm antwortete, ich ersuchte, seinen Wahnvorstellungen ein Ende zu bereiten und nicht neue zu schaffen, konnte ich trotz seiner Höflichkeit sehen, daß er meine Aufrichtigkeit für grobe Arglist hielt. Er betrug sich wie ein Taschenspieler, der, nachdem er seinem Kumpan verraten, wie er die lebendige Wachtel aus dem Ohr eines Mannes hervorzauberte, nun begreiflich verärgert ist, daß der andere ihm nicht verraten will, wie er eine Statuette in ein Bündel Federn und drei Granatäpfel verwandelte.

Auch glaube ich, daß er Kams Priester für unmännlich hält, denn er erzählte mir in aller Freundschaft von einem jungen Mädchen, auf dessen Verschwiegenheit er bauen könne und das es sich zur Ehre anrechnen würde, mit einem seiner Amtsgenossen das Lager zu teilen. Und da ich dieses Anerbieten ablehnte, reichte er mir eine kleine Flasche mit einem gelben Trank, welcher, wie er versicherte, einen alten

Mann lüstern mache wie einen jungen Bock. Er riet mir, mein Keuschheitsgelübde nicht zu streng zu nehmen, und meinte, es sei die Pflicht weiser Männer, sich fortzupflanzen – natürlich ohne Anstoß zu erregen. Und als ich ihm erklärte, daß ich ein solches Gelübde nicht abgelegt hätte und daß wir in Kam die Weisheit nicht für die Frucht der Keuschheit hielten, glaubte er, ich wolle mein Unvermögen bemänteln – und bedauerte mich von Herzen!

Dann forschte er nach meinen Schätzen und meinen Ländereien. Ich sagte ihm, daß ich im Palast zwei Gemächer bewohnte, eines, in welchem ich schliefe, und eines, wo ich meine geringe Habe verwahrte. Er aber wollte nicht glauben, daß ich keine verborgenen Schätze mein eigen nenne. Und da ich ihm erwiderte, daß ich keine Verwendung für irdisches Gut hätte, fragte er, ob denn das Ansehen unserer Priester so gering sei, daß niemand den Göttern Opfer bringe. Darauf erklärte ich ihm, daß unser Volk alljährlich den zwölften Teil seiner Habe dem Tempel als Gabe überbringe. Darauf sprach er: ‹Und du bist Hoherpriester und dennoch arm? Ich glaubte, Kam heiße das Goldland›. Ich sagte ihm, daß das Goldland im Süden liege, daß es aber auch in Kam viel von diesem gelben Metall gebe und noch andere Dinge von hohem Tauschwert. Und hernach erklärte ich ihm, wie unser Tribut verwandt wird.

Durch diese seine Fragen hatte er meine Geduld hart geprüft, und als er mich schließlich fragte, was ich von ihrem Tempelritual hielte, antwortete ich nur, der Gesang sei sehr schön gewesen; gleich darauf bereute ich jedoch, meinen Gastgeber so gröblich verletzt zu haben. Er aber war entzückt über meine Worte und erzählte mir, daß die Sänger jetzt weit besser seien als vor Jahren, da er sein Amt antrat. Deshalb käme auch das Volk in größerer Schar in seinen Tempel geströmt als in irgendeinen anderen des ganzen Landes, und die Zahl seiner Tributstiere habe sich erfreulich vermehrt.

Ja, dieses Volk ist wahrlich seltsam! Ich fühlte mich dort so fremd, als lebte ich unter schönen Affen, hätte aber vergessen, wie man am Schwanze schaukelt. Offenbarte ich ihnen die Wahrheit, hielten sie mich für einen Schelm; verkündete ich ihnen die Weisheit, sahen sie in mir einen Toren; und sprach ich in meiner Ungeduld eine Kränkung aus, nahmen sie diese für Schmeichelrede.»

VII

1 Traumwarnung

In einem jeden Jahr begab sich Neyah auf eine Königsfahrt den Strom entlang bis zum Meer und bis zu unserer südlichen Grenze, auf daß kein Jahr vergehe, ohne daß das Volk der Zwei Länder nicht Pharao sah. In der südlichen Grenzfestung pflegte er zwanzig Tage zu verweilen und mit den Hauptleuten und Edlen des Südens zu jagen.

Im achten Jahr meiner Herrschaft, da er in Na-kish weilte, empfing mein Geist, der über das Land wachte, da ich schlief, eine Warnung vor Gefahr. In meinem Traum sah ich die Schauerinnen des Tempels, und sie schrien, daß sie blind seien. Des ferneren sah ich das ganze Land Kam unter mir, und von Osten her zog eine schwarze Wolke über das Schmale Meer heran. Und auch den Palast sah ich, und dorthin strebte ein wimmelndes Heer schwarzer Ameisen.

Und beim Erwachen wußte ich, daß dieser Traum eine Warnung sei und daß Kam Gefahr drohe. Doch wußte ich nicht, in welcher Form diese nahen würde, ob als Hungersnot oder als Pestilenz oder als angreifendes Heer. Und ich entsandte einen eilenden Boten zu Atets Tempel, um Ney-sey-ra zu rufen sowie zwei seiner besten Schauerinnen, auf daß ich sie befragen könne.

Und da die Schauerinnen vor mich traten, fragte ich sie, was sie während der letzten Tage gesehen, und sie antworteten mir, die Spiegelflächen ihrer Pyramiden seien leer geblieben. Darauf berichtete ich Ney-sey-ra von meinem

Traum und bat ihn, zu erforschen, welche Gefahr unserem Land drohe. Und Ney-sey-ra fing das Sonnenlicht in einem Silberspiegel, und indem er dort hineinstarrte, befreite er seinen Geist von dem Leib. Und also beschrieb er, was er fern dem Leibe schaute:

«Östlich des Stroms lagert eine schwarze Wolke. Sie ballte sich dort durch bösen Zauber, um die Augen jener zu blenden, die weit schauen. Kraft meines Willens verscheuche ich ihr Dunkel ... und ich sehe ein großes Heer nahen. Männer sind es aus Zuma, angeführt von Zernak, Sohn des Sardok, welcher durch die Hand des großen Atet fiel.

Heimlich kamen sie durch die Wüste und sandten Späher aus, als Hirten verkleidet, welche Kams Sprache sprechen. Trafen diese auf Leute aus unserem Volk, grüßten sie sie als Landsleute, um dann ihre Arglosigkeit mit Gewalt und Tod zu lohnen.

Bei ihnen weilt ein Priester der Finsternis von großer Macht. Er verhüllte seine Heerscharen mit der Wolke, auf daß niemand – es sei denn, er habe größere Macht als er – sie sehen und ihr böses Vorhaben erkennen könne. Und mit ihm ist einer, dessen Leib beherrscht wird von einem Gefolgsmann Sets, und diesen Mann nennen sie Belshazzardak, das ist ‹Posaune Gottes›. Aus seinem Munde spricht allein sein finsterer Herr, denn er wird bewacht von dem mächtigen Priester.

Die Zahl der Feinde ist zwanzigtausend Mann, aber mit ihrem großen Troß kommen sie nur mählich voran. Drei Tagesmärsche trennen sie noch vom Strom, und sofern sie weiter nach Westen marschieren, erreichen sie diesen in der Mitte zwischen Abidwa und Men-atet-iss.»

Nun wußte ich, daß die Fittiche des Verderbens Kam überschatteten, denn es war die Zeit der Ernte, und viele meiner Krieger waren in ihren Heimatdörfern so, daß ich nicht mehr aufstellen konnte als fünftausend Mann. Selbst wenn Neyah oder die Soldaten der nördlichen Festung noch selbigen Tages aufbrächen, kämen sie zu spät, um mein

Volk zu retten. Nicht länger würde dann meine Stadt, welche zu schützen ich geschworen, eine Stätte des Friedens sein; und die Äcker und Gärten Kams würden der Verwüstung anheimfallen. Also mußte ein jeglicher streiten wie ein Kriegsgott, denn vierfach würde die Übermacht des Feindes sein. Währe Neyah hier als ihr Anführer, folgten sie ihm selbst in die Grotten der Unterwelt, und auch Set könnte ihren Weg nicht hemmen ... Stets war es Pharao selbst gewesen, der seine Heerscharen in die Schlacht geführt hatte. Wiewohl ich dieser Erde als Weib wiedergeboren war, hatte ich dennoch den mächtigen Eid geschworen, meinem Volke ein Hirte zu sein mit dem Krummstab und seine Feinde zu züchtigen mit der Geißel. Stark ist mein Leib in der Stärke meines Geistes; also wird Zat Atet das Heer anführen, obwohl Pharao ein Weib ist.

Und ich sprach zu Ney-sey-ra: «Wir müssen die Götter um Weisheit anflehen, auf daß wir die Zuma vernichten können. Und es muß dies geschehen, ehe sie einen einzigen Acker schänden, indem ihr Schatten darauf fällt. – Wie viele Wagen haben sie?»

«Fünfhundert können es sein, vielleicht aber mehr.»

«Nehmen wir alle unsere Rosse und auch die Stuten – wiewohl ich lieber Goldstaub in den Sand streute –, so können wir nicht mehr Wagen aufstellen als einhundert. Also müssen wir an einem Ort kämpfen, wo ihnen ihre Wagen nicht von Nutzen sind. Ein wenig südlich der Stelle, wo sie, wie du sagtest, den Strom erreichen würden, steht in einem Bogen wie ein Halbmond eine Klippenwand, deren Spitzen den Strom berühren. In der Mitte ist diese Felswand durch eine Schlucht gespalten, welche sich die Hänge emporwindet bis zu den wüsten Höhen, und auf halbem Wege trifft von Norden ein steiniges Flußbett darauf, das zu dieser Jahreszeit trockenliegt. Könnten wir den Feind dort überfallen, siegten vielleicht unsere Kühnheit und List über ihre Zahl. Wie aber können wir sie dort hinlocken?»

Und Ney-sey-ra antwortete: «Wie allabendlich, wird auch heute bei Sonnenuntergang ihr mächtiger Priester den

Befehlen desjenigen aus Sets Schar lauschen, welcher sein Herr ist, und diese Befehle kommen aus Belshazzardaks Mund. Es ist Belshazzardaks Gebieter stark in seiner Macht, doch bin ich stärker. Ich werde diesen Gefolgsmann Sets überwinden, auf daß er seinen Diener meine Worte sprechen lassen muß, und ich werde ihn in Fesseln schlagen, so daß er den Zuma-Priester nicht von meinem Tun verständigen kann. Heute abend wird Belshazzardaks Stimme Zernak und die Anführer des Heeres zusammenrufen, und dann werden sie diese Worte vernehmen:

‹Es ist Set selbst, welcher spricht! Der Sieg wird euer sein, denn ich führe den Befehl über eueren Marsch. Erkühnt ihr euch aber, meinem Willen zu trotzen, wird die Pest über euch kommen, und euere Leiber werden faulen, ehe ihr sterbt. Ihr sollt die Tempel stürzen, wo Ptah, Anubis, Horus und ihre Schar hausen, und ihr sollt die Priester und die Götterbilder in ihren Heiligtümern vernichten. Dann sollt ihr in diese Tempel meine Diener einsetzen und dort mein Standbild errichten, welches zehn Ellen hoch sein soll und gehauen in Stein. Das Land Kam schläft, also wird euer Sieg leicht und die Ernte reich sein. Marschiert einen Tag gen Süden und wendet euch dann der untergehenden Sonne zu. Am Abend des zweiten Tages schlaget Lager am Eingang eines steilen Hohlweges, welchen ihr vor euch sehen werdet. Es führet dieser zu einer Ebene, wo Rinderherden auf saftiger Weide grasen, und es ist mein Wille, daß ihr mir zweihundert Stiere opfert. Und die Hälfte eines jeden Tieres muß verbrannt werden, auf daß mir mit dem Rauch der Duft lieblich in die Nüstern steige; der Rest sei euer, auf daß euere Körper erstarken im Kampfe für mich. Euere Streitwagen und euer Gepäck lasset im Lager zurück, dieweil Zernak seine Krieger den Hohlweg hinanführt. Opfert ihr mir getreulich nach meinem Gebot, so will ich euch am Abend des dritten Tages neue Befehle erteilen, doch bis dahin wird meine Stimme schweigen. Gehorchet! Ich, Set, habe gesprochen!›»

«Aber werden sie die Gefahr, die dieser Plan birgt, nicht

erkennen? Wohl werden sie befürchten, in dieser Schlucht wie in einer Falle zu enden.»

«Du kennst ihre Furcht vor Set nicht. Nie würden sie es wagen, seinem Befehl ungehorsam zu sein.»

«Ney-sey-ra, dieser Plan ist in seiner Weisheit Ptahs würdig! Ihr Glaube an das Böse wird sie vernichten, und sie werden erfahren, was falsche Götter ihnen bringen. Gib ihnen noch einen Befehl! Gebiete ihnen, den Marsch durch den Hohlweg vor Tagesanbruch zu beginnen, so daß sie die Ebene bei Sonnenaufgang erreichen. Dann wird Zeb mit seinen Kriegern am nördlichen Hohlweg bereitstehen, und Maates wird ihre Nachhut überfallen, und alle meine Wagen und Speerwerfer der Königlichen Leibwache werden ihrer auf der Ebene harren. Und so wie mein Vater sie einst ins Meer trieb, also werden sie wiederum Kams Stärke spüren.»

«Du hast Zeb und Maates ihre Befehlsposten gegeben, wer aber wird die Krieger auf der Ebene befehligen?»

«Pharaos Streitwagen wird die Schlacht anführen. Oft habe ich den Speer nach Krokodilen geschleudert und meine Pfeile fliegenden Vögeln nachgesandt, nun aber werde ich eine Jagdbeute haben, die meiner würdig ist. Ich werde die Götter anrufen, daß sie meinen Speer Zernaks Blut trinken lassen. Ney-sey-ra, du lehrtest mich Weisheit, auf daß ich herrschen könne, begehrst du von mir, daß ich mein Volk nun im Stich lasse?»

«Anderen Frauen würde ich sagen, dieses sei unklug, du aber trägst auf der Stirn das Siegel deines Vaters und wirst seinen Wagen ehrenvoll lenken.»

2 Der Halbmond des Korns

In der Königlichen Leibwache war niemand als Hauptmann über die Hauptleute gesetzt als Neyah allein. Da ich Pharao wurde, hatte ich Zeb zu meinem Standartenträger ernannt, und im Feldzug gegen Punt hatte er den Rang eines Hauptmanns errungen. Maates, den anderen Hauptmann, dem ich Befehlsgewalt verliehen, kannte ich seit den Tagen, da er mich und Neyah auf die Schwanenjagd ins Ried begleitet hatte. Er war der einzige Sohn von Maatas Bruder, dem Oberaufseher über die Gärten und Äcker der Königlichen Stadt.

Zur festgesetzten Stunde marschierten die Soldaten zum Kai hinunter. Seit dem ersten Einfall der Zuma lagen stets schnelle Flußboote bereit, welche dreitausend Mann tragen konnten, und sie waren wohlversehen mit Proviant, Wein, Pfeilen, Wundlinnen und anderen Dingen, deren man auf einem Feldzug bedarf. Und sechs große Lastkähne lagen am Kai, und auch diese wurden der Flotte für das Frachten von Pferden und Wagen und der restlichen Mannschaft beigegeben. Ich befahl, daß noch ein Lastkahn geladen werde mit zweihundert Krügen Öl, auf daß wir die Leichen der Zuma verbrennen konnten, denn sie waren es nicht wert, daß die Erde Kams sie deckte. Und ich ging in das Siegelgemach und nahm meines Vaters hohen Streithelm aus der Truhe, welcher dort, in feines Linnen gewickelt, seit dem Siegestage verwahrt lag.

Da ich Tschekeea Lebewohl sagte, klammerte sie sich voll Furcht an mich, denn es ängstigt das Lärmen eines Trosses die Kinder. Ihre Wange lag weich an der meinen, und als ich sie fest an mich gepreßt hielt, dachte ich, daß mein Leib vielleicht in Kürze nicht mehr mein sein werde; doch würde er weiterleben in meinem Kinde und im Lande Kam, während mein Geist durch die Zeiten wanderte. Und ich nahm eine Zeremoniengeißel und gab sie ihr in die Hand. «Sieh, Tschekeea, bis daß ich heimkehre, darfst du an meiner Statt herrschen. Auch an der Festtafel ist künftig dein Platz, und niemand darf dich frühzeitig zur Ruhe schicken.»

«Mutter, du bist gekleidet wie ein Krieger, und Krieger werden getötet.»

«Zeb wird mich behüten; wie könnte mir ein Leid geschehen, wenn meine Krieger um mich sind? Wir werden die Zuma aus unserem Lande treiben, und sie werden flüchten, wie die Welpen vor der Frau des Gänsehüters, wenn diese entdeckt, daß sie am Nest schnüffeln. Lache, Tschekeea, und zeige, daß du der Geißel würdig bist ... Nun muß ich gehen. Doch komm mit mir und sieh, wie die Krieger aufbrechen.»

Drei Stunden währte es, bis meine Soldaten eingeschifft waren, und begleitet von Zeb fuhr ich zum Kai hinunter, mich ihnen anzuschließen. Es war die Nachricht, daß Pharao sie in den Kampf führe, bereits zu ihnen gedrungen, und sie begrüßten mich mit unserem Kriegsruf «Für Atet und das Licht» und zeigten mir so ihre Freude darüber, daß ich ihr oberster Feldherr war.

Und nachdem die Schiffe von den Tauen gelöst waren, beugten sich die Ruderer über ihre Riemen, und zu der Weise, die der Steuermann anstimmte, auf daß sie im Gleichtakt ruderten, fuhren wir flußaufwärts.

»Ziehet die Riemen, ihr Ruderer,
zieht die Riemen,
auf daß das Boot die Flut teile
gleich einem Schwarm von Schwänen,
die heimkehren ins Ried bei sinkender Sonne.
Wehe kräftig, o Wind,
wehe kräftig,
auf daß den müden Ruderern Rast vergönnt sei
im Schatten der schwellenden Segel.»

Die Windgöttin lächelte uns, und wurde sie des Abends träge, waren unsere Ruderer ausgeruht, und wir schossen flußaufwärts dahin. Ich beriet lange mit Zeb, Maates und Ptah-kefer, welcher uns zusammen mit Zerta und fünf heilenden Priestern begleitete. Und danach taten wir unseren Schlachtenplan allen kund. Die Boote waren einander so nahe, daß ein kräftiger Schwimmer Nachrichten von dem einen zum anderen bringen konnte. Vom Heck unseres Schiffes hinabspringend, schwamm er zu dem dahintersegelnden, und bei der Rückkehr warf man ihm ein Tau zu, an welchem er zum Führerschiff zurückgezogen wurde.

Da ich ein Kind war, hatte ich mich danach gesehnt, dereinst ein Krieger zu sein und Neyah in die Schlacht zu folgen; nun betete ich in meinem Herzen zu Ptah, daß ich mein Land nicht enttäuschte. Wohl entsann ich mich, daß ich einst das Schwert geführt und das Leben eines Kriegers in Atlantis gelebt hatte, doch lag dies lang zurück in der Zeit, und schwer ist es für ein Weib, das Scharlachrot des Kriegers leuchten zu lassen. Wie, wenn ich mich furchtsam erwiese und meine Furcht sich jenen mitteilte, welchen Pharaos Kühnheit eine Standarte und ein Schlachtruf sein sollte?

Es war eine mondlose Nacht, und am Himmel jubilierten die Sterne, die sich in der glatten Wasserfläche spiegelten, als seien sie vom Himmel herabgeregnet, ohne zu erlöschen. Die schlafenden Dörfer lagen in Frieden, und aus der Ferne klang das heisere Bellen eines jagenden Schakals. Das Schilf raschelte, als ein Tier, das zur Tränke gekommen, vor dem Rauschen unserer Ruder davonstob. Kam war ruhig wie ein schlafendes Kind, das friedlich atmet, obgleich sich ihm eine Kobra über den Estrich nähert. In diesem Augenblick wurde mir die Gewißheit, daß ich im Kampf ohne Furcht sein würde. Denn selbst eine Wasserratte wird kühn, ist ihr Nest mit den Jungen bedroht; und es waren die Bewohner Kams meine Kinder und die Zwei Länder das Nest, worin ich sie in Geborgenheit hegen mußte. Wohl können Hunde eine Löwin aus dem Dickicht treiben, doch nimmt es eine Löwin, welche sechs Junge hat, mit sechsen von ihnen auf. Kam konnte ruhig sein unter dem Schutz unserer Schwerter.

Zwei Tage und zwei Nächte fuhren wir, und am dritten Tag, eine Stunde nach Mittag, erreichten wir den Halbmond des Korns. Hier stehen noch zwei große Speicher, welche seit fast hundert Jahren unbenutzt sind, denn ehe sich die Zwei Länder zusammenschlossen, war dieser Ort einer der wichtigsten des Lotos gewesen. Nun aber, da das

Korn im Lande des Papyrus gedieh, war er wieder Weideland geworden, wo nur einige Hirten lebten. Hier werden unsere kräftigsten Stiere und Kühe auf die Weide gelassen, so daß sie sich ungehindert vermehren, und die jungen Stiere werden von hier über das ganze Land gesandt, um ihrerseits kräftige Kälber zu zeugen.

Unsere Boote konnten nicht nahe dem Ufer anlegen, denn hier gab es keinen Kai. Wir gingen auf Planken an Land, und auch die Pferde mußten wir hinüberführen. Einige von ihnen bäumten sich wiehernd auf, doch die Rosselenker beruhigten sie, daß sie ihnen folgten.

Ptah-kefer offenbarte mir, daß die Zuma ihren Lagerplatz erreicht, aber keine Späher ausgesandt hätten, da sie nichts zu tun wagten, was Set als Argwohn gegen seine Befehle deuten könnte. Also marschierten wir, ohne die Dunkelheit abzuwarten, quer über den Halbmond des Korns und schlugen Lager am Fuße der Felsen.

Fünf Stunden vor Sonnenaufgang brach Maates mit zweihundert Streitkolbenträgern auf, um seine Stellung in unserem Schlachtenplan zu beziehen. Er sollte einen Felspfad südlich des Hohlweges hinansteigen und so nahe an seinem Ausgang warten, wie er es, ohne gehört zu werden, wagen konnte. Waren die letzten Zuma auf ihrem Abstieg zur Ebene in den Hohlweg einmarschiert, sollte er ihnen den Rückzug abschneiden, so daß sie, wenn wir sie zurücktrieben, mit ihren Köpfen gegen eine steinerne Mauer rannten.

Zeb und seine Bogenschützen erklommen den Hohlweg, um sich in dem trockenen Flußbett, welches von Norden dort einmündete, in den Hinterhalt zu legen. Er sollte die Hälfte des feindlichen Heeres vorüberziehen lassen und dann die übrigen mit einem Hagel von Pfeilen überschütten, bis ihre Reihen sich krümmten wie Schlangen, deren Rückgrat man durch einen Hieb gebrochen.

Ehe die Krieger von dannen zogen, sprach ich also zu ihnen: «Wir sind einer gegen vier, also müssen wir kämpfen wie die Kriegsgötter. Es ist dies ein Kampf des Lichtes gegen die Finsternis, und mit jedem Feind, den ihr fällt, tötet ihr einen Bösen und erfreuet die Götter. Und beim Morgengrauen werde ich euch zum Siege führen, wie der große Atet euere Väter führte.»

3 Der Kampf gegen Zuma

Dort, wo sich der Schlund im Fels auftat, als habe ein Gott diesen mit dem Schwert gespalten, warteten wir in den tiefen Schatten der frühen Dämmerung. Der rötliche Himmel war bewimpelt mit Wolken, welche gleich rauchenden Fackeln im Windzug flatterten, als unsere Wagen sich zur Schlachtordnung reihten und dahinter und zu beiden Seiten von ihnen die Speerwerfer aufmarschierten.

Und von unseren ausgesandten Spähern kam die Nachricht, daß Zernak nun den Hohlweg hinabzog. Unsere Rosselenker stellten sich zu Häupten ihrer Tiere und flößten ihnen Ruhe ein, auf daß sie uns nicht durch Stampfen oder Wiehern verrieten.

Dumpf schollen aus der Ferne die Gesänge der Zuma, wie sie vorwärtsmarschierten, um Set zu opfern. Bald wird ihr Blut auf dem Erdboden wetteifern mit dem zorngeröteten Morgenhimmel! Bald wird es diese Erde düngen, welche sie zu verwüsten trachteten! Und eine Säule von Rauch und Feuer wird sich erheben, doch nicht von ihrem Blutopfer für Set, sondern von ihren eigenen Leibern, die Kam plündern wollten und deren Asche sich nun mischen wird mit unserer Erde.

Während ich in der Mitte der Wagenlinie wartete, betete ich zu meinem Vater, welcher groß als Pharao gewesen, daß ich seinen Helm würdig tragen möge. Laut dröhnten nun die Lieder der Zuma in meinen Ohren – im nächsten Augenblick mußte ich den Wagen voranfahren... «Vater, höre mich! Muß ich sterben, laß es stolz und sieghaft geschehen!»

Und plötzlich sah ich vor mir seinen Wagen, doch nicht leer, denn er stand darin in seiner Herrlichkeit.

Und als die Reihen der Zuma die Ebene erreicht hatten, winkte er mir, und da gab ich den Schlachtruf «Für Atet und das Licht». Und von Atets Wagen geleitet, brandeten unsere Streitwagen gegen ihr Fußvolk wie eine mächtige Woge.

Gleich Donnergrollen fuhren wir in sie hinein und schleuderten die Salve unserer Wurfspeere gegen sie ab. Und ich sah, wie ein Speer ihrem Hohenpriester die Leisten durchbohrte, und sein böses Blut sprudelte gleich einem Quell, bis daß er starb. Sie versuchten, sich zu zerstreuen, doch die beiden Reihen unserer Speerwerfer waren über ihnen gleich den Schwingen eines Habichts. Jetzt stürzte der Wagen zu meiner Rechten, dem Pferd war der Bauch durch einen Schwerthieb aufgeschlitzt worden. Und ich sah, wie ein Hauptmann einem Zumakrieger den Kopf mit einem Streich abschlug, und das Blut spritzte aus seinem Hals, und erst dann stürzte der Körper zu Boden. Und ich sah einen Rosselenker sein Pferd zügeln, dieweil der Wagenkämpfer heruntersprang, um seinen Speer an sich zu reißen, der zwischen den Rippen eines Feindes stak. Und ich sah einen jungen Hauptmann kämpfen, wiewohl ihm die linke Hand abgeschlagen war.

Und plötzlich sah ich inmitten des Gewoges der Kämpfenden Zernak, angetan mit den Zeichen seiner königlichen Würde. Er sprang auf die Radachse meines Wagens und hob sein Schwert gegen mich. Ich aber stieß ihm meinen Speer in die Kehle, tiefer und tiefer, bis daß er bis zum Heft von dem Zumablut trank, welches ihm aus dem Munde quoll und das haßerfüllte Starren seiner Augen verhüllte, dieser Augen, die danach gegiert hatten, Kam vernichtet zu sehen... Sterbe ich nun, habe ich doch zuvor meinen Feind sterben sehen durch meine Hand und den berauschenden Wein des Sieges gekostet... In mir wallte die gleiche triumphierende Freude auf wie damals, als die Kobra unter meinen Händen zuckend verendete. Und ich riß mir den Helm vom Kopf, auf daß mein Haar frei flatterte und Zernak vor seinem Tode erfahre, daß ein weiblicher Pharao ein größerer Krieger war denn ein König von Zuma.

Und da die Zuma ihren König stürzen sahen, liefen sie zuchtlos durcheinander und trachteten durch die Schlucht zu entkommen. Dort aber war ihnen der Weg von ihren eigenen Soldaten versperrt, die vor Zeb zurückwichen.

In die enge Schlucht konnten unsere Wagen ihnen nicht folgen, also gebot ich Einhalt, und unsere Speerwerfer setzten den Fliehenden nach. Wohl eine Stunde erdröhnte der Hohlweg vom Lärmen des Kampfes, und wieder vernahm ich unseren Schlachtruf, und aus dem Hohlweg hervor trat Zeb als Sieger.

Nachdem Zernak gefallen, war ich verwundet worden, doch als unsere Wagen auf die Ebene zurückfuhren, hatte ich mich in meinen Mantel gehüllt, damit niemand meine Verwundung bemerkte. Nun, da der Sieg unser war, betrachtete ich meine Wunde und fand in meinem linken Arm unter der Schulter einen abgebrochenen Pfeil.

Und Zerta kam, meine Wunde zu pflegen. Und er entschied, daß die Pfeilspitze herausgeschnitten werden müsse, und frage mich, ob ich den Schmerz ertragen könne oder ob ein Horuspriester mich einschläfern solle. Ich aber sagte ihm, daß ich dieser Hilfe nicht bedürfe, denn ein Schnitt sei ein klarer, scharfer Schmerz und um vieles leichter zu ertragen, als ein Kind zu gebären.

4 Die Stele

Über vierzehnhundert unserer Krieger waren gefallen. Die Schwerverwundeten – es waren fast fünfhundert an der Zahl – lagen auf ihren Mänteln im Schatten der Felsen, und ich ging zu ihnen mit den Heiler-Priestern und sprach ihnen von dem Jubel ihrer Kinder, wenn diese die Tapferkeit ihrer Väter erführen.

Dann vernahm ich, daß Maates gefallen war, getötet von einem Pfeil, nachdem seine Streitkeule zehn Zumakriegern die Köpfe zerschmettert hatte. Und ich gebot, daß man ihn bestatte wie einen Prinzen und seine Gebeine bette neben mein Grabmal in Abidwa, wo dereinst mein eigener Leib seine Stätte haben sollte; dort würden wir beide ruhen nach dem Kampf um das Licht.

Die Eindringlinge waren alle getötet bis auf dreihundert Mann, welche verwundet waren. Und obwohl Zumablut in ihren Adern rann, sollten sie im Lande Kam verweilen dürfen, bis daß ihre Wunden geheilt wären. Hernach sollten sie den balsamierten Leichnam ihres Königs in sein Land zurückbringen, auf daß Zernaks Volk sehe, wie ein König heimkehrt, welcher auszog, die Zwei Länder zu erobern. Und die zweitausend Diener ihres Trosses sollten ein Jahr lang in Kam zurückgehalten werden und in den Ziegeleien unter denselben Bedingungen arbeiten wie unsere eigenen Leute. Denn also verfahren wir mit allen Gefangenen; und kehren sie in ihre Heimat zurück, dann begleitet sie die Erinnerung an Kams Erbarmen. Wenige Dinge waren von Wert im feindlichen Lager, außer vierhundertachtzig Rossen, doch waren diese alle Hengste. Zwanzig von unseren Stuten aber, welche die Nachkommen jener waren, die mein Vater einst von Sardok erbeutet, lagen tot auf dem Schlachtfeld.

Am Nachmittag, als die Sonne niedrig stand, trug man die Verwundeten zu den Booten, um sie, so rasch es ging, nach Men-atet-iss zu schaffen. Ich war sehr müde, und die Wunde brannte in meinem Fleisch. Während ich an einen Baum gelehnt im Schatten hinter den Lagerfeuern saß, berichtete mir Zeb von der Schlacht. Die feindlichen Reihen waren durchbrochen worden, als unsere Bogenschützen sie überraschten; und wiewohl einige standgehalten, waren doch viele geflohen. Allein diese fanden ihren Weg versperrt von Maates. Ich wußte, daß Zebs Herz traurig war über Maates' Tod, denn sie waren seit alters her Freunde und enger miteinander verbunden als manche Brüder. Und dann offenbarte ich Zeb, daß mein Vater zurückgekehrt war, um uns zum Siege zu führen, und daß auch Maates nun in meines Vaters goldenem Wagen den Sonnenweg fahre. Und ich sprach ihm von den Tagen, da wir jung waren: Wie er mich bei unserer ersten Begegnung Mut gelehrt und wie mein anfänglicher Zorn Freundschaft gebar und wie er auf einer Jagdreise in den Süden Neyah das Leben gerettet, als ein verwundeter Leopard ihn anfiel. Und ich schloß meine Worte: «Und nun sind die beiden, welche einst ein unbeherrschtes Mädchen und ein Löwenwärter waren, Pharao und ein Hauptmann-der-Hauptleute.»

Und als er begriff, daß ich ihm damit den höchsten Rang verliehen, den ein Krieger zu erringen vermag, wollte er seine Dankbarkeit in Worte kleiden, ich aber kam ihm zuvor und sprach: «Oft wagtest du dein Leben für mich und die, welche ich liebe.»

Und er antwortete: «Da du ein kleines Mädchen warst, gab ich mein Leben in deine Hände, und dort liegt es noch immer verwahrt, und du kannst damit schalten, wie es dir behagt.» Und da wußte ich, daß Zeb mir auch dann gedient hätte, wenn ich nicht Pharao, sondern die Tochter eines Hirten gewesen wäre.

Die ganze Nacht war der Himmel erhellt von den brennenden Leichnamen unserer Feinde; und im Morgengrauen legten wir diejenigen unserer Krieger in die Erde, die im Sieg gefallen waren und die diese mit ihrem Leben verteidigt hatten. Gehüllt in ihre Mäntel, die Waffen in den Händen, schliefen sie nun den tiefen Schlaf, der den Leib überkommt, wenn der Geist befreit ist, um im Frieden zu wandeln. Und über ihren Gräbern sprach ich diese Worte:

«Mächtiger Ptah, der du diesen deinen Kindern das Leben gabst, heiße sie willkommen in deinem Lande, von wo sie dereinst kamen. Das Scharlachrot des Kriegers war ihre Farbe, und ihre Schwerter spiegelten das Licht. Stolz lebten sie, und herrlich starben sie, und die Erinnerung an sie wird in unseren Herzen leben, so wie sie nun in Wahrheit in deiner Heimstatt leben.»

Und ich gebot:

«An dieser Ruhestätte soll eine große Stele errichtet werden, und darauf sollen gemeißelt stehen die Worte: ‹Hier liegen die Leiber von vierzehnhundertsechsundachtzig Kriegern aus Kam, welche starben, um den Zwei Ländern Frieden zu geben und sie vor der Finsternis zu schützen›. Hierauf sollen ihre Namen folgen und der meine, sowie der Tag unseres Sieges: ‹Am zwölften Tage des vierten Monats der Erntezeit im achten Jahre der Herrschaft von Zat Atet, Nekht, Sekhet-a-ra, Meri-neyt, Tochter des Anubis, Trägerin des Goldenen Lotos der Weisheit, Bewahrerin der Waagschalen der Gerechtigkeit, Halterin von Krummstab und Geißel, Wächterin über Kams Grenzen, Herrscherin über die Zwei Länder, Pharao›. Und es sollen die Schriftzeichen tief in den Stein geschnitten werden, auf daß sie die Spanne vieler Leben überdauern. Denn es mag sein, daß einige von denen, deren Namen dieser Stein tragen wird, vorüberziehen werden an dieser Stele, wenn sie dereinst wiedergeboren werden im Lande Kam. Dann mögen sie sich erinnern, lächeln und also sprechen: ‹Einst wurde ich hier begraben›.»

5 Die Heimkehr

Die Nachricht von der Schlacht war aus allen Tempeln verkündet worden, und da wir den Strom hinabsegelten, stand das Volk dichtgedrängt an den Ufern, um die siegreiche Heimkehr Pharaos und des Königlichen Heeres zu schauen. Als wir am vierten Tage Men-atet-iss erreichten, stand meine Tschekeea in prinzlicher Kriegstracht am Kai, und in der Hand hielt sie die Geißel, die ich ihr gegeben, um den Abschiedsschmerz zu lindern.

Feierlich wie ein Wesir hielt sie mir die Geißel hin und sprach: «Da du fort warst, habe ich deine Stadt bewacht und an deiner Statt die Geißel treulich gehalten. Nun ist sie wieder dein – und ich brauche nicht mehr so brav zu sein.» Und damit ließ sie ihre würdevolle Haltung fahren und warf mir die Arme um den Hals.

Auf dem Weg zum Palast saß sie neben mir in der Sänfte,

und ich mußte ihr sogleich von dem Kampf erzählen. Und sie wollte alles genau wissen und seufzte vor Kummer, daß sie nicht mit eigenen Augen gesehen, wie mein Speer Zernak durchbohrt hatte.

«Wann wird das große Festmal sein? Dann werde ich die ganze Nacht aufbleiben, und niemand darf mich zu Bett schicken, denn so hast du es mir versprochen.» Und ich sagte ihr, wir würden warten, bis Neyah daheim sei, was in wenigen Tagen geschehe.

Und Tschekeea plauderte: «Als du fort warst, tat ich in allem genau wie du. Widersprach mir einer, wies ich ihm die Geißel und sagte, daß du sie mir in die Hand gegeben und alle mir nun gehorchen müßten. Und jeden Morgen bat ich sehr zu den Göttern, damit sie auf dich achtgaben und dich rasch gewinnen ließen. Und dies tat ich vier- und fünf- und auch sechsmal am Tage, damit sie es nicht vergaßen. Aber vielleicht hätte ich noch öfter beten sollen, dann wärst du gar nicht verwundet worden, nicht wahr? Tat es sehr weh?»

«Es war nicht schlimmer, als wenn du dir beim Spielen das Knie aufschlägst. Aber hättest du die Götter nicht so inständig gebeten, wäre der Pfeil vielleicht tiefer gedrungen.»

«Zuerst wollte ich mich wie eine Königin kleiden und Malachit auf die Lider legen und die Augenbrauen im Bogen malen, doch dann dachte ich, daß du als ein König ausgezogen warst, und darum wählte ich die prinzliche Tracht. Und ich weigerte mich, meinen Kittel anzuziehen, bis sie mir die prinzliche Kleidung brachten. Und dann befahl ich, daß alle mich Den nennen. Und jeden Tag führte ich Natee aus und übte mich mit Bogen und Wurfspeer, bis selbst Benater zugeben mußte, daß ich tüchtig war wie ein Knabe, der doppelt so alt ist wie ich... Und Silbermähne hat ein kleines Fohlen bekommen, ein Stutenfohlen. Und Neyah hat versprochen, daß es mir gehören soll, und ich will, daß es eine eigne Weide hat mit Bäumen und einen Stall, der mit Stroh gedeckt ist gegen die Sonne... Und einmal traf ich ein kleines Mädchen, das war hingefallen und hatte sein einziges Kittel zerrissen, und da ich nun ein Prinz war und die Mädchenkleider nicht mehr leiden mochte, schenkte ich ihr zwölf meiner Gewänder. Bist du darüber böse? Nekza war nicht sehr erfreut, aber solange ich die Geißel hielt, brauchte ich ja nicht auf sie zu hören ... Und als vom Tempel die Nachricht deines Sieges kam, ging ich zum Markt und befahl den Händlern, alles auf ihren Ständen unter das Volk zu verteilen und kein Entgelt zu fordern, sondern statt dessen zum Palast zu kommen, wo sie den zweifachen Wert erhalten würden. Und dies teilte ich Rey-hetep mit und er sah ein wenig zweifelnd aus, und da sagte ich: ‹Das war ein Königliches Wort!› Und dann tat er so, wie ich ihn geheißen, und alle waren sehr froh ... Und versprichst du mir, Neyah sogleich zu sagen, daß er mich hinfort nicht mehr Tschekeea nennt, sondern nur noch Den?»

Nun näherten wir uns dem Palast. Auf den Tortürmen und vor den weißgetünchten Wällen starrten die Triumphmaste in langer Reihe gleich Speeren, und der heiße Südwind entfaltete die Pracht ihrer Flaggen.

Zerta riet mir, drei Tage in meinem Gemach zu ruhen, auf daß die Wunde meines Armes ohne Narbe verheile. Und wohlig war es, das Kriegergewand abzulegen und im lauen, duftenden Bad zu liegen und den Leib hernach salben zu lassen mit heilendem Öl und zu spüren, wie die Müdigkeit davonsickerte. Wiewohl das Leinen meines Bettes glatt war und kühl, mied mich der Schlaf; und erst als ich nach Maata schickte, die mit ihren starken, behutsamen Fingern die Muskeln meines Kopfes und Nackens glättete, wurde mein Körper ruhig und gab meinen Geist frei.

6 Neyahs Rückkunft

Früh am nächsten Morgen traf Neyah ein, und er eilte geradewegs zu mir in mein Gemach. Seine Stirn war gefurcht unter der Bürde seiner Gedanken, und er sah erschöpft aus von der raschen Fahrt. Ehe ich ihm von dem berichtete, was uns widerfahren war, ließ ich Fleischbrühe und Wein kommen und mahnte ihn, sich zu stärken.

Und er erzählte: «Zwei Tagesreisen nordwestlich von Na-kish, wo ich auf Leopardenjagd weilte, erschienst du mir im Traum und sprachst also zu mir: ‹Kehr heim, so rasch du kannst! Kam droht Gefahr!› Darauf legtest du mir den Daumen an die Stirn und sagtest: ‹Erinnere dich!› Und sogleich nach dem Erwachen brach ich auf gen Nordosten, und am Morgen des folgenden Tages gelangte ich an den Strom. Hier nahm ich ein schnellfahrendes Flußschiff mit dreißig Rudern, welches einem Edlen gehörte. Tag und Nacht fuhren wir stromab, dieweil die Ruderer einander ablösten. Ich wußte, daß der Seher der Festung Na-kish die Nachricht von der drohenden Gefahr bereits erhalten haben mußte und daß der Befehlshaber sich schon auf der Reise gen Norden befand, deshalb brauchte ich sie nicht zu warnen. Zur Mitternacht des dritten Tages erreichte ich Nekht-an, und dort erst erfuhr ich, daß die Zuma uns bedrohten und du dich ihnen auf dem Halbmond des Korns zur Schlacht stellen würdest. Nie mehr werde ich künftig ohne Seher reisen, denn erst als ich Abidwa erreichte und die Flaggen sah, wußte ich, daß wir den Sieg errungen. Hier eilte mir der Wesir entgegen und brachte mir die Nachricht, daß die Zuma geschlagen und daß die Krieger der Festung Nekht-an bereits zurückgekehrt seien.

Als ich zu dem Halbmond des Korns kam, schwelten dort noch die verkohlten Leichen, und Zernaks Hengste weideten noch auf den Feldern. Die Arme der Ruderer waren nicht rasch genug für meine Unrast, und so bestieg ich Zernaks Wagen und spannte seine schnellsten Rosse ein, und gleich einem Sturmwind raste ich hierher in dreißig Stunden und machte nur halt, wenn die Pferde ruhen mußten.»

Danach erzählte ich Neyah die Geschichte jener vier Tage, da Kams Schicksal in Tahutis Waagschalen lag, und als ich ihm berichtete, wie unser Vater erschienen sei, mich zu führen, sprach Neyah: «Ich fürchtete, mein Heer sei führerlos in den Streit gezogen, doch hätte ich wissen sollen, daß Atet zwei Söhne hinterließ, zwei Pharaonen, deren Wagen der Vorhut den Weg bahnen würden. Nie zuvor war ein Mann so gesegnet in seinem Weibe wie ich in dir, du meine Schwester, mein Bruder, Pharao und Priesterin des Anubis!»

7 Belshazzardak

Zwei Tage später brachte man mir die Nachricht, daß man Belshazzardak nicht unter den gefallenen Zuma gefunden habe. Darauf sandte ich Soldaten nach ihm aus, und sie ergriffen ihn auf dem Weg zum Meer, drei Tagemärsche von dort entfernt in der hohen Wüste, wo er sich im Zelt eines Hirten verborgen hielt, den er getötet hatte.

Man schaffte ihn in die Königliche Stadt, und tags darauf versammelten sich tausend Menschen in der Audienzhalle, um zu hören, wie ich den Richterspruch über Sets Gefolgsmann fällte. Da man ihn vor mich brachte, sah ich, daß er nicht zu den Großen der Finsternis zählte, denn er war nicht bewehrt mit dem Schild des Stolzes, mit welchem sich jene in ihrem Kampf gegen das Licht wappnen. Seine Augen waren schwerlidrig wie die eines Krokodils und trübe von Furcht.

Und also verkündete ich das Urteil über ihn:

«Belshazzardak, Posaune der Götter Zumas, höre meine Stimme!

Wärest du ein mächtiger Priester, dann hätte ich deinen Willen mit dem meinen gemessen, obwohl du deine Macht in Sets Namen übtest; und hättest du in diesem Kampf gesiegt, wärest du unbehelligt zurückgekehrt in dein Land. Wärest du aber ein wahrer Priester gewesen, hätten wir dich geehrt als unseren Gast, auch wenn zwischen unseren Ländern Feindschaft bestand, und du hättest in Frieden heimkehren können. Oder hätte ich dich als einen starken Mann erkannt, wert meines Hasses, dann hätte dich meine Strafe getroffen dafür, daß du dich erkühntest, deine Krieger hierherzuführen im Trachten, mein Land zu entweihen.

Doch selbst dein Wissen von dem Bösen ist so gering, daß du dich zum Werkzeug machen ließest in den Händen eines Kleinfürsten der Finsternis.

Und ich weissage nicht noch verurteile ich, sondern verkünde allein das Wirken des Gesetzes, indem ich dir zeige, was du ernten wirst von der Saat, die du sätest. Denn fügte ich dem, was du dir selbst bereitet, noch meine Verdammnis hinzu, hieße dies, einen Dorn in den Fuß eines Mannes treiben, in dessen Herz bereits das Schwert wühlt.

Du ließest zu, daß dein Leib zum Werkzeug eines anderen Geistes wurde. Allein hättest du nur den hundertsten Teil des Wissens, das zu haben du vorgibst, dann würdest du erkannt haben, daß niemand denn ein Böser sich des Leibes eines anderen bemächtigt. Taucht ein Mensch seine Hand in einen Kessel mit siedendem Pech, dann verdorrt diese Hand und gehorcht nicht mehr seinem Willen. Und der Wille eines Menschen, der einem anderen gestattete, in seinem Leibe zu hausen, verkümmert, so daß er viele Male als Schwachsinniger wiedergeboren wird. Wenn du dereinst zur Erde zurückgekehrt bist, dann wirst du im Schlaf auf deinen Leib schauen, in welchen du zurückkehren mußt wie in einen Kerker; und du wirst wissen, daß du ein geiferndes Geschöpf bist, das sich auf dem Boden wälzt und schreit vor Entsetzen angesichts der Unholde, die es umgeben.

Du warst – wenn auch nur dem Namen nach – Priester einer großen Gemeinde. Du hättest wie ein Licht im Dämmer sein sollen, allein du warst ein schwarzer Schatten über ihrer Finsternis. Dafür wirst du all das erleiden, was diese Menschen durch dich erlitten haben. Ein Heer von vielen tausend Mann vertraute darauf, daß du es zum Siege führtest. Doch weil du ein falscher Priester bist, schickte deine Zunge es in das Verderben. Im Tode wirst du zu dem

Augenblick zurückkehren, da du dein Heer aus dem Engpaß führtest und statt einer Herde von Opferstieren Pharaos rollende Streitwagen vor dir sahst und also erkanntest, daß du dein Volk verraten hast. In diesen Augenblick deines Verrats wirst du gefangen sein, und die Zeit wird für dich stillstehen und doch endlos sein zwischen dem Tod eines Besessenen und der Wiedergeburt als Schwachsinniger.

Vor sechs Tagen begann die letzte Fahrt deines Königs in dein Land. Morgen wirst du von meinen Soldaten bis an Zumas Grenze geführt werden, so als seist du ein wahrer Priester, dessen dein Volk in seiner Heimsuchung bedarf. Ehe du aber kommst, wird es erfahren haben, was seinen Kriegern geschah, indem sie deiner Stimme lauschten, und also wirst du das Willkommen finden, das deiner würdig ist – denn hier in Kam martern wir unsere Gefangenen nicht.

Wirst du einst wiedergeboren in Zuma, dann magst du noch immer an den Lagerfeuern davon erzählen hören, wie es Belshazzardak, dem Orakellaller, erging.»

8 Die Wacht über die Zwei Länder

Zwiefach hatte Zuma Atets Macht herausgefordert, und zwiefach war es aus Kam vertrieben worden. Nun saßen Neyah und ich im Rat mit unseren Oberbefehlshabern und den Wesiren von Men-atet-iss, Abidwa, Iss-an und Nekht-an, um zu bestimmen, wie unsere Grenzen gesichert werden sollten zum Schutze unserer Nachfahren.

Leicht ist es, einen Entschluß zu fassen, der allein dem eigenen Leben gilt, doch lastet das Joch der Verantwortung schwer auf den Schultern, gilt es das Leben Tausender. Wohl verändert all unser Tun unsere Zukunft; einige Handlungen aber zeigen ihre Folgen bereits nach einem Tag, andere wirken weit voraus. Weise ist es darum, vor dem Erklimmen eines Berges nicht allein der Abgründe zu gedenken, sondern auch der neuen Ausblicke, welche sich bieten können, ist der Gipfel erreicht.

Gewiß könnten Neyah und sein gewaltiges Heer von zweihunderttausend Mann Zuma mit so harter Geißel züchtigen, daß das Volk dort die Erinnerung daran von Geschlecht zu Geschlecht bewahrte und niemals mehr Kams Macht herausforderte. Wie aber würde es sein, wenn unser Heer Sieg auf Sieg türmte und so mühelos in Zuma eindränge wie ein Schwert in eine Honigwabe? Dann wäre unser Land von dreifacher Größe; aber wäre unser Volk glücklicher, wenn wir – dann Pharaonen von Kam und von Zuma – die Dreifache Krone trügen? Was mangelt denn unserem Volke in den Zwei Ländern? Wir haben Korn, so daß niemand Hunger leidet; der Ackerboden reicht für einen jeden; unsere Weingärten schenken uns Wein; und unsere Flachsfelder sind blaue Seen zwischen den Getreidefeldern, so daß unsere Leinenweber nie vor leeren Webstühlen sitzen.

Und was vermag das Land Zuma uns zu schenken? Seine Weizenfelder gleichen Ozeanen, und unsere sind dagegen wie Weiher; doch besäßen wir sie, müßten unsere Felder brachliegen. Unser Volk brauchte sich nicht länger zu mühen für sein Brot, und sein Müßiggang würde Unzufriedenheit zeitigen. Und nicht allein die Männer, welche die Pfade des Krieges wandern, weilten freiwillig in unserem Heer, sondern auch unsere Pflüger, Handwerker und Schreiber müßten dann die Weise ihres Lebens ändern und sich den langen Reihen der Kämpfer zugesellen, um diese gewaltigen Grenzen zu schützen; ihnen aber klänge der Schlachtruf nicht wie Musik in den Ohren, denn allein die Söhne des scharlachroten Mutes tragen ihr Schwert mit Freude.

Stiehlt ein Mann eine Traube aus meinem Weingarten, kann ich ihm nach dem Gesetz der Waagschalen eine seiner eigenen Trauben fortnehmen und somit das Gleichgewicht wiederherstellen. Da aber eine Traube der anderen gleicht, mag ich vielleicht eine mit hundert Beeren nehmen, dieweil die gestohlene nur neunzig Beeren trug, und somit hätte ich mich bei dem Dieb in Schuld gesetzt. Der Weise, dessen Weingarten geplündert wurde, macht sich nicht selbst zum Dieb, um das Unrecht zu berichtigen, denn er kennt einen anderen Weg, die Waagschalen wieder auszugleichen: Der Dieb muß ein ehrlicher Mann werden und die Schuld zurückzahlen, die er auf sich geladen hat.

Nun wäre aber der, welcher sein Haus geplündert vorfände, ein Narr, bestellte er nicht einen Wächter. Zumas Tor nach Kam liegt in dem Schmalen Land zwischen den Zwei Wassern. Also bestimmten wir, daß fünf Tagemärsche von unserer nordöstlichen Grenze eine Kette von Festungen in einem Abstand von zwei Tagemärschen angelegt und daß unsere Flotte in dem Schmalen Meer verstärkt werde, um unsere östliche Küste zu schützen. Minoas' Flotte war Herr des Nördlichen Meeres, und unsere Flotte würde sich in der Wachthaltung mit der ihren vereinen; Punt hatte unsere Oberhoheit anerkannt, und Na-kish sicherte uns gegen das Goldland. Verstärkten wir auf diese Weise das große nordöstliche Tor, würde unserem Lande Frieden für Jahre beschieden sein.

Kämen wir aber als Eroberer nach Zuma, würde sein Volk uns hassen und unsere Götter verabscheuen, und selbst in unserer Gerechtigkeit und unseren Gesetzen sähen die Menschen dort allein die Geißel und nicht den Krummstab. Doch mag die Zeit kommen, da das Volk von Zuma unsere Stimme vernimmt mit dem südwestlichen Wind; dann werden sie an ihre bösen Priester das Schwert legen und die Tyrannen stürzen, welche ihre Könige sind, denn dann hat das Volk vernommen, daß in Kam Zufriedenheit blüht, und wird unsere Herrschaft ersehnen. Kommt dereinst dieser Tag, dann haben wir einen gewaltigen Sieg errungen, jedoch nicht mit dem Schwert aus Bronze, sondern mit dem Schwert unseres Willens.

VIII

1 Meiner Mutter Mittagsstunde

Als meine Mutter starb, betete ich zu den Göttern, daß meine Trauer ihre Mittagsstunde nicht beschatte. Sie verließ diese Erde sanft und still gleich einem Segelboot, das in der kühlen Abendbrise des Sonnenuntergangs stromab gleitet. Und es war, als habe sie in einem Haus mit verschlossenen Fensterläden gelebt und als sei nun die Tür zum Garten aufgetan, wo alle Träume in ihrer Pracht erblühten, denn sie war in das Licht hinausgetreten und empfangen worden von meinem Vater, der ihrer harrte.

Ihr Leib wurde neben dem meines Vaters in das Grabmal zu Abidwa gebettet. Ihr zu Seite stellte man auf ihren Wunsch den gestrichenen hölzernen Schrein, welchen Neyah ihr einst vor langer Zeit gefertigt hatte. Darin lagen die Gaben verwahrt, die wir ihr und unserem Vater geschenkt, da wir noch Kinder waren: kleine Platten aus Elfenbein, auf die ich ihren Namen geschrieben, als das Schreiben für mich noch eine schwere Kunst war, Stücke von zerbrochenem Kalkstein, woran Neyah das Meißeln erprobt hatte; und zwei Tierfiguren aus Elfenbein, die Neyah einst begonnen, jedoch nie vollendet hatte. Auch in ihrem Sarkophag trug sie das Halsband, welches wir ihr schenkten, da ich neun Jahre zählte. Und viele andere Dinge legten wir dazu, an denen sie einst ihre Freude hatte: eine kleine Plastik von Shamba, unseres Vaters Löwin, und ein paar bemalte Tongefäße, welche wir ihr aus Minoas mitgebracht hatten.

Da das Grab des großen Atet entsiegelt wurde, fand ich darin die Blumen, die ich ihm als kleines Mädchen gestreut, und sie waren wie die weichen, bräunlichen Schatten ihrer einstigen Pracht. Ehe meine Mutter zu ihrem Gemahl einging, schmückte man die Kammer mit neuen Blumengewinden wie für eine Braut. Und ihre Leiber ruhten nebeneinander und waren vereint, wie auch ihre Geister nun in Freude beisammen waren.

2 Pharaos Kinder

Wiewohl ich meine Mutter im Geiste aufsuchen konnte, entbehrte ich dennoch auf Erden ihren Rat und ihr liebendes Begreifen. Stets hatte ich ihr von den Dingen erzählt, welche mich beschäftigten, und das Licht ihrer Weisheit hatte die Nebel meiner Ungewißheit verscheucht, so daß ich mein eigenes Herz erkannte und meinen Weg klar vor mir sah.

Als Den noch ein Kind war, glaubte ich, auch uns werde später die gleiche Harmonie vereinen, wie sie zwischen mir und meiner Mutter bestanden hatte. Wenngleich wir einander liebten und unsere Gedanken oft dasselbe Ziel erreichten, wanderten wir doch auf verschiedenen Pfaden.

Ich hatte stets danach getrachtet, das Warum der Dinge zu erforschen. Mir waren von Kindheit an Träume und Visionen beschieden, und ich hatte um ihre Wirklichkeit gewußt, dennoch ruhte ich nicht eher, bis daß ich begriffen, wie dies zuging; denn ich wollte die Gesetze kennen und nicht allein ihr Wirken. Sehe ich einen Baum in seiner Zier vor der untergehenden Sonne, nehme ich ihn nicht allein mit meinem Herzen wahr, sondern auch mit meinem Verstand: Ich weiß, warum er für mich schön ist, welche Linie es ist, die den Gleichklang erzeugt, der für mich Schönheit ist. Für Den aber ist ein Ding schön oder häßlich, eine Tat gut oder schlecht nicht auf Grund ihres Denkens, sondern allein, weil sie es in ihrem Herzen weiß. Suchte ich ihr zu erklären, weshalb die Form eines Kruges schöner sei als die eines anderen, sagte sie lachend, dies sei, als zerpflücke man eine Blume, um das Geheimnis ihres Wohlgeruchs zu ergründen.

Ich hatte gehofft, auch sie würde gleich mir in Atets Tempel gehen, doch mangelte es ihr an Langmut für die priesterlichen Dinge, und ihren Willen zu zwingen wäre ebenso unmöglich gewesen, wie einen wilden Leoparden dadurch zu zähmen, daß man ihn hinter Gitter sperrt. Und doch besaß sie Weisheit, wiewohl sie nicht wußte, woher sie ihr kam, und vermochte die Herzen zu wägen, ohne Kenntnis von den Waagschalen zu haben.

Seit ihrem zwölften Jahr saß sie in der Stunde der Audienz oft neben mir, und ehe ich das Urteil fällte, pflegte sie mir mit einem geheimen Zeichen zu sagen, ob sie den, der vor mir stand, für schuldig hielt oder nicht. Obwohl ich die Herzen wägte mit irdischem Begreifen und der Weisheit meines Geistes, mußte ich häufig entdecken, daß Den die Wahrheit vor mir erkannt hatte. Anfangs glaubte ich, sie sei klarsichtig, doch dem war nicht so. Sie konnte sagen: ‹Ich weiß, wie ein Ding ist, doch weiß ich nicht, warum ich das weiß – und es ist mir auch einerlei.› Und obwohl sie sich nicht einer priesterlichen Ausbildung unterziehen wollte, war ich doch sicher, daß ihre Urteile mit der Zeit würdig der Waagschalen sein würden, unter welchen sie dereinst als Pharao thronen sollte.

Den begleitete Neyah stets auf seinen alljährlichen Reisen zu den Grenzfestungen; er nahm sie auch mit auf seine Jagden im Süden und pflegte zu sagen, kein Speer fliege sicherer denn der ihre, und kein Pfeil verlasse rascher die Sehne. Den war Dios Kind, und doch schien es mir bisweilen, als sei sie eher Neyahs Sohn als meine Tochter.

Neyah hatte vier Töchter mit seinen Nebenfrauen und

nur einen Sohn. Dieser Sohn hieß Seshet und zählte zwei Jahre, da ich Pharao wurde. Bis zu seinem siebenten Jahr lebte er bei seiner Mutter in den Frauengemächern, und nach ihrem Tode teilte er mit Den die Gemächer der Königlichen Kinder, die wir selbst in unserer Kindheit bewohnt hatten. Er glich seinem Vater, so wie der Schatten eines Baumes dem Baum gleicht, und ich hegte den Verdacht, daß er seine Gebete nicht an die Götter richtete, sondern an das Bild von Neyah, das er in seinem Herzen trug. Er hätte glücklich werden können als heilender Priester oder Gelehrter, da aber Neyah ein Kriegerkönig war, wollte er seinen Fußtapfen folgen. Viele Stunden verbrachte er im Archiv und konnte ein hohes Regal erklimmen und eine Papyrusrolle herunternehmen, deren Siegel schon viele Jahre nicht erbrochen worden war, und sie mit dem Eifer eines Kindes entrollen, das einem Märchenerzähler lauscht. Er las alte Urteile von Menes und seinem Großvater und alle Listen über den Tribut und seine Verwendung in den verschiedenen Jahren. Und die Pläne von Straßen und Kanälen, die schon lange erbaut waren, schienen ihm neu wie an dem Tag, da sie im Geist ihrer Erbauer geboren wurden.

Neyah war stets sehr liebevoll zu seinem Sohn, und wiewohl er ihn nicht für einen geschickten Bogenschützen hielt, pflegte er ihn dennoch auf die Vogeljagd mitzunehmen. Einmal belauschte ich Seshet, wie er sich an einem schwanken Papyrusrohr als Ziel übte. Er durchbohrte das Rohr mit drei Pfeilen, dann aber bemerkte er, daß ich ihm zuschaute, und gab das Üben auf. Da begriff ich, daß er einen fliegenden Schwan nicht aus Ungeschick verfehlte, sondern weil es ihn schmerzte, die Vollkommenheit des Vogels zu zerstören. Als ich ihm aber riet, Neyah zu sagen, daß er das Töten von Tieren verabscheute, wollte er dies nicht tun, und ich mußte ihm versprechen, sein Geheimnis zu hüten. Und dieses tat ich, denn ich wußte, es war ihm verhaßter, etwas einzugestehen, das er für eine Schwäche hielt, als wegen seines Ungeschicks verlacht zu werden. Und ich erklärte ihm, daß es mehrere Wege in die Freiheit gebe und daß einer, der als Schreiber Freiheit erreiche, nicht weniger verdienstvoll sei denn einer, der dieses Ziel als Krieger erlange, allein, ich konnte ihm nicht begreiflich machen, daß das, was er empfand, nicht Feigheit sei, sondern Mitgefühl.

Und sein Jetzt war stets getrübt vom Künftigen, denn er nahm die Schatten wahr, die die Taten werfen würden. Wendete Den ihren Wagen so jäh, daß er fast umschlug, dachte sie nie daran, wie es sein würde, wenn dies wirklich geschehen wäre. Ihm aber stand das Unglück, welches hätte eintreffen können, so deutlich vor Augen, als sei es bereits eingetroffen, und seine Knochen schmerzten ihn, so scharf war seine Vorstellung von den Verletzungen, die Den hätte davontragen können. Dennoch brannte tief in ihm die klare Flamme des Muts, welcher auch nicht versagt beim Blick in das unverhüllte Antlitz der Gefahr.

Seshet hatte sein Herz an Den verschenkt, bereits zu der Zeit, da sie noch ein kleines Kind war, und Neyah und ich hofften, die beiden vermählen zu können, auf daß sie nach uns gemeinsam herrschten. Den war die Erbin des Thrones, und nahm sie Seshet nicht zu ihrem Gemahl, würde sie allein herrschen, und er konnte nicht Pharao werden. Hätte ich kein Kind geboren, dann hätte Neyah eines seiner Kinder zum Thronerben erklären können; und wären ihm Kinder versagt geblieben, dann hätte er nach dem Rate eines Seher-Priesters einen, der alt im Geiste war, zum Sohn des Horus erkoren.

Da Den vierzehn Jahre zählte, hielten Neyah und ich die Zeit für gekommen, dem Volke ihr Verlöbnis mit Seshet kundzutun, auf daß alle in ihnen die neuen Herrscher erkannten, wenn Neyah und ich einst Geißel und Krummstab aus den Händen gaben. Für Seshet war Den die Mittagssonne seines Lebens. Weilte sie bei ihm, fiel kein Schatten auf sein Dasein, war sie aber fern von ihm, schien ihm der Himmel sternenleer. Sie aber liebte ihn nur wie einen Bruder, und in ihrem Herzen vermochte sie nicht die Flamme zu entfachen, welche die Liebenden wärmt. Und da seine Liebe groß war, las er in ihrem Herzen und erkannte, daß sie als seine Gemahlin nie die reife Frucht des Glücks kosten würde, die ihr ein anderer Mann schenken konnte, der nicht allein ihr Bruder im Geist, sondern auch der Liebende war, den sich ihr Leib erwählt hatte. Die Vermählung mit Den hätte Seshet zwiefach beschenkt: Er hätte nicht allein die erhalten, die der Atem seiner Nüstern war, sondern auch die Krone Pharaos. Doch war seine Liebe erhaben über Besitz und – größer noch als dieses – erhaben auch über seinen Stolz. Wohl ersehnte er es, Pharao zu werden, da die Geißel, die er dann halten würde, Neyahs Geißel war, und die Krone, die er dann tragen würde, Neyah getragen hatte. Aber er wußte, daß sein Vater dem Verzicht auf den Thron niemals stattgegeben hätte, wenn er ihm den Grund offenbart hätte: die Liebe zu der Frau, mit welcher er ihn hätte teilen müssen. Also sagte Seshet seinem Vater, er könne nicht Pharao werden, da er es nicht wage, die Königlichen Wagen in den Kampf zu führen. Neyah, welcher seinen Sohn sehr liebte, war betrübt, da er dies vernahm, aber er erkannte die Demut seines Sohnes, die nur der erwerben kann, der alt im Geiste und bald am Ziel seiner irdischen Wanderung ist, und er wußte auch, daß es von hoher Weisheit zeugt, das eigene Herz also zu wägen. Und er bestellte Seshet zum Wesir von Nekht-an, auf das das Land des Lotos in der Hut seines Mitgefühls gedeihe.

3 DEN UND HOREM-KA

Und es brachten die Jahre meiner Tochter Schönheit und Kraft als Gaben. Ihr Haar glänzte wie blankes Kupfer, und ihr Leib war schlank und stark wie der eines Jünglings. Und sie zog in ferne Länder und suchte nach fremden Tieren und Vögeln, welche sie heimbrachte nach Kam, gleichwie mein Vater Kräuter und Bäume heimgebracht hatte. Sie war der Stolz und die Sorge des Aufsehers der Wagen, denn griff die Gefahr mit scharfen Krallen nach ihr, lachte sie nur voll Übermut. Und sie wurde geliebt von allem Volke in Kam, denn einem jeden – sei es ein alter Gelehrter, ein junger Edler, ein Hauptmann-der-Hauptleute oder ein Hundejunge – gab sie die Empfindung, ihr ebenbürtig zu sein und erwählt als ihr Gefährte. Und rasch war sie in ihrem Zorn, doch rascher noch in ihrer Großmut und ihrem Verstehen.

Einer ihrer liebsten Gespielen war Horem-ka, der Sohn des Wesirs von Iss-an. Er war Hauptmann der Königlichen Leibwache, und tat er nicht Dienst bei Pharaos Garde, lebte er auf seinem Landgut nahe der Königlichen Stadt. Und es war Horem-ka stark an Leib und stark in seinem Herzen. Seine Haut glühte rotbraun von der Sonne, und seine Hände waren breit wie die aller Krieger; seine Brauen standen gerade wie die Schwingen des Habichts, und sein Mund war der Freund des Lachens. Und wiewohl viele meine Tochter liebten, hatte sie im Alter von neunzehn Jahren noch immer nicht ihren Gemahl erkoren.

Eines Tages wurde uns die Botschaft gebracht, daß ein Löwe, der nicht mehr wendig genug war, die Gazelle zu fangen, ein Kind aus einem Dorf weggeschleppt hatte, welches zwei Tagereisen südlich der Königlichen Stadt lag. Und Den und Neyah zogen aus zur Löwenjagd, aber meine Tochter kehrte heim in einer verhängten Sänfte und nicht im Wagen, wie sie ausgefahren war. Ein Rad ihres Wagens barst, während sie der Beute nachjagte, und sie wurde hinausgeschleudert, und der Huf eines Rosses traf sie an den Kopf.

Vier Tage und vier Nächte lag sie wie tot, und nur das leise Schlagen ihres Herzens zeigte an, daß der Silberfaden noch nicht durchschnitten war; doch so lose war dieses Band geknüpft, daß es schien, als sei ihr Geist ein Vogel, der seine Fittiche rührte zum letzten Flug. In das Gespinst des Schlafes verstrickt lebte sie, und weder Seher noch Heiler vermochten sie aus dieser seltsamen Ruhe zu erwecken.

Da ich neben ihrem reglosen Leibe wachte, hörte ich, wie jemand den Vorraum betrat, und ich erkannte Horem-kas

Stimme, welcher meine Tochter zu sehen verlangte. Und die Diener verweigerten ihm den Zutritt, er aber fegte sie beiseite, und sie teilten sich vor ihm wie Schilf, das sich dem Sturme beugt. Und der Vorhang an der Tür rasselte in seinen Ringen, als er ihn zurückschob. Das Gemach lag im Dämmer, allein erhellt durch den schwachen Schein einer kleinen Alabasterlampe, so daß er mich nicht bemerkte. Er fiel neben Den auf die Knie und liebkoste ihre Hand und rief sie mit kleinen sanften Namen, wie sie den Liebenden über die Lippen kommen. Und seine Stimme folgte ihr bis in das ferne Land, wo ihr Geist weilte, und sie vernahm seine Worte und kehrte in ihren Leib zurück. Einen Lidschlag lang öffnete sie die Augen und lächelte ihm zu, und wie ein schläfriges Kind murmelte sie zufrieden seinen Namen. Im Schutze seiner Arme fiel sie wiederum in Schlaf, doch glich dieser Schlaf nicht länger dem Tode, sondern war erquickend für ihren Leib.

Am dritten Tage des zweiten Monats der Erntezeit im zweiundzwanzigsten Jahr meiner Herrschaft wurden Den und Horem-ka vor den Göttern vereint.
Da Horem-ka nicht von Köglichem Blute war, konnte er, wenn Den dereinst den Thron bestieg, nicht Pharao werden, sondern allein Königlicher Gemahl. Doch bestimmte Neyah ihn als den ersten in ihrer Nachfolge, falls sie stürbe, ohne einen Erben geboren zu haben; denn wiewohl Menes' Blut nicht in Horem-kas Adern kreiste, lebte doch Kams Vermächtnis in seinem Herzen. Und wir ernannten ihn zum Königlichen Wesir nach Rey-heteb, denn diesem war im Alter von sechsundsiebzig Jahren seine Bürde zu schwer geworden; und im Heer hatte Horem-ka den höchsten Rang nächst Neyah inne und war in allem Pharaos Sohn außer nach dem Namen.
Er und Den glichen in ihrer Stärke zwei Tortürmen und hielten einander das Gleichgewicht wie Tahutis Waagschalen. Nun, da Den Frieden gefunden, welchen ihr der geliebte Bewohner ihres Herzens beschert, begegnete sie den

Lehren der Weisheit nicht länger mit Ungeduld und begann der Stimme ihrer Erinnerung zu lauschen, aus welcher ihr die Kenntnis von den Menschen kam. Und Ney-sey-ra gab ihr von seinem klugen Rat, und in der Rede der Priester fand sie nun die Freude, die ihr einst allein die rasche Fahrt ihres Wagens bereitet hatte.

Und sie reiste mit Horem-ka durch das Land Kam. Sie berieten mit den Wesiren und mischten sich unter das Volk auf den Märkten. Sie sprachen mit den Priestern und Tempelratgebern, mit den Winzern und Weibern auf den Feldern, so daß unser Volk erfuhr, daß Krummstab und Geißel dereinst in ihren Händen so wohlverwahrt waren wie in Neyahs und meinen und daß unser Tod nicht das Glück seines Lebens enden werde.

Als Den und Horem-ka zwei Jahre nach ihrer Hochzeit ein Sohn geboren wurde, bat meine Tochter mich, ihm einen Namen auszuwählen. Und ich hieß meinen Enkel Seshetka, nach ihm, welcher der Sohn meines Herzens war, wiewohl sein Leib von Neyah und Sesket gezeugt worden war.

4 Neyahs Tod

Da ich sechsundvierzig Jahre auf Erden geweilt hatte, ging die Sonne nicht länger strahlend auf über dem Horizont meiner Tage, und die Sterne verbargen sich hinter einem Schleier von Sorge. Denn Neyah, der auf einer Reise weit in den Süden Kams gezogen war, starb am Fieber in den Sümpfen.

In einem Traum ließ er mich wissen, daß sein Leib krank sei, zweiundzwanzig schnelle Tagereisen von der Königlichen Stadt entfernt. Und er sagte mir auch, daß ich ihn auf Erden nicht mehr erreichen könne, denn zwei Tage später werde sein Leib eine leere Hülle sein.

Fern der Erde ist der Tod Freude, allein den wachen Augen beschattet er alle Schönheit: die Blumen blühen ohne

Duft, und die Singvögel verstummen. Es durfte das Volk von Kam seine Trauer zeigen, dieweil meine Augen brannten von unvergossenen Tränen. Ich mußte den Kindern Pharaos von der Nichtigkeit des Todes sprechen und von der Freude, daß Pharao seinen Wagen nun den goldenen Heerscharen des Horus einreihe, und davon, daß er nur vorangeeilt sei, sie zu empfangen, wenn sie ihm dereinst nachfolgten.

Ihnen war Neyah der Hirte gewesen und der Rächer ihrer Unbill, und sie liebten ihn, wie sie ihre Götter liebten, denn Pharao war ihnen das Sinnbild dessen, was sie erstrebten. Für mich aber war Neyah der kleine Knabe, mit dem ich einst gespielt, der Gefährte, der die Geheimnisse meines Herzens geteilt, und der einzige, vor dem ich meine Zunge nicht zu hüten und mein Herz nicht zu verschließen brauchte.

Und ich war sehr einsam.

5 Meiner Tage Abend

Zwölf Monde noch nach Neyahs Tod verblieb ich in der Königlichen Stadt, und Den und ich herrschten gemeinsam über die Zwei Länder.

Mein kleiner Enkel war mir sehr teuer, und ihm pflegte ich die Märchen zu erzählen, die Neyah einst mir erzählt hatte: von dem roten Fischlein und von dem Oryx, der den Nordwind zum Wettlauf bis an den Horizont herausforderte, von dem Affen, der ein Mensch sein wollte, und von der Schildkröte, die so stolz war. Also durchlebte ich aufs neue die Tage meiner Kindheit und freute mich der Zeit, da ich ihm die Legenden von den Göttern und den Starkherzigen erzählen könnte, welche in alten Zeiten auf Erden wandelten.

Und mein Geist wachte über mein Land, und ich sah es unter mir, als schwebte ich darüber wie ein Habicht. Wo die

Wasserrinnen verschlammt waren, sah ich das Land wie eine Wüste, wiewohl das Getreide vor den Augen der Menschen noch grünte. Wo die Sprecher des Bösen vor das Volk traten, sah ich Wolken von Fliegen. Wo solche wohnten, die hart zu ihren Dienern und ihrem Vieh waren, sah ich Blut auf der Schwelle. Und vor den Häusern jener, die ihren Nachbarn Schaden zufügten, sah ich statt belaubter Bäume Gerippe; denn sie wandelten im Schatten des Todes.

Hatte ich solches geschaut, was nicht wohlbestellt war in unserem Land, dann nannte ich dies Den, auf daß sie – wiewohl erst eine sich öffnende Knospe des Lotos – sich würdig erweise zu herrschen und in Kam kein Unrecht sei, das Pharaos Augen entgehe.

Ward einer voll großer Tücke und Kraft im Bösen vor mich gebracht, dann saß ich noch immer über ihn zu Gericht, nachdem ich in der Nacht zuvor seinen Schlaf und die Worte belauscht hatte, die er sich zurechtgelegt, um mich zu täuschen. Trat er dann vor mich in Audienz, sprach ich zu ihm: «Höre deine eigenen Worte, die ich nun statt deiner sprechen werde!» Und es befiel ihn große Furcht, denn nun wußte er, daß ich die heimlichen Worte seines Herzens so deutlich vernommen, als hätte er sie an einem stillen Abend mit lauter Stimme gerufen. Und danach fällte ich das Urteil über ihn.

Gleichwie eine Lotosknospe dem erblühten Lotos von Tag zu Tag ähnlicher wird, so glich sich auch Dens Leben dem Muster des meinen an, und ich wußte, daß Krummstab und Geißel wohlverwahrt seien in ihren Händen. Also zog ich in meinem siebenundvierzigsten Lebensjahr fort aus der Königlichen Stadt, um den stillen Abend meiner Tage bei Seshet in Nekht-an zu verbringen. Es lag der alte Palast des Südlandes am östlichen Ufer des Stroms, und sein Bild spiegelte sich in dem Lotosteich, und meine Fenster öffneten sich der untergehenden Sonne.

Wiewohl Seshet Wesir war, kamen die Menschen zu ihm mit ihren Sorgen, als sei er Ratgeber im Tempel. Und er mischte sich unter das Volk und sprach mit ihm. Berichtete ihm ein Mann, daß der Lattich in seinem Garten welke, gab er ihm die Empfindung, sie seien beide Gärtner eines großen Gartens. Und der Leinenweber fühlte sich verstanden, erzählte er ihm, wie schwer es sei, mit rauhen Fingern die feinen Fäden zu spannen. Und die Soldaten liebten ihn, denn seine Worte entsiegelten den Wein des Lachens. Und das Volk nannte ihn Nekht-ab, das ist «Der Großherzige», denn es gedieh unter der Sonne seines Mitgefühls.

Oft sprachen wir über die Dinge fern der Erde. Gemeinsam durchforschten wir die kristallenen Höhen klarer Gedanken und erklommen die schwer zugänglichen Gipfel, um in Worten den Abglanz des Geistes einzufangen. Und aus alten Papyrusrollen vergessener Dichter vernahmen wir das Geflüster von Liebenden, deren Leiber schon lange gestorben, deren Erinnerungen aber noch in den schattigen Alleen wandelten.

Des Abends pflegte Seshet seine Spielleute zu rufen, die den Saiten ihrer Harfen die Melodie seiner Gedanken entlockten; seltsam waren diese Weisen, klar wie die Schatten auf einer Mauer und in einem Gleichmaß, das streng geteilt war wie eine Flußsäule durch ihre Linien, an denen man die Höhe des Wassers mißt; und durch das Grün der Harfen wand sich das Silber der Flöten gleich erquickenden Bächen durch die stillen Weiden.

Mit Neyahs Geist teilte ich meinen Schlaf und mit seinem Sohn meine Tage.

Nach seiner Ernennung zum Wesir des Südlandes hatte Seshet in Nekht-an am westlichen Ufer des Stroms den Bau eines Tempels begonnen, welcher dem Palast gegenüberlag. Und als dieser fertig war und zu einer Stätte des Friedens geweiht werden sollte, sprach ich zu den versammelten Volk diese Worte:

«Höret meine Worte! Es gaben die Götter mir eine Silberzunge, auf daß eure Herzen von ihren Worten widerhallen wie eine Glocke von den Schlägen des Hammers.

Seid stets eingedenk, daß alles, was euch widerfährt,

allein das Spiegelbild eurer Taten ist. Es wird keine Geißel eueren Rücken treffen, erhebt ihr euere Hand nicht unrechtmäßig. Es wird euer Magen nicht geplagt von Hunger noch euere Kehle von Durst, lasset ihr nicht andere diese Qualen erleiden. Es dräut euch keine Wanderung durch finsteres Ödland, verschließet ihr euere Augen nicht dem Licht. Es bluten euere Füße nicht auf steinigem Pfad, lauschet ihr der Stimme dessen, der euch rät, Sandalen aus euerer eigenen Weisheit zu fertigen. Es wird euere Stimme nicht in den Wind rufen, seid ihr treu dem erprobten Freund. Und es wird euch der Tod auf euerem Wege nicht schrecken, leugnet ihr nicht seine Milde.

Fraget bei allem, was ihr tut, stets dieses: ‹Wäre ich es zufrieden, täte man mir also?› Denn richtet ihr euch danach, werdet ihr im Nachen der Zeit rasch auf dem Strom des Ewigen Lebens dahinfahren und nicht in das Fahrwasser der Tränen geraten, welches durch die Grotten der Unterwelt fließt.»

6 Kams Herz

Es reihten sich im Lande Kam zu beiden Seiten des Stromes die Tempel gleich Fackeln an einer Siegesstraße. Die Stimmen der Priester erschollen in den Heiligtümern, und die Vorhöfe hallten wider von den Schritten derer, welche die Goldenen Sandalen trugen. Da aber die, welche einst Priester unserer Kinder sein sollten, selbst noch Kinder waren, wurden am siebenten Tag des siebenten Monats eines jeden Jahres alle Kinder, die sieben Jahre zählten, in die Tempel geführt, auf daß die Seher sie prüften. Und die Kinder, deren Leiber leicht waren vom Irdischen und die auf ihrer langen Wanderung schon priesterliche Pfade gewandelt, kehrten mit zwölf Jahren zur weiteren Schulung in den Tempel zurück, auf daß sie später das Blut in Kams Herzen bildeten.

Diejenigen unter ihnen, welche sich ihrer Träume klar erinnern oder das Zeichen tragen, welches bekundet, daß sie vor dieser ihrer Geburt schon beflügelt waren, lernen ihre Schwingen stärken, auf daß sie Wahrträumer werden. Sie lernen die Pfade des Schakals finden; und stehen die Pforten ihres Schlafes stets offen, dann können sie andere durch das irdische Dämmer geleiten, so wie Anubis sie selbst die Hohe Straße der Götter führte.

Diejenigen Kinder, welche klares Wasser schöner gefärbt sehen denn Träume, werden ausgebildet, ihre Körper zu verlassen und frei auf dieser Erde zu reisen und zu schildern, was sie auf dieser ihrer Reise schauen, gleichwie sie auch lernen, das in Worte zu kleiden, was sie in einer glänzenden Schale, einem Spiegel oder den Silberfacetten ihrer Pyramiden sehen. Es sind dies die künftigen Schauerinnen, welche sicher gleich schnellfliegenden Vögeln über unser Land wachen. Und unter ihnen sind auch solche, die einst Schauerinnen der Maat werden und deren Zungen reden, dieweil sie in fernen Reichen des Geistes wandeln.

Diejenigen Kinder, welche stark an Lebenskraft sind, werden künftig Ptahs Priester, die von ihrer Kraft anderen mitteilen. Denn gleichwie der Wasserträger seinen Krug im Flusse füllt, um das junge Grün seines Gartens zu erquicken, so schöpfen diese Heiler aus dem Flusse des Lebens, um den Dürstenden davon zu spenden. Und wie die Überschwemmung unseren Feldern Fruchtbarkeit bringt, so schenken sie unserem Volke Gesundheit. Unter diesen Kindern sind auch solche, die der Führung des Habichts folgen werden, und mit dem Schwert des Horuspriesters zerschneiden sie dereinst die Bande jener, die in den Grotten der Unterwelt gefesselt liegen; und um das Böse legen sie eine Schlinge von Feuer. Und sie werden kämpfen gegen die hohen Gebieter Sets und die Macht ihrer bösen Blicke brechen.

Diejenigen Kinder, die durch den dunklen Vorhang ihrer Lider zu schauen vermögen, werden die künftigen Seher. Und allein Knaben werden dafür auserwählt, denn diese

Übungen sind schwerer denn alle anderen, und es muß der Leib eine starke Festung sein, auf daß er nicht Schaden nehme, wenn sein Geist gehärtet wird. Sie sehen auch im Wachen Dinge, welche andere nur im Schlafe schauen, und stets ist die Vielfalt des Außerirdischen um sie oder auch die Geisterschar der Unterwelt. Haben sie dereinst Maats scharlachrote Feder errungen, gibt es für sie keine Schleier mehr auf Erden: Sie sehen den Kranken an und wissen, was seine Leiden hervorruft; sie schauen den Menschen und seinen *Ba* im farbigen Kleid und erkennen sein Herz; sie sehen alte Übeltat, die eine Stätte befleckt, und altes Unrecht und vergessenes Leid klarer denn Blutstropfen auf einem Estrich; sie sehen die Unbehausten, als wären sie von ihrem Fleische umhüllt, sei es, daß diese frei im Geiste sind oder gebunden an die Erde durch Unwissenheit oder Vergangenes; sie lesen die Zeichen im unbeschriebenen Stein, der denen Zeugnis bringt, die ihnen Sprache verleihen können. Und sie werden gewaltig kämpfen gegen die Heerscharen der Finsternis, denn sie sind die Streiter des Lichts auf Erden und fern der Erde und schauen die Wahrheit in all ihrem Glanz.

Und es werden sich diese Legionen der Beflügelten vereinen mit den mächtigen Scharen der anderen, und sie werden der schwarzen, brandenden Woge Einheit gebieten, welche uns im Namen Sets verschlingen will.

7 Meri-Neyts Grab

Im neunundzwanzigsten Jahre meiner Herrschaft war die Grabstätte fertig, die meinen Leib bergen sollte, wenn mein Geist seiner nicht länger bedurfte.

Ich werde liegen zu Abidwa, in der Stadt der lebenden Toten, bei den Geliebten meines Geschlechts in Za Atets letztem Garten. Und in meiner Nähe werden die Gefährten meiner Wanderung ruhen: Ney-sey-ra, der mich lehrte, die Goldenen Sandalen zu fertigen, so daß die Hohe Straße eben war unter meinen Füßen; die Wesire, deren Rat ich empfing; die Hauptleute, die mir eine Geißel waren, mit der ich die Feinde meines Landes züchtigte; Maata, die meine Kindheit behütete; Harka, der mich die Rosse zügeln lehrte; Benater, der mich unterwies, den Speer recht zu wägen, so daß er Zernak traf; und viele andere, die sich mit mir in die Wacht der Zwei Länder teilten.

Die Götter bestellten mich zu ihrem Wesir, und Ptah legte das Leben seiner Kinder in meine Hände. Bald ist die Schriftrolle meines Lebens beschriftet, doch noch liegt in mir umschlossen, was ich war seit dem Tage, da ich in der Königlichen Stadt geboren wurde: Ich bin das Kind, das meine Mutter in der Dämmerung in Schlaf sang; ich bin die Tochter Atets, dessen Bild die Standarte war, der ich folgte; ich bin das Mädchen, das in den Tempel ging, Weisheit zu lernen, und die Triumphierende, die ihre Schwingen erprobte; ich bin das Weib, das in seinem Geliebten Entzücken fand und um ihn litt, bis daß der mählich lindernde Balsam der Zeit die Tränen des Herzens versiegen ließ; ich bin Pharao, der in Gerechtigkeit über die Zwei Länder herrschte, und der Krieger, dessen Wagen die Vorhut der Speerträger in der Schlacht anführte.

Bei mir in meinem Sarkophag werden Dinge sein, die den Nachfahren zeigen sollen, von welcher Art die Menschen waren, welche einst in Kam lebten. Und darunter werden auch Dinge sein, die mich in meinem Leben begleiteten: die Sandalen, die Gewänder und der Kopfputz, die ich trug; der Schrein, worin ich mein Geschmeide verwahrte; der Hausrat aus meinen Gemächern und die kleine Vase, in die ich meine Blumen stellte, da ich im Tempel wohnte.

Diese Dinge sollen die Form meines Daseins anzeigen. Doch bedeutet es nicht viel, wie die Menschen bekleidet, wie ihre Wohnstatt beschaffen und welcher Art die Gegenstände waren, deren sie sich bedienten, denn allein ihre Gedanken überdauern die Zeit: die Spanne ihres Wissens und ihr Streben nach dem Licht. Deshalb werde ich die langen Papyrusrollen in mein Grab nehmen, auf welchen meine Schreiber die von mir erworbene Weisheit unter meinem Siegel verzeichneten, die Gebete, die ich gesprochen, und die Gesetze, die mir in Kam Richtschnur waren. Und also werden diese Schriften jene Weisheit bewahren, deren Gefäß mein Leib war, da ich auf Erden wandelte. Und sie sollen mit Bändern in der scharlachroten Farbe der Krieger gebunden und mit meinem Priesternamen Meri-neyt gesiegelt werden.

Auch die Legende von der Erschaffung der Erde will ich mit mir nehmen und die Erzählung von des Menschen Wanderung. Da der Mensch seine Wanderung begann, kannte er bereits die Stärke der Berge und die Zartheit der Pflanzen und die Pfade der Tiere. Doch noch waren Böses und Gutes für ihn nur wie die verschiedenen Spiegelbilder desselben Standbilds, denn sein *Maat* war noch ein leerer Krug. Mit der Zeit erst lernte er, daß die Stimme des Bösen ihm Schmerz und Leid bringt, selbst wenn sie mit sanften Worten lockt. Und in den nun folgenden Leben verschließt er vielleicht sein Ohr allen Ratschlägen. Eines Tages aber vernimmt er die Stimme des Guten, eine Stimme, so ruhig wie klares Wasser, so beständig wie ein Fels, und sie nennt ihm das Ziel seiner Reise, und er lauscht und setzt seinen Weg gelabt und gestärkt fort, wiewohl die irdischen Dinge wie eine schwere Bürde auf seinen Schultern lasten. Und er sucht nach Weisheit in vielen Ländern und unter vielen Zungen. Bisweilen wandert er durch steinige Wüsten, wo die Spur seines Fußes sich rot färbt von Blut, ein andermal wandelt er am Ufer unter schattigen Bäumen. Stets aber, sei sein Tag ihm eine Lust oder eine Prüfung, schläft er des Nachts, um einem neuen Tag erquickt zu erwachen.

Er verließ die Götter, um sich auf diese lange Wanderung zu begeben, und er wähnt, daß er sich weiter und weiter von ihnen entferne. Und für viele seiner Leben gilt dies auch, denn sein Leben ist ein Kreis, und er wandert auf der ersten Hälfte dieses Kreises. Aber es kommt die Zeit, da er ein Schüler wird von einem der zwölf Schüler, die wiederum bei einem der zwölf Schüler des Erleuchteten in die Lehre gingen. Und nun hat er sich der Bruderschaft zugesellt, wo ein jeglicher Teil der Götter ist, gleichwie die Flaumfedern Teil von Horus' Habicht sind. Ist diese Zeit vollbracht, dann hat er den Scheitelpunkt seines Kreises überschritten und kehrt dorthin zurück, woher er gekommen. Und hat das Ende also den Anfang erreicht, ist sein Kreis geschlossen, und er ist eins mit dem Vater, dem Bruder der Götter, welche ihm das Leben schenkten.

Auf derselben Schriftrolle soll auch geschrieben stehen, wie die Zweiundvierzig Räte des Todes die Herzen wägen.

Denn hat der Wanderer das Ende seiner Reise erreicht, steht er am Ufer eines Flusses, und vor sich sieht er ein Boot, welches der Nachen der Zeit ist, und in diesem Nachen tritt er die Überfahrt an. Doch ehe er seinen Fuß darauf setzt, muß er das Deck mit Namen rufen, sonst trägt es ihn nicht; und er muß die Ruder nennen, sonst rudern sie ihn nicht; und den Namen des Stevens muß er wissen, sonst führt dieser das Boot nicht den Strom entlang. Im Nachen der Zeit fährt er dann über das dunkle Wasser, bis es sich in die Großen Grotten ergießt. Und hier drängen sich die Dämonen um ihn und bedrohen ihn in schrecklicher Gestalt; bleibt er jedoch frei von Furcht, weichen sie zurück in die Finsternis. Dann steigt er an Land an einem Kai, wo sieben Stufen zu einer großen Pforte führen. Und er muß ihre Riegel bei Namen rufen und ihre Angeln kennen und das Geheimnis der Bohlen wissen, woraus sie gezimmert ist. Hat er alle diese Namen genannt, schwingt das Tor auf, und er betritt eine weite Halle, wo ringsum auf ihren Thronen die Zweiundvierzig Räte der Toten sitzen. Und sie erheben sich gewaltig über ihn in der Dunkelheit, und ihr Antlitz ist nicht zu erkennen, und wie in einem Tal steht er zwischen berggleichen Göttern.

Und nun befragt ihn ein jeglicher der Reihe nach, und antwortet er ihnen nicht wahr mit den Worten: «Bei der Feder der Wahrheit, dich habe ich überwunden», dann tut sich der Boden unter seinen Füßen auf, und er stürzt hinab ins Dunkel, wo er hausen muß, bis daß er wieder aus einer Mutter Schoß hervorgeht. Und hier harren seiner sowohl die Tugenden als auch das Böse, und je nach der Größe seiner Niederlage werden sie sich seines Herzens bemächtigen.

Und es wird der erste Rat ihn anrufen und also sprechen:
Hegtest du deinen Körper mit Klugheit und Bedacht, gleichwie dein Schöpfer dich hegte in den Tagen deiner Jugend?

Und der zweite wird sprechen:
Lebtest du die Spanne auf Erden, welche die Götter dir zugemessen?

Und der dritte wird sprechen:
Hieltest du deinen Körper unbefleckt von Unrat gleich einem reinen Gewand?

Und der vierte wird sprechen:
Lagest du allein bei einem Weibe, welches auch dein Geist liebte?

Und der fünfte wird sprechen:
Erkanntest du deine Mutter als Weib oder deine Tochter oder deine Schwester oder deine Tante?

Und der sechste wird sprechen:
War dir kein Mann wie eine Frau?

Und der siebente wird sprechen:
Bist du frei von der Vermischung mit Tieren?

Und der achte wird sprechen:
Griff deine Hand nach etwas, das nicht dein war?

Und der neunte wird sprechen:
Aßest du von Speisen, bis daß dein Magen sich in Pein wider dich empörte, oder trankest du von berauschenden Getränken, bis daß dein Wille der Sklave deines Leibes ward?

Und der zehnte wird sprechen:

Zerschnittest du den Silberfaden eines Mitmenschen im Zorn?

Und der elfte wird sprechen:
War dein Zorn rechtfertig und die Geißel in deiner Hand wie Pharaos Geißel?

Und der zwölfte wird sprechen:
Schautest du auf die Reichen und auf die Kundigen ohne Scheelsucht?

Und der dreizehnte wird sprechen:
Wurde dein Herz je von den Klauen der Eifersucht zerrissen?

Und der vierzehnte wird sprechen:
Sprachest du nie Böses, es sei denn von den Bösen selbst?

Und der fünfzehnte wird sprechen:
Ruhte dein Pflug je untätig in der Furche, wenn das Korn der Aussaat harrte?

Und der sechzehnte wird sprechen:
Gelüstete es dich je nach Wissen, das deinen Ohren oder deinen Augen nicht bestimmt war?

Und der siebzehnte wird sprechen:
Sahest du deinen Schatten riesengroß auf der Mauer und glaubtest dich mächtig wie dieser?

Und der achtzehnte wird sprechen:
Wichest du je ab vom rechten Pfade, da dort Gefahr lauerte?

Und der neunzehnte wird sprechen:
Bandest du dich mit goldenen Fesseln an diese Erde?

Und der zwanzigste wird sprechen:
Schautest du auf die irdischen Dinge, bis daß deine Augen geblendet waren?

Und der einundzwanzigste wird sprechen:
Warst du redlich im Handel auf dem Markt?

Und der zweiundzwanzigste wird sprechen:
Erwiesest du denen Dankbarkeit, welche dich labten auf deiner Wanderung, sei es dein Weggefährte oder der Granatapfel, wenn du Durst verspürtest?

Und der dreiundzwanzigste wird sprechen:
Gabst du dem Armen von deinem Brot und dem Ermüdeten von den Früchten deines Weingartens?

Und der vierundzwanzigste wird sprechen:
Versiegeltest du deine Lippen vor der Falschheit?

Und der fünfundzwanzigste wird sprechen:
Warst du so stolz über deinen Verstand, daß deine Weisheit sich trübte?

Und der sechsundzwanzigste wird sprechen:
War deine Freundschaft ein Fels in der Wüste treibenden Sandes?

Und der siebenundzwanzigste wird sprechen:
Kettetest du dich an einen Menschen mit den Schäkeln des Hasses?

Und der achtundzwanzigste wird sprechen:
Übtest du je Zauberei oder beflecktest du dich oder ließest in deinem Leibe einen anderen hausen?

Und der neunundzwanzigste wird sprechen:
Schenktest du dem Herzen deiner Mutter Zufriedenheit, und hieltest du deines Vaters Haus in Ehren?

Und der dreißigste wird sprechen:
Achtetest du alle wahren Priester?

Und der einunddreißigste wird sprechen:
Gedachtest du auf deiner Wanderung immerdar der Götter und fragtest sie um Rat?

Und der zweiunddreißigste wird sprechen:
Verschlossest du deine Ohren je der Weisheit, welche mit tönender Stimme spricht?

Und der dreiunddreißigste wird sprechen:
Stilltest du mit deiner Weisheit den Durst der nach Wahrheit Dürstenden?

Und der vierunddreißigste wird sprechen:
Wirktest du mit deiner Kraft einzig für das Licht?

Und der fünfunddreißigste wird sprechen:
Warst du ein Schwert in Horus' Heerschar?

Und der sechsunddreißigste wird sprechen:
Wiesest du je einem Menschen den Weg, der nicht in die Freiheit führt?

Und der siebenunddreißigste wird sprechen:
Trugst du ein geehrtes Bild deiner selbst in deinem Herzen?

Und der achtunddreißigste wird sprechen:
Erkanntest du dein eigenes Herz, und verzeichnetest du getreulich alle deine Taten?

Und der neununddreißigste wird sprechen:
Warst du stets eingedenk, daß das Ende einer Erdenwanderung der Beginn einer neuen ist?

Und der vierzigste wird sprechen:
Gedachtest du der Pflanzen als deiner einstigen Brüder, und stilltest du ihren Durst und hegtest du sie, auf daß sie erblühten?

Und der einundvierzigste wird sprechen:
Behandeltest du alle Kreatur, wie dein Herr dich behandelte; und zeigtest du Klugheit, Freundlichkeit und Erbarmen denen, die einst deine Brüder waren?

Und der zweiundvierzigste wird sprechen:
Kannst du in Wahrheit sagen: Weder Mensch noch Vieh ließ ich arbeiten über seine Kraft, denn ich wußte, daß sie alle meine Weggenossen auf Erden sind, und ließ ihnen Hilfe angedeihen auf ihrer Wanderung?

Alsdann wird der Mensch die klingenden Stimmen der Götter nicht länger hören, und in dem Schweigen wird seine eigene Stimme ertönen und also sprechen: «Dich habe ich überwunden, denn es ist auf Erden weder ein Sünder noch ein Trauernder, weder ein Leidender noch ein Geplagter durch eine meiner Taten.»
Dann wird die Halle der Wahrheit sein wie zur Mittagszeit, strahlend erhellt von der klaren Flamme seines Geistes, welche nicht flackert, entfachten auch alle Stürme dieser Erde ihre Kraft gegen sie. Und es thronen die göttlichen Räte nicht länger in Erhabenheit über ihm, denn er wuchs zu ihnen empor; und er schaut ihr Antlitz, welches ihm wie

ein wahrer Spiegel ist, in dem er das eigene Angesicht sieht, denn er wurde ihr Bruder.

Darauf sieht er vor sich die Große Waage des Tahuti. Und auf der einen Schale ruht sein Herz und auf der anderen die Feder Maats, und beide schweben in vollendetem Gleichgewicht, denn auf beiden Seiten ist die Wahrheit.

Und nun tun sich die Wände vor ihm auf wie ein gewaltiges Tor, und er schreitet hinein in die lichten himmlischen Gefilde, wo der Weizen sieben Ellen hoch steht und seiner Ernte harrt.

8 Heimkehr aus der Verbannung

Da ich vier Jahre in Nekht-an gelebt hatte, fegte eine Pest über die Zwei Länder, und wiewohl die heilenden Priester unter das Volk gingen, fanden doch viele Erlösung von ihrer Pein allein durch den Tod. Es standen die Pforten des Palastes allen offen, die der Hilfe bedurften, und mit meinen Frauen suchte ich die Kranken auf ihrem Lager auf und pflegte sie in ihrem Elend. Und die Seuche schlug auch mich, so daß alle vermeinten, ich müsse sterben. Doch ich war es zufrieden, daß dem so war, denn ich war meiner Verbannung müde. Allein da ich bereits glaubte, an der nächsten Wegbiegung die Pforte meines wahren Heims zu sehen, umklammerte mein Leib meinen Geist aufs neue mit starkem Griff und hielt ihn weiterhin gefangen.

Und hinfort war mir der Leib nicht länger ein williger Diener, sondern ein Zwingherr, der mich mit Pein folterte. Es lagen meine Knochen nicht länger weich gebettet in ihrem Fleisch, sondern ragten spitz und scharf daraus hervor gleich den dürren Ästen eines Baumes, und meine Haut war braun und welk wie vorjähriges Laub. Über den Hof zu gehen, dazu bedurfte ich all meiner Kräfte, und um meine Lippen den Klagen zu verschließen, mußte ich die ganze Stärke meines Willens aufbieten. Ich betete zu Ptah, daß ich meinen Schmerz mit Stolz trage, als sei er ein Speerstich, den ich in der Schlacht empfangen. Das Alter war über mich gekommen in der kurzen Spanne eines Mondes, doch brachte es mir weder Frieden noch Ruhe.

Zwei Jahre lang bewohnte ich den Körper einer alten Frau, und oft, ehe ich in meinen Kerker zurückkehrte, stand ich neben meinem Lager und schaute hinab auf diese sieche irdische Hülle, in die ich wiederum eingehen mußte. Frei und schön in meiner jungen Gestalt und Kraft strich ich mir dann über mein weiches, glänzendes Haar und dachte an die Perücken, die ich tagsüber tragen mußte, um sein trübes Grau zu verbergen.

Im Schlaf hatte ich vielleicht mit Neyah in der Kindheit geweilt, und wir hatten Bergesgipfel erklommen oder in mondgrünen Seen geschwommen. Und schleppte ich dann meinen Fuß des Tages am Lotosteich des Palastes vorüber und gedachte meiner Träume, war mir, als sei ich ein nächtlich singender Vogel, welcher, eingezwängt in einen Käfig aus Weidenruten, hört, wie sich sein Bruder jubelnd zum Himmel schwingt.

Es sind da viele, denen der alte Leib eine Last ist und die dennoch das Antlitz des Todes scheuen. Wie kann es sie schrecken, die Jugend zu erneuern? Weshalb fürchten sie, von ihrer Pein erlöst zu werden? O daß der Tag nahte, da der rinnende Sand das Ende dieser kurzen Spanne verkündete, auf daß mein Leib schlafen kann ohne Erwachen und ich frei werde wie die Jugend und weise wie das Alter.

Da ich dreiundfünfzig Jahre zählte, sah ich die Pforten meines Heims sich auftun. Und geleitet von meiner Mutter und Neyah, von Za Atet und ihm, der einst Ney-sey-ra war, wandelte ich in den Gärten der sinkenden Sonne und erfuhr jenes Glück und jenen Frieden, welche eins sind. Tief unter mir sah ich die Erde wie eine kleine, kalte Kammer, deren Tür sich geöffnet und mich freigelassen hatte. Und von dorther drang zu mir ein Jammerlaut wie von verängstigten Kindern, die allein sind; und es war dies die

Klage meines Volkes über mein Sterben. Wenngleich ich wußte, daß ich nicht mehr zurückkehren brauchte in meinen Leib, worin der Schmerz mit mir gehaust hatte, wanderte ich dennoch durch die umschatteten Gründe, um meine Zunge zum letzenmal zu dem Volke sprechen zu lassen, das ich geliebt hatte, auf daß es mein Glück mit mir teile und mein Scheiden nicht betraure. Und da ich die Hülle meines Leibes wieder um mich spürte, betete ich um Kraft, daß meine letzte Botschaft klar sein möge und silberzüngig:

«Wohl sah ich den Himmel sich in die farbigen Schleier des Weltenalls hüllen, verließ uns Ra, der große Sonnengott, des Abends. Doch größere Herrlichkeit werde ich schauen denn diesen Glanz im Westen.

Wohl hörte ich vieltausend Singvögel mit schwellenden Kehlen das Jubellied des Lebens singen. Doch süßeren Weisen werde ich lauschen, näher dem Herzen allen Wohllauts denn die Töne einer Harfe.

Wohl führte ich die Streitwagen in den Kampf und ließ das Siegesbanner flattern im Winde. Wohl fand ich Frieden in den Säulenhallen der Tempel und lauschte dem weisen Rat wahrer Priester. Wohl gedieh das Korn üppig auf den Feldern meines Landes, und ich war geborgen in der Geborgenheit meines Volkes. Doch alle Herrlichkeiten dieser Erde werden verblassen wie schwankende Schatten am nebligen Tag vor der künftigen Stunde, da ich den Riegel fortziehe von der letzten Pforte des Todes und eingehe in die Gefilde der Götter.»

Und dann, gleichwie Ras Sonnenspeer die Wolken durchstößt, verließ ich dieses Schattenland der Tränen und der Schmerzen, um mit den Gefährten meines Herzens zu wandeln im Licht.

Joan Grant wurde 1907 in England geboren. Ihr Vater war ein angesehener Wissenschaftler am *Kings College* in London. Schon früh wurde sie sich der Gabe bewußt, ihre früheren Leben — als Mann oder Frau, in den verschiedensten Ländern und Kulturen — in den anschaulichsten Einzelheiten zu erinnern. Mit 20 heiratete sie Leslie Grant. Die Ehe, aus der eine Tochter hervorging, endete 1937, bald nach der Veröffentlichung ihres ersten Buches (*Winged Pharaoh*), das sofort zu einem vielgerühmten Bestseller wurde.

Hinter dem spannenden Geschehen in Joan Grants Werken steht zeitlos der »Code« des menschlichen Miteinanders, der zu allen Zeiten das Wohl des einzelnen und der Gesellschaft bestimmt hat. Jedes ihrer Bücher erforscht eine Facette dieses Codes. »Ägyptens Erste Dynastie kannte diesen Code einst sehr wohl«, schreibt ihr Ehemann Denys Kelsey, »verlor ihn aber und ging in die Irre. Es mußten elf Dynastien vergehen, bevor man sich wieder auf diesen Code besonnen hatte. Zu jenen Zeiten allerdings war die tödlichste Waffe nur ein Pfeil, ein Speer ... Und heute? Wir meinen, daß Joan Grants Bücher gerade in den gegenwärtigen unruhigen Zeiten unseres Planeten wieder von besonderer Bedeutung sind.«

Joan Grant starb im Alter von 82 Jahren in London.

Von Joan Grant sind bisher
im Verlag Hermann Bauer erschienen

Augen des Horus
Roman

456 Seiten, Halbleinen; ISBN 3-7626-0514-9

Dies ist die packende Geschichte des jungen Ra-ab. Am Ende der XI. Dynastie steht das ägyptische Reich an einem Wendepunkt. Ra-ab, der Sohn und Nachfolger des Fürsten der Antilopenprovinz, wird in den Kampf des Lichtes gegen die Mächte der Finsternis hineingezogen. In der geheimen Bruderschaft »Augen des Horus«, die einen neuen Aufbruch für Ägypten vorbereitet, übernimmt er seine Aufgaben.

In diesem fesselnden Roman pulsiert die ganze Welt des Alten Ägypten. Joan Grant beschreibt eindringlich, wie die Kraft des Lichts am Ende die Macht der Furcht besiegt. Ein Lesegenuß der besonderen Klasse.

Die rote Feder
Roman

320 Seiten, Halbleinen; ISBN 3-7626-0558-0

Piyanah ist die Tochter einer hellsichtigen Indianerin. Sie wächst gemeinsam mit ihrem Vetter Raki auf. Beide lernen, die Welt mit den Augen des jeweils anderen zu sehen: Während Piyanah bei den jungen Tapferen ausgebildet wird, unterweisen Raki die Squaws. Er lernt bei ihnen, die Gefühle der Frauen zu verstehen und zu achten. Im Laufe der Jahre werden beide zu Liebenden.

Die Ausbildung von Piyanah und Raki dauert insgesamt sieben Jahre. Danach sollen sie die Nachfolge des alten Häuptlings antreten und gemeinsam den Stamm zu einer neuen Lebensform führen, in der Mann und Frau alles miteinander teilen. Viele Gefahren und Bewährungsproben haben die beiden Liebenden im Verlauf der Geschichte durchzustehen, bis Piyanah schließlich die höchste Auszeichnung erhält: die rote Feder.

Verlag Hermann Bauer · Freiburg im Breisgau

Verlag Hermann Bauer · Freiburg im Breisgau

Maya Heath
Das Ägyptische Orakel

Kassette mit Handbuch, 192 Seiten, kart.,
65 s/w-Abbildungen sowie Legebrett und
28 Hieroglyphensteine
ISBN 3-7626-0521-1

Der Wunsch, in die Zukunft zu sehen und das in ihr Verborgene zu enthüllen, ist so alt wie die Menschheit. Seit Urzeiten versuchen Menschen durch Kartenlegen, Kristallschau oder Befragen eines Orakels den Schleier zu lüften, der die sichtbare von der unsichtbaren Welt trennt. Maya Heath hat diese Sehnsucht aufgegriffen und zu einem Weissagungssystem ausgearbeitet, das aus der Tiefe der altägyptischen Götterwelt schöpft.

Das *Ägyptische Orakel* besteht aus einem beidseitig bedruckten Auslegebrett, 28 Hieroglyphensteinen und einem Handbuch mit einer ausführlichen Einführung in die Mythologie der altägyptischen Götter sowie ausgewählten und einfach nachvollziehbaren Legungen und Beispiel-Interpretationen.

Der Entschluß, mit dem *Ägyptischen Orakel* zu arbeiten, ist bereits ein erster Schritt, um die Verbindung mit dem uralten Wissen der Menschheit herzustellen. Dieses überzeugend gestaltete Weissagungssystem gewinnt in jeder Legung an Tiefe und Bedeutung, so daß bereits Anfänger nach kurzer Zeit einen Zugang zu der Vielschichtigkeit und Weisheit der ägyptischen Götterwelt und Symbolik finden.

Das *Ägyptische Orakel* bietet einen Einblick in das Reich der Möglichkeiten unserer Zukunft. Es hilft uns, einen Überblick zu gewinnen über die unterschiedlichen Elemente und Energien einer beliebigen Situation, es stärkt unsere Intuition und innere Aufmerksamkeit.

Für alle, die bei Lebensfragen eine höhere Quelle der Weisheit zu Rate ziehen wollen, um kluge Entscheidungen treffen und anderen ein weiser Ratgeber sein zu können.

Verlag Hermann Bauer · Freiburg im Breisgau

Das führende Magazin für Neues Denken und Handeln

Das Bewußtsein bestimmt die Welt um uns herum. Vom Bewußtsein hängt es ab, ob Sie ein glückliches, sinnerfülltes oder scheinbar glück- und „sinnloses" Leben führen. Es prägt unser Denken und Handeln.

Das ist das Spezialgebiet von **esotera**: das „Wesentliche" des Menschen, sein Bewußtsein, seine verborgenen inneren Kräfte und Fähigkeiten. **esotera** gewährt Einblick in die „wahre Wirklichkeit" hinter dem „Begreifbaren".
Und gibt Antworten auf die brennende Fragen, die irgendwann jeden zutiefst bewegen: Woher kommen wir? Wohin gehen wir?

esotera weist Wege aus der spirituellen Krise unserer Zeit. Wege zu einem erfüllteren Dasein: mit kompetenter Berichterstattung über neueste und uralte Erkenntnisse, mit faszinierenden Reportagen, aktuellen Serien und praktischen Info-Rubriken: z.B. Literatur-, Musik- und Video-Besprechungen, Leser-Forum, Marktnische usw.

Die ständigen Themenbereiche in jedem Heft:
**Neues Denken und Handeln
Ganzheitliche Gesundheit
Spirituelle Kreativität
Esoterische Lebenshilfen
Urwissen der Menschheit
Paranormale Erscheinungen**

Und jeden Monat das „KURS-BUCH", die umfangreichste Zusammenstellung esoterischer und spiritueller Veranstaltungen, Kurse, Reisen und Seminare weltweit – als kostenloses Extra zu jedem Heft dazu.

Im Zeitschriftenhandel. Oder Probeheft direkt vom

Verlag Hermann Bauer KG   **Telefon 0761 / 7082-111**
Kronenstraße 2 - 4   **Telefax 0761 / 701811**
79100 Freiburg   E-Mail: Hermann-Bauer-KG@T-Online.de